国家社会科学基金项目（18BJY249）成果

『双支柱』调控框架下
金融稳定政策设计研究

何国华　李洁　著

武汉大学出版社

WUHAN UNIVERSITY PRESS

图书在版编目(CIP)数据

"双支柱"调控框架下金融稳定政策设计研究／何国华,李洁著 .
武汉：武汉大学出版社,2024.12. -- ISBN 978-7-307-24683-6

Ⅰ. F832.0

中国国家版本馆 CIP 数据核字第 2024759GV7 号

责任编辑:范绪泉　　　　责任校对:汪欣怡　　　　版式设计:马　佳

出版发行:**武汉大学出版社**　(430072　武昌　珞珈山)

（电子邮箱:cbs22@ whu.edu.cn　网址:www.wdp.com.cn）

印刷:湖北云景数字印刷有限公司

开本:720×1000　1/16　印张:18　字数:290 千字　插页:1

版次:2024 年 12 月第 1 版　　　2024 年 12 月第 1 次印刷

ISBN 978-7-307-24683-6　　　定价:78.00 元

引　言

2008 年国际金融危机之后，国内外学术界在最优金融稳定政策的认知上逐渐演化出了三种不同的观点：第一，盯住传统经济变量（例如通货膨胀与产出）的"货币规则"仍然可以成为稳健调控政策的基石，而无须考虑复杂多目标的"金融稳定"规则（马勇，2013）；第二，在传统的"货币规则"方程中引入逆周期的金融权重变量，使货币规则具备金融稳定的效果（Woodford，2012；Agénor et al.，2013；Vredin，2015；Curdia & Woodford，2016）；第三，建立与中央银行独立的宏观审慎机构，从而专注于稳定金融系统（Unsal，2011；Svensson，2012；Quint & Rabanal，2013）。2017 年全国金融工作会议上明确提出"提高防范化解金融风险的能力"的要求，并专设国务院金融稳定发展委员会，以配合与协调中国人民银行的金融稳定工作。随后，党的十九大报告中进一步要求"健全货币政策和宏观审慎政策双支柱调控框架"。这表明我国在最优金融稳定政策的认知上总体上采取的是上述第三种观点，但在目前特定的过渡环境下，中国人民银行仍需承担部分金融稳定职责。**需要进一步解决的问题是，如何在"双支柱"调控框架下设计金融稳定政策？金融稳定政策设计的依据和逻辑又是什么？**

通过对以往文献的梳理可以发现，美国次贷危机的爆发使得金融中介的风险承担行为日益成为学术研究的焦点问题，即经济环境的变化如何影响金融中介机构的风险态度或风险容忍度，进而对其资产组合的风险、定价以及融资成本产生影响，并改变决策，促使中介机构形成主动承担或规避风险的特征。例如，Brunnermeier & Sannikov（2014）在金融中介行为基础上引入风险价值约束，发现低风险的经济主体存在更高的杠杆水平，这导致经济主体风险选择趋于激进，并且其风险选择的变动显著加大了系统性波动，此时证券与衍生合约虽然可以有效分担内生性风险，但这一做法却实质推高了系统性风险水平。持有类似观点的研

究

究还有 Hilscher & Raviv(2014)、Adrian & Shin(2014)、Angeloni et al. (2015)。在此基础上，还有一些学者进一步研究了预期的作用。例如，Brunnermeier & Oehmke(2012)认为市场乐观预期的形成会加速风险积累，某一时点暴发的悲观预期则会导致资产泡沫的破裂。与此类似，贾康(2015)、李拉亚(2015)以及陈彦斌等(2017)认为2015年A股大幅波动也受到了预期的影响，激进的风险选择行为强化了市场的乐观预期，进一步加剧了风险累积；在风险选择保守阶段则会加剧市场的悲观情绪，从而加大资产价格的下跌幅度。

由此我们可以归纳出以下基本结论：**经济主体的风险选择行为会引致金融风险，而预期则会加大或加速金融风险的累积与释放，故此金融稳定政策的设计除注重化解金融风险的影响外，还需注重矫正金融风险行为和稳定金融风险预期。**矫正风险行为是为了遏制金融风险的进一步蔓延与扩大，而稳定风险预期是为了预防与预警金融风险的出现。上述结论既是本课题研究意义的具体体现，也是支撑本课题立项的主要逻辑依据。

基于上述结论，本课题首先立足于中国经济开放程度不断提高的事实，**实证分析跨境资本流动冲击对金融波动的影响**。研究结果表明：第一，大规模的跨境资本流动会加大金融体系脆弱性，加剧金融波动、系统性风险积聚，甚至触发危机，对一国金融稳定造成强有力的威胁；第二，金融中介的风险承担行为在其中扮演的角色不容忽视，"国际风险承担渠道效应"下，跨境资本流动会通过影响金融中介的风险感知来改变其风险承担行为，最终会进一步放大跨境资本流动对金融稳定的负向作用。在此基础上，本课题进一步**构建包含内生性金融风险与跨境资本流动的理性预期均衡模型，理论解析中国跨境资本流动、经济主体风险选择行为以及内生系统金融风险三者间的关联**，并基于中国经济参数，通过数值模拟进一步厘清经济主体风险选择行为对金融加总风险的影响，以及金融加总风险对经济主体风险选择行为的反馈。主要结论如下：第一，汇率预期变动可能造成经济主体风险选择行为趋于激进——当一国出现升值预期冲击时，本国实际利率下降，金融资产价格上涨；第二，资产状态是金融风险对经济主体风险选择行为反馈中的一类重要因素——通过设置资产状态冲击，可以发现资产的边际风险增加可引致基金部门道德风险下降，风险选择趋于保守(风险规避)，银行部门杠杆率下降，利差波动增加，金融资产价格骤降，跨境资本先流出；第三，通过分离经济主体风险选择行为与内生加总金融风险变动所产生的效应，可进一步发现：当内生金融风险水平较高时，边际风险变动将主导经济主体风险选择行为效应，当内生风险水平高于某特定值时，本币的升值趋势反而将导致跨境资本净流出，造成跨境资本行为反转，加速金融收缩。

经济主体的"风险预期"也是导致金融不稳定的重要要素之一。现实中经济主体的预期影响金融风险的渠道有多种，其中最重要的是流动性问题，流动性的波动既能促进风险的积累，也能加剧风险的释放。在预期的影响之下，经济主体的风险选择行为往往会被放大，传染性增强，同时经济主体风险行为的变化又可反过来影响主体预期，造成新一轮的风险扩散。为此，**本课题在 Kiyotaki & Moore（2019）的基准流动性框架之上引入模糊因素，探究不确定性预期下各类经济金融变量的变动情况**。结果表明：第一，给定企业债务流动性约束，总存在唯一且最小的不确定性预期区间使企业债务融资流动性从充裕转为紧缩；第二，给定企业债务流动性约束，其弱约束对应无货币均衡，此时实体部门不存在债务流动性紧缩，而强约束对应货币均衡，企业为预防债务流动性紧缩而持有货币，企业预期越不确定，债务流动性将越紧缩；第三，实体跨期配置的最低债券价格随预期不确定性增大而下降，而跨期配置的最高债券价格随预期不确定性增大而上升。当企业预期处于某一不确定性范围内，微观群体对债务流动性看法不一，导致紧缩预期无法统一，造成债券价格持续波动。在此基础上，**本课题进一步刻画了三类稳定政策：预期锚定与沟通调控的最优策略是宏观调控当局公布真实投资机会，次优策略是在预期不确定性过程中公布一类可将实体部门推入稳定紧缩状态的投资机会，而最劣策略是不作出任何回应**。预期不确定性增大时，政府投资补助增量逐渐减小，央行流动性供给增量反之；但若以总投入量为标准，央行流动性供给将优于政府投资补助。

金融稳定政策的设计是本课题研究的重点。**本课题首先在金融风险环境中通过对家庭效用二次渐近推导出包含内生资本的福利损失函数，并沿其金融冲击路径展开，反解两类最优稳定政策：最优相机抉择型政策与最优承诺规则型政策**。对比相机抉择型政策与承诺规则型政策的动态稳定效应可以发现：第一，两类政策在动态过程中较好地稳定了经济与金融变量的波动，其中承诺规则政策的稳定效果要略胜于相机抉择政策，这主要是其理论性质决定的（Kydland & Prescott，

1978)。另外，两类动态稳定政策在稳定过程中都使经济环境中的就业初始波动由负转正，说明动态稳定政策隔绝了金融系统波动对经济中就业的影响，这也是实现基本稳定的一个重要目标。第二，承诺规则政策环境中各变量的后期相对波动较相机抉择政策强烈，其主要原因是承诺规则存在动态不一致性，即承诺规则下的滚动优化对经济主体在跨期配置中造成特质性冲击，导致各变量在后期动态过程中持续波动。但是，无论是最优相机抉择型政策还是最优承诺规则型政策，其作用主要都在于熨平短期金融波动，而对中长期的金融扭曲却无能为力。**为了得到既有利于熨平短期金融波动又能够化解中长期金融扭曲的最优稳定政策，本课题基于 Gertler and Karadi(2011)的框架构建了家庭、厂商、银行三部门的动态一般均衡模型，并通过求解银行部门稳态从理论上厘清了金融摩擦形成机制与它对宏观经济的影响。进一步地，本课题围绕该机制分别设置了最优信贷政策与最优价格型审慎政策，并分析了其稳态性质以及动态稳定效应。**结果表明：第一，在两类政策中，银行部门净资产积累出现了截然相反的脉冲响应，**这从侧面说明信贷政策的本质是通过挤占与替代银行信贷业务来稳定金融摩擦的非效率出清，而审慎政策则是通过补贴银行效益来缓解激励约束造成的利差扭曲。**第二，通过对脉冲结果的考察，初期数据显示**审慎政策对利差的即期稳定效果强于信贷政策，但对资本积累的即期稳定效果却弱于信贷政策，这意味着信贷政策的调控时效性要强于审慎政策；**在脉冲响应的中后期数据中，**审慎政策的调控效果要持续优于信贷政策，说明放松银行激励约束所带来的潜在效用要大于单纯的渠道替换。**第三，通过观测审慎政策在 0 利差稳态水平上的动态稳定结果可以发现，即使审慎补贴完全消除了稳态利差扭曲，但银行的委托代理本质依然存在，冲击下银行的行为仍可扭曲经济状态，加剧非效率出清。在此基础上，**本课题还探究了中国在 2010—2018 年跨境资本流动与银行稳定性之间的关联，以及宏观审慎政策在缓解跨境资本流动所带来的负面影响时的有效性，**主要结论是：第一，金融危机之后，跨境资本净流动对中国商业银行的稳定性产生了负面影响。其中，以直接投资为主要形式的跨境资本流动对商业银行稳定性表现为正向效应，以证券投资为主要形式的跨境资本流动影响并不十分显著，而以其他投资为主要形式的跨境资本流动表现为负向效应。第二，随着我国宏观审慎政策的加强，商业银行风险承担会显著下降，银行稳定性会上升，因此整体而言，宏观审慎政策能够有效缓解跨境资本流动的风险效应。第三，宏观审慎政策工具对证券投资与其他投资项目下的跨境资本流动管理有较好的表现，说明宏观审慎政策在管理金融机构的顺周期行为时卓有成效。

本课题立足于中国经济开放程度不断提高的事实进行金融稳定政策的设计，因此，关于稳定政策国际协调的探讨自然是题中之义。本课题首先以流动性这一要素为研究视角，在开放经济环境中探究了流动性外溢效应的具体微观机制，用以解释 2020 年全球新冠疫情期间流动性紧缩的传导以及经济个体的资产配置决策。在此基础上，本课题以现实中各国的流动性政策为依据设计了相关稳定政策，并模拟相关政策效果与国际间政策协调的可能性。主要结论如下：第一，企业家(权益发售方)为尽可能多地获取外部融资，工人(权益购买方)为尽可能多地获取投资回报，在无资本交易壁垒的情形下其二者的套利行为拉近了两国金融市场中的流动性水平，从而形成"流动性外溢效应"。第二，流动性紧缩环境中企业权益的实际回报小于时间偏好率，这意味着在此情形下权益购买方倾向于放弃配置资产，加速市场流动性进一步收缩，并且该效应通过无套利条件可外溢至他国。第三，给定包含收支约束的稳定政策，其转移路径结果表明政策协调将有效提升两国福利，但由于政策成本的存在又不可避免地产生"搭便车"现象，从而潜在地削弱政策协调的稳定性与可能性。作为对未来研究的启示，本课题认为利用合作博弈等方法(如策略型议价，也即鲁宾斯坦议价)对政策协调中的两国所提升的总福利进行分配或补贴，从而消除"搭便车"现象，可以保证政策协调的稳定性。

最后，金融稳定不单单是一个金融问题，甚至不单单是一个经济问题，它还涉及社会经济生活的诸多方面，例如对国家治理体系的影响。本课题使用全球 214 个国家 1996—2017 年的数据，从政治稳定性、政府效率、腐败控制、话语权与问责权、监管水平以及法制六个方面实证检验了国家治理体系建设对金融稳定的影响，主要结论是：第一，国家治理体系越完善的国家，金融机构不良贷款率越低，金融机构越稳健和安全；商业银行愿意向国内企业贷款且对国内的信贷扩张有较好的控制能力，国内信用占比更高；居民有良好的未来预期，金融机构的经营能力强，私人信贷占比高。第二，国家治理体系完善与金融市场的发达和投资增加体现出正相关关系，因此对实体经济的融资与发展起到正面促进作用；第三，国家治理体系越完善的国家，流动性负债占 GDP 的比重越大，金融风险更小，更容易吸引外商的直接投资，出口能力更强。第四，国家治理体系越完善的国家，通胀率越低，而且居民与企业的税负水平也越低。

本课题研究的学术价值主要体现在：第一，以往文献中政策设计的基准模型是宏观动态模型，但是在这些流行模型中，金融风险通常伴随复杂的微观基础设置，这使其形成机制难以通过直接的稳态计算或简明的理性预期差分方程进行解释。本课题将**注重给出金融风险的显性机理，从而利于量化风险大小并解释风险起因，使得所设计出的金融稳定政策能够从源头控制风险**。第二，以往文献往往忽视了经济主体预期对金融风险的乘数作用，从而低估了实际风险水平；对预期与风险选择行为的相互反馈过程也鲜有论证，从而难以诠释风险传染的加速效用。本课题将**注重分析经济主体预期放大风险的乘数效应，刻画"经济主体预期-经济主体风险选择行为"的螺旋加速形式，从而使所设计的稳定政策能够更有效地防范金融风险的传染与扩散**。第三，以往文献往往过多借鉴前人的政策设计结论，而没有考虑特定的经济环境应当采取特定的稳定政策工具。本课题将**注重结合目前中国特定经济和金融环境进行稳定政策的设计，在顾及熨平短期波动的同时，寻找出化解中长期金融风险扭曲的具体方式**。

本课题研究的应用价值在于：健全货币政策和宏观审慎政策"双支柱"调控框架的根本目的是在保持经济稳定增长的同时，维护金融体系的稳健运行。尽管近年来我国一直致力于建立和完善宏观审慎政策框架，其中不少探索从全球范围来看都具有创新性，但**相对于货币政策来说，现有宏观审慎框架下金融稳定政策工具仍显单薄**。因此，在当前我国利率和汇率改革不断深化、内部金融创新与外部跨境资本流动都有加大风险暴发可能性的背景下，**加强金融稳定政策的设计既是健全"双支柱"调控框架的必然要求，也是健全"双支柱"调控框架本身不可或缺的组成部分**。

目　　录

第一章　跨境资本流动加大金融波动的实证分析[①]

改革开放以来，特别是加入 WTO 之后，作为新兴市场经济国家，中国相对较快且稳定的经济增长速度和不断提高的金融双向开放水平，吸引着来自世界各地资本的目光，跨境资本流动活跃度日益高涨。例如，1995—2017 年，中国国际收支平衡表中表示外国来华直接投资净流入的直接投资负债整体呈现上升趋势。分阶段来看，来华直接投资在 1995—2013 年，除了 2008 年受金融危机影响明显下降外，其余年份大体保持增长或小幅变动，投资规模整体扩大，2013 年更是达到 2909 亿美元，而这一期间正是跨境资本因新兴经济体经济增长速度较快、资本回报率较高等原因而大规模流入新兴经济体的时期；2014—2017 年，来华直接投资规模下降，这期间也对应着跨境资本因新兴经济体经济增长速度放缓、发达国家退出量化宽松等原因而从新兴经济体流出的阶段。由此可见，中国跨境资本流动的变化情况大体上与全球跨境资本流动情况一致（潘功胜，2017）。随着中国经济开始回温，外国来华的直接投资 2018 年已有所回升，所以中国的跨境资本流入仍将保持较高的水平。

但是，在跨境资本流动维持较高水平的同时，中国金融体系的风险也在不断积累，金融波动明显加大。例如，从 2005 年 7 月中国启动人民币汇率形成机制改革以来，人民币面临较大的升值压力，同时在升值预期的作用下，至 2013 年 7 月人民币对美元汇率已升值近 26%。在此期间，特别是 2008 年金融危机后，大规模的国际热钱涌入中国，使得市场流动性过剩，进一步推升国内资产价格，资产泡沫风险急剧放大，带来金融市场的剧烈波动。具体来看，股票市场大涨大

[①]　本章主要内容载于《国际金融研究》2020 年第 3 期。

1

跌，上证综指从 2005 年 7 月的 1056 点开始整体上升，在 2007 年 10 月突破 6000 点，达到 6092 点的高位，增幅超 450%，但在随后短短的一年里又急速跌至 1700 点左右；类似地，深证综指在这期间也从近 250 点大幅增长至 1551 点后又迅速回落至 470 点左右，可见股票市场波动剧烈。与此同时，房地产行业在 2002—2013 年快速扩张，这期间 35 个大中城市住宅销售价格上涨了 265.42%，房屋销售价格的上涨幅度也达到 256.06%，均实现了超 250% 的涨幅。而自 2014 年以来，在中国经济下行压力增大、人民币贬值预期、美联储退出量化宽松货币政策并进入加息周期等多重因素的作用下，资本外逃情况严重。2014 年中至 2015 年间中国资本流出规模超 1 万亿美元，外汇储备从 2014 年 6 月起连续 11 个季度持续减少。相应地，股票市场也给予反映，上证综指在半年里，从 2015 年中的约 5100 点下跌至 2600 多点；同时，银行同业拆借市场上，上海银行间同业拆借利率(Shibor)变化率从 2014 年下半年起明显加大。

跨境资本流动会在一定程度上加剧一国金融体系的脆弱性与波动性，对金融体系的稳定性造成威胁，成为引发系统性风险的因素之一，容易造成全局性的动荡与危机，这一观点已经得到国内外学术界的普遍认同。例如，Reinhart & Reinhart(2008)的研究表明，新兴经济体的顺周期财政政策与避免汇率升值的努力使得巨额的跨境资本流入，加大了金融脆弱性和危机爆发的可能性，而频繁的跨境资本流动亦使得发达经济体的宏观经济更不稳定。Caballero & Krishnamurthy(2006)认为新兴经济体的金融体系与金融制度不完备，使其面对过快流入的跨境资本时容易产生泡沫，金融中介则低估了泡沫及其崩溃的风险。国内学者伍戈和严仕锋(2015)的研究同样表明，在金融自由化背景下，跨境资本流动所形成的正反馈循环和跨部门风险传染相互叠加，已是经济顺周期性和金融加速器的一部分，极易引发系统剧烈振荡。杨子晖和陈创练(2016)等研究者也认为近几十年来的世界经济波动、金融风险传染、甚至是金融危机一定程度上都与资本账户开放水平不断提高所带来的大规模跨境资本流出入有关。

不过，学术界对于跨境资本流动引起金融波动的作用通道或机制的研究并未形成统一的意见。如前所述，2008 年美国次贷危机的暴发使人们开始重视金融中介特别是商业银行在风险传导中的作用，打破了传统理论中金融中介风险中性的假设。Borio & Zhu(2008)首次提出货币政策的"风险承担渠道"，认为货币政策的调整会改变金融中介的风险容忍度,从而影响其放贷行为并最终作用于实体经济,银行风险承担理论应运而生。Bruno & Shin(2015)则将这一思想拓展至开放经济下,基于 Rey 的"全球金融周期"研究,提出了"国际风险承担渠道效应"概念,重点关注跨境资本流动对经济主体风险选择行为的影响,特别是对金融中介风险承担行为的影响。有鉴于此,本书将在国内外学术界已有研究的基础上,通过构建世界范围内具有代表性的 79 个国家的样本集,对其 1996—2017 年的面板数据,采用系统 GMM 方法进行实证分析,系统考察跨境资本流动是否是近年来导致一国金融体系风险不断积累和金融波动加大的重要因素之一,特别地,跨境资本流动是否会改变金融中介的风险态度和风险行为并最终加大一国的金融波动,即跨境资本流动是否确实存在"国际风险承担渠道效应",以期对当前研究跨境资本流动与金融波动间关系的研究做出有益补充,并对相关政策制定能够有所启发。

第一节 研究设计

一、变量选择与测度

1. 金融波动

金融波动集中体现为金融杠杆的波动程度,主要来源于信贷的供求关系。通常来说,金融杠杆波动性越大,金融产业与金融体系的稳定性就越差。主流文献中,一般用私人部门信贷/名义 GDP 和 M2/名义 GDP 来衡量金融杠杆水平。一方面,私人部门信贷是私人部门的总体借贷水平,是金融活动中最为活跃的资金,所以私人部门信贷/名义 GDP 可用于反映金融部门活动程度与发展水平,比重越大则意味着信贷膨胀和泡沫越可能发生,对应的金融稳定性也就越差(Levine et al., 1999;刘粮和范雷,2018)。另一方面,广义货币 M2 主要由现金、活期存款、定期存款、储蓄和外币存款以及存款凭证和商业票据等其他证券构成,反映了以商业银行为典型代表的金融中介的信用创造,M2/名义 GDP 等同于信贷/名义 GDP,越高的 M2/名义 GDP 意味着通胀风险的集聚、信贷的过度扩张和经济杠杆水平的提高(殷剑锋,2013)。因此,参考陈雨露等(2016)、郭红玉和李义举(2018)等用具有时间序列性质的金融变量5年移动标准差来表示金融波动的做法,本课题将使用私人部门信贷/名义GDP的5年移动标准差(sigma_pc)和M2/名义GDP的5年移动标准差(sigma_M2)作为金融波动的代理变量。

2. 跨境资本流动

以往研究中大多采用短期资本流动来估算跨境资本流动规模,主要有直接法、间接法和混合法三种方法(陈卫东和王有鑫,2016)。直接法和间接法大都基于国际收支平衡表(BoP)进行选择与计算,混合法则是综合考虑运用直接法与间接法,这些方法各有利弊,更详尽的内容可参阅相关文献,此处就不再赘述。进一步,研究者们对净资本流动与总资本流动进行了更深入的研究。Obstfeld(2012)的研究表明,金融危机得以在世界各国蔓延传播可部分归因于总资本流动,并指出在净资本流动相对稳定的情况下,总资本流动发生逆转仍会对金融稳定产生影响,Borio & Disyatat(2015)亦认可相关结论。国内学者刘粮和陈雷(2018)认为,从消费和生产角度来看,净资本流动都只是净财富的转移,并未反映太多的融资模式,因此其对风险因素的敏感度有限,而总资本流动则反映了各国的风险分散行为与全球资本的多元化配置,侧面体现了投资者风险感知的变化。因此较之于净资本流动,总资本流动内含更多信息,能更好地评估一国信贷状况与金融体系情况,故本课题参考和借鉴刘粮和陈雷(2018)的研究,选取总资本流动占名义GDP的比重(lr_toflow)与短期资本流动占名义GDP的比重(sr_toflow)作为跨境资本流动的指标,其中,总资本流动是国际收支平衡表(BoP)中直接投资、证券投资和其他投资的资产端与负债端的总和,短期资本流动则是从总资本流动中剔除直接投资部分。另外,为了探讨不同流向的资本流动是否对金融波动有一致性的影响,同时也是稳健性检验的需要,本课题进一步将资本流动细分为跨境资本总流出(lr_outflow)、跨境资本总流入(lr_inflow)、短期跨境资本总流出(sr_outflow)和短期跨境资本总流入(sr_inflow)。[①]

---

① 刘粮和陈雷(2018)指出,周期较长且波动较小的直接投资与短期资本流动特征存在较大区别。所以本课题衡量短期资本流动时,也从总资本流动中删除了直接投资部分。

3. 风险承担意愿

作为金融中介机构典型代表的商业银行，通过承担风险与信用中介等作用在一国经济中扮演着举足轻重的角色。正常程度的风险承担有利于商业银行发挥其最大化社会福利的作用，然而一旦商业银行的风险承担水平偏离其正常水平，即过度承担风险时，则有可能触发金融系统性风险，并导致危机的爆发。所以，在考察跨境资本流动对金融波动的影响中将金融中介的风险承担行为，即所谓的"国际风险承担渠道效应"，纳入考虑范围是很有必要的。

当前，学术界用于衡量银行风险承担的代理变量有很多类，主要集中为以下几种：第一，风险加权资产占总资产的比重（Delis & Kouretas，2011；方意等，2012；顾海峰和杨立翔，2018），比重越大，银行越积极承担风险，该指标能较好地衡量银行风险承担的主动性且监管要求对其的影响较小，但资产价格波动亦会使比重发生变化；第二，不良贷款率（Delis & Kouretas，2011；项后军等，2018；黄之豪和孔刘柳，2018），是不良贷款与信贷总额之比，其中不良贷款主要是指贷款内部分级中被评为次级、可疑和损失的具有较大违约可能性的三类贷款，不良贷款率是衡量银行信用风险时较为经常使用到的指标，一般来说，不良贷款率越高意味着银行风险承担越大，该指标能较好地衡量金融中介风险承担意愿，但在滞后性、度量风险承担主动性以及易受宏观经济与监管要求影响等方面仍存在一定的局限性；第三，贷款损失准备占总贷款的比重（张雪兰和何德旭，2012；郭田勇和贺雅兰，2019），银行会调高贷款损失准备以应对可能产生的不良贷款问题以及上升的信用风险，该指标与不良贷款率一脉相承，一定程度上可以体现银行承担风险的主动性；第四，Z值（刘晓欣和王飞，2013；黄敏等，2018；张朝洋，2019），是基于违约距离对破产风险进行衡量，Hannan & Hanweck（1988）最早将其用于度量银行的破产概率，并在随后的相关研究中被研究者广泛使用与认可，一般认为 Z 值越高，银行越稳定，相应地，违约与破产概率就越小，即 Z 值与金融中介风险承担成反比例，但也要看到，部分国家实施的政府隐性担保使得商业银行的破产风险极低，破产概率几乎为零等问题使得 Z 值在描述银行风险承担意愿方面仍有所不足；第五，贷款内部审批、分级数据（Dell'Ariccia et al.，2016；Buch & Eickmeier，2014；金鹏辉等，2014；项后军等，2017），可反映贷款组合构成，是度量金融中介自身感知风险变化的最为理想的事前指标，能体现风险承担的主动性，多采用问卷调查等方式获取，但数据获取难度大且完备性、可靠性均无法保证。目前，世界范围内，绝大多数商业银行仍以存贷款业务为其主要业务，因此信用风险对其影响重大，同时考虑到国别数据的可获得性，本课题采用 Z 值变化额（Z_score）作为风险承担意愿的代理变量，另外选取不良贷款率变化额（nplr）用于稳健性检验。

4. 控制变量

为了控制不同国家间的异质性特征可能产生的影响，参考以往相关实证研究文献，在控制变量的选择方面本课题主要从经济、金融和社会这三个层面对可能影响金融稳定的因素实施控制。

经济层面。经济增长率（ggdp）的提高有利于一国加深其金融发展深度，进而促进金融稳定；通胀率（inflation）衡量价格变动，自身就是波动的来源之一，且通胀与资产泡沫间的相互作用将加剧金融风险，金融波动隐患加剧；资本形成率（capital）反映宏观资本结构，适当的资本结构是保持稳定的基础，而过度的资本投资则会加剧波动。

金融层面。存款利率（rate）是投资的机会成本，会影响投资者的投资意愿，进而影响整体投资水平；国内总储蓄率（saving）衡量国民储蓄偏好倾向，储蓄可增强银行资金实力，一定程度上缓解资金供需矛盾，促进稳定；汇率波动（exvol）通过影响国际收支、资产价格等对金融稳定产生影响。

社会层面。由于本课题采用国别数据，而国家具体情况相差甚远，所以需要对国家间异质性特征加以控制，参考相关文献，本课题选取了人口增长率（popul）、城镇化率（urban）和网络普及率（internet）三个变量。

上述各变量的符号及具体含义说明如表 1-1 所示。

表 1-1 各变量符号与含义

类型		变量	含义	具 体 说 明
被解释变量	金融波动	sigma_pc	私人部门信贷/名义 GDP 的 5 年移动标准差	衡量金融波动,数值越大表示金融相较于其均衡水平的偏离程度越大,则金融也就越不稳定
		sigma_M2	M2/名义 GDP 的 5 年移动标准差	
核心解释变量	跨境资本流动	cap_flow	跨境资本流动	跨境资本流动额占名义 GDP 的比重的对数,数值越大表示跨境资本流动规模越大,可分为跨境资本总流动(lr_toflow),跨境资本总流出、入(lr_outflow、lr_inflow),短期跨境资本总流动(sr_toflow)和短期跨境资本总流出、入(sr_outflow、sr_infow)
	风险承担意愿	Z_score	Z 值的变化额	Z 值越大,风险承担意愿越小。数值为正表示风险承担意愿降低,为负则是风险承担意愿提高
		nplr	不良贷款率的变化额	不良贷款率越高,风险承担意愿越大。数值为正表示风险承担意愿提高,为负则是风险承担意愿降低
控制变量	经济层面	ggdp	经济增长率	用 GDP 增长率表示,衡量经济增长速度,数值越大表示经济增长越快
		inflation	通货膨胀率	按 GDP 平减指数衡量的年通货膨胀率,是宏观经济波动的重要来源和指标
		capital	资本形成率	资本形成额占 GDP 的比重,反映宏观资本结构和货币资源分配
	金融层面	rate	存款利率	商业银行或类似银行对活期、定期或储蓄存款支付的利率
	社会层面	saving	国内总储蓄率	国内总储蓄额占 GDP 的比重,反映一国储蓄水平
		exvol	汇率波动	用汇率的 5 年移动标准差表示,数值越大表示汇率波动越大
		popul	人口增长率	反映社会人口状况
		urban	城镇化率	城镇人口占总人口的比重,数值越大表示城镇化水平越高
		internet	网络普及率	使用互联网的人数占人口的比重,用于反映社会发展程度

二、模型建立与估计方法

以往学者的研究表明，跨境资本流动容易带来风险的积累，可能会冲击一国的金融稳定。同时，参考过往文献，使用国别数据需要对国家间经济、金融、社会等各层面的异质性特征加以控制，控制其对金融波动的影响。所以，在模型选择与设定方面，本课题参考借鉴陈雨露等（2016）的研究，选取跨境资本流动作为核心解释变量，金融波动作为被解释变量，来构建如下反映两者之间关系的基准模型：

$$\text{sigma\_pc}_{it} = \alpha + \gamma\,\text{sigma\_pc}_{i,\,t-1} + \beta\,\text{cap\_flow}_{it} + \theta Z_{it} + \mu_i + \varepsilon_{it} \tag{1-1}$$

$$\text{sigma\_M2}_{it} = \alpha + \gamma\,\text{sigma\_M2}_{i,\,t-1} + \beta\,\text{cap\_flow}_{it} + \theta Z_{it} + \mu_i + \varepsilon_{it} \tag{1-2}$$

其中，下标 i 表示国家，t 表示时间，Z_{it} 为上文中控制变量的集合，α 为常数项，μ_i 代表个体效应，ε_{it} 为残差项。考虑到波动可能存在惯性，同时也为了检验波动传递效应，即过去的波动会对当期波动产生影响，因此设定金融波动的一期滞后项作为回归变量。

进一步地，为考察跨境资本流动是否会通过影响金融中介的风险承担意愿来对金融波动产生影响，即跨境资本流动的"国际风险承担渠道效应"是否存在，本课题在基准模型的基础上引入跨境资本流动规模与风险承担意愿的代理变量的交叉项：

$$\text{sigma\_pc}_{it} = \alpha + \gamma\,\text{sigma\_pc}_{i,\,t-1} + \beta_1\,\text{cap\_flow}_{it} + \beta_2\,\text{cap\_flow}_{it} * \text{Z\_score}_{it}$$
$$+ \theta Z_{it} + \mu_i + \varepsilon_{it} \tag{1-3}$$

$$\text{sigma\_M2}_{it} = \alpha + \gamma\,\text{sigma\_M2}_{i,\,t-1} + \beta_1\,\text{cap\_flow}_{it} + \beta_2\,\text{cap\_flow}_{it} * \text{Z\_score}_{it}$$
$$+ \theta Z_{it} + \mu_i + \varepsilon_{it} \tag{1-4}$$

$$\text{sigma\_pc}_{it} = \alpha + \gamma\,\text{sigma\_pc}_{i,\,t-1} + \beta_1\,\text{cap\_flow}_{it} + \beta_2\,\text{cap\_flow}_{it} * \text{nplr}_{it}$$
$$+ \theta Z_{it} + \mu_i + \varepsilon_{it} \tag{1-5}$$

$$\text{sigma\_M2}_{it} = \alpha + \gamma\,\text{sigma\_M2}_{i,\,t-1} + \beta_1\,\text{cap\_flow}_{it} + \beta_2\,\text{cap\_flow}_{it} * \text{nplr}_{it}$$
$$+ \theta Z_{it} + \mu_i + \varepsilon_{it} \tag{1-6}$$

式（1-5）和式（1-6）为稳健性检验式。重点关注交叉项的估计系数，如果估计系数显著不为零，且对式（1-3）和式（1-4）而言显著为负，对式（1-5）和式（1-6）而言显著为正时，则意味着"国际风险承担渠道效应"存在。

考虑到被解释变量的一期滞后项与误差项之间可能存在的相关关系，OLS 估计、固定效应模型、随机模型等方法均无法得到有效的估计量，因而本课题选择 Arellano & Bover(1995) 提出的系统广义矩估计(system GMM) 方法对上述式子进行估计。系统 GMM 能够通过选择合适的变量滞后项作为工具变量来有效地解决模型中可能存在的内生性和异方差问题，同时也能更好地处理个体效应与时间效应，所以该方法近年来也被广泛运用于动态面板数据，研究与宏观经济相关的诸多问题。系统 GMM 有一步 GMM 和两步 GMM 之分，后者是在前者的基础上将一步 GMM 结果的残差加入新的估计，以建立一个一致的方差—协方差矩阵，从而进一步放宽一步 GMM 中残差需要独立和同方差的假设(马勇和陈雨露，2017)。综上考虑，本课题采用两步系统 GMM 方法来对上述式子进行估计，以此来考察跨境资本流动对金融波动的影响及金融中介风险承担行为作为作用通道在其中发挥的作用。

值得注意的是，因为系统 GMM 成立的前提是扰动项不存在序列自相关，故本章使用 AR(1) 检验和 AR(2) 检验来检验残差是否存在一阶和二阶自相关。另外，使用过度识别检验——Sargan 检验来检验工具变量的整体有效性。只有上述检验都通过才能一定程度上确保模型估计的有效性和稳健性。

三、样本选择、数据来源与基本统计分析

考虑到数据的可获得性，并参考国际货币基金组织(IMF) 常见的代表性国家，本课题在全球范围内选取了较为全面且具有代表性的样本，收集并整理了包括 79 个国家在内的 1996—2017 年的面板数据①，部分缺失数据使用插值法进行补全。从国家分类来看，按照国际货币基金组织(IMF) 分类标准，样本包括 22 个发达国家和 57 个发展中国家。从区域来看，样本国家大体涵盖了全球各大洲主要的国家。从国民经济规模来看，以 2017 年 GDP 为基础数据，79 个样本国家的 GDP 总和占全球 GDP 总量的 85%以上。主要变量的基本描述统计与数据来源如表 1-2 所示。

———————

① 作者能够获得的风险承担意愿的代理变量的 Z 值变化额(Z_score) 的区间为 1996—2016 年，所以后文涉及该变量的实证检验的样本区间为 1996—2016 年。

表 1-2　　　　　　　　　　　主要变量的描述性统计

变量	含义与数据来源	样本数	均值	标准差	最小值	最大值
sigma_pc	私人部门信贷/名义 GDP 的 5 年移动标准差[a]	1738	5.3685	6.4703	0.1899	86.3050
sigma_M2	M2/名义 GDP 的 5 年移动标准差[a]	1738	4.3292	3.5324	0.2595	31.0179
lr_toflow	跨境资本总流动[b]	1738	28.0604	84.0779	0.0053	1054.8400
lr_inflow	跨境资本总流入[b]	1738	14.7967	46.6616	0.0000	550.6377
lr_outflow	跨境资本总流出[b]	1738	13.2637	38.5926	0.0000	504.2021
sr_toflow	短期跨境资本总流动[b]	1738	20.1364	65.0208	0.0028	909.8623
sr_inflow	短期跨境资本总流入[b]	1738	10.7674	38.0231	0.0000	498.2590
sr_outflow	短期跨境资本总流出[b]	1738	9.3690	28.4401	0.0000	411.6033
Z_score	Z 值的变化额[c]	1580	0.1355	3.5283	−52.4938	75.8741
nplr	不良贷款率的变化额[c]	1300	−0.2697	3.0727	−20.9000	30.9996
ggdp	经济增长率[d]	1738	6.4789	11.6309	−63.6304	103.6553
inflation	通货膨胀率[d]	1738	6.3827	20.6691	−27.6318	779.4702
capital	资本形成率[d]	1738	23.3314	6.9031	−2.4244	76.6900
rate	存款利率[d]	1738	6.6576	7.3089	−0.2718	80.7517
saving	国内总储蓄率[d]	1738	20.7642	11.8525	−20.1639	61.2873
exvol	汇率波动[a]	1738	60.1607	330.5424	0.0000	5270.771
popul	人口增长率[d]	1738	1.4150	1.1589	−2.1707	7.7760
urban	城镇化率[d]	1738	60.9898	22.7225	11.3500	100.0000
internet	网络普及率[d]	1738	29.8226	29.4178	0.0000	98.2600

资料来源：a. 原始数据来自世界银行（WB）World Development Indicators 数据库，并对数据作整理计算处理；b. 原始数据来自国际货币基金组织（IMF）数据库国际收支平衡表，并对数据作整理计算处理；c. 原始数据来自世界银行（WB）Global Financial Development 数据库，并对数据作整理计算处理；d. 数据来自世界银行（WB）World Development Indicators 数据库。

第二节 实证结果与分析

基于前文的研究设计,本部分将分别对总体的跨境资本流动、短期跨境资本与金融波动间的关系进行实证检验,并在此基础上对相应结果进行分析与解读。同时,进行异质性检验以保证相关结论的一致性与可靠性。

一、总体的跨境资本流动对金融波动的影响

根据上文设定的动态面板回归模型中的式(1-1)和(1-2),系统 GMM 估计方法的回归结果如表 1-3 所示。其中,式(1-1)中金融波动用私人部门信贷/名义 GDP 的 5 年移动标准差来表示,为了进一步明确回归结果的稳定性和控制变量的引入对回归结果的影响,参考相关文献做法,对式(1-1)采用逐步添加控制变量的方法。对应地,表 1-3 的模型 1 只包含金融波动的一期滞后项和总体跨境资本流动这个核心解释变量,模型 2—模型 4 为分别逐步增加经济层面、金融层面、社会层面的控制变量。模型 5 是针对以 M2/名义 GDP 的 5 年移动标准差为金融波动的代理变量的式(1-2)的回归结果。

表 1-3   **金融波动与跨境资本流动的系统 GMM 回归结果**

变量	模型 1	模型 2	模型 3	模型 4	模型 5
L. sigma_pc	0.9538***	0.9840***	0.9098***	0.9911***	
	(64.62)	(17.51)	(11.56)	(19.55)	
L. sigma_M2					0.9149***
					(9.86)
lr_toflow	0.0089**	0.0041*	0.0070**	0.0084***	0.0063**
	(2.48)	(1.67)	(2.38)	(2.62)	(2.03)
ggdp		−0.0332**	−0.0183**	−0.0315**	−0.0262**
		(−2.33)	(−2.02)	(−2.53)	(−2.35)
inflation		0.0210*	0.0157	0.0255*	0.0114
		(1.69)	(0.81)	(1.86)	(0.94)

续表

变量	模型 1	模型 2	模型 3	模型 4	模型 5
capital		0.2104***	0.1561***	0.1529***	0.0861***
		(5.39)	(2.99)	(4.80)	(3.71)
saving			−0.0236*	−0.0405*	−0.0361*
			(−1.95)	(−1.94)	(−1.75)
exvol			0.0012**	0.0009***	0.0002
			(2.50)	(2.79)	(0.64)
rate			0.0005	−0.0635**	−0.0233
			(0.02)	(−2.50)	(−0.93)
popul				0.5419***	0.5828***
				(2.76)	(5.99)
urban				0.0198	0.0019
				(1.08)	(0.12)
internet				−0.0206***	−0.0109
				(−3.61)	(−1.34)
Cconstant	−0.0193	−4.8257***	−2.9422***	−3.8319***	−1.4510*
	(−0.23)	(−4.70)	(−3.21)	(−3.35)	(−1.76)
年度效应	YES	YES	YES	YES	YES
个体效应	YES	YES	YES	YES	YES
N	1659	1659	1659	1659	1659
AR(1)	−2.1997	−2.1773	−2.0798	−2.227	−3.3054
	(0.0278)	(0.0295)	(0.0375)	(0.0262)	(0.0009)
AR(2)	−1.9479	−1.8559	−1.8052	−1.7635	−1.9416
	(0.0514)	(0.0629)	(0.0710)	(0.0778)	(0.0522)
Sargan	76.8510	71.3944	73.6226	69.6672	79.9221
	(0.4511)	(1.0000)	(1.0000)	(1.0000)	(1.0000)

注：***，**和*分别表示在1%，5%和10%的置信水平下显著，下同；变量系数括号内为z值，下同；Sargan统计量和AR(1)、AR(2)统计量行括号内为p值，下同。

从表1-3的模型1—模型4的回归结果来看，总体跨境资本流动(lr_toflow)的系数大多在1%或5%的置信水平下显著为正，这意味着跨境资本流动显著地增加了金融波动，对一国的金融稳定有一定的负面影响，与大多数学者的观点一致。在一国金融体系不甚完备的情况下，跨境资本流动规模的增大会加剧其脆弱性，引发金融系统甚至整个宏观经济的波动，更严重的会爆发危机。另外，sigma_pc的一期滞后项在1%的置信水平下显著为正，说明波动具有传递性，与波动传递假说相符。波动传递假说认为经济变量过去的波动会对该变量未来的波动有直接影响，且相隔越短，影响力度越大(熊衍飞等，2015)。上述相关回归系数的符号不随着逐步添加控制变量而发生改变，说明了跨境资本流动与金融波动间的关系具有一定稳定性，回归结果较为可靠。

除了上述核心解释变量与被解释变量的一期滞后项的结果外，从模型4的结果来看控制变量的附加影响。首先，经济层面的控制变量中，经济增长率(ggdp)的系数显著为负，通货膨胀率(inflation)和资本形成率(capital)的系数显著为正，说明较快的经济增长一定程度上可缓解金融波动，而严重的通货膨胀与过度的资本投资会加剧波动。其次，金融层面的控制变量中，国内总储蓄率(saving)和存款利率(rate)的系数显著为负，因为利率的上升使得投资的机会成本增加，人们投资意愿下降，以及储蓄偏好的倾向都促使投资减少，波动减弱，而汇率波动(exvol)是金融波动的一个重要来源，所以两者间存在正相关关系也不难理解。最后，社会层面的控制变量中，网络普及率可侧面反映社会发展程度，一般该值越高，意味着社会更现代化且发展更完善，回归结果中网络普及率(internet)的系数显著为负，说明社会发展程度与金融波动呈负相关关系。总的来说，控制变量结果与理论以及经验事实直觉相符。

再来看以M2/名义GDP的5年移动标准差为金融波动的代理变量的模型5的回归结果，跨境资本流动(lr_toflow)与sigma_M2的一期滞后项的系数分别为0.0063、0.9149，都显著为正，说明跨境资本流动对金融波动有正向促进作用，且存在波动传递性，与以私人部门信贷/名义GDP的5年移动标准差为金融波动的代理变量的模型1—模型4一致，再次验证了相关结论的稳健性。控制变量的附加影响大体同模型4，不再赘述。

最后，模型检验结果显示表1-4中的所有回归结果均通过AR(1)、AR(2)检验和过度识别检验，说明模型估计中不存在二阶序列自相关关系，且所用的工具变量恰当有效，相关的回归结果是稳定可信的。

二、短期跨境资本流动对金融波动的影响

具有形式复杂、周期较短、波动较大、市场性等特征的短期跨境资本流动一直是市场的焦点，也是资本流动中的主力军，其与金融波动间的关系亦值得关注。那么，短期跨境资本流动对金融波动的影响是否与上文相关结论具有一致性？通过重复上述步骤，得到如表1-4所示的回归结果，且模型均通过序列相关性检验和 sargan 检验。由表1-4可知，模型6—模型10的短期跨境资本流动(sr_toflow)的系数均显著为正，其他解释变量系数符号与表1-3结果大体一致。由此可见，不论是长期还是短期的跨境资本流动，其规模的增大使得风险不断积聚，加大金融系统脆弱性，给一国的金融稳定与宏观经济发展带来不利冲击，这也对一国的应对措施和监管能力提出了更高的要求。

表 1-4　　　　金融波动与短期跨境资本流动的系统 GMM 回归结果

变量	模型 6	模型 7	模型 8	模型 9	模型 10
L. sigma_pc	0.9527 ***	0.9818 ***	0.9572 ***	0.9956 ***	
	(64.63)	(17.52)	(24.40)	(30.57)	
L. sigma_M2					0.9328 ***
					(10.72)
sr_toflow	0.0109 **	0.0059 *	0.0072 **	0.0077 **	0.0082 **
	(2.13)	(1.78)	(2.24)	(2.08)	(2.41)
ggdp		−0.0336 ***	−0.0199 *	−0.0325 ***	−0.0270 ***
		(−2.67)	(−1.68)	(−2.98)	(−4.18)
inflation		0.0209 *	0.0182	0.0204	0.0132
		(1.68)	(1.06)	(1.61)	(1.24)
capital		0.2087 ***	0.1570 ***	0.1697 ***	0.0787 ***
		(5.25)	(5.05)	(4.60)	(3.32)

续表

变量	模型6	模型7	模型8	模型9	模型10
saving			−0.0265**	−0.0469***	−0.0208*
			(−2.15)	(−2.80)	(−1.64)
exvol			0.0012***	0.0010*	0.0001
			(3.89)	(1.96)	(0.22)
rate			−0.0299	−0.0623*	−0.0147
			(−1.27)	(−1.95)	(−0.51)
popul				0.5317***	0.5230***
				(2.90)	(3.86)
urban				0.0312*	−0.1122
				(1.90)	(−1.16)
internet				−0.0320***	−0.9521
				(−3.07)	(−1.40)
Cconstant	0.0176	−4.7821***	−2.8338***	−4.3928***	−0.9521
	(0.20)	(−4.58)	(−3.69)	(−4.01)	(−1.40)
年度效应	YES	YES	YES	YES	YES
个体效应	YES	YES	YES	YES	YES
N	1659	1659	1659	1659	1659
AR(1)	−2.2048	−2.1802	−2.2279	−2.2628	−3.4311
	(0.0275)	(0.0292)	(0.0259)	(0.0237)	(0.0006)
AR(2)	−1.9401	−1.8536	−1.7627	−1.7475	−1.8983
	(0.0524)	(0.0638)	(0.0779)	(0.0805)	(0.0577)
Sargan	77.3848	71.9137	67.3611	66.8577	72.6041
	(0.4342)	(1.0000)	(1.0000)	(1.0000)	(1.0000)

三、异质性检验

国家间存在着或大或小的差异，这些差异在跨境资本流动作用于一国金融波动的过程中又扮演着什么样的角色？为此，在基准模型(1.1)式的基础上分别引

15

入经济层面控制变量——经济增长率(ggdp)、通货膨胀率(inflation)、资本形成率(captial)与跨境资本流动的乘积项，以此来检验国家特征与跨境资本流动间的交互作用，从而分析国家间存在的特性是否会使得跨境资本流动对金融波动的影响程度发生变化。表1-5是相关的异质性检验结果。

模型11—模型13是引入各国家特征变量与跨境资本总流动(lr_toflow)交叉项，由结果来看，经济增长率(ggdp)与跨境资本总流动交叉项的系数在5%的显著性水平上显著为负，说明一国经济增长速度的提高可适度缓解跨境资本流动对金融波动的促进作用。资本形成率(captial)与跨境资本总流动交叉项的系数在5%的显著性水平上显著为正，意味着过度的资本投资可能会使得市场偏离理性，在面临巨额的资本流动规模时，会加剧金融波动程度。另外，通货膨胀率(inflation)与跨境资本总流动交叉项的系数则不显著，这可能与通胀成因的复杂性、形式的多样性等原因有关，使得其在跨境资本流动作用于一国金融波动的过程发挥的作用不确定。模型14—模型16则是引入各国家特征变量与短期跨境资本流动(sr_toflow)乘积项，其结果与模型11—模型13基本一致。因此，总的来说，国家间的差异化特征在跨境资本流动对金融稳定的影响上存在着一定程度的异质性。

表1-5　　　　　　　　　　　　　　异质性检验

变量	模型11	模型12	模型13	模型14	模型15	模型16
L. sigma_pc	0.9113*** (104.83)	1.0384*** (27.88)	1.0024*** (18.70)	0.9067*** (109.36)	1.0214*** (24.27)	1.0230*** (15.95)
lr_toflow	0.0059*** (3.67)	0.0069** (2.59)	−0.0095 (−1.23)			
lr_toflow * ggdp	−0.0002** (−2.13)					
lr_toflow * inflation		−0.0004 (−0.51)				
lr_toflow * capital			0.0007** (2.03)			

续表

变量	模型 11	模型 12	模型 13	模型 14	模型 15	模型 16
sr_toflow				0.0071***	0.0080**	−0.0118
				(5.75)	(2.08)	(−1.23)
sr_toflow * ggdp				−0.0002**		
				(−2.23)		
sr_toflow * inflation					−0.0003	
					(−0.30)	
sr_toflow * captial						0.0009**
						(2.04)
ggdp	−0.0183**	−0.0490**	−0.0349***	−0.0186***	−0.0495**	−0.0381***
	(−2.71)	(−2.28)	(−3.60)	(−2.83)	(−2.37)	(−2.71)
inflation	0.0157**	0.0142**	0.0118*	0.0196***	0.0138***	0.0107*
	(1.98)	(2.18)	(1.96)	(3.21)	(3.20)	(1.70)
capital	0.2211***	0.2060***	0.1809***	0.2305***	0.2159***	0.1674***
	(5.72)	(4.39)	(3.97)	(9.35)	(5.21)	(3.59)
saving	−0.0426**	−0.0476*	−0.0438**	−0.0451***	−0.0539**	−0.0441***
	(−2.13)	(−1.78)	(−1.97)	(−2.74)	(−2.08)	(−3.12)
exvol	0.0006*	0.0006	0.0009*	0.0008**	0.0006	0.0006
	(1.92)	(1.09)	(1.65)	(2.20)	(1.09)	(1.28)
rate	−0.0634***	−0.1082***	−0.0848***	−0.0676**	−0.1093***	−0.0830***
	(−3.66)	(−2.90)	(−2.76)	(−2.07)	(−2.85)	(−2.78)
popul	0.4499***	0.5576**	0.4176*	0.4394***	0.5153**	0.4450**
	(3.17)	(2.14)	(1.80)	(3.23)	(2.22)	(2.39)
urban	0.0318***	0.0289	0.0220	0.0349***	0.0340	0.0174
	(3.04)	(1.11)	(1.30)	(3.95)	(1.26)	(1.01)
internet	−0.0206***	−0.0406***	−0.0289***	−0.0200***	−0.0406***	−0.0273***
	(−3.66)	(−3.45)	(−4.39)	(−3.15)	(−3.46)	(−4.42)
Cconstant	−5.4693***	−4.6430***	−3.9248***	−5.8469***	−4.8630***	−3.4659**
	(−5.11)	(−2.61)	(−2.81)	(−7.31)	(−3.16)	(−2.22)

续表

变量	模型 11	模型 12	模型 13	模型 14	模型 15	模型 16
年度效应	YES	YES	YES	YES	YES	YES
个体效应	YES	YES	YES	YES	YES	YES
N	1659	1659	1659	1659	1659	1659
AR(1)	−2.2757	−2.2884	−2.2198	−2.2935	−2.2735	−2.1796
	(0.0229)	(0.0221)	(0.0276)	(0.0218)	(0.0230)	(0.0293)
AR(2)	−1.7901	−1.7898	−1.7650	−1.7731	−1.7509	−1.7763
	(0.0734)	(0.0735)	(0.0776)	(0.0762)	(0.0800)	(0.0757)
Sargan	65.2248	63.4333	69.5575	72.0583	65.7794	70.8521
	(1.0000)	(0.9967)	(1.0000)	(1.0000)	(0.9936)	(1.0000)

第三节 跨境资本流动的"国际风险承担渠道效应"

到目前为止，我们已经检验了跨境资本流动对金融波动的影响，相关结果表明跨境资本流动与金融波动间显著存在着正相关关系，跨境资本流动规模越大对金融稳定的负向冲击也越大。进一步地，我们将转向检验跨境资本流动的"国际风险承担渠道效应"是否存在，即跨境资本流动是否会通过影响金融中介的风险承担意愿从而作用于金融稳定。对此，我们将在本部分通过引入跨境资本流动与风险承担意愿代理变量的交叉项进行实证检验分析，其中 Z 值变化额(Z-score)作为风险承担意愿的代理变量。

根据上文设定的动态面板回归模型中的式(1.3)和式(1.4)，表 1-6 给出相关回归结果，对交叉项系数施以重点关注。其中，式(1.3)中，金融波动用私人部门信贷/名义 GDP 的 5 年移动标准差来表示，类似地，对式(1.3)采用逐步添加控制变量的方法，即表 1-5 的模型 17 只包含金融波动的一期滞后项、核心解释变量跨境总资本流动及其与 Z 值变化额的交叉项这三项，模型 18—模型 20 在模型 17 的基础上分别逐步增加三个层面的控制变量。模型 21 使用短期跨境资本流动及其与 Z 值变化额的乘积项，从短期视角来考察"国际风险承担渠道效应"是否存在。模型 22—模型 23 是针对以 M2/名义 GDP 的 5 年移动标准差为金融波动的代理变量的(1.4)式的回归结果。

表 1-6　　跨境资本流动的国际风险承担渠道效应的系统 GMM 回归结果

变量	模型 17	模型 18	模型 19	模型 20	模型 21	模型 22	模型 23
L. sigma_pc	1.0150***	0.9512***	0.9444***	0.9775***	0.8849***		
	(37.54)	(30.33)	(19.87)	(22.02)	(14.67)		
L. sigma_M2						0.9165***	0.9774***
						(7.47)	(17.80)
ln(lr_toflow)	0.3837**	0.4102***	0.4534***	0.5672***		0.3393**	
	(2.02)	(2.98)	(4.33)	(3.96)		(2.58)	
Z_score * ln(lr_toflow)	−0.0162	−0.0208**	−0.0178**	−0.0172**		−0.0078**	
	(−1.44)	(−2.45)	(−2.42)	(−2.32)		(−2.10)	
ln(sr_toflow)					0.3499***		0.1356**
					(3.00)		(2.16)
Z_score * ln(sr_toflow)					−0.0515***		−0.0004*
					(−2.59)		(−1.84)
ggdp		−0.0270*	−0.0176	−0.0347***	−0.0248***	−0.0213***	−0.0291***
		(−1.71)	(−1.51)	(−3.79)	(−2.61)	(−2.63)	(−4.52)
inflation		0.0205*	0.0202	0.0239	0.0163	0.0126*	0.0099
		(1.96)	(1.03)	(1.37)	(0.88)	(1.93)	(1.57)
capital		0.1469***	0.1687***	0.1472***	0.1703***	0.0547*	0.0888***
		(4.13)	(4.45)	(4.82)	(3.24)	(1.82)	(3.36)
saving			−0.0622***	−0.0605***	−0.0618**	0.0013	−0.0132
			(−3.31)	(−3.23)	(−2.21)	(0.06)	(−0.96)
exvol			0.0021**	0.0020**	0.0010	−0.0005*	−0.0002
			(2.46)	(2.34)	(1.54)	(−1.91)	(−0.57)
rate			0.0058	−0.0624	−0.0520	−0.0025	−0.0084
			(0.14)	(−1.63)	(−1.40)	(−0.10)	(−0.37)

续表

变量	模型 17	模型 18	模型 19	模型 20	模型 21	模型 22	模型 23
popul				0.3840 *	0.5838 **	0.5072 ***	0.5748 ***
				(1.83)	(2.45)	(3.55)	(4.71)
urban				0.0412 ***	0.0361 *	0.0054	−0.0081
				(2.65)	(1.94)	(0.34)	(−0.65)
internet				−0.0411 ***	−0.0279 ***	−0.0099	−0.0077 *
				(−4.08)	(−3.30)	(−1.61)	(−1.67)
Constant	−0.9643 ***	−4.0705 ***	−3.4825 ***	−4.8998 ***	−4.1556 **	−2.3225 ***	−1.6861 **
	(−2.81)	(−4.76)	(−3.57)	(−5.01)	(−2.44)	(−3.23)	(−2.00)
年度效应	YES	YES	YES	YES	YES	YES	YES
个体效应	YES	YES	YES	YES	YES	YES	YES
N	1580	1580	1580	1580	1580	1580	1580
AR(1)	−2.2830	−2.3396	−2.3320	−2.3959	−2.2975	−2.5434	−3.6850
	(0.0224)	(0.0193)	(0.0197)	(0.0166)	(0.0216)	(0.0110)	(0.0002)
AR(2)	−1.8914	−1.8457	−1.7827	−1.7469	−1.7077	−1.9238	−1.8037
	(0.0586)	(0.0649)	(0.0746)	(0.0807)	(0.0877)	(0.0544)	(0.0713)
Sargan	71.4769	70.0083	73.1693	70.9028	65.8682	66.1169	70.8999
	(0.9999)	(1.0000)	(1.0000)	(1.0000)	(1.0000)	(1.0000)	(1.0000)

　　从表 1-6 的模型 17—模型 21 结果来看，跨境总资本流动与 sigma_pc 的一期滞后项的系数都在 1% 或者 5% 的置信水平下显著为正，与前文一致，说明交互项的加入并不影响跨境资本流动与金融稳定间存在负相关关系、波动传递性等相关结论。特别地，我们关注交互项系数，如前文所述，Z 值变化额为正意味着风险承担意愿降低，为负则表示风险承担意愿提高。从表 1-6 的模型 17—模型 21 结果可知，除了模型 17 以外，其他模型中的交互项系数均在 1% 或 5% 的置信水平下显著小于零，说明不论是长期还是短期的跨境资本流动，自身引发波动的同时，还会诱使金融中介积极承担风险，主要体现在贷款标准的降低与放贷规模的提高，这进一步加剧了金融波动，由此可见金融中介放大了跨境资本流动对金融稳定的负面作用，起到了类似放大器的作用，而且金融中介风险承担意愿越强，对金融稳定的冲击也越大。这都表明了"国际风险承担渠道效应"的存在，即跨

境资本流动促使金融中介风险感知发生变化，影响其风险承担行为，并最终作用于一国金融体系的稳定。从结果的稳定性来看，上述相关结论并没有因为控制变量的逐步加入发生变化，这说明所得结论是稳健的。

在控制变量方面，从表1-6可知，经济层面的控制变量中经济增长率(ggdp)对金融波动影响显著为负，资本形成率(capital)对金融波动影响显著为正；金融层面的控制变量中国内总储蓄率(saving)对金融波动影响显著为负，汇率波动(exvol)对金融波动影响显著为正；社会层面的控制变量中网络普及率(internet)对金融波动影响显著为负。估计结果与表1-3的结果高度一致，不再赘述。

再来看以M2/名义GDP的5年移动标准差为金融波动的代理变量的模型22—模型23的回归结果，长期或短期跨境资本流动，以及sigma_M2的一期滞后项的系数都在1%或者5%的置信水平下显著为正，与前文相关结论一致。同时，交互项系数均显著为负，与以私人部门信贷/名义GDP的5年移动标准差为金融波动的代理变量的模型17—模型21一致，再次验证了"国际风险承担渠道效应"存在的结论的稳健可靠性。控制变量的附加影响大体同模型21，不再赘述。

最后，模型检验结果显示表1-6中的所有回归结果亦均通过AR(1)、AR(2)检验和过度识别检验，说明模型估计的回归结果是稳健有效的。

第四节　稳健性检验

通过前文的实证检验分析，我们可以得到两个基本结论：一是跨境资本流动与金融波动间存在正相关关系；二是"国际风险承担渠道效应"存在，即跨境资本流动会通过影响金融中介的风险承担行为最终作用于一国的金融稳定。本部分通过对动态面板数据采用不同的计量方法与替换不同的代理变量来对上述结论进行稳健性检验。

一、固定效应模型

前文的分析中采用了系统GMM方法对基准模型进行计量估计。为了进一步确认结论一的稳健性，我们对式(1.1)、式(1.2)采用固定效应面板回归，相应结果见表1-7。由回归结果可知，跨境资本流动的系数均在1%或5%的置信水平下显著为正；金融波动的一期滞后项的系数都在1%的置信水平上显著为正，这些都与前文分析一致。所以，总的看来，综合前文分析与表1-7，可以认为跨境资本流动与金融波动间存在着正相关关系的结论在不同的计量方法下是稳健的。

表1-7　　　　　　　　　　稳健性检验：固定效应模型

变量	模型24	模型25	模型26	模型27
L. sigma_pc	0. 7667 ***	0. 7663 ***		
	(0. 0252)	(0. 0151)		
L. sigma_M2			0. 7266 ***	0. 7269 ***
			(0. 0163)	(0. 0163)
lr_toflow	0. 0042 **		0. 0035 ***	
	(0. 0019)		(0. 0011)	
sr_toflow		0. 0053 **		0. 0042 ***
		(0. 0021)		(0. 0013)
ggdp	−0. 0081	−0. 0081	−0. 0188 ***	−0. 0188 ***
	(0. 0082)	(0. 0067)	(0. 0041)	(0. 0041)
inflation	0. 0097 ***	0. 0096 **	0. 0115 ***	0. 0114 ***
	(0. 0028)	(0. 0040)	(0. 0025)	(0. 0025)
capital	0. 0975 ***	0. 0978 ***	0. 0404 ***	0. 0406 ***
	(0. 0341)	(0. 0179)	(0. 0110)	(0. 0110)
saving	−0. 0432 **	−0. 0427 ***	−0. 0246 **	−0. 0242 **
	(0. 0209)	(0. 0164)	(0. 0101)	(0. 0101)
exvol	0. 0006	0. 0006 **	0. 0001	0. 0001
	(0. 0005)	(0. 0003)	(0. 0002)	(0. 0002)
rate	−0. 0174	−0. 0170	−0. 0150	−0. 0145
	(0. 0154)	(0. 0187)	(0. 0115)	(0. 0115)
popul	0. 2862 **	0. 2805 *	0. 2360 **	0. 2316 **
	(0. 1261)	(0. 1561)	(0. 0959)	(0. 0959)

续表

变量	模型 24	模型 25	模型 26	模型 27
urban	−0.0788***	−0.0758**	−0.0609***	−0.0582***
	(0.0266)	(0.0314)	(0.0193)	(0.0193)
internet	−0.0019	−0.0018	−0.0023	−0.0022
	(0.0059)	(0.0047)	(0.0029)	(0.0029)
Cconstant	4.2961***	4.1112**	4.2564***	4.0893***
	(1.5441)	(1.9492)	(1.2021)	(1.2000)
N	1659	1659	1659	1659
R^2	0.6376	0.6378	0.5803	0.5804

注：***，**和*分别表示在1%，5%和10%的置信水平下显著，变量系数括号内为稳健标准差。

二、跨境资本的流出与流入

为考察不同的流动方向的跨境资本对金融波动是否有一致性的影响，将跨境资本总流出（lr_outflow）、跨境资本总流入（lr_inflow）、短期跨境资本总流出（sr_outflow）、短期跨境资本总流入（sr_infow）作为式（1.1）、式（1.2）的核心解释变量进行实证检验，回归结果见表1-8，相关检验结果均通过 AR(1)、AR(2)检验和过度识别检验。由表1-8可知，不论是长期还是短期的跨境资本流出抑或是流入，其回归系数均显著为正；金融波动的一期滞后项的系数都在1%的置信水平上显著为正，与前文的结论一致。的确，一方面，当一国的经济承载能力与过度的跨境资本流入不相符时，则可能会使得资本配置效率低下，同时过重的负债压力也不利于经济良好运行；另一方面，巨额跨境资本流出会对外界释放消极信息，外界对一国经济信心的下降无疑不利于发展与稳定。综上，不同流向的跨境资本对金融波动的影响具有一致性，即跨境资本的流出与流入均一定程度上促进金融波动，不利于维护金融稳定。

表 1-8 稳健性检验：金融波动与跨境资本流出入的系统 GMM 回归结果

变量	模型 28	模型 29	模型 30	模型 31	模型 32	模型 33	模型 34	模型 35
L. sigma_pc	0.9843*** (25.58)	0.9880*** (18.68)	0.9210*** (11.53)	0.9928*** (19.34)				
L. sigma_M2					0.9178*** (10.02)	0.9080*** (10.12)	0.9241*** (10.50)	0.9278*** (13.90)
lr_outflow	0.0189*** (2.66)				0.1324** (2.03)			
lr_inflow		0.0147** (2.47)				0.0093* (1.66)		
sr_outflow			0.0248** (2.46)				0.0121* (1.67)	
sr_inflow				0.0126** (2.01)				0.0146* (1.81)
ggdp	-0.0280** (-2.16)	-0.0282** (-2.21)	-0.0238** (-2.34)	-0.0302** (-2.43)	-0.0283* (-1.88)	-0.0293*** (-3.64)	-0.0313*** (-4.99)	-0.0315*** (-3.43)
inflation	0.0251* (1.75)	0.0227 (1.62)	0.0182 (0.95)	0.0252* (1.73)	0.0123 (1.08)	0.0120* (1.86)	0.0114 (1.61)	0.0208 (0.84)
capital	0.1407*** (4.63)	0.1411*** (3.94)	0.1557*** (2.93)	0.1491*** (4.83)	0.0832*** (3.82)	0.0724*** (3.32)	0.0827*** (3.66)	0.0651*** (3.19)
saving	-0.0259 (-0.95)	-0.0369** (-2.13)	-0.0438* (-1.68)	-0.0395** (-2.02)	-0.0299* (-1.76)	-0.0243* (-1.79)	-0.0294* (-1.82)	-0.0153 (-0.76)

续表

变量	模型 28	模型 29	模型 30	模型 31	模型 32	模型 33	模型 34	模型 35
exvol	0.0009** (2.41)	0.0009** (2.40)	0.0009*** (2.99)	0.0010*** (2.83)	0.0003 (0.94)	0.0002 (0.60)	0.0001 (0.35)	-0.003 (-0.62)
rate	-0.0606* (-1.70)	-0.0705*** (-2.89)	-0.0246 (-0.81)	-0.0733** (-2.59)	-0.0251 (-0.99)	-0.0253 (-1.55)	-0.0266* (-1.65)	-0.0267 (-0.45)
popul	0.4896** (2.36)	0.4764*** (4.68)	0.4523** (2.43)	0.4912** (2.82)	0.5580*** (6.52)	0.5790*** (4.79)	0.5914*** (4.54)	0.6466*** (4.07)
urban	0.0149 (0.76)	0.0241** (2.04)	0.0390** (2.10)	0.0266* (1.80)	0.0013 (0.08)	0.0023 (0.18)	-0.0001 (-0.00)	-0.0072 (-0.42)
internet	-0.0208*** (-3.11)	-0.0208*** (-3.74)	-0.0199*** (-3.74)	-0.0229*** (-4.08)	-0.0105 (-1.11)	-0.0125** (-2.15)	-0.0099* (-1.66)	-0.0127* (-1.74)
Cconstant	-3.5621*** (-3.10)	-3.7749*** (-3.94)	-4.8895*** (-2.79)	-3.9829*** (-3.63)	-1.4680* (-1.92)	-1.2770* (-1.83)	-1.3688 (-1.57)	-0.8430 (-1.17)
年度效应	YES	YES	YES	YES	YES	YES	YES	YES
个体效应	YES	YES	YES	YES	YES	YES	YES	YES
N	1659	1659	1659	1659	1659	1659	1659	1659
AR(1)	-2.2614 (0.0237)	-2.2022 (0.0276)	-2.0853 (0.0370)	-2.2068 (0.0273)	-3.3382 (0.0008)	-3.3177 (0.0009)	-3.3919 (0.0007)	-3.6383 (0.0003)
AR(2)	-1.7512 (0.0799)	-1.7782 (0.0754)	-1.7304 (0.0836)	-1.7547 (0.0793)	-1.9509 (0.0511)	-1.9523 (0.0509)	-1.9590 (0.0501)	-1.8229 (0.0683)
Sargan	73.3929 (1.0000)	66.8017 (1.0000)	65.7234 (1.0000)	71.8789 (1.0000)	70.6066 (1.0000)	74.1026 (1.0000)	74.5169 (1.0000)	72.4499 (1.0000)

三、风险承担意愿的其他度量：不良贷款率变化额

风险承担意愿的代理变量有多种选择，本章通过替换风险承担意愿的代理变量来对结论二进行稳健性检验。考虑到数据的可得性，使用不良贷款率变化额（nplr）作为风险承担意愿的另一个代理变量，该值为正意味着风险承担意愿提高，反之则是风险承担意愿降低，并仍采用系统 GMM 方法对式（1.5）和式（1.6）进行回归分析，结果见表 1-9。需要说明的是，因为不良贷款率数据的不完整性，所以表 1-9 所用数据是包括 65 个国家在内的 1998—2017 年的面板数据，部分缺失数据使用插值法进行补全。

由表 1-9 可知，跨境资本流动与被解释变量的一期滞后项的系数均在 1% 的置信水平上显著为正，与前文一致相符。交叉项系数分别为 0.0230 和 0.0033，均显著大于零，可见不论是用私人部门信贷/名义 GDP 的 5 年移动标准差（sigma_pc）还是用 M2/名义 GDP 的 5 年移动标准差（sigma_M2）表示金融波动，金融中介的风险承担行为都放大了跨境资本流动对金融稳定的负面作用，即跨境资本流动会通过影响金融中介的风险承担行为最终作用于一国的金融稳定，与前文基本一致，"国际风险承担渠道效应"存在的相关结论是准确可信的。相关检验结果均通过 AR（1）、AR（2）检验和 Sargan 检验。

表 1-9　　　　　　稳健性检验：跨境资本流动的国际风险承担

渠道效应的系统 GMM 回归结果

变量	模型 36	模型 37
L. sigma_pc	0.9211*** （29.84）	
L. sigma_M2		0.9776*** （16.15）
ln（lr_toflow）	0.7444*** （5.32）	0.0033*** （3.08）
nplr * ln（lr_toflow）	0.0230* （1.80）	0.0033** （1.98）

续表

变量	模型 36	模型 37
ggdp	−0.0227 **	−0.0292 ***
	(−2.35)	(−4.39)
inflation	0.0311	−0.0156
	(1.62)	(−0.62)
capital	0.1278 **	0.0812 ***
	(2.51)	(3.46)
saving	−0.0755 **	−0.0283 *
	(−2.57)	(−1.74)
exvol	0.0034 ***	0.0002
	(3.95)	(0.30)
rate	−0.0632 *	−0.0175
	(−1.70)	(−0.58)
popul	0.3220 *	0.4831 ***
	(1.91)	(4.99)
urban	0.0566 **	−0.0004
	(2.52)	(−0.03)
internet	−0.0283 ***	−0.0144 **
	(−5.86)	(−2.09)
Cconstant	−5.5793 ***	−1.0061
	(−3.02)	(−1.06)
年度效应	YES	YES
个体效应	YES	YES
N	1300	1300
AR(1)	−2.1305	−3.4861
	(0.0331)	(0.0005)
AR(2)	−1.6155	−1.1939
	(0.1062)	(0.2325)
Sargan	54.9074	58.2676
	(1.0000)	(1.0000)

第五节　结论与政策建议

学术界普遍认同大规模跨境资本流动对金融波动的影响，历史经验也已表明其是触发系统性金融风险与波动的主要因素之一，但对该结论还缺乏充足稳健的实证检验，且国内大部分讨论跨境资本流动与金融波动的相关文献并没有对金融中介行为施以足够的重视，对其通过"国际风险承担渠道效应"在其中发挥的作用的实证检验更是不足。本课题通过构建世界范围内具有代表性的 79 个国家的样本集，对其 1996—2017 年的面板数据，采用系统 GMM 方法进行实证分析，系统考察了跨境资本流动对金融波动的影响，以及"国际风险承担渠道效应"存在与否。研究结果表明：第一，大规模的跨境资本流动会增大金融体系脆弱性，加剧金融波动，系统性风险集聚，甚至触发危机，对一国金融稳定造成强有力的威胁。第二，金融中介的风险承担行为在其中扮演的角色不容忽视，"国际风险承担渠道效应"下，跨境资本流动会通过影响金融中介的风险感知来改变其风险承担行为，最终会进一步放大跨境资本流动对金融稳定的负向作用。

事实上，中国政策当局已经充分认识到跨境资本流动所可能带来的风险，并给予重点关注。国家外汇管理局早在《2014 年中国跨境资金流动监测报告》中就指出要"建立健全宏观审慎管理框架下的资本流动管理体系，做好完备的跨境资金流动风险预案，不断充实政策工具和应对措施，进一步防范和化解跨境资金流动冲击，促进经济平稳健康发展。"在这一思想引导下，并结合上文相关实证结果，本章提出如下政策建议：

第一，由于跨境资本流动本身就会加剧金融波动，因此应坚持完善宏观审慎监管框架和跨境资本流动管理体系，加强对货币、资本、外汇等多市场及其跨市场、跨机构间的资本流动和跨境交易的监控与管理，以此来缓解或避免跨境资本流动对中国的金融稳定，乃至宏观经济产生的剧烈冲击，可实施逆周期管理来应对潜在的系统性风险，并加快跨境资本流动监测预警指标体系建设，不断丰富并因地制宜地实施跨境资本流动的宏观审慎管理工具手段，注重与其他宏观经济政策的协调配合，不断提高监测与管理水平。同时，做好应急准备预案以应对跨境资本极端事件可能产生的恶劣影响。

第二，考虑到金融中介机构在"国际风险承担渠道效应"下起到的类似放大器的作用，中国仍要严守资本充足率这一重要风险防线，同时重视资本补充渠道的多元性与资本充足的预警性，最大程度发挥风险防控体系作用。另外，要进一步推动金融市场信息的公开化，通过提高市场透明度来减少因信息不对称而存在的金融摩擦，从而弱化金融中介过度增大杠杆和承担风险的行为，以此来减轻"国际风险承担渠道效应"所带来的不良后果，维护金融稳定。

第二章 开放经济中经济主体风险选择行为与内生性系统金融风险的形成[①]

迄今为止，尽管中国的金融活动主要还是以银行信贷为主，但是随着存贷比的取消、利率市场化改革的深化、金融参与的进一步放宽，金融机构的逐利性进一步加强，经济主体风险选择行为的加总将决定金融风险的大小。这是因为，经济主体的风险选择行为是其理性决策的结果，因此，只要经济主体存在权衡收益与风险的自由，则金融波动是必然的。随着中国金融市场进一步开放，跨境资本流动必然更加频繁，其中不乏短期资本的流入与流出，这势必要求我们从更为宽广的视角来剖析经济主体的风险选择行为。那么，就目前中国所特有的经济和金融环境来说，外部跨境资本流动的冲击、经济主体的风险选择行为以及内生性系统金融风险的形成三者之间的理论联系是什么？是否存在一类统一框架为此提供较为全面的解释？特别是，如何合理地矫正经济主体的风险选择行为？

传统的开放经济理论主要以"蒙代尔-弗莱明"模型为基础，认为跨境资本流入增加会导致本国货币升值，而本国货币升值将促使净出口与产出下降，进而导致国内信贷活动相应收缩，最终引致金融危机的爆发(Taylor，2004；Lahiri et al.，2006)。然而新近诸多的实证研究却发现，一国货币升值往往促使其国内信贷活动增加，而非减少(Reinhart & Reinhart，2008；Gourinchas & Obstfeld，2011)，并且信贷活动激增才是金融危机爆发的主要原因(Gourinchas & Obstfeld，2011；Schularick & Taylor，2012)。2008 年美国次贷危机催生的银行风险承担渠道理论(Borio & Zhu，2008；Jiménez et al.，2014；Dell'Ariccia et al.，2014)同样

[①] 本章主要内容原载于《经济研究》2018 年第 5 期。

认为利率降低可使金融中介信贷活动扩张，风险选择行为趋于激进，故此金融系统的加总风险将被推高，危机爆发的可能性加大，然而受制于封闭经济的假设，该理论没有将跨境资本流动与金融中介行为进一步联系起来，从而难以克服"蒙代尔-弗莱明"模型的局限性，这也促使后续研究逐步寻求以开放经济的视角来重新审视风险承担渠道效应。其中，最具代表性的是 Bruno & Shin(2015)的实证研究：基于 Miranda-Agrippino & Rey(2015)的"全球金融周期"研究，利用实证数据证明货币升值将推升银行部门杠杆，放大金融风险，并据此提出"国际风险承担渠道效应"的概念，认为国际风险承担渠道效应是封闭经济风险承担渠道效应的延伸。Bruno & Shin(2015)的研究从实证的角度验证了经济主体风险选择行为、内部金融风险以及跨境资本流动三者间的重要联系，不足之处是未能对其背后的作用机制进行更为深入的理论分析。基于此，本章将构建包含国际风险承担效应的理性预期均衡模型，系统分析外部的跨境资本流动冲击、经济主体风险选择行为以及内生性系统风险形成之间的联系，为开放经济中的系统性金融风险的防范和调控提供理论支持。

第一节　内生金融风险选择行为模型

为了刻画开放经济中的信贷摩擦与经济主体的风险承担行为，本章将在 Gertler & Karadi(2011)的基准模型的基础上进行拓展，构建包含家庭部门、中间品生产商、资本品生产商、最终产品生产商、银行部门、基金部门以及货币当局在内的 DSGE 模型。拓展的内容主要有以下两点：

第一，Gertler & Karadi 的基准模型以信贷渠道理论为基石，虽然提高了宏观经济理论对次贷危机的解释能力，但难以反映金融系统中内生风险的选择机理，更不能测量外生冲击对内生金融风险的影响。鉴于此，本课题将放松 Gertler & Karadi 中银行生存率 q 为外生的假设，使之化为内生变动的 q_t，并利用 Dell'Ariccia 等(2014)的风险承担渠道思想构建基金部门与此对接：令基金部门根据自身的动态风险偏好对不同生存率的银行进行债务投资，其中基金所选择的风险水平与银行生存率等价，风险标的为具有动态随机生存率的银行，而对 q_t 加总即为金融加总风险。以上设置便使模型具备了内生风险选择的特性①。

第二，Gertler & Karadi（2011）作为封闭经济模型，它不具备开放经济的特征，故不能解释资本项目渠道中的内生金融波动。本课题在基金部门与银行部门构成的金融系统模块中纳入了跨境资本元素：其一，跨境资本作为金融系统的部分资金来源，其大小变动可直接影响金融中介行为与金融系统整体加总风险②；其二，既然模型引入了跨境资本流动，则汇率变动变得至关重要。因为一国货币政策的变动或他国货币政策的外溢效应都将导致本国货币汇率预期发生改变，进而影响跨境资本流动行为。因此，将跨境资本流动与内生性风险选择行为相结合实质上是对传统风险承担渠道理论的拓展，这是以往研究不具备的，也是 Bruno & Shin（2015）国际风险承担渠道概念的延伸。

一、模型的基本框架

假定本国经济体包含有家庭部门、资本品生产商部门、中间品生产商部门、最终产品生产商部门、基金部门、银行部门以及货币当局③。家庭部门向中间品生产商提供劳动并获得工资收入，部分收入用于配置海外资产与本国基金部门的权益或负债，从而获取下一期的资产回报。劳动与资本被用于中间产品的生产，其中资本需从资本品生产商手中购置，而购置资金来自中间品生产商向银行部门

①　如此处理有三点理由：第一，由于家庭是风险厌恶的，它不一定能呈现偏好风险资产的性质，而在家庭与银行间设置具有道德风险的基金却可以将家庭闲置资金引导至高风险资产上，这一做法也在 Nuño & Thomas（2017）出现；第二，道德风险是传统风险承担渠道理论的基石，则基金道德风险的变化会加大或规避其对风险资产的需求，从而改变金融系统中的加总风险水平，可以更清晰的探究风险积累与风险释放过程中的中介行为机理，这也是诠释 2015 年 A 股大幅波动现象的微观基础，第三，基于现实角度，基金部门可视为中国新近产生的货币基金或零售基金，例如余额宝、网络理财等，它们汇集居民资金进行投资。股市波动期间，这笔资金作为了场外资金的主要来源，因此分析它的风险选择行为与投资倾向是解释 A 股现象极其必要的一环。

②　在后文中，我们通过引理 2 中的动态 Bertrand 博弈可推知在无资本管制情形下跨境资本量占到了社会融资总量的 1/2，这足以证明跨境资本直接影响了金融中介的可获资金量。

③　相对于之前的开放经济研究而言，本课题更侧重于探究资本项目渠道对金融系统以及宏观经济的影响。因此，为简化模型求解与方便数值模拟（即符合 BK 条件），后文在模型构建中省略了贸易渠道的设置。

的借款。中间品生产完成后被销往最终产品生产商，销售收入用于工资支付与银行贷款的偿还。最终产品生产商通过加工中间产品来形成最终产品，并且最终产品用于家庭部门消费。基金部门向国内外家庭部门出售权益与债务，所获资金用于对银行部门债务投资。基于银行与中间品生产商的借贷活动，银行部门的部分贷款收入需用于偿还基金部门本息，而基金部门的投资收益也需用于支付权益与债务回报。资本品生产商每期末从中间品生产商手中购置折旧资本，在新增投资后形成下一期资本存量用于出售。此外，模型还假设本国家庭的海外资产回报以及基金部门对海外家庭的支付都将受汇率影响，这种影响导致了经济中各部门的波动。具体情况如图 2-1 所示。

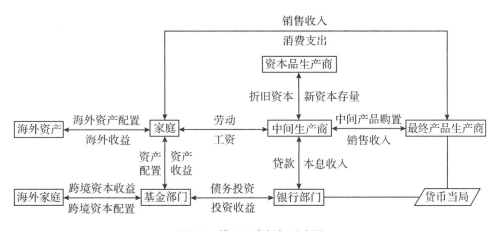

图 2-1　模型基本框架示意图

二、家庭部门

与 Gertler & Kiyotaki(2010)的设置类似，假设部分家庭从事银行经营，剩余家庭为企业提供劳动。同时，家庭部门的效用函数为消费、劳动分离型，且消费项带有消费习惯持续项系数，形式如下：

$$\max E_t \sum_{j=0}^{\infty} \beta^j \left[\frac{1}{1-\zeta}(C_{t+j} - hC_{t-1+j})^{1-\zeta} - \frac{\zeta}{1+v}L_{t+j}^{1+v} \right] \tag{2-1}$$

并且，家庭部门预算约束满足：

$$W_t L_t + V_t + R_{D,\,t} D_t + R_{E,\,t} E_t + R_t^f l_t e_t + R_t S_t = C_t + D_{t+1} + E_{t+1} + l_{t+1} e_t + S_{t+1}$$

$$(2\text{-}2)$$

上式中 V_t 为家庭分别从厂商与银行得到的分红以及贷款回报, $W_t L_t$ 为家庭工资收入; D_t 为家庭购买的基金部门债权, E_t 为家庭在基金部门中的权益, l_t 为家庭对海外资产的配置, S_t 为本国无风险债券; $R_{D,\,t}$ 为基金部门债权回报, $R_{E,\,t}$ 为相应的权益回报, R_t^f 为国外无风险回报, R_t 为国内无风险回报, e_t 为直接标价汇率; C_t 为家庭消费, h 为消费习惯系数, ζ 为风险厌恶系数, $\frac{1}{\upsilon}$ 为劳动替代弹性, ϱ 为劳动在效用中的占比, 并且 ϱ, $\upsilon > 0$。此外, 本章家庭约束主要基于 Gertler & Kiyotaki(2010)进行拓展, 故约束内变量皆为实际变量[1]。

构建式(2-1)与式(2-2)的拉格朗日函数, 分别对 C_t, L_t, D_{t+1}, E_{t+1}, l_{t+1}, S_{t+1} 求导, 可得到家庭部门的一阶条件如下:

$$\Lambda_{t,\,t+1} = \beta \left(\frac{(C_{t+1} - hC_t)^{-\zeta} - h\beta E_{t+1}(C_{t+2} - hC_{t+1})^{-\zeta}}{(C_t - hC_{t-1})^{-\zeta} - h\beta E_t(C_{t+1} - hC_t)^{-\zeta}} \right) \tag{2-3}$$

$$W_t = \frac{\varrho L_t^\upsilon}{(C_t - hC_{t-1})^{-\zeta} - h\beta E_t(C_{t+1} - hC_t)^{-\zeta}} \tag{2-4}$$

$$1 = E_t \Lambda_{t,\,t+1} R_{D,\,t+1} \tag{2-5}$$

$$1 = E_t \Lambda_{t,\,t+1} R_{E,\,t+1} \tag{2-6}$$

$$1 = E_t \Lambda_{t,\,t+1} R_{t+1} \tag{2-7}$$

$$1 = E_t \Lambda_{t,\,t+1} R_{t+1}^f \frac{e_{t+1}}{e_t} \tag{2-8}$$

其中 $\Lambda_{t,\,t+1}$ 为随机贴现因子; 式(2-7)为欧拉方程; 合并式(2-5)至(2-8)可得到无套利条件; 式(2-4)为最优劳动供给条件。

三、中间品生产商部门

中间品生产商部门的设置与 Gertler & Karadi(2011)一致。首先, 假定中间品

---

① Gertler & Kiyotaki(2010)一系列模型虽包含通胀因素, 但通胀仅在最终产品生产过程中被引入, 则通胀实质上只影响出清加总。因此, 在家庭部门的约束条件中, 各变量都为实际变量。

生产商部门完全竞争，故中间产品价格统一为 $P_{m,t}$，而相对价格为 $X_t = P_{m,t}/P_t$。其次，中间品生产商通过向银行融资而购买资本品，并支付贷款利息。这便意味着一单位贷款对应一单位资本品。同时，中间品生产商的生产形式为科布道格拉斯生产函数，投入要素仅为资本 K_t 与劳动 L_t，全要素生产率 A_t 服从马尔科夫过程[①]：

$$Y_{m,t} = A_t K_t^{\alpha} L_t^{1-\alpha} \tag{2-9}$$

基于上述设定，中间品生产商的一阶最优条件为：

$$W_t = X_t(1-\alpha)\frac{Y_{m,t}}{L_t} \tag{2-10}$$

$$R_{K,t+1} = \frac{\alpha X_{t+1}\dfrac{Y_{m,t+1}}{K_{t+1}} + (1-\delta)Q_{t+1}}{Q_t} \tag{2-11}$$

其中，$R_{K,t}$ 为银行贷款利率，$Y_{m,t}$ 为中间产品，δ 为资本折旧率。上述一阶条件也与 Gertler & Kiyotaki(2010)、Gertler & Karadi(2011)一致。

四、资本品生产商部门

与 Gertler & Kiyotaki(2010)设置类似，假定资本品生产商在 t 期末新增投资 I_t，并以 Q_t 的价格出售给中间产商部门。此外，资本品生产商存在投资调整成本 $\dfrac{\varphi_I}{2}\left(\dfrac{I_{t+1}}{I_t}-1\right)^2 I_t$，其中 φ_I 为投资的成本调整系数，该系数与投资变动黏性正相关。由此，资本品生产商的目标函数为：

$$\max_{I_t} E_t \sum_{j=0}^{\infty} \Lambda_{t,t+j}\left\{Q_{t+j}I_{t+j} - \left[1 + \frac{\varphi_I}{2}\left(\frac{I_{t+j}}{I_{t-1+j}}-1\right)^2\right]I_{t+j}\right\} \tag{2-12}$$

上式中，括号内两项分别表示新增投资销售收入与新增投资的调整成本。故

---

① 技术冲击为非价格类型冲击，冲击过程可阐明因产出增加而导致的个体决策变化。由于技术冲击并未改变两国货币的汇兑比价，也没有"由外向内"传导国际波动，该冲击实质上又为内部冲击。本课题所关心的主题是跨境资本流动行为与一国金融系统变动的联系，而技术冲击在其中既不能解释汇价或汇价预期改变后跨境资本流动行为如何变化，又不能阐明跨境资本传输过程中经济变量所体现出的风险承担效应，故正文将舍弃技术冲击的结果展示。

对 I_t 求导，得到资本品生产商的一阶条件为：

$$Q_t = 1 + \frac{\varphi_I}{2}\left(\frac{I_t}{I_{t-1}} - 1\right)^2 + \varphi_I\left(\frac{I_t}{I_{t-1}} - 1\right)\frac{I_t}{I_{t-1}} - E_t\,\Lambda_{t,\,t+1}\varphi_I\left(\frac{I_{t+1}}{I_t} - 1\right)^2\frac{I_{t+1}^2}{I_t^2}$$

$$(2\text{-}13)$$

五、最终产品生产商部门

最终产品生产商的设定主要参考了 Gertler 等（2017）的设定。假定最终产品生产商从中间厂商处购置中间品，将一单位中间品转化为一单位最终品，所生产的最终产品加总后出售给家庭。其中，单个最终产品生产商产品为 $Y_t(i)$，对应价格为 $P_t(i)$，而最终产品加总形式为 $Y_t = \left[\int_0^1 Y_t(i)^{(\varepsilon-1)/\varepsilon}\right]^{\varepsilon/(\varepsilon-1)}$，对应的加总后价格为 P_t。另外，为引入价格黏性，这里假设最终产品生产商为 Rotemberg 定价，即存在价格调整成本 $\frac{\varphi_\Pi}{2}\left(\frac{P_t(i)}{P_{t-1}(i)} - 1\right)^2 Y_t$。其中，$\varphi_\Pi$ 为该部门的价格成本调整系数，该系数越大意味着经济中价格黏性越大[①]。进一步，根据 Ascari & Rossi（2012）中关于 Rotemberg 定价的结论可知 $P_t(i) = P_t$，$Y_t(i) = Y_t$，$\forall i$，则最终产品生产商的目标函数为：

$$\max_{P_t(i)}\ \mathbb{E}_t\sum_{j=0}^{\infty}\Lambda_{t,\,t+j}\left[\frac{P_{t+j}(i)}{P_{t+j}}Y_{t+j}(i) - X_{t+j}Y_{t+j}(i) - \frac{\varphi_\Pi}{2}\left(\frac{P_{t+j}(i)}{P_{t-1+j}(i)} - 1\right)^2 Y_{t+j}\right]$$

$$(2\text{-}14)$$

上式中括号内的三项分别代表最终产品的销售收入、中间产品的购置成本以及价格调整成本。对上式求无条件最优，得到最终厂商的一阶条件为：

---

① 这里选取 Rotemberg 定价的理由主要有两点：其一，由最终厂商进行 Rotemberg 定价可方便本文推导出一个仅包含产出与通胀映射 $Y_t \mapsto \Pi_t$ 的菲利普斯曲线，与此类似，Gertler & Karadi（2011）运用了指数型定价；其二，由文献梳理知，国际风险承担渠道存在金融系统的反向调整变动，而 Calvo 定价中却存在着名义反向调整特征，两者搭配势必会混淆名义与金融间的反向调整机制，从而令分析变得更加复杂。但 Rotemberg 定价具有前瞻型特性（Blanchard & Gali，2007），从而规避了上述缺陷。

$$(1 - \varepsilon) + X_t \varepsilon - \varphi_{\Pi}(\Pi_t - 1)\Pi_t + \mathbb{E}_t \Lambda_{t, t+1} \varphi_{\Pi}(\Pi_{t+1} - 1)\Pi_{t+1} \frac{Y_{t+1}}{Y_t} = 0$$

$$(2\text{-}15)$$

六、银行部门

银行部门的设定以 Gertler & Kiyotaki(2010)与 Gertler & Karadi(2011)的研究为基础,但为分析金融系统的风险水平与个体间的风险行为选择,需对上述框架进行若干拓展。为此,假定银行的放贷资金为自身净资产与基金部门的债务投资之和;并且假定银行包含异质性破产概率,基金部门将根据自身的风险偏好选择特定风险的银行个体进行投资。需要指出的是,中国一般商业银行不具备破产概率,故此处所设置的银行部门并非特指普通商业银行。为了切合 2015 年 A 股大幅波动期间的现实情况,本章的银行部门更接近于信托或投资公司等中介,而它们在股市波动期间扮演了影子银行的角色。这一设置逻辑与裘翔和周强龙(2014)、林琳等(2016)较为相似。具体如下:

第一,与 Gertler & Karadi(2011)类似,单个银行的资产负债关系可表示为:

$$Q_t K_{i, t+1} = N_{i, t} + \mathbb{D}_{i, t+1} \tag{2-16}$$

上式中 $Q_t K_{i, t+1}$,$N_{i, t}$,$\mathbb{D}_{i, t+1}$ 依次为银行 i 的总资产、积累净资产与负债,故单个银行总资产为自身净资产与对基金部门的负债之和。$\mathbb{D}_{i, t+1}$ 与 $K_{i, t+1}$ 分别为前定变量。

第二,银行净资产积累为贷款收益减去负债成本,则单个银行的净资产积累方程如下:

$$N_{i, t+1} = R_{K, t+1} Q_t K_{i, t+1} - R_{q, t+1} \mathbb{D}_{i, t+1} \tag{2-17}$$

其中 $R_{K, t+1}$ 为银行 i 对中间厂商的贷款利率,$R_{q, t+1}$ 为基金部门的回报要求。将式(2-16)代入式(2-17)后可得到银行 i 的净资产动态积累方程为:

$$N_{i, t+1} = (R_{K, t+1} - R_{q, t+1})Q_t K_{i, t+1} + R_{q, t+1} N_{i, t} \tag{2-18}$$

由上式知,银行每一期的净资产积累等于当期贷款收益与上一期净资产在金融系统内所获的时间价值收益之和。

第三,为刻画银行部门的摩擦,本课题基于 Gertler & Kiyotaki(2010)与 Gertler & Karadi(2011)的设定,假设单个银行存在转移部分总资产的动机(激励

约束),且当流动性紧缩时出现资产转移的可能性加大。具体设置为:

$$V_{i,t} \geqslant \Theta \cdot Q_t \cdot K_{i,t+1} \tag{2-19}$$

其中 $V_{i,t}$ 为值函数,代表银行 i 未来净资产积累的加总贴现,Θ 为银行 i 可能转移的总资产比例,此处假定为常数。上述约束式代表了单个银行的委托代理行为:当银行 i 约束为 $V_{i,t} > \Theta \cdot Q_t \cdot K_{i,t+1}$ 时,该银行继续从事借贷活动所获得的净资产积累将大于它对部分总资产的转移,此时银行不存在代理问题,经济环境中也不存在金融摩擦,则银行可随实体部门的需求扩大资产负债,故一般均衡结果与 RBC 无异[1];当约束为 $V_{i,t} = \Theta \cdot Q_t \cdot K_{i,t+1}$ 时,银行在净资产积累与转移部分总资产的选择上无差异;而当该等式约束的左端小于右端时,银行将偏好转移部分总资产并宣布破产,此时基金部门损失本息。综上,当式(2-19)中的约束条件由不等式变为等式时,基金部门将限制对银行债务投资。

第四,不同于 Gertler & Kiyotaki(2010)与 Gertler & Karadi(2011),本课题假定银行部门包含异质性存活概率,存活概率相同的银行占比为 θ_σ。其次,在风险可被基金部门区分的前提下,基金在每期内可对某一特定风险水平的银行进行债务投资,此时基金选择的风险水平与银行的存活率等价,即 $q_t = \bar{\sigma}_q = \sigma_{q,i}$。其中 q_t 越大表示银行风险越低,并且每期获得债务投资的银行数量为 $\theta_{\bar{\sigma}_q} FS$。基于上述设定,基金部门可随自身风险偏好对不同破产概率的银行进行债务投资,这种债务投资契约等同于一类风险资产,则风险标的为具有随机破产概率的银行,因此被投资银行的风险水平加总便等价于金融系统内的总体风险水平。此外,为突出基金部门的风险选择行为,此处设定债务投资的回报率要求与银行存活概率负相关(即回报率要求与破产风险正相关),具体形式为 $R_{q,t} = \left(a_1 - \dfrac{a_2}{2} q_{t-1} \right) R_t$,

---

[1]　此处所言的金融摩擦是指当银行流动性紧缩时,基金部门预期银行将转移部分总资产并导致债务违约,故约束了对银行的投资意愿,进而导致中间生产部门贷款利率上升,经济中产出减少。

[2]　例如,给定存活概率 $\bar{\sigma}_Q$,银行总量 FS 则有 $\displaystyle\sum_{|\sigma_{q,j}=\bar{\sigma}_{IJ}|} FS(j) = \int^{\theta_{\bar{\sigma}_Q}} FS(j)\,dj = \theta_{\bar{\sigma}_Q} FS$。此外,这里的另一个假设是未受债务投资的银行处于待业状态,其退出银行部门的概率与自身存活概率相关,并且该条件下净资产积累方程为 $N_{i,j+1} = N_{i,j}$。

式中 $R_{q,t}$ 为基金部门要求的债务投资回报，q_{t-1} 为基金部门的风险选择，a_1，a_2 为系数项[1]。此外，由于银行与家庭可相互转换，则退出市场的银行可被新入银行补充，进而保证银行部门总体数量稳定，这与 Gertler 等（2012）的设定一致[2]。

由上述设置，银行 i 的最优化问题写为以下贝尔曼方程：

$$V_{i,t} = \mathbb{E}_t \Lambda_{t,t+1} [(1 - \sigma_{q,i}) N_{i,t+1} + \sigma_{q,i} \max_{K_{i,t+2}} V_{i,t+1}] \quad (2\text{-}20)$$

结合银行 i 的净资产动态积累方程式（2-18）可猜测值函数的形式为：

$$V_{i,t} = \mu_{K,t} \cdot Q_t K_{i,t+1} + \mu_{N,t} \cdot N_{i,t} \quad (2\text{-}21)$$

上式中 $\mu_{K,t}$ 与 $\mu_{N,t}$ 分别为值函数形式需要求解的系数。同时，定义银行 i 总资产与净资产之比为其杠杆系数，抽象后的杠杆系数 $\phi_{i,t}$ 满足以下条件：

$$Q_t K_{i,t+1} = \phi_{i,t} N_{i,t} \quad (2\text{-}22)$$

利用式（2-21）与式（2-22）对贝尔曼方程（2-20）进行递归处理，得到银行 i 的一阶条件为：

$$\Omega_t = 1 - \sigma_{q,i} + \sigma_{q,i}(\mu_{K,t}\phi_{i,t} + \mu_{N,t}) \quad (2\text{-}23)$$

$$\mu_{K,t} = \mathbb{E}_t \Lambda_{t,t+1} \Omega_{t+1}(R_{K,t+1} - R_{q,t+1}) \quad (2\text{-}24)$$

$$\mu_{N,t} = \mathbb{E}_t \Lambda_{t,t+1} \Omega_{t+1} R_{q,t+1} \quad (2\text{-}25)$$

其中，Ω_t 为银行的影子价值，即净资产的边际效用；值函数系数 $\mu_{K,t}$ 为银行贷款利率与筹资成本之差的边际收益，也即利差的边际效用；值函数系数 $\mu_{N,t}$ 为银行的筹资边际成本，也表示单位资金的时间价值。同时，利用贝尔曼值函数的形式、银行的激励约束条件、杠杆系数的定义，可求出银行 i 的杠杆率表达式为：

$$\phi_{i,t} = \frac{\mu_{N,t}}{\Theta - \mu_{K,t}} \quad (2\text{-}26)$$

可见银行的杠杆由利差边际效用 $\mu_{K,t}$ 与筹资边际成本 $\mu_{N,t}$ 共同决定，但因二

① 区别于大多数微观模型，竞争均衡框架中价格或回报要求的形式无法随意设定，否则将违背各部门竞争均衡的一致性以及定价核在经济中的作用。因此，此处 $R_{q,t}$ 特殊形式的设定需要通过基金部门的抽象目标函数最大化来证明，证明过程请参见相关文献。

② 本课题假定每期有部分银行因破产而退出市场，转变为家庭，而有部分家庭每期转变为银行从而维持银行整体数量不变。其中，新入银行的自有资产初值占社会总资产的比例为 κ，具体为 $N_{t+1} = q_t[(R_{K,j+1} - R_{q,j+1}) Q_t K_{t+1} + R_{q,j+1} N_t] + (1 - q_t) \kappa Q_T k_{T+1}$。

者皆受 $R_{q,\,t+1}$ 变化的影响，故无法直观判断边际值对杠杆系数的作用。此外，因为同一风险水平的银行性质相同，对于基金部门的任意风险选择，银行部门的有效决策(不考虑待业状态下的机构个体)等于同一风险水平的银行决策加总。所以，去掉上述结果中的下标 i 即可得到整体银行部门的一阶最优条件。

七、基金部门

为内生化金融风险，模型加入了基金部门的风险选择决策。首先，基金部门的设置具有一定现实意义：从经济实情出发，中国的金融风险链条通常是家庭将资金存入普通商业银行，而普通商业银行再将钱转存于信托或投资公司这类影子银行之中，这便意味着家庭仅对普通银行储蓄，而不直接向影子银行提供存款，同样的设置有周强龙(2014)、林琳等(2016)，这也进一步说明本章基金部门性质接近于现实经济中的普通商业银行或基本的零售基金。其次，该部门设置思路与 Dell'Ariccia 等(2014)的委托代理模式类似[①]，假设存在两阶段序贯决策问题：在第一阶段，基金部门确定最优资本结构，由于模型中权益回报与债务回报需事先商定，则在无法观测基金未来投资行为的前提下，家庭部门将依据基金所公布的资本结构提出债务与权益的最低回报要求[②]，同时基金对回报要求的预期又可反过来影响资产结构的确定；在第二阶段，基金依据筹资成本对某一特定风险水平的银行进行债务投资，该风险水平能最大化基金的所有者收益。为确保上述两阶段决策与模型的数理条件一致，基金收益与成本需设定如下：

收益方面，由前文可知基金部门对银行的投资回报要求为 $R_{q,\,t+1}$，债务投资

---

① 如前所述，此处的基金部门可视为中国新近产生的货币基金或零售基金，例如余额宝、网络理财等，它们汇集居民资金向银行部门(信托或投资公司等)进行投资。并且在股市波动期间，这笔资金作为了主要场外资金来源。另外，在 Dell'Ariccia 等(2014)静态理论模型中，作者认为银行存在三阶段决策问题，依次为选择最优资本结构，确定最优回报，银行对贷款监督的努力程度。而本课题基于动态均衡的模式，此处对其决策思路进行简化，只考虑下文中的两阶段决策。

② 后文中权益回报的均衡状态即基金的超额收益，而此处考虑权益成本是为限定依内生风险变动的最低权益回报要求，该回报要求代表了家庭购买基金权益的意愿底线，只有基金预期回报超过该值时经济中才出现权益资产配置。这种设定也在 Dell'Ariccia 等(2014)静态理论中出现。

总额为 $\mathbb{D}_{t+1}$，则基金部门债务投资后，其收益状态依存：被投资银行有 q_t 的概率存活，此时基金可获取本息 $R_{q,t+1}\mathbb{D}_{t+1}$，具体为：

$$R_{q,t+1} \cdot \mathbb{D}_{t+1} = \left(a_1 - \frac{a_2}{2} \cdot q_t \right) R_{t+1} \cdot \mathbb{D}_{t+1} \tag{2-27}$$

同时，银行有 $1 - q_t$ 的概率破产，则该情形下基金投资失败并获得回报 $\xi_t \mathbb{D}_{t+1}$，其中 $\xi_t = \dfrac{\tau}{1 - B_t}$，且 $1 > \tau >> 0$[①]。这里 ξ_t 的经济含义是指当债务投资失败时，基金所获回报为经济中保险机制的支出，式中的 τ 为赔偿比例。同时，假定保险机制的赔付款项将全额用于弥补基金部门债务，则权益方此时收益为 0。

成本方面，基金主要支付它对家庭的权益回报与债务回报。其中权益成本与基金收益绑定，呈现状态依存的性质[②]。具体来说，当所投资的银行存活时，基金的权益支付为 $r_{E,t+1}$，而银行破产时为 0，二者加权后得到基金的权益成本。那么给定单位权益 E_{t+1}，上述内容设置如下：

$$R_{E,t+1}E_{t+1} = q_t r_{E,t+1}E_{t+1} \tag{2-28}$$

债务成本与上述设置略有不同。在所投资银行存活时，基金的债务支付为 $r_{D,t+1}$，而银行破产时保险机制对基金债权方的支付为 ξ_t，故二者加权为基金给予家庭的债务回报，也即债务成本。则给定单位资产 D_{t+1}，上述内容设置如下：

$$R_{D,t+1}D_{t+1} = q_t r_{D,t+1}D_{t+1} + (1 - q_t)\xi_t D_{t+1} \tag{2-29}$$

这里 E_{t+1} 与 D_{t+1} 分别为前定变量。另外，E_{t+1} 与 D_{t+1} 共同构成了基金的可用资金，并且银行负债 $\mathbb{D}_{t+1}$ 由基金供给，故存在 $E_{t+1} + D_{t+1} = \mathbb{D}_{t+1}$。值得注意的是，本课题设定基金可向海外家庭发售资产，本国家庭亦可购买海外资产，这可能将导致基金对海内外家庭回报率定价不一。同时由于基金发售的资产数量有限，这

---

① 一方面，此处 ξ_t 的设置方便了后文的求解与化简，否则后续分析无法求解实根或结果不具备经济含义；另一方面，此处还假定了在考虑右极限时，τ 比 $1 - B_t$ 更快趋近于 0，即赔付率的下降是导致权益比例上升的原因，该假设与现实情况相符。

② 因保险机制存在债务成本相对固定，而基金的收益决定了权益回报的大小。当基金债务支付后其剩余收益大于最低权益回报要求时，超额收益将以额外分红的方式发放，并且均衡状态下期望权益回报包括了该超额收益。然而基金投资失败时，权益方回报为 0。

里不能单纯地使用套利原则令海内外资产回报率达到均衡。为方便下文分析，我们利用 Bertrand 博弈证明了两国资产回报率在均衡时相等，其中基金内 1/2 的资金源于海外，这一性质可表述为引理 1。

引理 1：给定本国资本管制程度、无风险回报，以及随机贴现因子点列 $\{\Lambda_{t,\,t+j}\}_{j\geqslant 1}$，对于任意两期 t 与 $t+1$，若其随机贴现因子 $\Lambda_{t,\,t+1}$ 取值范围不小于 1/2，则国内外家庭的权益回报要求（债务回报要求）将恒相等。

进一步地，定义基金的权益占比为 $B_t = E_{t+1} / \mathbb{D}_{t+1}$，故 B_t 可视为基金的资本结构。则结合式（2-28）、式（2-29）与引理 1 得到基金的动态成本价格表达式为：

$$\mathbb{E}_t \Lambda_{t,\,t+1} Q_t \{ \underbrace{q_t r_{E,\,t+1} B_t + q_t r_{D,\,t+1}(1 - B_t)}_{\text{银行存活时基金需支付的成本}} + (1 - q_t)\xi_t(1 - B_t) \} \mathbb{D}_{t+1} \quad (2\text{-}30)$$

上式中第一项为银行存活时基金需支付的成本，而第二项为银行破产时保险机制支付的赔偿。需要指出的是，当债务投资失败时基金的权益收益为 0，此时债权方所获赔偿由社会保险机制代付，而与基金的正常支付无关。并且，赔偿比例大小仅影响家庭的事前回报要求决策，而不影响基金的最终支付结果。因此，基金的实际成本支付为 $[q_t r_{E,\,t+1} B_t + q_t r_{D,\,t+1}(1 - B_t)] \mathbb{D}_{t+1}$。基于此，基金部门的利润函数可表述为：

$$\max_{\{q_t,\,B_t\}} \mathbb{E}_t \sum_{j=0}^{\infty} \Lambda_{t,\,t+j} Q_{t+j} \{ q_{t+j} [R_{q,\,t+1+j} - r_{E,\,t+1+j} B_{t+j} $$
$$- r_{D,\,t+1+j}(1 - B_{t+j})] \mathbb{D}_{t+1+j} \} \quad (2\text{-}31)$$

其中 $R_{q,\,t+1} = \left(a_1 - \dfrac{a_2}{2} q_t \right) R_{t+1}$ 为基金对银行的投资收益。同时，依据 Dell'Ariccia 等（2014）的思路，上述目标函数的决策变量互为序贯博弈，故此处需逆向求解 q_t 与 B_t。

1. 第二阶段决策：确定最优风险水平 q_t

假定基金的筹资成本与资本结构已确定，那么基金收益最大化问题等价于所有者权益最大化，则依照 Dell'Ariccia 等（2014）的分析，此阶段无须考虑基金权益成本 $r_{E,\,t+1}$。基金部门的目标函数为：

$$\max_{q_t} \mathbb{E}_t \sum_{j=0}^{\infty} \Lambda_{t,\,t+j} \left\{ q_{t+j} \left[\left(a_1 - \frac{a_2}{2} q_{t+j} \right) R_{t+1+j} - r_{D,\,t+1+j}(1 - B_{t+j}) \right] Q_{t+j} \mathbb{D}_{t+1+j} \right\}$$

$$(2\text{-}32)$$

上式中基金所有者的收益被表述为投资收益与债务成本之差，进一步对 q_t 求导，得到：

$$q_t = \frac{a_1 \widetilde{R}_{t+1} - \tilde{r}_{D,\,t+1}(1 - B_t)}{a_2 \widetilde{R}_{t+1}} \tag{2-33}$$

其中，定义 $\widetilde{R}_{t+1} = \mathbb{E}_t \Lambda_{t,\,t+1}(R_{t+1} Q_t \mathbb{D}_{t+1})$，$\tilde{r}_{D,\,t+1} = \mathbb{E}_t \Lambda_{t,\,t+1}(r_{D,\,t+1} Q_t \mathbb{D}_{t+1})$ 分别为复合无风险利率与复合债务成本。不难发现，$\tilde{r}_{D,\,t+1}$ 为 q_t 的隐函数，则利用式 (2-5)、式 (2-7)、式 (2-29) 可推导出 $\tilde{r}_{D,\,t+1}$ 关于 $\widetilde{R}_{t+1}$，q_t，B_t 的表达式如下：

$$\tilde{r}_{D,\,t+1} = \frac{\widetilde{R}_{t+1}(1 - B_t) - (1 - q_t)\tilde{\tau}}{q_t(1 - B_t)} \tag{2-34}$$

将式 (2-34) 代入式 (2-33) 后利用求根公式 (仅取根号外正号项) 得到基金部门的最优风险选择 q_t 为：

$$q_t = q_t(B_t,\ \widetilde{R}_{t+1})$$

$$= \frac{(a_1 \widetilde{R}_{t+1} - \tilde{\tau}) + \sqrt{(a_1 \widetilde{R}_{t+1} - \tilde{\tau})^2 - 4a_2 \widetilde{R}_{t+1}[\widetilde{R}_{t+1}(1 - B_t) - \tilde{\tau}]}}{2a_2 \widetilde{R}_{t+1}} \tag{2-35}$$

由上式知基金部门将依据其资产结构 B_t 以及复合无风险利率 $\widetilde{R}_{t+1}$ 状态选择最优风险水平 q_t，故阶段二的决策结果 q_t 与序贯博弈逻辑相符。

2. 第一阶段决策：确定最优资本结构 B_t

由 Dell'Ariccia 等 (2014) 的道德风险设置知，第一阶段为筹资阶段，基金部门需要权衡债务与权益成本后确定最优资产结构 B_t，此时基金部门的目标函数与式 (2-31) 无异。同理，由 (2-28) 知银行存活时权益回报 $r_{E,\,t+1}$ 为风险选择 q_t 的隐函数，则利用式 (2-6)、式 (2-7)、式 (2-28) 可得到：

$$\tilde{r}_{E,\,t+1} = \frac{\widetilde{R}_{t+1}}{q_t} \tag{2-36}$$

其中，定义 $\tilde{r}_{E,\,t+1} = \mathbb{E}_t \Lambda_{t,\,t+1}(r_{E,\,t+1} Q_t \mathbb{D}_{t+1})$ 为复合权益成本。由上式可见，

基金复合权益成本与经济中的复合无风险利率同向变化，与风险选择反向变化（投资标的风险越大，权益回报要求越高），该经济含义与现实相符。同时，将式(2-34)、式(2-36)代入目标函数后化简得到：

$$\max_{B_t}\left[\left(a_1 q_t - \frac{a_2}{2}q_t^2\right)\widetilde{R}_{t+1} - \widetilde{R}_{t+1} + (1 - q_t)\tilde{\tau}\right] \tag{2-37}$$

其中，定义 $\tilde{\tau} = \mathbb{E}_t \Lambda_{t,\ t+1} Q_t \mathbb{D}_{t+1}\tau$ 为复合赔偿比例。此外，由于 q_t 是 B_t 的隐函数，那么令上式对 B_t 求导后得到判定式如下：

$$\frac{\partial q_t}{\partial B_t}(a_1\widetilde{R}_{t+1} - a_2\widetilde{R}_{t+1}q_t - \tilde{\tau}) = 0 \tag{2-38}$$

进一步地，由(2-35)知 $\partial q_t/\partial B_t \neq 0$，故 $a_1\widetilde{R}_{t+1} - a_2\widetilde{R}_{t+1}q_t - \tilde{\tau} = 0$。据此，再将 q_t 代入，得到基金部门最优资产结构 B_t 的表达式为：

$$B_t = \frac{\widetilde{R}_{t+1} - \tilde{\tau}}{\widetilde{R}_{t+1}} \tag{2-39}$$

由此可见，B_t 与复合赔偿比例 $\tilde{\tau}$ 以及复合无风险利率 $\widetilde{R}_{t+1}$ 相关，其中赔偿比例的大小影响了家庭部门对基金债务的购买意愿，进而影响基金的风险选择决策。因此，阶段一的决策结果也与模型假设逻辑一致。

对比风险选择 q_t 与资产结构 B_t 的显性解后可以很清楚地发现二者皆受赔偿比例 τ 与无风险利率 R_{t+1} 的影响，这表明除了无风险利率变动外，资产的稳定性也将直接影响跨境资本流动与资本的配置方式，而这也是以往一般均衡研究所忽略的要点①。为了突出赔偿比例变动对上述两者的影响，得到引理2。

引理2：给定无风险利率 R_{t+1}，若在基金部门投资失败时债权方所获的赔付为0，则有：

---

①　一方面，资产稳定与否对应了其风险的高低，稳定性较差的资产将削弱资本对它的配置需求，引致跨境资本流入减少或净流出；另一方面，基于竞争出清的性质，稳定性较差的资产通常给予较高的回报率，这又吸引了资本的配置需求，导致跨境资本流入增加(Bilson，1981；Fama，1984；Engel，1996，2013)。因此，相比以往单纯地研究无风险利率对跨境资本流动的影响，纳入资产稳定性因素能从金融行为视角剖析跨境资本的变化机制，这对研究跨境资本的短期流动状态是极具意义的。

（1）基金部门的最优风险选择仅由资本结构决定，而与无风险利率 R_{t+1} 无关；

（2）此时基金部门的资产结构仅由权益组成。

造成上述现象的原因主要有两点：第一，从资产需求来看，当社会保险机制的赔偿比例下降为 0 时，海内外家庭将承担失去全部债权本息的风险，故在其他条件不变的情况下，基金权益收益相对上升（状态依存的性质），家庭此时的最优决策是削减对基金部门债务的需求，转向权益的购买。第二，从资产供给来看，海内外家庭的债务需求减少无疑增加了基金部门发债的成本，并且保险机制的赔偿比例为 0 也暗示着基金部门需要承担债务赔偿责任，这导致基金部门存在降低债务比例的动机；相反，权益资产需求增加意味着权益融资成本的下降，基于所有者风险共担原则，扩大权益比例可利于基金分散投资风险，那么基金部门此时存在提升权益份额的动机。综合供求两方面原因，当赔偿比例 τ 降为 0 时，基金部门的资本结构 B_t 将趋近于 1。然而需要注意的是，$B_t = 1$ 意味着基金仅由权益组成，此时"所有者权益最大化原则"消除了基金的委托代理摩擦，使基金部门的风险选择成为家庭风险规避行为的"映射"，故基金将选择一个可接受的最低风险水平进行投资。上述观点与引理中（1）对应，即 q_t 为固定常数，不随无风险利率的变动而改变。此外，上述引理结论与 Jensen & Meckling（1976）的研究一致，表明模型中的道德风险问题被成功刻画。

八、货币当局

依照 2015 年股市大幅波动期间的货币政策取向，设置稳健的货币规则反应函数如下：

$$\frac{R_{N,\,t}}{R_N} = \left(\frac{R_{N,\,t-1}}{R_N}\right)^{\rho_R} \cdot \left(\frac{\Pi_t}{\Pi}\right)^{\rho_\Pi} \cdot \left(\frac{Y_t}{Y}\right)^{\rho_Y} \cdot \left(\frac{e_t}{e}\right)^{\rho_e} \tag{2-40}$$

其中 $R_{N,\,t}$ 为名义利率，与实际利率的关系满足费雪方程 $R_{N,\,t} = \mathbb{E}_t(R_{t+1}\Pi_{t+1})$；$\rho_R$，$\rho_\Pi$，$\rho_Y$，$\rho_e$ 为利率规则中对应目标的反应参数，分别代表各目标在利率规则中所占权重。则上式意味着利率规则将依次对上一期名义利率的变动、本期通胀变动、产出变动以及汇率变动作出政策反应。同时，联立式（2-7）与式（2-8），可推导出无抛补利率平价如下：

$$\mathbb{E}_t \Lambda_{t,\ t+1} \left(R_{t+1} - R_{t+1}^f \cdot \frac{e_{t+1}}{e_t} \right) = 0 \qquad (2\text{-}41)$$

该式定义了两国实际利率关于汇率变动的行为方程，同时也表示了货币市场出清条件下跨境资本流动对利率变动的影响①。此外，假设经济存在资本管制，且货币政策冲击过程服从 AR（1）形式，具体为②：

$$\log e_{t+1} = \left(\mathcal{F}_e \cdot \log e_t + \boldsymbol{\epsilon}_{t+1}^e \right)^X \qquad (2\text{-}42)$$

上式中 X 代表资本管制系数，其取值范围为 0 到 1，则 X 的大小可视为资本管制程度的松紧：当 X 较大时代表资本管制放松，而 X 较小时代表资本管制收紧，$X = 1$ 表示无资本管制。

九、模型均衡

由于该经济的理性预期均衡由以上七部门中的 28 个变量（$U_{C,\ t}$，$\Lambda_{t,\ t+1}$，C_t，I_t，K_t，L_t，Q_t，Π_t，R_t，$R_{E,\ t}$，$R_{D,\ t}$，$R_{K,\ t}$，$\mathbb{D}_t$，N_t，$\mu_{K,\ t}$，$\mu_{N,\ t}$，Ω_t，ϕ_t，$R_{q,\ t}$，$R_{N,\ t}$，$R_{S,\ t}$，R_t^f，e_t，Y_t，q_t，B_t，$\widetilde{R}_t$，$\widetilde{\tau}$）以及其初始条件所满足的 28 个方程构成，并且包含外生冲击 $\boldsymbol{\epsilon}_t^e$。因此，由上述行为方程所刻画的理性预期均衡可定义如下：

定义 1：该理性预期均衡由价格序列 $\{Q_t,\ \Pi_t,\ R_t,\ R_{E,\ t},\ R_{D,\ t},\ R_{K,\ t},$ $R_{q,\ t},\ R_t^f,\ e_t,\ W_t\}$ 与加总配置序列 $\{C_t,\ L_t,\ D_t,\ E_t,\ \ell_t,\ S_t,\ K_t,\ I_t,\ \mathbb{D}_t,\ Y_t\}$

---

① 货币市场出清的显性条件可由分离型真实货币余额效用求出，具体形式为 $M_t/P_t = C_t(1 - e^{-\mathbb{E}_t R_{t+1}}) \frac{1}{\zeta}$，故当本国货币预期升值时，跨境资本流入将导致 M_t/P_t 上升，则可推知货币市场出清时实际利率 R_{t+1} 下降。同理，当本国货币预期贬值时，上述情况倒置。

② 区别于先前研究中的设置，在汇率冲击中引入资本管制系数的好处主要有三点：第一，这种设置更贴近于现实情况，因为在实际情况中，一国若存在资本管制，其真实汇率不一定总与官方汇率相等，而在先前的多数研究中，将资本管制系数或经济开放系数直接植入利率平价方程，这实际上是默认了资本管制行为下真实汇率与官方汇率等价，从而一定程度改变了利率平价的性质，造成了模型设置上的不严谨；第二，在冲击项中加入资本管制系数并不会改变原模型中家庭部门与基金部门竞争价格的性质，而在利率平价方程中直接加入管制系数一定程度上破坏了多部门竞争出清的一致性；第三，在冲击过程中加入管制系数并不影响不同开放度结果的对比，其性质使分析结果更贴近于 Edwards & Khan（1985），Montiel（1994），Phylaktis（1999）的研究。

组成，并使以下条件成立：

（1）家庭部门最优化：给定 $\{W_t, R_t, R_{D,t}, R_{E,t}, R_t^f, e_t\}$，$\{C_t, L_t, D_t, E_t, S_t, \ell_t\}$ 是式（2-1）的解；

（2）厂商部门最优化：给定 $\{Q_t, \Pi_t, R_{K,t}, W_t\}$，$\{K_t, L_t, Y_t\}$ 是式（2-9）、式（2-15）的解；

（3）资本品生产商最优化：给定 $\{Q_t\}$，$\{I_t\}$ 是式（2-13）的解；

（4）基金部门与银行部门最优化：给定 $\{R_{D,t}, R_{E,t}, R_{q,t}, R_{K,t}\}$，$\{\mathbb{D}_t, K_t\}$ 是式（2-21）、式（2-33）的解；

（5）价格序列分别使产品市场、劳动力市场、资金筹集市场、资金放贷市场出清。

$$\left[1 - \frac{\varphi_{\Pi}}{2}\left(\frac{\Pi_t}{\Pi} - 1\right)^2\right]Y_t = C_t + \left[1 + \frac{\varphi_I}{2}\left(\frac{I_t}{I_{t-1}} - 1\right)^2\right]I_t \qquad (2\text{-}43)$$

$$X_t(1 - \alpha)\frac{Y_t}{L_t} = \frac{\rho L_t^{-\nu}}{(C_t - hC_{t-1})^{-\zeta} - h\beta\,\mathbb{E}_t\,(C_{t+1} - hC_t)^{-\zeta}} \qquad (2\text{-}44)$$

$$Q_t K_{t+1} - N_t = \mathbb{D}_{t+1} = D_{t+1} + E_{t+1} \qquad (2\text{-}45)$$

$$Q_t K_{t+1} = \frac{\mu_{N,t}}{\Theta - \mu_{K,t}}N_t \qquad (2\text{-}46)$$

在上述均衡条件中，生产调整成本与投资调整成本将影响产品市场出清，对总产出造成摩擦；中间产品的相对价格变动将调节经济中劳动供需的平衡；资金筹集市场中的资产价格变动将影响筹资需求，而潜在的汇率预期变动又影响资金的供给；银行的贷款边际收益与净资产时间价值决定了资金放贷市场的出清行为。

十、模型风险运行的理论剖析

通过设定银行、基金两部门的委托代理条件，模型刻画了开放经济条件下的风险承担渠道行为：汇率变动影响了跨境资本供给，改变了基金的筹资成本，造成基金部门权益比例与风险选择发生改变。进一步，基金部门风险选择与银行随机破产概率等价，这限制了银行的负债成本范围。在负债成本确定后，银行杠杆率水平与其激励约束条件决定了实体经济可获贷款额度，对应了厂商最终贷款利率高低。以上金融体系内部运行逻辑可由图 2-2 直观呈现，其中所蕴含的风险链条可从三个方面进行理解：

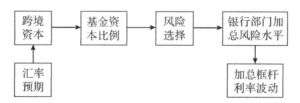

图 2-2　模型中金融体系内部运行逻辑

第一，在本课题中金融系统主要由基金部门与银行部门构成，其二者的关系是基金部门投资银行部门，即资金从基金流向银行。而文中假设银行的存活率是异质性的，即某些银行比较安全，有些银行易于倒闭，这一本质现象由银行存活率 q_t 来表示；并且经济事实证明，倒闭可能性较大的银行杠杆率往往比较高，利差波动也比较大，这也与次贷危机与欧债危机的经验相符。

第二，基金部门投资银行时，它是带有主观选择性的，即它并不是风险中立的，而这一性质又由基金的道德风险问题引致，这也是长久以来传统风险承担渠道理论的基石。例如在前文中，基金部门道德风险变大时，它的风险选择行为就会变得激进，从而择取高风险的对象进行投资，于是高风险资产需求上升，进而推高了金融中的风险水平。

第三，基金部门投资银行时，它对银行存活率水平 q_t 的选择就显得至关重要，因为这主要由基金的风险偏好来决定。例如基金部门道德风险上升时，它的风险选择转为激进，从而选择倒闭可能性较大的银行进行投资，而此时金融系统中主要由倒闭风险较大的银行获得资金，说明金融系统处于高风险状态运转，故银行部门加总存活率 q_t 下降，金融加总风险增加。同时，倒闭可能性较大的银行杠杆率较高，利差波动较大，此时金融系统中的整体杠杆率与利差波动也相应被推升。

因此，相对一般新凯恩斯模型而言，两部门委托代理条件的设定将更适合阐明实际经济中个体风险选择行为、金融与实体部门长期利差、金融部门杠杆与资产结构变动，以及金融资产价格水平波动等现象。同时，由于模型考虑了海外资本与境内金融系统的联系，当一国存在货币升值趋势时，跨境资本作为关键因素被用于解释境内"系统风险被推高、金融部门加杠杆"等现象，从而更深层次描述 Bruno & Shin（2015）实证研究所提出的"国际风险承担渠道"。为明确上述观点，结合引理 2 与金融变量的若干性质，可得命题如下：

命题 1：假定 (q_t, B_t) 为基金两阶段问题的最优决策，令基金的权益与债务以外币计价，则在基金、银行、外汇市场三者的均衡中，给定升值预期，存在：

(1)跨境资本流入加大，无风险利率降低引致基金部门风险投资回报下降，资产价格上涨；

(2)由于(1)，基金部门权益比重下降，风险选择趋于激进，风险偏好增加；

(3)由于(2)，银行部门加总杠杆率与利差相应被推升；

(4)边际风险增加时，(1)—(3)的变动逻辑反之，此时基金风险选择趋于保守，资产价格骤降，跨境资本流出，金融系统被动去杠杆。

命题 1 从理论解析角度阐述了国际风险承担渠道的传导路径：跨境资本流入引致资产价格上涨，无风险利率下行。因有限责任制，基金在投资失败时不必对债务进行全额赔付，故无风险利率下行使基金更倾向于利用债务筹资，则由引理 2 与 Jensen & Meckling（1976）的结论知此时道德风险增大；另一方面，无风险利率的降低削弱了基金的投资收益，则在筹资成本给定的前提下，基金需对其收益进行弥补，故当道德风险放大时基金偏好于投资更高风险的银行（高风险高回报）。同时，高风险银行普遍具有更高的杠杆率与贷款利率，则在基金投资高风险银行后，金融系统内部加总杠杆率与利差被相应推升，这也从理论上佐证了为何实体经济可能出现"贷款贵"现象。由此，命题 1 第(1)—(3)所包含的逻辑与 2015 年股市上涨阶段相吻合，这也进一步为"汇率升值与资产价格急剧上涨相映，其间资本市场风险与杠杆随之增加"提供了理论机理说明。另外，命题 1 第(4)点反过来证明了风险变动对跨境资本风险承担效应产生了负面影响，进而使金融活动收缩，造成与跨境资本流入相反的效应，这一定程度解释了 2015 年股市下跌阶段的内在逻辑。

进一步地，由命题 1 可得到内生风险对跨境资本行为的反馈作用，这里将其归纳为推论 1。

推论 1：给定 τ 与其所对应的风险状态，存在：

(1)τ越低，经济状态下风险越高，跨境资本流入引致的风险承担效应越强烈；

(2)存在一个赔付比例τ^*使跨境资本流向反转。

与命题1不同，推论1揭示了资产风险状态对跨境资本行为的影响：一方面，给定资产的风险状态，当风险越高时，基金对风险选择的敏感度越大，则此时跨境资本所产生的风险承担效应也越强烈。之所以这样，主要是因为赔付比例τ较低时，家庭将更偏好于投资基金的权益，这便造成权益供给较少或权益供求已出清。而在升值预期出现后，流入的跨境资本便只能配置基金债务，故基金的资本比例下降，风险选择随之下降。并且，赔付比例τ越低，基金权益供给越少，则上述现象越强烈。另一方面，由推论所见，模型存在一个赔付比例的临界值τ^*使跨境资本不入反出。其原因主要在于当基金赔付比例足够低时，基金部门对风险的感知将十分敏感，此时汇率升值预期造成的边际风险上升使基金的风险规避占主导，则进一步由命题1(4)知，跨境资本净流出。

尽管如此，上述命题与推论仍有两点不足：其一，由于理论解析不涉及特定参数限制，若以中国经济参数为前提，上述围绕国际风险承担渠道的分析以及对股市波动的解释是否依旧成立？其二，A股大幅波动的爆发阶段涉及金融不良事件与跨境资本流动的相互影响，静态理论解析难以说明这一现象所包含的动态机理。鉴于此，下面将结合中国特征参数对模型进行数值模拟，验证中国是否存在"国际风险承担渠道效应"，并结合这一效应对2015年股市波动事件做出深入的动态机理解释。

第二节　经济主体风险选择行为的动态考察

本章构建的DSGE模型方程组包含30个条件方程，对应30个内生变量；并且条件方程中附带24个结构参数与2类外生冲击变量：e_t与$\tilde{\tau}_t$。基于此，参数校准与数值模拟过程详述如下。

一、参数校准

以中国近年来的经济现实为基础，本课题利用中国数据对模型参数进行了校准。其中，非稳态参数校准取值分别为：主观贴现因子 β 取值为 0.99①，劳动供给弹性倒数 υ 取值为 0.3②，风险厌恶系数 ζ 取值为 2③，资本要素投入比例 α 取值为 0.33④，资本折旧率 δ 取值为 0.025⑤，银行可转移比例 Θ 取值为 0.381，新入银行净资产占社会总资产份额 κ 取值为 0.002⑥，投资调整成本系数

---

① 文中主观贴现因子为存款利率稳态的倒数，故利用 2007 年至 2017 年十年间的一年期金融机构存款基准利率进行加权平均，得到存款净利率的稳态为 2.714%；同时由于本课题考虑的为季度数据，则季度化后为 0.6785%，故主观贴现因子取值为 0.99326，保留两位有效数字后，主观贴现因子为 0.99。

② 这里主要参考了马勇(2013)、康立等(2013)与林琳等(2016)的研究。其中发现，林琳等(2016)的劳动供给弹性的校准源自龚刚和 Semmler(2003)的 RBC 计量结果，而这一结果源于美国数据，而非中国数据。因此本课题最终结合马勇(2013)与康立等(2013)的取值，令 $\upsilon = 0.3$。

③ 风险厌恶系数 ζ 的取值主要参考了陈国进等(2017)、陈彦斌等(2009，2013)的三篇研究。其中陈国进等(2017)的取值为 3.1，但注意到其文内风险厌恶系数还包含贴现率与无风险利率等概念，而本课题在这三者上有所区分，所以 3.1 这一取值在此可能并不合适。其次，陈彦斌等(2009)提出"国内关于相对风险规避系数选取的经验研究比较少，黄赜琳(2005)利用模拟试验以及中国消费行为的经验研究发现，中国相对风险规避系数的取值应当在区间[0.7，1]之内；但是，这种基于中国消费行为的经验研究仅仅考虑了消费的跨期替代弹性，并没有考虑风险规避效应。而从风险规避的角度来看，相关的金融经济文献一般认为相对风险规避系数应当选取在[2，4]的区间之内。综合考虑两种效应，本课题按照国际研究的通用选取方法，将相对风险规避系数的取值确定在区间[1，2]之内……"同时，秉承这一合理的赋值基础，陈彦斌等(2013)将风险厌恶系数赋值为 2。因此，本课题此处采用陈彦斌等(2013)的赋值设定，令风险厌恶系数为 $\zeta = 2$。

④ 资本要素投入比例以林琳等(2016)的赋值作为参考。

⑤ 发现折旧率的赋值存在两类倾向：其一，陈彦斌等(2009，2013)、吕捷和王高望(2015)等的研究沿用了 Chow & Li(2002)的计量结果，即 $\delta = 0.052$。但注意到 Chow & Li(2002)的测算年份为 1993—1998 年(其中 1978—1992 年该值为 0.04)，由于样本区间距今已年份较长，沿用至今略显偏颇；其二为龚六堂和谢丹阳(2004)，陈昆亭和龚六堂(2006)，康立等(2013)，黄锐和蒋海(2013)，林琳等(2016)等的研究中的赋值设定。上述研究赋值主要基于龚六堂和谢丹阳(2004)，他们沿用了 Chow & Li(2002)的方法，对 1998 年后 28 个省市的资本存量进行了估算，其中折旧的估为 10%，并且基于这一估算，中国资本与劳动的边际生产率差异水平符合现实特征，故 10% 的年折旧率比 Chow & Li(2002)中 $\delta = 0.052$ 的折旧率可能更贴近近年来的折旧率水平。基于上述依据，给定本课题季度数据特征，故季度平均折旧率取值为 $\delta = 0.01/4 = 0.025$。

⑥ 银行可转移资产比例 Θ 与新入银行净资产占社会总资产份额 κ 两类参数取值源于对康立等(2013)，康立和龚六堂(2014)，林琳等(2016)等的研究的参考。

φ_I 设置为 $1$①，价格调整成本系数 φ_Π 设置为 $4.93$②，利率规则中的平滑反映系数、通胀反应系数、产出缺口反应系数、汇率反应系数依次取值为 $\rho_R = 0.55$，$\rho_\Pi = 0.69$，$\rho_Y = 0.408$，$\rho_e = 0.087$③。

基于以上参数校准结果，本课题通过稳态计算求解出稳态参数取值，具体如下：投资与消费占比方面，首先利用市场出清条件稳态的性质分别刻画消费、投资与产出的比值，具体为 $C/Y + I/Y = 1$；而后再利用厂商一阶条件中的贷款定价方程、生产函数与资本积累方程的稳态，通过反解稳态得到 $C/Y = 0.78$，$I/Y = 0.22$，这一值也与马勇（2013）较为接近。基金投资收益回报系数方面，因为在模型稳态中一单位资本用于生产一单位最终产品，因此通过反解稳态可求得风险回报截距系数为 $a_1 = 1.2$；而风险回报权衡系数 a_2 则基于本章风险溢价思路，利用包含基金风险选择稳态 $\bar{q}$ 与权益比例稳态 $\bar{B}$ 的关系式进行反推，最终确定权衡系数为 $a_2 = 0.41$。银行存活稳态采用外生的银行存活概率，参考康立等（2013），康立和龚六堂（2014），林琳等（2016）的研究，最终设定为 $\bar{q} = 0.972$。同时，中间商品的相对价格稳态与基金权益比例稳态均由模型生产部门与基金部门的一阶条件稳态计算得出，具体为 $\bar{X} = 0.76$，$\bar{B} = 0.505$。此外，为方便后文计算并保证

---

① 康立和龚六堂（2014）的研究中，投资品加成偏好设置为 0.5，这意味着 $\varphi_I/2 = 0.5$，故本课题将投资调整成本系数设置为 $\varphi_I = 1$。

② 在刘斌（2008）与马勇（2013）的研究中，两位作者估计出中国 Calvo 定价中的价格调整概率为 0.85，则由 Keen & Wang（2007）的研究知该调整概率对应 Rotemberg 黏性系数为 $\varphi_\Pi = 4.93$。

③ 本课题利率规则的参数设定主要参考了马勇（2013，2017）与金春雨和吴安兵（2017）的研究。其中，马勇（2013）一文通过 GMM 估计，求得中国利率规则中通胀反应系数 $\rho_\Pi = 0.6769$，产出缺口反应系数 $\rho_Y = 0.2621$，利率平滑系数 $\rho_R = 0.9$，但因该研究考虑的是封闭情形下的金融摩擦，故没将汇率因素纳入货币行为方程。在金春雨和吴安兵（2017）的研究中，作者考虑了开放经济的情形，也将汇率因素纳入了利率规则之中，它主要利用贝叶斯估计进行估算，其结果分别为 $\rho_R = 0.55$，$\rho_\Pi = 0.69$，$\rho_Y = 0.408$，$\rho_e = 0.087$（汇改后的利率规则参数）。可见金春雨和吴安兵（2017）的参数赋值主要在 ρ_R，ρ_e 上与马勇（2013）有所不同，其余赋值较为接近。而马勇（2017）研究了开放经济下的最优利率规则，其中利差平滑系数与汇率缺口反应系数分别为 $\rho_R = 0.562$，$\rho_e = 0.09$，与金春雨和吴安兵（2017）中的两值相近，故进一步验证金春雨和吴安兵（2017）是可行的校准参数值。因此，本课题利率规则参数将以金春雨和吴安兵（2017）的赋值结果为基础。

模型 BK 条件成立，我们参照经典文献设定 $h = 0.75$，$\varrho = 0.25$，设定汇率冲击持续系数 $J_e = 0.05$，冲击标准差为 $\epsilon^e = 0.001$，破产损失赔偿比率为 $\tau = 0.82$。以上参数校准与稳态赋值结果如表 2-1 所示。

表 2-1　　　　　　　　　　　参数校准及稳态赋值说明

参数	描述	赋值	参数	描述	赋值
β	主观贴现因子	0.99	α	资本要素投入比例	0.33
h	消费习惯	0.75	J_e	汇率冲击持续系数	0.05
ϱ	单位效用下的劳动权重	0.25	ϵ^e	外汇汇率冲击标准差	0.001
υ	劳动替代弹性的倒数	0.3	ρ_R	名义利率变动反应系数	0.55
ζ	风险厌恶系数	2	ρ_Π	通胀缺口反应系数	0.69
δ	资本折旧率	0.025	ρ_Y	产出缺口反应系数	0.408
φ_Π	价格调整成本	4.93	ρ_e	汇率波动反应系数	0.087
φ_I	投资调整成本	1	τ	破产损失赔偿比率	0.82
Θ	银行可能转移资产的比例	0.381	a_1	风险回报截距系数	1.2
κ	新入银行占总资产的比例	0.002	a_2	风险权衡系数	0.41
$\bar{q}$	银行存活概率稳态	0.972	$\overline{I/Y}$	投资产出比稳态	0.22
$\overline{X}$	中间产品相对价格稳态	0.76	$\overline{B}$	基金权益比例稳态	0.505

二、数值模拟与脉冲响应分析

本课题假定经济中存在汇率冲击与资产状态冲击。首先，前者通过改变一国货币的当期汇价或未来汇价预期来影响跨境资本传输，并且伴随金融摩擦作用，传输过程最终体现为经济主体风险承担意愿的变动，进而能影响其行为决策。这一冲击主要是为验证中国是否存在国际风险承担渠道，并借以说明 2015 年股市急剧上涨的宏观逻辑。其次，资产状态冲击是一种不确定性冲击，它通过改变某类资产的边际风险来测度金融波动与跨境资本变化。不同于以往的利率平价研究，资产状态冲击适用于剖析不同资产状态在跨境资本传输及配置过程中的作用，并且在跨境资本流动行为分析中引入不确定性因素将有效弥补之前均衡研究中的若干缺陷①。基于此性质，资产状态冲击可用于说明跨境资本与金融风险之间的相互作用机制，进一步解释股市波动爆发阶段中金融不良事件与跨境资本流动的相互影响机理。

1. 经济主体风险选择行为对金融风险的影响

汇率冲击结果如图 2-3 所示。当赋予本国货币升值预期冲击时，根据家庭预算约束以及利率平价规则，家庭的海外资产收益将在一段时期内持续下降②，进而本国家庭消费在一定程度上随之减少。其次，本国货币升值预期加大了跨境资本流入，一方面，"热钱"流入后推高了经济中的通胀水平，并导致货币当局提高名义利率进行应对；另一方面，通胀与名义利率虽在冲击后都出现上升，但通胀上升的幅度大于名义利率，故由费雪效应推知实际利率下降，这符合了利率平价中实际利率对汇率升值预期的反应，也是货币市场出清条件下跨境资本流入的表现。产出因经济中需求减少而产生负向偏离，投资因产出减少而出现骤降，但随着实际利率下降与资本边际产量(MPK)上升，投资开始回升③。并且，投资上升后产出虽有所增加，但消费的持续低迷使经济中供给大于需求，进而使通胀在冲击过程中由正转负。值得注意的是，汇率冲击并未改变潜在产出，故产出缺口偏离可由产出偏离近似，因此冲击发生后产出的下降导致了劳动向下偏离充分就

---

① 20 世纪 80 年代后，越来越多的实证研究表明两国间的利差并不能完美解释现实经济中的国际资本行为，例如经典的利率平价之谜：当某国利率较高时，以该国货币计价的短期存款将获得高于利率的超额回报，从而与无抛补利率平价相悖。其中一类风险承担的解释是，利率较高的国家通常相对风险更大(这里所说的风险源自于该国汇率波动，因为其他国家利率较低且相对稳定)，因此任何以该国货币计价的资产配置都要求得到相应的风险承担补偿，从而产生超额回报(Engel，1996，2013)，这也是过去"利差研究"中常忽视的细节。

② 由汇率冲击可知，当负向汇率冲击发生时本币持续升值，则本国的下一期汇率大小都将小于本期。基于该前提，由于海外利率 R_t^f 相对固定，而海外资产配置为前定变量，那么以本国货币计价的海外资产回报将持续缩水，故本币升值将导致境内家庭的海外资产配置出现亏损。

③ 模型中一单位投资对应了恒定比例的资本，当资本边际产量上升时厂商的最优决策是增加资本要素投入，进而导致了资本品生产部门的投资增量上升。

业水平①，随后因产出上升而逐步回归均衡。此外，国内资产价格因跨境资本涌入而被推升。进一步，结合式（2-11）的对数形式，由投资、产出、中间产品相对价格以及资产价格的变动趋势可判断最终贷款利率 $R_{K,t}$ 的脉冲初值为正，之后因资产价格回落与产出上涨而继续增加，最终收敛于均衡。

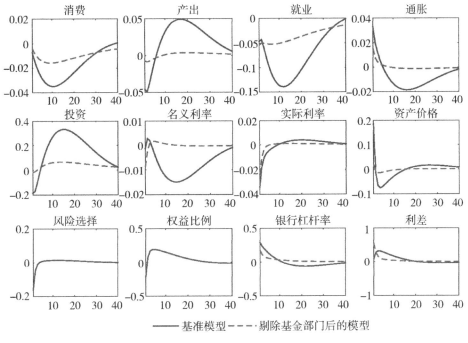

图 2-3　汇率冲击脉冲响应

通过金融变量的脉冲结果可以看到升值预期冲击使银行部门的杠杆率与利差分别上升，基金部门的风险选择与权益比例分别下降。上述现象可从两方面得到

---

① 此处所言的产出缺口为实际产出减去潜在产出并非一般均衡模型中变量与其稳态值之差。同时，与 Galí（2008），Woodford（2003）类似，本课题产出缺口偏离的计算方式为产出偏离减去潜在产出偏离。其中潜在产出的偏离表达式为 $\hat{y}_t = \dfrac{1+\nu}{\dfrac{\zeta(1-h^2\beta)(1-\alpha)}{(1-h)(1-h\beta)} \cdot \dfrac{Y}{C} + \alpha + \nu} \cdot \tilde{\lambda}_t + \Delta =$

$\Xi\tilde{\lambda}_t + \Delta$。式中，$\Delta$ 为与技术偏离 $\tilde{\lambda}_t$ 无关的变量或常数，Ξ 为系数项；Y，C 为产出与消费的稳态形式。

解释：首先，从基金部门角度来看，由式(2-39)知 $\partial B_t / \partial \tilde{R}_{t+1} > 0$，即无风险回报(实际利率)下降后，基金的权益比重也将随之减小。之所以这样，主要原因是跨境资本的流入降低了本国无风险回报，进而导致无风险债券收益减小，这便意味着资金供给方配置金融资产的机会成本也相应减小，基金部门不必再以压缩债务比例的方式向市场传递低道德风险信号，此时基金部门的权益比例将出现下降①。再由基金的风险选择方程(2-35)知 $\partial q_t / \partial B_t > 0$，可判断基金部门的投资风险将随权益比例缩小而降低。这是因为跨境资本增加后基金部门资金富余，加上之前压缩的债务比例被释放，基金的道德风险出现反弹②，进而导致基金部门风险偏好增加。综上可知在升值预期的作用下，短期跨境资本流入会使金融机构的风险选择趋于激进，从而推高了金融系统的整体风险。与之对应，在 2015 年汇率与股市上涨相映的阶段，普通资产回报相对减少，则多数货币基金转向以场外配资的方式将资金注入股市，在追求更高风险回报的同时加大了股市的风险累积。其次，在高风险银行中，跨境资本流入使银行的资金成本 $R_{q,t}$ 下降，由最终贷款利率 $R_{K,t}$ 上升可知银行利差正向偏离。利差的增加使银行部门流动性逐渐充裕，内部激励约束条件转为松弛，从而使单个银行的委托代理风险下降，故基金部门会加大对高风险银行的债务投资，导致银行部门杠杆率上升，直至激励约束条件再次收紧。这便使中介贷款利率上升，利差被推高，并且其加总杠杆也相应被推升。

但是为说明汇率冲击结果中风险承担效用的稳定性，我们将剔除基金部门后的脉冲数据作为对比。其中，对比模型仍保留了银行部门，并依照 Gertler & Kiyotaki(2010)的假定将银行的生存概率 q 再次设置为外生固定，同时 q 取值为原

---

① 权益比例在后续冲击结果中出现了反弹，部分原因是其对资产价格变动较敏感(主要是受内生性风险影响，下文将会详细讨论)，当资产价格向下超调时权益比例的波动反而转之向上，其中资产价格的超调是因为经济中存在投资与价格黏性。虽然说超调影响了权益比例的后续变化，但它并没有改变模型的内在逻辑，也没有改变短期内权益比例与升值预期的负向关系，并且可以注意到的是投资调整系数细微的变化可显著缩小资产价格的超调幅度，这暗示权益比率的超调行为(受资产价格影响的部分)并不稳定，无法用于理论解释。

② 有限责任制保证了基金在投资失败时无需对债权方进行全额赔付，故在债务资金较多且债务回报相对固定的前提下，基金部门总是倾向于选择风险水平较高的银行进行投资，以扩大剩余收益，增加所有者收入。所以，债务比例的扩大一般促使基金道德风险增加。

模型的稳态取值 0.972。另外，为保留开放条件下跨境资本流动行为的性质，我们假定对比模型中银行可吸纳海外存款，这种设置范式与 Dedola 等(2013)相近，进而使对比结果更具说服力。经过如上设定，图 2-3 中红(虚)线为对比模型的脉冲结果。可见，当剔除内生性风险行为后，消费下降幅度减小，这主要是由于在原模型中基金部门的风险偏好行为变相拉低了家庭的期望收入，故剔除基金部门后，消费的下降幅度有所缓和。其次，通胀与名义利率因跨境资本流入而升高，变动与前述一致，唯一不同的是两者升幅与后期波幅均小于原模型，这也导致了对比模型中实际利率初值负向偏离较小。由于产出与实际利率下降幅度缩小，资本边际产品的增加幅度不大，投资反弹也较为温和，资产价格上升的幅度有限。综合上述经济变量的脉冲结果，可见其波动逻辑与原模型类似，即表明原模型对宏观因素的解释与 Dedola 等(2013)一致，但由变量的波动幅度来看，原模型还解释了经济变量因内生性风险产生的额外波动。在金融变量的波动结果中，利差的初始偏离幅度较原模型有所上升，而杠杆率出现下降。同时，又根据银行部门的净资产动态积累方程(2-18)知利差减小与破产概率增大将导致银行净资产积累下降，故由杠杆率的定义(2-22)可知此时银行杠杆率上升，即说明金融内生性风险的上升反而将推升银行部门的杠杆，这一结果也印证了 Jiménez 等(2014)与 Dellariccia 等(2016)的实证结论。因此，通过上述两类模型的对比，本章的汇率冲击结果稳定有效。此外，由对比结果发现，当剔除基金部门与内生性风险后，跨境资本的反向调整现象大幅减弱，潜在的净流向反转消失。

至此，本课题已说明中国存在国际风险承担渠道，并基于上述动态模拟结果可基本厘清 2015 年 A 股急剧上涨的内在宏观机理：在 2015 年 3 月至 5 月人民币汇率上升、跨境资本流入期间，普通资产收益被相对压缩，但因货币基金具有信息不对称的事后风险，故它偏好于选择投资更高风险的资产来弥补其收益，于是出现了大量场外配资资金；同时，在以本章银行部门所刻画的资本市场中，其加总风险与杠杆率受基金风险偏好影响相应上升，并且实体经济贷款利率随之被抬高，进而匹配了当时中国所出现的"实体贷款利率居高不下"与资金"脱实向虚"等现象。但是上述结论的基础是资本完全流动，并未包含资本渠道不完全开放的情形。因此，为检验一般情形，下面将陈述带资本管制项的分析结果。

如图 2-4 所示，在加入资本管制因素后，上述冲击结果出现了一定程度的缓和：消费、投资、产出三者在资本管制后波动明显收窄，其中产出最为明显，这便说明若不考虑经常项目渠道的扰动，资本管制能够有效阻挡汇率冲击对实体经济的影响；由于产出波动缩小，就业情况也显现出明显的改善，同时在图 2-3 中可以观察到资本管制越紧，劳动的初始偏离将越接近冲击前的稳态。资本流入被限制后，经济中通胀与名义利率的变动较之前相对平坦，从而缓和了实际利率的偏离，使之更快收敛于均衡，故在资本管制环境中货币政策调控的必要性也相应减小，这与 M-F 模型的基本结论相符（Fleming，1962；Mundell，1963）。同样，风险选择、权益比例、资产价格、银行杠杆率与利差等金融变量的波动也显现出类似的衰减现象，国际风险承担渠道效应也有所减弱；并且资本管制越紧，上述衰减现象越明显。进一步，从分析结果中还可得到两点结论：第一，资本管制过程中跨境资本仍存有反向调整的现象，由上文分析推知该现象并不单纯是汇率预期或利率传导的结果，根本原因还须结合内生性风险条件进行说明，具体内容将在下一节详细展示；第二，资本管制较大程度抵消了汇率冲击所造成的经济、金

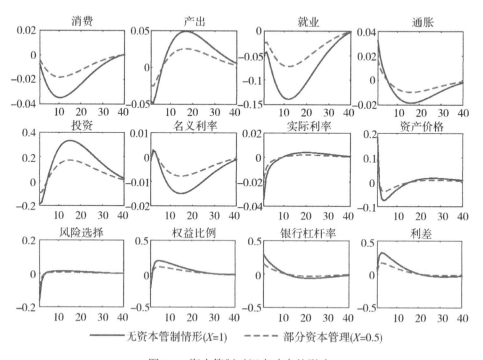

图 2-4 资本管制对汇率冲击的影响

融波动，也暗示在金融短期波动较大时，资本管制是一项稳定国际风险承担渠道效应的有效方法，这也是 2015 年股市波动事件后当局应考虑的调控政策备选之一。然而从长期来看，这并不能使本国潜在福利水平提升，因而资本管制无法作为可长期行使的调控手段。

2. 金融风险对经济主体风险选择行为的反馈

针对于上一小节中的遗留问题，本小节主要做了两方面探究：第一，寻找出跨境资本反向调整的理论动因与机理；第二，分析该动因在国际风险承担渠道有何影响，并借此进一步厘清 A 股大幅波动暴发阶段中内生风险与跨境资本流动间的相互作用机理。根据顺序先后，下面先对跨境资本的反向调整动因做出说明。

基于 Engel（2016）的结论，此处对赔偿比例 τ 设置参数冲击，目的在于探究跨境资本的反向调整动因，以及金融变量对此的反应。具体设置如下：首先确定 τ 的不同水平取值①，其次将 τ 的参数偏离形式设定为 $\tilde{\tau}_t = \rho_\tau \tilde{\tau}_{t-1} + \epsilon_t^\tau$，其中 ϵ_t^τ 为假设冲击项，标准差为 0.01，ρ_τ 为偏离持续项，取值为 0.8。最后令以上两项相加，得到参数冲击过程 $\tau + \tilde{\tau}$。此外，这里还需说明两点，第一，赔偿率 τ 的下降表示债务资产的风险增加，则基于不同 τ 取值的冲击都可视为不同债务风险水平下的波动结果；第二，本章关心的是资产边际风险增加对跨境资本流动行为的影响，因此 ϵ_t^τ 为负向冲击②。

图 2-5 为资产状态冲击的脉冲结果，可见当冲击发生时，债务资产的风险增加使资本更多地流向权益配置，导致权益比例向上偏离；同时，又由命题 1 的结论知基金风险选择与其权益比例同向变动，则此时基金显现风险规避。另外，此

---

① 当 $\tau < 0.69$ 时，理性预期差分方程中特征值大于 1 的个数将大于前瞻变量个数，此时方程组的解并不唯一。故基于 $\tau = 0.7$ 的取值下限，此处设定 τ 的三个取值分别为 1，0.9，0.8。

② 由于本章中金融风险为内生，则数值模拟无法以外生定量的分析方式直接获取边际风险的影响。然而债务回报中保险机制的设定为这种分析提供了便利：在金融系统整体风险相对固定时，赔付率 τ 的边际减小对应了债务资产风险的边际增加；同时由引理 2 与命题 1 推知，本币币值变动情形下债务资产风险对模型其他变量的传导与金融系统风险传递具有一致性，因此我们可利用对 τ 设置合适的冲击来近似经济中的边际风险变动。上述设置的好处就在于它尽可能地避免了对模型内生性风险选择的干预，从而保证了本章结论的严谨性。

处还蕴含了一个更为重要的细节：冲击推升了风险选择，促使基金改选风险相对较低的银行进行债务投资，这便意味着基金的债务资产最初因 τ 的边际减少而风险增加，随后因基金的风险选择调整而风险减小，导致债务资产整体风险先增后减。基于该变化，跨境资本流入在冲击初期相应减少（或净流出），也即债务资产风险增加显著影响了海外家庭的投资意愿，并显现出风险厌恶等特征；而在基金风险选择调整后，跨境资本流入逐渐增加，虽然此时债务资产相比冲击初期更具吸引力，但跨境资本却更多地选择了权益资本。因此，债务资产的边际风险增加使跨境资本在流量上先减后增，在配置方式上由债务向权益转变；同时由资产状态冲击与边际风险的等价性可证明，内生性风险行为是引发跨境资本反向调整的动因，这恰好切合了 Engel（2016）的结论。此外，基于货币市场出清条件，起初跨境资本流入减少（或净流出）推高了实际利率，此时资产价格下降；同理，随着后续跨境资本流入的增多，资产价格回升。对银行部门而言，跨境资本流入减少一方面导致基金的可用资金减少，故银行可获得的债务投资相应减少；另一方面，最终贷款利率 $R_{K,t}$ 受资产状态冲击的影响不大，$R_{q,t}$ 却因风险选择调整与实际利率变动出现下降，则银行部门利差上升，净资产积累增加。兼合上述两方面作用，银行部门杠杆率最终向下偏离。

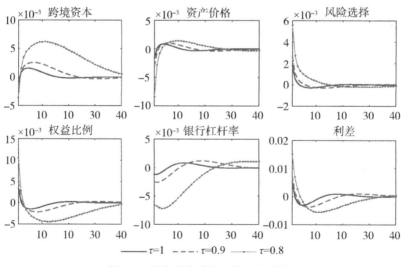

图 2-5 资产状态冲击的脉冲响应图

对比不同水平值 τ 的结果可以发现，τ 取值越小金融变量的波动幅度越大，也即基金负债的风险越高，金融系统对所增加的边际风险就越敏感。之所以如此，可能是由于 τ 较大时，债务资产类似于无风险债券，故任意小的风险冲击都不会使债务资产需求发生较大的改变，进而跨境资本在流量与配置方式上相对稳定，权益比例、风险选择与银行部门的波动也十分微弱。而 τ 逐渐下降时，债务资产的"无风险"特征随之消失，尤其是当 τ 足够低时，边际风险增加将进一步放大基金较高的债务违约概率，那么在风险选择调整前跨境资本将出现大程度撤离，权益比例、风险选择与银行部门的波动也相应增大，此时跨境资本净流向的反转较之前更为明显。同时，τ 向下取值的影响也切合了爆发阶段 A 股下跌过程中金融市场被动去杠杆、同业—理财利差峰值波动、跨境资本加速流出等现象，则由现实事件佐证内生性风险因素提高了均衡分析对跨境资本流动行为的解释程度。

然而在 A 股大幅波动的过程中，一直以来的疑问是：究竟是跨境资本流出触发了 A 股风险释放，进而造成 A 股持续下跌？还是 A 股持续下跌引致了跨境资本大量流出？之所以有这种疑问，主要是因为跨境资本的反向调整动因在国际风险承担渠道中的动态影响仍含糊不清。具体来说，跨境资本流动可改变金融加总风险与中介风险偏好，而由此引发的变量波动又会进一步作用于原本的跨境资本流动行为，故单纯沿用汇率冲击范式并不能将上述两类效应分离，以深入探究其互动机理。因此，为具体说明内生性风险行为在国际风险承担渠道中的作用，下文将对 τ 进行敏感性测试，结果如图 2-6 所示①。与上述分析类似，$\tau = 1$ 意味着在基金投资失败时债务资产仍可获全额本金赔偿，基金债务此时与无风险债券等价（并且此时债务资产的回报率接近于无风险利率），故家庭将优先配置债务资产，直至出清后再将结余资金投向基金权益。基于该前提，本国债务资产早在冲击前已出清，虽然本币升值预期增加了跨境资本流入，但新增跨境资本却只能购置权益资产，从而权益比例向上偏离，风险选择上升，基金部门整体投

---

① 检验中设定 τ 的取值范围为 0.7 到 1，并且为说明内生性风险行为在汇率冲击中的直接影响，仅对跨境资本、风险选择、权益比例三项的变动结果进行分析。

资风险下降①。这一结果表明当债务资产绝对安全时，跨境资本流入反而会降低金融系统的整体风险，这与之前单纯汇率冲击中的国际风险承担效应相反。

当 $\tau = 0.9$ 时债务资产风险依旧较低，家庭对此偏好依旧强烈，这便使基金的债务比例高于权益。正因如此，基金将有动机放大道德风险，通过投资风险较高的银行以最大化所有者权益。但不同于之前的分析，此时 τ 的取值增大了债务回报的不确定性，基金投资风险的升高将使债务资产的期望损失加大，故家庭对此的决策是适当缩减债务资产配置，而这一行为又恰好导致债务资产出现潜在供给。当冲击发生后，本国无风险利率下行，由命题 1 知此时基金投资收益下降，这意味着在债务回报相对固定的前提下基金权益的收益被压缩，故新增跨境资本将优先配置债务资产，从而促使基金权益比例初值向下偏离，风险选择下降，基金部门整体投资风险上升。但随着升值预期冲击减弱，实际利率向上逐步回归稳态，权益回报也相应恢复。但在此过程中，债务资产的机会成本随之增加，故部分资金向权益转移，基金的权益比例与风险选择都将出现回升。

当 τ 的取值足够低时，此时债务资产风险较高，故境内家庭将优先配置权益资产，直至权益资产出清或基金权益的期望回报等于债务期望回报。因此，当跨境资本流入后，权益资本稀缺以及实际利率降低对权益回报的压缩都将促使基金的权益比例 B_t 出现更大幅度的下降，进而风险选择 q_t 也相应大幅下降。该情形对应了图 2-5 中 $\tau = 0.7$ 的结果，其中基金权益比例与风险选择较前述几种情况表现出更为明显的降幅。

结合以上论述以及图 2-5 所对应的模拟结果，可进一步归纳出两点结论：第一，τ 的取值越小，权益比例与风险选择在汇率预期冲击中的偏离也就越大，进而"国际风险承担"效应越明显，这也说明了 τ 取值的下降将扩大内生性风险对金融变量的波动影响。为更进一步说明这个问题，我们分别在 $\tau = 1/0.85/0.7$ 的基

---

① 虽然说冲击导致投资风险下降，然而这并不意味着基金部门本身处于一个较低风险水平。Jensen & Meckling（1976）证明当存在管理层和债权人之间的代理成本时，债务融资会造成风险转移，而股权融资可以保证合适的激励约束。因此，我们可以认为债比例越大，基金的道德风险也就越大，进而投资风险越高。另外，对比 $\tau = 1$ 与 $\tau < 1$ 中跨境资本的反弹幅度也可知前者的金融整体风险水平大于后者。

础上进行方差分解，结果如表2-2所示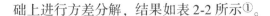。

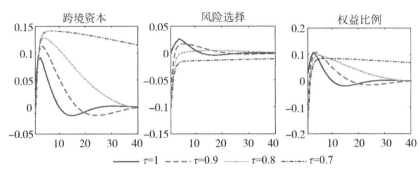

图2-6 汇率冲击下的资产状态敏感性检验

表 2-2 　　　　　　　　**汇率冲击与边际风险冲击的方差分解**

	$\tau = 1$					
	时期：1		时期：20		时期：40	
	汇率冲击	边际风险冲击	汇率冲击	边际风险冲击	汇率冲击	边际风险冲击
跨境资本	99.71	0.19	99.41	0.59	99.46	0.54
资产价格	90.66	9.34	99.16	0.84	99.27	0.73
风险选择	80.37	19.63	98.2	1.8	98.25	1.75
权益比例	86.4	13.6	99.4	0.6	99.4	0.6
银行杠杆率	99.36	0.64	99.52	0.48	99.49	0.51
利差	99.12	0.88	99.74	0.26	99.73	0.27
	$\tau = 0.85$					
	时期：1		时期：20		时期：40	
	汇率冲击	边际风险冲击	汇率冲击	边际风险冲击	汇率冲击	边际风险冲击
跨境资本	59.63	40.37	97.72	2.28	97.6	2.4
资产价格	90.1	9.9	95.06	4.94	95.3	4.7
风险选择	93.13	6.87	93.02	6.98	93.07	6.93
权益比例	80.32	19.68	97.48	2.42	97.33	2.67
银行杠杆率	97.58	2.42	96.51	3.49	96.55	3.45
利差	92.4	7.6	98.26	1.74	98.22	1.78

① 鉴于资产状态冲击与边际风险的等价性，在特定条件下升值预期引发的边际内生风险变动可转化为汇率冲击与资产状态冲击的方差分解。当然，为使这个特定条件满足，本章仅考虑了足够小的资产状态外生冲击。

续表

	$\tau = 0.7$					
	时期：1		时期：20		时期：40	
	汇率冲击	边际风险冲击	汇率冲击	边际风险冲击	汇率冲击	边际风险冲击
跨境资本	19.26	80.74	66.36	33.64	64.3	35.7
资产价格	52.14	47.86	50.37	49.63	50.33	49.67
风险选择	51.71	48.29	49.79	50.21	50.16	49.84
权益比例	37.35	62.65	60.28	39.72	59.72	40.28
银行杠杆率	72.78	27.22	57.04	42.96	57.12	42.88
利差	7.32	92.68	57.64	42.36	57.44	42.56

在表中，当 τ 足够大时（$\tau = 1$），汇率冲击在波动初期是各金融变量变化的主要原因，而边际风险的增加仅影响了风险选择与权益比例，且影响程度远不如汇率冲击；在 40 期时，两类冲击的影响均趋于稳定，此时汇率冲击对各金融变量波动的贡献占 98% 以上，而边际风险的贡献可忽略不计。当 $\tau = 0.85$ 时，边际风险初期对金融波动的影响显著增加，特别是对跨境资本的波动贡献约 40%；在 40 期时，边际风险对金融波动的影响几乎消散，汇率冲击的影响重归主导（对各项的波动贡献为 90% 以上）。当 $\tau = 0.7$ 时，边际风险初期对金融变量的影响变得十分重要：对跨境资本及银行利差的波动贡献超 80%，对权益比例的波动贡献超过 60%，对资产价格、风险选择的波动贡献接近于 50%；在 40 期时，边际风险对各金融变量波动贡献皆接近于 40% 或以上，远超于前两类情况。该结果证明资产的风险水平状态 τ 显著影响了金融变量的波动幅度与方式，即当资产风险较高时（τ 较低），金融波动所导致的内生性风险水平变化反过来加大了金融变量原本的波动幅度。具体而言，受内生性风险的反作用，$\tau = 0.9$ 时风险选择第二期回调了 0.065 个单位，权益比例回调 0.16 个单位；$\tau = 0.8$ 时风险选择回调 0.086 个单位，权益比例回调 0.22 个单位；$\tau = 0.7$ 时风险选择回调 0.11 个单位，权益比例回调 0.29 个单位。上述回调结果表明变量在单位时期内的波动跨幅与 τ 取值呈反向关系，这与之前资产状态冲击结果保持一致。因此，上述动态实证结果表明，内生性风险水平大小决定了边际风险与跨境资本流动二者在影响机制上的主

次关系，当内生性风险水平较大时，边际风险变化将主导国际风险承担渠道效应。具体而言，暴发阶段中国金融系统风险水平较高，此时股价的边际波动主导了其他金融状态的变化，成为引发金融被动去杠杆与资产价格暴跌的主要源头，而跨境资本流出作为结果，并非原因；但随后跨境资本流出却反过来加剧了金融变量波动、股价下跌与金融被动去杠杆过程，这也是此次过程中不容忽视的反馈现象之一。此外，通过动态实证结果本章还发现，内生风险水平越高，上述效应越剧烈。

第二，权益比例与风险选择分别在 $\tau = 1$ 以及 $\tau < 1$ 两种情形下产生了截然不同的变化。在前者情形中，升值预期导致权益比例与风险选择同时上升，金融系统整体风险水平下降；而后者与此相反。据此我们可以认为资产风险水平（对应 τ 的大小）是产生国际风险承担渠道效应的关键因素之一。其次，当 τ 低于某一阈值时，跨境资本净流向可能出现反转：$\tau \leqslant 0.76$ 时，跨境资本受升值预期影响初值呈现净流出，异于 $\tau > 0.76$ 时的跨境资本净流入恒为正的结果。之所以如此，可能是因为在风险波动与汇率预期交织的过程中，跨境资本一方面因升值预期而流入，另一方面因边际风险波动而流出。进一步由表 2-2 方差分解的结果所见，当资产风险水平较高（τ 较低）时，边际风险波动对跨境资本的冲击影响占主导，故跨境资本净流出。这一点也与股市波动爆发后的现实情形相符：自人民币汇兑中间报价机制完善后，2015 年 9 月至 11 月中旬，虽然人民币兑美元汇率总体上升，但因资本市场金融风险释放，被动去杠杆的过程依旧持续，短期跨境资本呈现净流出状态；随后，2016 年第一季度人民币汇率小幅升值，但因 1 月期间股市再度大幅波动，跨境资本大量流出。由外管局公布数据佐证，2015 年第四季度资本和金融账户逆差 3234 亿元人民币，其中非储备性质的金融账户逆差 10605 亿元人民币，储备资产减少 7368 亿元人民币；2016 年第一季度资本和金融账户逆差 3138 亿元人民币，其中非储备性质的金融账户逆差 11179 亿元人民币，储备资产减少 8048 亿元人民币。

三、稳健性检验

由于参数校准时常存在较强的敏感性，某些参数估计的偏差可能会对模型结果产生重要影响。为保证本课题模型能够稳定地解释国际风险承担效应，需对部分参数进行稳健性检验。在对比相关文献的研究后，本课题将对 ζ，υ，h，Θ，κ 五项系数依次检验，其中参数的取值区间如下：假设风险厌恶系数 ζ 的取值为 $[1, 2]$；劳动替代弹性倒数 υ 取值为 $[0.25, 0.35]$；消费习惯系数 h 取值为 $[0.3, 0.75]$；银行可能转移资产的比例 Θ 取值为 $[0.2, 0.35]$；新入银行资产占总资产比例 κ 取值为 $[0.002, 0.004]$。稳健性检验的结果表明：（1）在两类冲击中，上述参数的取值变动对各部门行为决策的影响依旧平稳，变量波动规律与原参数条件下的结果具有一致性；（2）与前述情形对比，各部门变量的相关系数在数值变化与符号判定等性质上仍具稳健性，证明模型中的时间序列相关性在上述参数范围内稳定。因此，本课题模型对金融加总风险、跨境资本流动与经济主体的风险行为选择具有足够的解释能力。

第三节　结论与政策启示

本章通过构建包含内生性金融风险与跨境资本流动的理性预期均衡模型，理论解析了中国跨境资本流动、经济主体风险选择行为以及内生系统金融风险三者间的关联，并基于中国经济参数，通过数值模拟进一步厘清了经济主体风险选择行为对金融加总风险的影响，以及金融加总风险对经济主体风险选择行为的反馈。主要结论如下：

第一，汇率预期变动可能造成经济主体风险选择行为趋于激进：当一国出现升值预期冲击时，本国实际利率下降，金融资产价格上涨。由于投资回报被削弱，基金部门道德风险加大，呈现风险偏好的性质。另一方面，升值预期所引致的跨境资本流入推高了实体部门的最终贷款利率，从而使银行中介利差增加，杠杆率升高。这一结论切合了 2015 年 2 月至 5 月汇率升值与资产价格急剧上涨相映的现象，也一定程度地解释了为何期间资本市场风险与杠杆随之增加，实体经济贷款利率居高不下，资金脱实向虚。

第二，资产状态是金融风险对经济主体风险选择行为反馈中的一类重要因素：通过设置资产状态冲击，可以发现资产的边际风险增加可引致基金部门道德风险下降，风险选择趋于保守（风险规避），银行部门杠杆率下降，利差波动增加，金融资产价格骤降，跨境资本先流出。这较好地诠释了 2015 年 6 月后，中国资本市场所出现的金融资产价格急剧下跌，中介机构与影子银行被动去杠杆，同业—理财利差峰值频现，跨境资本急剧外流等现象。

第三，通过分离经济主体风险选择行为与内生性加总金融风险变动所产生的效应，可进一步发现：（1）当内生金融风险水平较高时，边际风险变动将主导经济主体风险选择行为效应。并由实证模拟结果证实，2015 年 A 股大幅波动期间股价波动才是引发金融被动去杠杆、资产价格急剧下跌的根源，而跨境资本流作为结果，并非原因；但随后的跨境资本流出却反过来加大了原有的金融波动幅度，使国际风险承担渠道效应更为剧烈。（2）当内生风险水平高于某特定值时，本币的升值趋势反而将导致跨境资本净流出，造成跨境资本行为反转，加速金融收缩。这一定程度解释了 2015 年 A 股大幅波动后，人民币汇率虽曾有上升趋势，但因国内金融风险持续释放，短期跨境资本却未入反出。

总体而言，经济主体风险选择行为的核心是中介信息不对称的事后风险，而现实中无法根除的信息不对称因素加大了政策稳定的难度。基于上述结论，为了稳定跨境资本流动的国际风险承担渠道效应，我们认为：

第一，宏观调控部门应完善金融风险管理框架，摸底排查国内金融系统中风险累积的程度，量化市场风险与其他金融摩擦的大小，并据此加强对金融中介机构的引导。同时，规范外部市场约束，增强会计、审计等机构的自律性与公正性，强化披露信息的真实性与透明度，弱化道德风险问题。

第二，良好的金融稳定机制不光局限于熨平金融波动，也需防范"脱实入虚"。这便要求政策当局抑制金融过度创新，遏制资金过度套利，引导正确的资金融通方向，把为实体经济服务作为出发点和落脚点，把更多金融资源配置到经济社会发展的重点领域和薄弱环节，切实推动实体经济的结构转型。

第三章 开放经济中经济主体不确定性预期、
流动性与金融波动①

　　除了经济主体的风险行为之外，其"风险预期"也是导致金融不稳定的重要因素之一。这是因为，在预期的影响之下，经济主体的风险选择行为往往会被放大，传染性增强，同时经济主体风险行为的变化又可以反之影响主体预期，造成进一轮的风险扩散。现实中经济活动主体的预期影响金融风险的渠道有多种，其中最重要的是流动性问题，流动性的波动既能促进风险的积累，也能加剧风险的释放。

　　党的十八大以来，我国经济结构调整和动能转换持续加快，经济发展的全面性、协调性和可持续性不断增强。值得注意的是这期间出现了两个明显的趋势性特征：一是经济增长率从高速转向中高速且呈现小幅的周期波动特征。2012 年我国 GDP 增速达 7.7%，此后缓慢下行，仅 2017 年有所企稳，到 2019 年已降至 6.1%，经济增速换挡趋势明显。2020 年初受新冠疫情冲击，一季度 GDP 同比下降 6.8%，是自 1992 年有 GDP 季度核算以来最低值；制造业采购经理指数从 1 月的 50%骤降至 2 月的 35.7%，规模以上工业企业开工率 2 月降至 78.3%。随着国内疫情防控形势持续向好，制造业采购经理指数 3 月恢复至 52%，4—6 月保持在 50%~51%区间；国家统计局调查显示，截至 4 月 9 日工业企业开工率恢复至 97.2%，在开工企业中有一半企业生产水平超过正常水平的 80%，八成企业生产超过正常水平的 50%。与国内形成对比的是，当前海外疫情仍在持续蔓延，受此影响，我国外贸进出口增速有所回落，而且海外疫情会从产业链和供应链上对国内实体经济的恢复造成一定程度的影响。二是在过去银行表外业务扩张刺激

---

　　①　本章主要内容原载于《经济研究》2020 年第 8 期。

下，实体经济部门企业杠杆率逐渐高企，潜在债务风险持续上升。2008—2015年我国宏观杠杆率水平（即家庭、企业和政府加总）迅速增高，七年间累计增长86.2%，年均增速超过12%。为防范系统性金融风险，近年来推进供给侧结构性改革，积极稳妥去杠杆。2017年第二季度宏观杠杆率为256.3%，六年来首次与上一季度持平，没有继续增长；同期非金融企业部门杠杆率为162.6%，是自2016年第二季度达到最高点166.9%以来连续5个季度环比下降或持平。2018年和2019年宏观杠杆率进一步下滑。

以上两方面特征所引发的一个需要关注的经济现象是：经济增速换挡和去杠杆政策效应叠加疫情冲击，加剧经济下行风险，势必对制造业为主的实体经济部门造成显著的宏观紧缩效应，实体部门对经济形势持不确定性看法的比例上升，易于形成紧缩预期，削弱企业生产动机。国家统计局发布的数据显示，2020年初疫情暴发后，生产价格指数大幅下降且与居民消费价格指数（CPI）增速的缺口进一步扩大，其中，全国工业生产者出厂价格同比增速从1月的0%降至5月的−3.7%，相比CPI增速的缺口由5.4个百分点扩大至6.1个百分点；工业生产者购进价格同比增速从−0.3%降至−5.0%，与CPI增速的缺口由5.7个百分点扩大至7.4个百分点，反映市场需求受到较大冲击。

针对上述问题，中共中央政治局2018年7月31日召开的会议提出，要切实做好"六稳"工作，即做好"稳就业、稳金融、稳外贸、稳外资、稳投资、稳预期"工作。2020年十三届全国人大三次会议《政府工作报告》进一步强调，要加大"六稳"工作力度，保居民就业、保基本民生、保市场主体、保粮食能源安全、保产业链供应链稳定、保基层运转。在"六稳"工作中，"稳预期"在近年中央经济工作会议及相关文件中出现的频率非常高，是坚持稳中求进工作总基调的重要内容，也是其他"五稳"的重要基础条件，当下复工复产要进一步增强企业对抗击疫情的信心和对未来市场的预期。显然，针对宏观经济的紧缩效应，政府决策层已经积极采取了包括"稳预期"在内的一系列调控措施，然而理论界特别是关于宏观调控与治理机制的相关研究对此问题跟进缓慢。部分学者对去杠杆、经济增速换挡与宏观紧缩效应之间的关系做了分析（张晓晶等，2018；马勇和陈雨露，2017），但是就宏观经济紧缩环境下如何稳定紧缩预期的探讨非常有限，而这恰好是保障转型升级持续推进的重要理论依据。如前所述，自经济增速换挡和去杠杆政策实施以来，经济下行压力导致实体部门流动性趋紧，加之突如其来的疫情冲击，市场对实体企业未来效益的预期存在较大的不确定性，加大了实体经济部门的融资难度。即便宏观基本面未发生显著改变，仍有可能出现债务违约风险，进一步加剧宏观紧缩效应。因此，探究实体融资、流动性及预期等相关问题，据此针对性地制定相应的稳定和补救措施以缓解紧缩预期，在尽可能保障社会福利的前提下持续推进经济结构转型，是目前迫切需要研究的重要课题。

在相关文献中，债务与流动性方面，Kiyotaki & Moore（2019）考察了企业融资行为，并由此总结出企业融资决策、流动性冲击对宏观加总变量的影响。随后，Shi（2015）、Ajello（2016）等的研究对此给予了理论支持。此外，部分新近研究尝试将宏观流动性与经济主体预期相联系，但这些研究主要是从资金供给方的角度出发，而未涉及实体企业的融资决策。如 Brunnermeier & Oehmke（2013）认为，乐观预期加速了风险积累和流动性扩张，而某一时点的悲观预期则导致流动性紧缩和资产泡沫破裂，该机制往往是危机爆发的根源。预期方面，近年来模糊机制成为研究热点。一类观点认为，在期望效用中引入多项先验概率测度，可刻画模糊对偏好的影响，该期望效用遵循"最小最大化"准则（Gilboa & Schmeidler，1989）；同时，后续研究通过上述模糊偏好准则构造了确定性等价，为部分宏观经济和金融问题研究提供了新的视角（Chen et al.，2014）。另一类以 Kreps & Porteus（1978）为核心的观点认为，决策者的动态偏好对不同时期持有不同的权重安排，表现出"时间不可耐性"，该决策机制在资产定价方面有着广泛的应用（Epstein & Zin，1991）。但是过往研究存在以下两点不足：一是现有的融资、流动性研究未引入真实不确定性预期，进而难以刻画中国宏观紧缩预期中企业的融资困境，更无法为"稳预期"等调控政策提供理论参考；二是就技术层面而言，已有的包含不确定性预期的宏观模型尚未提供均衡解析框架或动态均衡性质，不利于后续研究尤其是最优政策设计等的深入开展。为了从理论上深层次把握宏观紧缩预期对实体企业债务融资流动性及宏观加总变量的影响，本章拟从非金融部门融资决策角度抽象出经济下行压力下的真实不确定性预期（Gilboa & Schmeidler，1989），并结合企业债务融资流动性（Kiyotaki & Moore，2019）对现实问题予以解答，试图为实体经济部门的宏观调控和稳定发展提供理论建议。

第一节 含有不确定性预期的内生金融流动性模型

为分析经济主体不确定预期对金融流动性的影响，本部分主要在 Kiyotaki & Moore(2019)的基准流动性框架之上引入模糊因素，探究不确定性预期下各类经济金融变量的变动情况。

一、基准流动性框架

假设存在一个离散时间、无限期的真实经济周期环境(RBC)，经济主体仅由厂商与工人组成，则商品空间包含厂商生产的非耐用品与工人所提供的劳动。同时，经济中包含两类资产，其一是法币(下文简称为货币)，它能够灵活流通，故不具流动性限制；而另一种资产则为权益，它由经济中的厂商发售，在每期存在一定的变现黏性，这便导致权益的流动性存在一定限制。此外，经济环境中存在两类冲击，其中加总冲击为技术进步①，而个体特质性冲击为厂商的投资机会。

首先，厂商的效用函数为：

$$\mathbb{E}_t \sum_{s=t}^{\infty} \beta^{s-t} u(c_s) \tag{3-1}$$

上式中 $\mathbb{E}_t$ 为期望因子，β 为主观贴现率且 $0 < \beta < 1$，$u(c_s)$ 为满足消费路径 $\{c_t, c_{t+1}, c_{t+2}, \cdots\}$ 的厂商单期效用，同时假设厂商单期效用形式为 $u(c_s) = \log c_s$②。

其次，厂商拥有资本 k_t，而劳动 ℓ_t 则需从工人中雇佣并支付工资 w_t。同时厂商生产函数统一为：

$$y_t = A_t k_t^{\gamma} \ell_t^{1-\gamma} \tag{3-2}$$

式中 y_t 为厂商产出，A_t 为生产技术，γ 为生产要素投入份额且 $0 < \gamma < 1$。因

---

① 由于本课题关心的是不确定预期下框架均衡及理论解析，故后文没有涉及模型的脉冲过程，故技术冲击可忽略。

② 这里假设 log 形式的效用函数目的主要有两点，其一使厂商满足风险厌恶的设定，其二是为方便求解厂商关于消费决策的显性解。

此，由上述条件可知厂商的利润为：

$$y_t - w_t \ell_t = r_t k_t \tag{3-3}$$

其中，r_t 为厂商单位资本 k_t 投入所获利润。更具体地，由 (3-2)—(3-3) 可知：

$$y_t - w_t \ell_t \equiv a_t k_t^{\alpha-1} = r_t k_t \Rightarrow a_t = \gamma \left(\frac{1-\gamma}{\omega} \right)^{\frac{1-\gamma}{\gamma+\upsilon}} A^{\frac{1+\upsilon}{\gamma+\upsilon}}, \quad \alpha = \frac{\gamma(1+\upsilon)}{\gamma+\upsilon} \in (0, 1)$$

另外，厂商每期生产出现资本折旧，其折旧率为 $1 - \lambda$ 且 $0 < \lambda < 1$，则其资本积累方程满足：

$$k_{t+1} = \lambda k_t + i_t \tag{3-4}$$

其中，i_t 为厂商 t 期末的新进投资。这里值得注意的是，厂商能否获得新进投资 i_t 取决于特质性冲击投资机会 π，也即每期内只有 π 的厂商获得投资机会，其 $i_t \neq 0$；而 $1 - \pi$ 的厂商无投资机会，进而有 $i_t = 0$[①]。为保证合理稳态特征与有意义的动态路径，此处还假设 $\beta > \lambda$[②]。

为进一步刻画经济中的流动性问题，这里假设获得投资机会的厂商可根据自己的新进投资需求进行融资，也即发售权益[③]。然而厂商对所发售的权益并非全额承诺，故对于一单位借款，厂商需要预先支付 $1 - \theta$ 的抵押或垫头，即单个厂商通过权益每期最多只能融资 θ，且 $0 < \theta < 1$。同时，这里还假设每期内，权益并非完全流动，持有外部权益的厂商每期最多只能在市场上二次出售或向原售厂商赎回 ϕ_t 份额的权益，而剩余的 $1 - \phi_t$ 固定不动，其中 $0 < \phi_t < 1$。相对于权益，经济中还存在一类完全流动的资产为货币，假设每期内单个厂商持有无收益的货币为 m_t，并且货币的总供应量固定为 M。基于以上设定，进一步假设厂商在 t 期发售的股权为 n_t^f，持有的外部股权为 n_t^o，总净资产为 n_t，则其资产负债表如表 3-1 所示：

---

① 这里默认对厂商总体进行了标准化，可将其视为 0 到 1 上的连续统。

② 此处若 $\beta = \lambda$，则表示资本的损失仅等价于时间偏好率要求，则表示资本并无实质性损耗；而 $\beta < \lambda$ 表明折旧后的资产积累将大于贴现资产积累。上述两种情况都排除了新进资本积累 i_t 的存在性，故为保证资本积累方程成立，必须有 $\beta > \lambda$。

③ 这里假设权益买卖双方都为厂商，具体来说，当厂商 j 获得投资机会时，其发售的股权由 $-j$ 的厂商购买。

表 3-1 单个厂商的资产负债表

资产	负债与净资产
资本存量 k_t	发行的股权 n_t^f
其他企业的股权 n_t^o	
持有的货币 m_t	
	储蓄：n_t，m_t

其中，单个厂商净资产关系式可表述为 $n_t = n_t^o$（外部股权）$+ k_t - n_t^f$（内部股权）。由此，厂商所面临的流动性约束为：

$$n_{t+1} \geq (1 - \theta)i_t + (1 - \phi_t)\lambda n_t \tag{3-5}$$

$$m_{t+1} \geq 0 \tag{3-6}$$

其中，式（3-5）可视为厂商净资产积累的流动性约束：式（3-5）左侧为第 $t+1$ 期初的厂商净资产存量，而右侧为第 t 期内厂商所需支付的新进投资垫头与无法售卖的资产之和。当左侧大于右侧时，表明获投资机会的厂商中，θi_t 份额的新进投资可由市场筹资完成，故市场流动性充裕；而当左侧等于右侧时，表明市场的流动性无法充分满足厂商的融资需求，则此时市场流动性绷紧[①]。而式（3-6）与式（3-5）相反，当经济中流动性充裕时，厂商融资需求可得到充分保证，则此时无需持有完全流动的货币，即 $m_t = 0$；而当 $m_t > 0$ 时，情况相反。为考察两类资产配置受流动性的影响，现拓展其名义属性，假设权益与货币的市场价格分别为 q_t，p_t，故厂商面临的现金流约束为：

$$c_t + \underbrace{i_t}_{\text{新进投资}} + \underbrace{q_t(n_{t+1} - i_t - \lambda n_t)}_{\text{外部股权总值}} + \underbrace{p_t(m_{t+1} - m_t)}_{\text{持有货币总值}} = r_t n_t \tag{3-7}$$

式（3-7）右侧为厂商资产总收入，而左侧则为支出，其中支出去向包括消费、投资、外部股权投资与持有流动性货币。

与之类似，工人效用函数如下：

① 这里流动性绷紧的压力主要来自出售限制系数 ϕ_t，当 ϕ_t 越小时，表明厂商 t 期所能出售的权益越少，则流动性越弱。将这一直观含义代入式（3-5）可见，给定 n_{t+1} 当 ϕ_t 越小时，式（3-5）右侧越能接近或等于左侧，故当等号成立时，经济中流动性越紧张。

$$\mathbb{E}_t \sum_{s=t}^{\infty} \beta^{s-t} U\left(c_s' - \frac{\varphi}{1+v}(\ell_s')^{1+v}\right)$$

其中，c_s' 为工人单期消费，服从消费路径 $\{c_t', c_{t+1}', c_{t+2}', \cdots\}$①；而 ℓ_s' 为工人单期劳动供给，服从路径 $\{\ell_t', \ell_{t+1}', \ell_{t+2}', \cdots\}$；$\varphi$ 为效用劳动权重，$1+v$ 为劳动供给弹性倒数，并且 $\varphi, v > 0$。依据上述厂商的设定，工人的预算约束如下：

$$c_t' + \underbrace{q_t(n_{t+1}' - \lambda n_t')}_{\text{股权投资总值}} + \underbrace{p_t(m_{t+1}' - m_t')}_{\text{持有货币总值}} = w_t \ell_t' + r_t n_t'$$

进一步地，工人可依据经济流动性情况选择投资权益与持有货币的数量，进而有 $n_{t+1}' \geqslant 0$，$m_{t+1}' \geqslant 0$。

二、不确定性预期

为分析模糊因素对经济主体预期的影响，以及预期影响下流动性及其他宏观、金融变量的变动，这里引入不确定性预期。对此，定义如下：假设上一小节经济环境具有不确定性，且存在有限状态空间 Ω，而这一不确定性源自于厂商投资机会 π 的模糊性②。故在这种不确定环境之中，经济主体的期望由状态空间 Ω 的概率测度决定，并且在模糊状态（或者称之为"Knightian Uncertainty"）下经济主体为次线性期望③。进一步，令 $\mathbb{X}(c, \ell, c', \ell', n, m, n'm') = \mathbb{R}^{\Omega}$ 为经济主体决策下的商品及资产配置空间，则称 $\mathbb{E}: \mathbb{X} \to \mathbb{R}$ 为不确定预期需满足。

（1）$\mathbb{E}$ 对常数中性：	$\mathbb{E}c = c$	$\forall c \in \mathbb{R}$;
（2）$\mathbb{E}$ 具有单调性：	$\mathbb{E}A \leqslant \mathbb{E}B$	$\forall A, B \in \mathbb{X}, A \leqslant B$;
（3）$\mathbb{E}$ 具有次可加性：	$\mathbb{E}\|A + B\| \leqslant \mathbb{E}A + \mathbb{E}B$	$\forall A, B \in \mathbb{X}$;
（4）$\mathbb{E}$ 具有齐次性：	$\mathbb{E}\alpha A = \alpha \mathbb{E}A$	$\forall \alpha > 0, A \in \mathbb{X}$;
（5）$\mathbb{E}$ 具有相关性：	$\mathbb{E}[-A] < 0$	$\forall A \in \mathbb{X}_+ \setminus \{0\}$。

---

① 为区分工人与厂商的变量，这里令工人变量带有标识"′"。

② 这种模糊性的刻画可以是 π 有多个先验分布，也可以是经济主体无法捕捉 π 的具体分布。

③ 次线性期望（sublinear expectation）是指期望变化率会因变量变化率增大而减小，具体表现为其一阶导减小，这一特征的描述与推导详见 Gilboa & Schmeidler(1989)。

根据以上定义以及文中所假定的经济不确定性特征，这里可将不确定预期 $\mathbb{E}$ 转化为对状态空间 Ω 紧且凸的概率测度集合 Π，并且厂商所获投资机会为 $\pi \in \Pi$，进而有：

$$\mathbb{E} A = \max_{\pi \in \Pi} \mathbb{E}^{\pi} A, \ \forall A \in \mathbb{X}$$

其中，$\mathbb{E}^{\pi}$ 为普通的确定性线性期望，并遵循"最小最大化"准则[1]。同时，因为 $\mathbb{E}$ 具有相关性，则在基准框架下对任意 $\pi \in \Pi$，$\pi(\omega) > 0$，$\forall \omega \in \Omega$，存在 $\mathbb{E} A \geqslant 0$，$\forall A \in \mathbb{X}$，这便保证在不确定性预期下，经济主体预期配置非负，进而保证随后的理论解析具备现实经济含义。

三、最优条件求解

基于 Kiyotaki & Moore(2012) 的结论，该流动性框架存在两类均衡，即流动性充裕时(流动性约束不绷紧时)经济为无货币均衡，此时 $p_t = 0$，$q_t = 1$，经济主体不存在持有货币的必要，则该均衡对应无摩擦的 RBC 均衡，出清配置可实现第一最优(first best)。而当流动性紧张时(流动性约束紧绷)，经济中存在 $p_t > 0$，$q_t > 1$，表明经济主体存在持有货币的必要，并且托宾 q 值大于 1。同时，该均衡配置严格劣于第一最优。此外，由 Kiyotaki & Moored 的结论可知，在两类均衡中工人均无储蓄，故下文分析可忽略工人的存在性。

下面首先围绕无货币均衡进行求解，由于此时经济可实现第一最优配置，则只需关心流动性充裕时的约束条件。因此，基于工人无储蓄这一结论，社会资本积累即为厂商储蓄加总：

$$K_{t+1} - \lambda K_t = I_t = r_t K_t - C_t$$

另外，令 $p_t = 0$，$q_t = 1$，结合厂商流动性约束(3-5)~(3-6)(充裕情形)与现金流约束(3-7)可得到：

$$r_t n_t - c_t > (1 - \theta) i_t - \phi_t \lambda n_t$$

---

[1] 这里所说的"最小最大化"准则是指存在模糊性时，经济主体将首先预期最坏的情形，再基于此做出最大化效用的决策。结合本文经济环境，具体而言即主体预期一个最小的投资机会 π，而在此基础上选择 $\{c, \ell, c', \ell', n, m, n', m'\}$ 最大化自身效用。有关这一性质的更多探讨请参见 Gilboa & Schmeidler(1989, Lemma 3.5)，Peng(2004)，Artzner et al. (1999) 以及 Föllmer & Schied(2011)。

$$\Rightarrow \pi(r_t K_t - C_t) = \pi I_t > (1-\theta)I_t - \phi_t \lambda \pi K_t$$

$$\Rightarrow \pi(1-\lambda)K > (1-\theta)(1-\lambda)K - \phi \lambda \pi K$$

其中考虑 $i_t > 0$，将上式双边同除以资本积累 $K > 0$，得到经济流动性充裕条件如下：

$$\pi(1-\lambda) > (1-\theta)(1-\lambda) - \phi \lambda \pi \tag{3-8}$$

根据条件(3-8)可进一步得到流动性管理的两类政策边界，具体归纳为标注1。

标注1. 为令经济均衡达到第一最优配置，根据条件(3-8)需满足：

(1)给定 $\theta = 1$ 存在 $\phi^* \geqslant 0 > -\dfrac{1-\lambda}{\lambda}$，或给定 $\theta = 0$ 存在 $\phi^* > \dfrac{(1-\lambda)(1-\pi)}{\pi\lambda}$；

(2)给定 $\phi = 1$ 存在 $\theta^* \geqslant 0 > 1 - \dfrac{\pi}{1-\lambda}$，或给定 $\phi = 0$ 存在 $\theta^* > 1-\pi$。

标注1分别从两方面刻画了流动性管理的政策边界：其一，给定融资垫头比例 θ^* 作为政策管理工具，当 ϕ 足够大时(如 $\phi = 1$)，此时任意 $\theta^* \in [0,1]$ 都可保证经济流动性充裕，故此时融资垫头并不会改变经济的效率配置；而当 ϕ 足够小时(如 $\phi = 0$)，厂商无法通过出售所持有的外部权益来支付新进投资的融资垫头，故此时应降低垫头，令其满足 $1 - \theta^* < \pi$。因此，融资垫头比例 θ^* 可视为政府投资补助，当市场流动性紧缺时，政府应通过结构性投资帮助厂商缓解垫头支付压力，从而撬动市场的流动性派生①；而当经济中流动性泛滥时，政府可以通过增大厂商外部融资垫头或税收的方式削弱厂商的外部资金获取，从而收缩金融流动性。这一性质可由图3-1左刻画。其二，与上述分析类似，给定权益流动黏性 ϕ^* 为政策工具，当融资垫头要求足够小时(如 $\theta = 1$)，市场中任意流动性系数 ϕ^* 都可保证流动性充裕，故此时无须担心权益流动性黏性；而当垫头要求足够大时(如 $\theta = 0$)，厂商所获新进投资无法进行外部融资，需要全额自行支付，此时为保证经济流动性充裕只需使权益流动性黏性满足 $\phi^* > \dfrac{(1-\lambda)(1-\pi)}{\pi\lambda}$。因此，$\phi^*$ 可视为央行的额外流动性供给，即央行可根据金融流动性的实际状态进行

---

① 这一派生机制可理解为，给定厂商需支付垫头 $1-\theta$，政府此时的投资补助 $\Delta\theta$ 可令垫头支付变为 $1-\theta-\Delta\theta$，则厂商将额外获得 $\Delta\theta$ 的流动性。一方面，若厂商将 $\Delta\theta$ 纳入新进投资 i_t，其下一期的净资产将额外增加，即 $n_{t+1}(\Delta\theta) > n_{t+1}$，进而有 $\phi_{t+1}n_{t+1}(\Delta\theta) > \phi_{t+1}n_{t+1}$，意味着经济中未来流动性增加；另一方面，若厂商将 $\Delta\theta$ 用于当期外部权益购买，则加总流动性直接增加。

权益或其他金融资产购买，这一有效性在次贷危机与欧债危机后被有效验证，并且也与 Del Negro 等（2017）中的观点一致。上述性质可由图 3-1 右进行刻画。此外，在下文中这两类政策边界将因不确定性预期而发生改变。

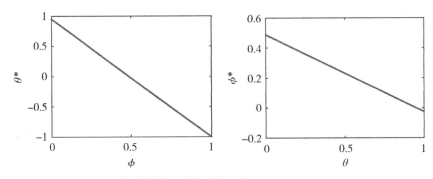

图 3-1　流动性管理下的政策边界（$\lambda = 0.975$，$\pi = 0.05$）

　　基于无货币均衡结论，下面对货币均衡进行求解。现假设拥有投资机会的厂商流动性约束绷紧，即式（3-5）变为

$$n_{t+1}^{i} = (1 - \theta)i_{t} + (1 - \phi_{t})\lambda n_{t} \tag{3-9}$$

进一步，将式（3-9）代入（3-7），可得到厂商流动性紧绷的现金流约束为

$$c_{t}^{i} + q_{t}^{R}n_{t+1}^{i} = r_{t}n_{t} + \left[\phi_{t}q_{t} + (1 - \phi_{t})q_{t}^{R}\right]\lambda n_{t} + p_{t}m_{t} \tag{3-10}$$

其中 q_{t}^{R} 为重置成本，具体为 $q_{t}^{R} \equiv \dfrac{1 - \theta q_{t}}{1 - \theta} < 1$，$\forall q_{t} > 1$ [①]。则基于前述厂商

---

　　① 笔者对 q^{R} 的直观认识如下。其中 $1 - \theta q_{t}$ 视为对流动性资产的需求，即为获得 1 单位投资，需要多少流动性资产支付垫头。为方便说明，可将其进一步化简为 $1 - \theta q_{t} = 1 - \theta q_{t} - \theta + \theta = 1 - \theta - (q_{t} - 1)\theta$。该式中，$1 - \theta$ 可视为给定 1 单位投资，投资型厂商需支付的垫头。现考虑 q_{t} 取值的两种情况：（1）当 $q_{t} = 1 \Rightarrow (q_{t} - 1)\theta = 0$，即 $1 - \theta q_{t} = 1 - \theta$，此时投资型厂商的流动性资产需求仅为支付 1 单位投资的垫头 $1 - \theta$；当 $q_{t} > 1 \Rightarrow (q_{t} - 1)\theta > 0$，则有 $1 - \theta - (q_{t} - 1)\theta = 1 - \theta q_{t} < 1 - \theta$，说明当 $q_{t} > 1$ 时投资型厂商为得到 1 单位投资所支付的垫头小于 $1 - \theta$，即流动性需求为 $1 - \theta q_{t}$，并且 q_{t} 越大，投资型厂商为获得 1 单位投资所需求的流动性资产越小。因此，$1 - \theta q_{t}$ 为 1 单位投资中对应的名义垫头，则该流动性资产的需求实际上为厂商的投资成本。那么，1 单位垫头需要的流动性资产为 $q_{t}^{R} = \dfrac{1 - \theta q_{t}}{1 - \theta}$。

效用的 log 形式[①]，根据式(3-10)可推知投资厂商消费与投资 c_t^i，i_t 如下：

$$c_t^i = (1 - \beta) \{r_t n_t + [\phi_t q_t + (1 - \phi_t) q_t^R] \lambda n_t + p_t m_t\}$$

$$i_t = \frac{(r_t + \lambda \phi_t q_t) n_t + p_t m_t - c_t^i}{1 - \theta q_t}$$

类似地，由于未获得投资机会厂商（下文称之为储蓄厂商）的流动性约束式 (3-5) 松弛且 $i_t = 0$，进而其现金流约束为：

$$c_t^s + q_t n_{t+1}^s + p_t m_{t+1}^s = r_t n_t + q_t \lambda n_t + p_t m_t \tag{3-11}$$

同时，根据厂商 log 效用形式，可知 $c_t^s = (1 - \beta)(r_t n_t + q_t \lambda n_t + p_t m_t)$。同时，因为 $q > 1 > q^R$，故存在 $c_t^i < c_t^s$。进一步，由任意类型厂商出发，对其净资产 n_t 与货币持有 m_t 的配置决策最优化可得到欧拉方程：

$$u'(c_t) = \mathbb{E}_t \left\{ \frac{p_{t+1}}{p_t} \beta [(1 - \pi) u'(c_{t+1}^s) + \pi u'(c_{t+1}^i)] \right\}$$

$$= (1 - \pi) \mathbb{E}_t \left\{ \underbrace{\frac{r_{t+1} + \lambda q_{t+1}}{q_t}}_{R_{t+1}^s} \beta u'(c_{t+1}^s) \right\}$$

$$+ \pi \mathbb{E}_t \left\{ \underbrace{\frac{r_{t+1} + \phi_{t+1} \lambda q_{t+1} + (1 - \phi_{t+1}) \lambda q_{t+1}^R}{q_t}}_{R_{t+1}^i} \beta u'(c_{t+1}^i) \right\}$$

其中，上式第一行等式右侧为厂商持有货币的决策路径，它取决于两期货币名义价值的变动，例如 p_{t+1} 增加，货币的名义价值增大，厂商将增持货币，以增加未来消费；而第二行则为厂商净资产的决策路径，它取决于未来投资机会状态 $\pi \in \Pi$，$\pi(\omega) > 0$，$\forall \omega \in \Omega$ 所对应的收益率之和，即 R_{t+1}^s 与 R_{t+1}^i。其中前者为储蓄厂商净资产总收益，后者为投资厂商净资产总收益。此外，由上述分析知任意期内存在 $c_t^i < c_t^s$，故给定厂商 log 效用函数有 $u'(c_{t+1}^s) \equiv 1/c_{t+1}^s < 1/c_{t+1}^i \equiv u'(c_{t+1}^i)$，则由欧拉方程等价性进一步得知 $R_{t+1}^s > R_{t+1}^i$。该结果说明在厂商配置

[①] 给定贴现效用，存在 $\log c_0 + \beta \log c_1 + \beta^2 \log c_2 + \cdots = \log c_0 c_1^\beta c_2^{\beta^2} \cdots$，将其指数求和得到 $1/(1 - \beta)$，则进一步将指数标准化后有 $\log c_0^{(1-\beta)} c_1^{\beta(1-\beta)} c_2^{\beta^2(1-\beta)} \cdots$，故当期消费只占当期总输入的 $(1 - \beta)$，剩余收入用于跨期配置。

决策过程中，净资产收益的上边界为储蓄型收益，而下边界为投资型收益，故经济中的资产配置均衡应于两类边界内部，然而下文所展示的不确定性预期将有可能破坏这一均衡条件。

此外，由于厂商期末配置为期初净资产的线性函数，则由简单加总可知经济加总资本积累与市场出清条件为

$$(1 - \theta q_t) I_t = \pi \{ \beta [(r_t + \lambda \phi_t q_t) K_t + p_t M] - (1 - \beta)(1 - \phi_t) \lambda q_t^R K_t \} \quad (3\text{-}12)$$

$$r_t K_t = I_t + (1 - \beta) \{ [r_t + (1 - \pi + \pi \phi_t) \lambda q_t + \pi (1 - \phi_t) \lambda q_t^R] K_t + p_t M \}$$

$$(3\text{-}13)$$

第二节　不确定性预期下流动性的理论分析

本节主要分析在其他条件不变的情况下，不确定预期如何导致流动性由充裕转为紧缩，紧缩过程中的均衡性质以及稳定均衡的条件。

首先，为理论解析不确定预期 $\mathbb{E}^\pi$ 对金融流动性的影响，需要对流动性约束进行再次定义。基于 Kiyotaki & Moore(2012)的结论以及式(3-8)，流动性约束紧绷可归结为以下两类情况：

其一，假定市场流动性供给恰好能够满足厂商新进投资，故依据式(3-8)，流动性约束可表述为：

$$(1 - \lambda) \theta + \lambda \pi \phi = (1 - \lambda)(1 - \pi) \quad (3\text{-}14)$$

然而，由于上述约束式并不总能保证货币均衡，因此(3-12)仅为弱约束(weakly binding)。

其二，假定市场流动性供给与厂商新进投资需求间存在楔子，这便导致厂商在投资机会出现前为预防流动性紧缺而持有货币，故此时流动性约束表述为：

$$(1 - \lambda) \theta + \lambda \pi \phi < (1 - \lambda)(1 - \pi) \quad (3\text{-}15)$$

因此(3-13)也称为强约束(super-binding)。进一步，可将式(3-12)—(3-13)改写为 ϕ 的多项式；同时，由于(3-13)所蕴含的流动性要小于(3-12)，则上述两类约束所代表的流动性 ϕ 可写为：

$$\phi = \frac{(1 - \lambda)(1 - \pi - \theta)}{\lambda \pi} \quad (\text{W. B.})$$

$$\phi' < \frac{(1-\lambda)(1-\pi-\theta)}{\lambda\pi} \Rightarrow \phi' = \frac{(1-\lambda)(1-\pi-\theta)}{\lambda\pi} - \Delta \qquad \text{(S. B.)}$$

其中，Δ 为强约束条件下流动性供给与需求间的楔子①，给定流动性黏性系数范围 $\phi \in [0, 1]$，则投资机会的参数范围服从 $(1-\theta)(1-\lambda) \leqslant \pi \leqslant (1-\theta)$。基于上述设定，当厂商对投资机会 π 具有不确定性预期时，经济中流动性可由充裕变为强约束，进而改变厂商对外部权益与货币持有的事前配置。这一性质可归纳为下述命题 1。

命题 1. 给定任意权益流动性水平 ϕ，则存在一个最小且唯一的不确定预期区间 $[\pi-\xi, \pi+\xi]$ 令流动性约束从充裕变为强约束。

证明： 基于上文讨论，可知经济中流动性充裕时 $p_t = 0$，$q_t = 1$，同时均衡状态下流动性约束满足式 (3-8)。为解释不确定性预期 $\mathbb{E}^\pi$ 对流动性的影响，此时流动性充裕条件为：

$$\overline{\phi} > \phi \equiv \frac{(1-\theta-\pi)(1-\lambda)}{\lambda\pi} > 0$$

其中，ϕ 可视为厂商对市场流动性的事前感知，等价于流动性需求，它的大小受不确定性预期 $\mathbb{E}^\pi$ 影响；$\overline{\phi}$ 为经济中权益的实际流动性水平，可视为流动性供给，且 $\overline{\phi} < 1$。根据 Gilboa & Schmeidler(1989)中的模糊准则，厂商将预期投资机会为最差的信念稳态 $\underline{\pi} = \pi - \xi$，$\xi > 0$，进而有：

$$\frac{\partial\phi}{\partial\underline{\pi}} = -\frac{(1-\lambda)\lambda\underline{\pi} + \lambda(1-\theta-\underline{\pi})(1-\lambda)}{(\lambda\underline{\pi})^2} < 0$$

$$\frac{\partial^2\phi}{\partial\underline{\pi}^2} = \frac{2\lambda^2\underline{\pi}[(1-\lambda)\lambda\underline{\pi} + \lambda(1-\theta-\underline{\pi})(1-\lambda)]}{(\lambda\underline{\pi})^4} > 0$$

上述计算结果表明厂商对流动性的事前感知 ϕ 随 $\underline{\pi}$ 严格递减且凸，这意味着足够的模糊状态 (较大的 ξ) 将引致较高的 ϕ。同时，由 ϕ 的表达式知 $\lim_{\underline{\pi}\to 0}\phi = +\infty$，且 $\lim_{\underline{\pi}\to(1-\theta)(1-\lambda)}\phi = 1$，故 $1 \geqslant \phi > \overline{\phi}$ 对某一特定 $\underline{\pi} > 0$ 成立。因此，上述证明说明存在一个唯一且最小的模糊区间系数 ξ 令厂商对流动性的事前感知 ϕ 超

---

① Δ 也可作为强、弱约束条件间的楔子，并且假设宏调机构可调整楔子数值大小，则无宏调干预时该值仅与流动性水平相关。

过实际流动性供给 $\bar{\phi}$，故流动性充裕条件会被违背，进而转变为强约束条件，这也说明了 π 与 Δ 成反比。

不难理解命题 1 中的直观经济含义：当厂商普遍预期市场投资机会下降时，它们认为经济将缺乏新进投资的融资需求，流动性供给显然充裕。但这仅是厂商不确定预期下的事前感知，此时金融实际流动性供给却未发生改变。因此当厂商的预期流动性供给大于它们所观测到的真实值时，将产生真实流动性供给"紧缩"的偏差，进而在配置过程中流动性约束绷紧，引致经济中的流动性状态转为强约束形式，这种现象多产生于金融泡沫暴发前后。为更清晰说明这一逻辑，基于 Kiyotaki & Moore(2012) 的参数条件可见当 $\underline{\pi} = 0.0203$ 时 $\phi = 1$，证明给定任意流动性供给 $\bar{\phi} \in (0, 1)$，存在模糊区间系数 $\xi = 0.0297$ 总能使经济中流动性转为强约束。上述示例可由图 3-2 进一步说明。

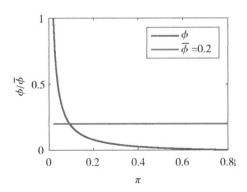

图 3-2 不确定预期下厂商的流动性感知 ϕ

基于上述命题的结论，下面主要考察厂商不确定预期对均衡的影响，也即 $\mathbb{E}^\pi$ 是否改变了厂商资产配置 (n_t, m_t) 以及流动性约束绷紧时的有货币均衡是否依然稳定。为此，基于式(3-12)—(3-13)的稳态，由线性方程组求解得到经济中加总出清状态变量 l, r 的显性表达式为：

$$\pi\beta r = (1 - \beta + \pi\beta)\kappa + (1 - \beta)[\lambda\pi\beta(1 - \pi)\eta - \hat{\theta}]q \qquad (3\text{-}16)$$

$$\pi l = (1 - \pi)\kappa - [\lambda\pi - \lambda\pi(\beta + \pi - \pi\beta)\eta + \hat{\theta}]q \qquad (3\text{-}17)$$

其中 l 为真实货币余额，具体为 $l = pM/K$。当 $l > 0$ 时，表明经济存在货币均衡，此时流动性紧缩，并且由式(3-17)大于 0 知存在权益价格上限 $\hat{q}$ 为

$$1 < q < \frac{(1 - \pi)\kappa}{\lambda\pi - \lambda\pi(\beta + \pi - \pi\beta)\eta + \hat{\theta}} \equiv \hat{q}, \ \forall l > 0$$

而当 $l = 0$ 时，表明经济存在配置可达到第一最优的无货币均衡，或不存在稳定均衡。此外，上式中 κ，η，$\hat{\theta}$ 为简化系数。基于命题 1，为考虑厂商不确定预期 $\mathbb{E}^\pi$ 下流动性紧缩对均衡的影响，下面先考虑弱约束对两类出清状态变量 l 的影响，再探究强约束时的情形。因此，流动性弱约束环境下，简化系数分别为

$$\eta = \frac{\pi - (1 - \lambda)(1 - \theta)}{(1 - \theta)\lambda\pi}, \quad \kappa = 1 - \lambda + \frac{(1 - \beta)[\pi - (1 - \lambda)(1 - \theta)]}{1 - \theta}, \quad \hat{\theta} =$$

$\dfrac{\theta}{1 - \theta}\pi$，则给定模糊准则与命题 1，厂商对投资机会 π 的不确定性预期将随模糊区间系数 ξ 变动，进而存在 $\kappa(\pi)$，$\eta(\pi)$，$\hat{\theta}(\pi)$ 为投资机会的函数。将其代入权益价格上限后，得到：

$$\hat{q}(\pi)_{\text{W.B.}} = \frac{(1 - \pi)[(1 - \beta)\pi + \beta(1 - \lambda)(1 - \theta)]}{\lambda\pi(1 - \theta) - (\beta + \pi - \pi\beta)[\pi - (1 - \lambda)(1 - \theta)] + \pi\theta}$$

容易验证，对于任意不确定预期值 π，资产价格上限总存在 $\hat{q}(\pi)_{\text{W.B.}} \equiv 1$，与货币均衡下权益价格上限的设置条件矛盾。这便证明当经济环境的流动性处于弱约束情形时(无论是真实值还是不确定性预期情形)，流动性供给恰好等于经济中厂商的加总新进投资融资需求，模型均衡仍为无货币均衡状态 ($q_t = 1 \Rightarrow l = 0$，$p_t = 0$)，意味着弱流动性约束并没有造成流动性紧缩，这也说明模糊区间范围 $[\pi - \xi, \pi + \xi]$ 并没有改变均衡第一最优配置。上述现象背后的含义也较为直观，当金融流动性供给逐步下降时，虽然厂商个体流动性约束式(3-5)存在绷紧压力，但只需保证流动性供给能够满足经济中每一期新进投资的融资需求，则此时竞争出清配置依然有效，经济福利仍可达到最大水平；并且，在合理的范围内给定任意模糊因素①，上述均衡配置状态仍不改变。因此，流动性弱约束可视为

---

① 这些模糊因素可能产生于不同方面，例如当局刻意或被动保持其政策非透明化，造成政策的不确定性；又或者单个厂商在进行资产配置时，会获得专家的特定咨询建议，这些建议内容各异，进而也造成厂商在主观预期上产生不确定性或模糊。

保证社会福利水平最大化的政策有效性底线，这也是 Kiyotaki & Moore（2012）未能说明的细节之一①。

进一步，下面考虑流动性强约束状态下的均衡性质。由强约束表达式 $\phi' = \phi - \Delta$ 可知，此时简化参数变为 $\eta = \dfrac{\pi - (1-\lambda)(1-\theta)}{(1-\theta)\lambda\pi} + \dfrac{\Delta}{1-\theta}$，$\kappa = 1 - \lambda + \dfrac{(1-\beta)[\pi - (1-\lambda)(1-\theta)]}{1-\theta} + \lambda\pi(1-\beta)\dfrac{\Delta}{1-\theta}$，$\hat{\theta} = \dfrac{\theta}{1-\theta}\pi + \lambda\pi\dfrac{\theta\Delta}{1-\theta}$。因此，强约束下权益价格上限为

$$\hat{q}(\pi)_{\text{S.B.}}$$

$$\equiv \frac{(1-\pi)[(1-\beta)\pi + \beta(1-\lambda)(1-\theta) + \pi(1-\beta)\Delta]}{\lambda\pi(1-\theta) - (\beta + \pi - \pi\beta)[\pi - (1-\lambda)(1-\theta)] - \lambda\pi(\beta + \pi - \pi\beta)\Delta + \pi\theta + \lambda\pi\theta\Delta}$$

不难验证 $\hat{q}(\pi)_{\text{S.B.}} > 1$，说明强约束是实现货币均衡的必要条件，也即只有在流动性强约束的情况下，厂商才会因流动性紧缩而将预防性的持有无回报收益的货币。结合上述结论，可进一步得到命题2。

命题 2. 给定流动性弱约束（W.B.）与强约束（S.B.），权益价格上限 $\hat{q}$ 与对应的均衡性质为：

（1）在弱约束条件下，权益价格上限为1，即 $\hat{q}(\pi)_{\text{W.B.}} \equiv 1$，厂商此时无持有货币的必要，故该均衡为无货币均衡，均衡配置达到第一最优；

（2）在强约束条件下，权益价格上限严格大于1，即 $\hat{q}(\pi)_{\text{S.B.}} > 1$，此时将可能出现货币均衡，厂商为预防流动性紧缩而持有货币。并且，厂商对 π 越不确定，则 $\hat{q}(\pi)_{\text{S.B.}}$ 越高，进而流动性紧缩将越严重。

证明：命题2中，强弱约束导致的 $\hat{q}(\pi)_{\text{W.B.}} \equiv 1$ 与 $\hat{q}(\pi)_{\text{S.B.}} > 1$ 以及相关性质在上文已被论述，下面说明不确定预期与流动性紧缩的关系。由命题1知，强弱约束状态受预期不确定影响，故要说明流动性状态的变化方式，需分别说明

---

① 在 Kiyotaki & Moore（2012）中，两位作者虽给定了货币均衡的充要条件，但他们未对各类厂商流动性恰好绷紧的均衡状态给出合适的理论解析。之所以这样，其一可能是因为 Kiyotaki & Moore（2012）已将流动性黏性系数 ϕ 设置为参数，并未视其为函数 $\phi(\pi)$，因此忽略了对这一细节的讨论；其二，可能是因为 Kiyotaki & Moore（2012）重点关注了货币均衡下各类配置与决策的性质，进而忽略了此处存在的边界条件。

$\hat{q}(\pi)_{\text{S.B.}}$ 与 π 以及 Δ 间的关系。下面首先证 $\hat{q}(\pi)_{\text{S.B.}}$ 与模糊区间 $[\pi - \xi, \pi + \xi]$ 的关系。由上文知，ξ 越大则厂商预期的不确定越强，进而 $\underline{\pi} = \pi - \xi$ 越小。进一步，将权益价格上限写为 $\hat{q}(\pi)_{\text{S.B.}} = \dfrac{1 + \varphi_1}{1 + \varphi_2}$，其中 φ_1，φ_2 分别为：

$$\varphi_1 = \frac{\lambda \underline{\pi}(1 - \beta)}{(1 - \underline{\pi})[(1 - \beta)\underline{\pi} + \beta(1 - \lambda)(1 - \theta)]} \cdot \Delta,$$

$$\varphi_2 = \frac{\lambda \pi \theta - \lambda \underline{\pi}[\beta + \underline{\pi}(1 - \beta)]}{(1 - \underline{\pi})[(1 - \beta)\underline{\pi} + \beta(1 - \lambda)(1 - \theta)]} \cdot \Delta$$

令 φ_1，φ_2 分别对 $\underline{\pi}$ 求导，得到：

$$\frac{\partial \varphi_1}{\partial \underline{\pi}} \propto \lambda \underline{\pi}(1 - \beta)^2 + \beta(1 - \lambda)(1 - \theta)$$

$$\frac{\partial \varphi_2}{\partial \underline{\pi}} \propto \{\lambda(1 + \underline{\pi})[\theta - \beta - \underline{\pi}(1 - \beta)] - \lambda \underline{\pi}(1 - \beta)\}$$

$$[(1 - \beta)\underline{\pi} + \beta(1 - \lambda)(1 - \theta)]$$

$$- [\lambda \underline{\pi} \theta - \lambda \underline{\pi}\beta - \lambda \underline{\pi}^2(1 - \beta)](1 - \underline{\pi})(1 - \beta)$$

为有效比较 $\partial \varphi_1 / \partial \underline{\pi}$，$\partial \varphi_2 / \partial \underline{\pi}$ 两者大小，不失一般性，这里做出如下假设：

$$\max\{\theta, 1 - \theta\} < \beta, \lambda < \beta$$

这一参数假设保证了均衡的有效性[①]。基于此，可以验证 $\partial \varphi_2 / \partial \underline{\pi} - \partial \varphi_1 / \partial \underline{\pi} < 0$，即 φ_2 关于 $\underline{\pi}$ 变动要小于 φ_1，故有 $\partial \hat{q}(\pi)_{\text{S.B.}} / \partial \underline{\pi} > 0$，即不涉及流动性程度变化时，单纯的 $\underline{\pi}$ 下降将使 $\hat{q}(\pi)_{\text{S.B.}}$ 也下降。其次，下面证 $\hat{q}(\pi)_{\text{S.B.}}$ 与 Δ 的关系。同样的，依据 φ_1，φ_2 的形式，存在 $\partial \varphi_2 / \partial \Delta - \partial \varphi_1 / \partial \Delta < 0$，进而有 $\partial \hat{q}(\pi)_{\text{S.B.}} / \partial \Delta > 0$，即 Δ 增加会造成流动性趋紧。同时，给定 Kiyotaki

---

① 若 $\theta > \beta$，说明厂商当期一单位借入的得益要高于未来一单位偿还的成本，则在给定借入与贷出厂商每期一单位资产的生产收益都为 r 的基础上，此时两种类型厂商都将倾向于融资，故不是有效均衡；若 $1 - \theta > \beta$，说明获得投资机会厂商的当期垫头支付将高于单位不生息资产在下一期的折现，则此时厂商将不会选择投资，故这也不是有效均衡；若 $\lambda > \beta$，表明厂商折旧后的资本大于任意资产的未来折现，表明无资本更新或积累的必要，故这一均衡也非有效。

& Moore（2012）中 $\pi = 0.05$ 的设定，存在 $\partial \hat{q}(\pi)_{\text{S.B.}} / \partial \Delta \big|_{\pi \in (0.02,\ 0.05)} \gg$ $\partial \hat{q}(\pi)_{\text{S.B.}} / \partial \pi \big|_{\pi \in (0.02,\ 0.05)}$，说明 π 减小引致的 $\hat{q}(\pi)_{\text{S.B.}}$ 下降远远小于 Δ 增大（由 π 减少导致）引致的 $\hat{q}(\pi)_{\text{S.B.}}$ 上涨，故厂商对 π 越不确定，$\hat{q}(\pi)_{\text{S.B.}}$ 将越高，流动性紧缩也将越严重。

命题 2 所揭示的直观事实是在流动性紧缩且厂商持有货币的情形下，投资预期的不确定性增大将进一步加深流动性紧缩，则此时厂商将持有更多货币作为谨慎预防，以满足未来自身可能出现的流动性需求。而正因为厂商对货币持有的需求增大，这便挤占了经济中新进投资的融资供给，导致融资方无法在市场中获得足够的资金。则为尽可能地满足新进投资的融资需求，融资方选择提高每单位权益的价格（即托宾 q 值），通过单位权益换取尽可能多的融资资金，最终导致经济中的权益价格上限随之被推升。另一方面，上述逻辑结果也主要受到强弱约束间的楔子大小影响。因为由命题 2 知，弱约束实质上仍为无货币均衡，流动性条件较为充裕。与此不同，强约束条件下经济已处于流动性紧缩的状态，则强弱约束之间的楔子实质上进一步刻画了流动性的紧缩程度，故当楔子越大，流动性紧缩越严重。因此，在楔子数值本身较大时，此刻厂商的预期不确定增大将再次降低经济中的流动性，故本已紧缩的流动性供给进一步加剧，权益价格上限也将比楔子数值较小时更高。为更具体说明这些效应，图 3-3 数值模拟了上述逻辑。可见当楔子水平固定时，预期不确定性对 $\hat{q}(\pi)_{\text{S.B.}}$ 的影响仅为曲线上点的移动，如 π 下降 $\hat{q}(\pi)_{\text{S.B.}}$ 减小；而在楔子水平变动的情况下，Δ 对 $\hat{q}(\pi)_{\text{S.B.}}$ 的影响表现为曲线的平移（见图 3-3 左）。进一步，图 3-3 右在 Δ 对 π 极为敏感的环境下糅合了上述两种效应，说明预期不确定性增加使 $\hat{q}(\pi)_{\text{S.B.}}$ 的数值上升。该模拟结果一方面说明 π 与 Δ 成反比，即命题 1 的结论正确；另一方面说明 Δ 对 $\hat{q}(\pi)_{\text{S.B.}}$ 的效应强于 π，故 π 的降低最终推升 $\hat{q}(\pi)_{\text{S.B.}}$，使经济中流动性趋紧。

至此，不确定预期对流动性状态的影响已被阐明。但为检验不确定预期下均衡的存在性与稳定性，下面还需对厂商的欧拉方程进行讨论。为此，需解析厂商的跨期配置路径。在上文中，厂商的净资产投资上限与下限分别定义为 R^s、R^i，其具体表达式如下：

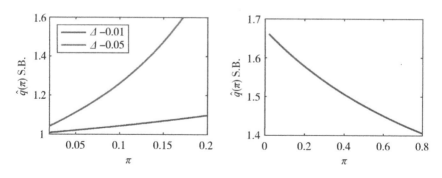

图 3-3　流动性紧缩下 $\hat{q}(\pi)_{\text{S.B.}}$ 的变动

$$R^s = \frac{r + \lambda q}{q}, \quad R^i = \frac{r + \phi \lambda q + (1 - \phi) \lambda q^R}{q}$$

并且由欧拉方程稳态及 Kiyotaki & Moore（2012）中断言 3 知，$R^s > 1 > R^i$[①]。首先考虑厂商欧拉方程中的收益下限。为此，将强约束代入 $R^i < 1$，最终可得到厂商跨期配置过程中可接受的最低权益价格 $\underline{q}$ 为：

$$\underline{q} = \frac{[1 - \beta(1-\pi)][\pi(1-\beta) + \beta(1-\lambda)(1-\theta) + \lambda\pi(1-\beta)\Delta] + \beta\pi - \beta(1-\lambda)(1-\theta) + \lambda\pi\beta\Delta}{\left(\begin{array}{c} \beta[\pi - (1-\pi)(1-\lambda)(1-\theta) + \lambda\Delta\pi\theta + \Delta\pi(1-\theta)\lambda] \\ -(1-\beta)\{\beta(1-\pi)[\pi - (1-\lambda)(1-\theta)] - \pi\theta + \Delta\lambda\beta(1-\pi) - \Delta\pi\theta\lambda\} \end{array} \right)}$$

可以验证 $\underline{q}$ 的分子与分母之差为 $(1 - \theta)\pi(1 - \beta) + \lambda\pi(1 - \beta)(1 - \theta)\Delta > 0$，故 $\underline{q} > 1$，即在强约束条件下，厂商可接受的权益最低价格大于 1。依旧考虑厂商对 π 的预期不确定性，有 $\underline{\pi} = \pi - \xi$，则进一步的简单运算表明：

---

① 事实上，Kiyotaki & Moore（2012）附录中断言 3 的证明有误，为此，可依据其反证思路假设断言 3（iv）不正确，故有 $\frac{r + \phi\lambda q + (1-\phi)\lambda q^R}{q} \geq 1$。同时，Kiyotaki & Moore（2012）中（A11）式可化写为 $\frac{r}{q} = \frac{1-\lambda}{q} + (1-\beta)\left[\frac{r}{q}(1-\pi) + \frac{r}{q}\pi + \lambda\pi\phi + \lambda\pi(1-\phi)\frac{q^R}{q} + \lambda(1-\pi) + \frac{l}{q}\right]$。将上述两式合并，得到 $\frac{r}{q} \geq \frac{1-\lambda}{q} + (1-\beta)\left[\frac{r}{q}(1-\pi) + \pi + \lambda(1-\pi) + \frac{l}{q}\right]$。而 Kiyotaki & Moore（2012）的附录证明式却为 $\frac{r}{q} \geq 1 - \lambda + (1-\beta)\left[\frac{r}{q}(1-\pi) + \pi + \lambda(1-\pi) + \frac{l}{q}\right]$，该式为反证过程中的关键不等式。其中，推导该不等式需要额外条件为 $q < 1$，这便违背了整个断言 3 及其证明基础 $q > 1$，故 Kiyotaki & Moore（2012）关于欧拉方程的证明有误。

$$\frac{\partial q}{\partial \underline{\pi}} \propto -(1-\beta)\underline{\pi}^2 - (\beta - \underline{\pi})(1-\lambda)(1-\theta) - (1-\beta)\lambda\underline{\pi}^2\Delta < 0$$

$$\frac{\partial q}{\partial \Delta} \propto -\lambda(1-\theta)(1-\beta)\big[(1-\beta)\underline{\pi}^2 + (\beta - \underline{\pi})(1-\lambda)(1-\theta)$$

$$+ (1-\beta)\lambda\underline{\pi}^2\Delta\big] - (1+\lambda\Delta)(1-\theta)(1-\beta)\beta(1-\beta)\lambda\underline{\pi}^2$$

由于 $\Delta > 0$，则有 $\partial q/\partial \Delta < 0$。并且给定 $\underline{\pi} \in (0.02, 0.05)$，数值计算显示 $|\partial q/\partial \Delta| > |\partial q/\partial \underline{\pi}|$。基于以上数学结论，$q$ 的理论性质可归纳为标注 2：

标注 2. 在流动性强约束条件下，厂商对净资产跨期配置的最低权益价格要求为 $\underline{q}$。其中 $\underline{q}$ 随厂商预期不确定增大而上升，而随流动性紧张程度 (Δ) 加大而下降。与命题 2 类似，综合两类效应后，厂商预期的不确定增大最终使 $\underline{q}$ 下降。

上述理论性质过程可由图 3-4 刻画。对标注 2 的一个直观理解是在厂商净资产跨期配置中，其收益回报的下边界 R^i 为投资型收益，意指 R^i 是厂商所获新进投资的期望收益。然而在不确定预期下，投资机会下降（由模糊准则决定）导致资本存量减少（每期资本折旧），投资机会趋于稀缺性，则厂商所预期的投资期望收益将上升，R^i 增加。同时，由 R^i 的表达式知 $\partial R^i/\partial q < 0$，即投资型收益 R^i 上升的唯一保证是权益价格 q 下降，又由于欧拉方程中对于任意 q 存在 $\underline{q} = \inf\{q\}$，故权益价格 q 下降最终引致最低可接受的权益价格 $\underline{q}$ 下降，这便是标注 2 的结论。

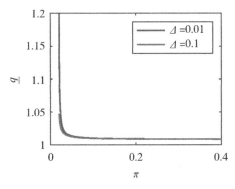

图 3-4　不确定预期下 $\underline{q}$ 的变动

进一步，下面将分析不确定性预期对厂商跨期配置收益上边界的影响。给定

$R^s > 1$ 及 R^s 表达式，将强约束条件代入后得到跨期配置中厂商可接受的最高权益价格 $\bar{q}$ 为：

$$\bar{q} = \frac{[1-(1-\pi)\beta]\{(1-\lambda)(1-\theta)+(1-\beta)[\pi-(1-\lambda)(1-\theta)]+\lambda\pi(1-\beta)\Delta\}}{(1-\lambda)(1-\theta)\pi\beta-(1-\beta)\{\beta(1-\pi)[\pi-(1-\lambda)(1-\theta)]-\theta\pi+\lambda\pi\beta(1-\pi)\Delta-\lambda\pi\theta\Delta\}}$$

同样，令上式分子分母相减得到 $(1-\beta)(1-\theta)\pi+\lambda\pi(1-\beta)(1-\theta)\Delta > 0$，故 $\bar{q} > 1$。此外，给定 $\underline{\pi}$，简单的运算可以得到：

$$\frac{\partial\bar{q}}{\partial\underline{\pi}} \propto [(1-\beta)(1-\theta)+\lambda(1-\beta)(1-\theta)\Delta][(1-\lambda)(1-\theta)-\underline{\pi}^2-\lambda\beta(1-\beta)\underline{\pi}^2\Delta]$$

由于上式符号不明，故在某个区域内 $\bar{q}$ 与不确定预期存在完全相反的关系。为充分说明这一性质，这里先令 $\Delta \to 0$，则 $\partial\bar{q}/\partial\underline{\pi} \geq 0 \Leftrightarrow \underline{\pi} \leq \sqrt{(1-\lambda)(1-\theta)}$。进一步，给定 $\underline{\pi} \in [(1-\lambda)(1-\theta), (1-\theta)]$ 以及假设1，可知当 $\underline{\pi} \in [(1-\lambda)(1-\theta), \sqrt{(1-\lambda)(1-\theta)}]$ 时，$\partial\bar{q}/\partial\underline{\pi} \geq 0$，此时 $\bar{q}$ 与 $\underline{\pi}$ 同向变动；而 $\underline{\pi} \in (\sqrt{(1-\lambda)(1-\theta)}, (1-\theta)]$ 时，$\partial\bar{q}/\partial\underline{\pi} < 0$，此时 $\bar{q}$ 与 $\underline{\pi}$ 反向变动。

与此类似，当 $\Delta > 0$ 存在 $\underline{\pi} \in [(1-\lambda)(1-\theta), \sqrt{(1-\lambda)(1-\theta)/[1+\lambda\beta(1-\beta)\Delta]}]$ $\Leftrightarrow \partial\bar{q}/\partial\underline{\pi} \geq 0$，而 $\underline{\pi} \in (\sqrt{(1-\lambda)(1-\theta)/[1+\lambda\beta(1-\beta)\Delta]}, (1-\theta)] \Leftrightarrow$ $\partial\bar{q}/\partial\underline{\pi} < 0$，这一条件对任意 $0 < \Delta < 1 < \dfrac{1-(1-\lambda)(1-\theta)}{\lambda\beta(1-\beta)(1-\lambda)(1-\theta)}$ 成立。上述计算给出了 $\bar{q}$ 关于 $\underline{\pi}$ 的变动范围，由于本章关心的是不确定预期条件下的特定结果，则给定参数基准 $\underline{\pi} = 0.05$ 与模糊准则，恒存在 $\partial\bar{q}/\partial\underline{\pi} > 0$，$\forall\,\underline{\pi} < 0.05$。

对于楔子 Δ，很容易验证 $\partial\bar{q}/\partial\Delta > 0$，即流动性紧缩越严重，厂商可接受的权益价格上限越高，并且同样有 $|\partial\underline{q}/\partial\Delta| > |\partial q/\partial\underline{\pi}|$，$\forall\,\underline{\pi} \in (0.02, 0.05)$。此外，对 $\bar{q}$ 求二阶偏导可知：

$$\frac{\partial^2\bar{q}}{\partial\underline{\pi}\partial\Delta} = \lambda(1-\beta)(1-\theta)[(1-\lambda)(1-\theta)-\underline{\pi}^2-\lambda\beta(1-\beta)\underline{\pi}^2\Delta]$$
$$- [(1-\beta)(1-\theta)+\lambda(1-\beta)(1-\theta)\Delta]\lambda\beta(1-\beta)\underline{\pi}^2$$

---

① 这里还可以验证 $\bar{q} > \underline{q} > 1$，故 $\bar{q}$ 为可接受的最高权益价格，而 $\underline{q}$ 为可接受的最低权益价格。

则为保证 $\partial^2 \bar{q} / \partial \pi \partial \Delta \geqslant 0$，存在条件：

$$0 < \Delta \leqslant \frac{(1-\lambda)(1-\theta)/\underline{\pi}^2 - [1 + \beta(1-\beta)]}{2\lambda\beta(1-\beta)}$$

$$\Rightarrow (1-\lambda)(1-\theta) < \underline{\pi} < \sqrt{\frac{(1-\lambda)(1-\theta)}{1+\beta(1-\beta)}} \approx 0.1407$$

这便保证了在 $\pi < 0.05$ 的范围内 Δ 的增加会加大预期不确定性对 $\bar{q}$ 的影响，即流动性紧缩加剧时，预期不确定性对 $\bar{q}$ 的边际降幅将被扩大；而 $\pi > 0.1407$ 时，反之。这即说明 $\bar{q}$ 随 π 的变化为凹，与 $\underline{q}$ 拟凸相对，也意味着 R^s 与 R^i 有相反的理论性质。由此，得到标注 3。

标注 3. 在流动性强约束条件下，厂商对净资产跨期配置的最高权益价格要求为 $\bar{q}$。其中 $\bar{q}$ 随厂商预期不确定增大而下降，而随流动性紧张程度（Δ）加大而上升。综合以上两类效应后，厂商预期的不确定增大最终使 $\underline{q}$ 上升。

上述理论性质可由图 3-5 进一步证明。同时，标注 3 的直观理解与标注 2 类似：在厂商净资产跨期配置中，收益回报上界 R^s 为储蓄型收益，也即市场上融资供给方预期的收益回报。由于不确定性预期，投资机会的下降将引致厂商储蓄机会变得稀缺，则基于这一前提，厂商所预期的储蓄收益相应下降，即 R^s 减小。并且，容易验证 $\partial R^s / \partial q < 0$，故储蓄型收益 R^s 下降后必然使权益价格 q 上升。又由前文验证结果知，欧拉方程中存在关系 $\bar{q} = \sup\{q\}$，因此厂商可接受的最高权益价格 $\bar{q}$ 将因预期不确定性增大而上升。

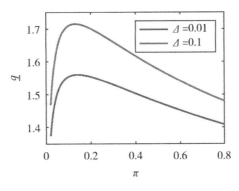

图 3-5 不确定预期下 $\bar{q}$ 的变动

至此，本章已解析了 $\hat{q}$，$\underline{q}$，$\bar{q}$ 三者的理论性质，在仅考虑流动性强约束的前提下，$\hat{q}(\pi)_{\text{S.B.}}$ 为货币均衡的临界线，则从几何上而言，货币均衡中 q 的取值不得超过该线；而另一方面，$\underline{q}$，$\bar{q}$ 为厂商跨期配置过程中 q 的取值范围，只有 q 在此范围内，厂商的跨期配置均衡才有可能形成。那么，如若违背上述任意一条件，货币均衡将不存在[①]。然而，本章通过数值模拟发现强约束并不总能实现货币均衡：当 Δ 处于某一范围内，例如 $\Delta = 0.01$ 时，存在 $q \leqslant \hat{q} < \underline{q} < \bar{q}$，货币均衡不存在。为清晰说明其理论含义，这里定义两种类型厂商的欧拉方程函数为 $\Gamma(q)$ 与 $\Psi(q)$，具体表达式如下：

$$\Gamma(q) = (1 - \pi)\beta \left[\frac{r + \lambda q}{q} - P \right] u'(c^s)$$

$$\Psi(q) = \pi \beta \left[P - \frac{r + \phi \lambda q + (1 - \phi) \lambda q^R}{q} \right] u'(c^i)$$

由以上结论可知，强约束环境中货币均衡存在时满足 $q > 1$，$m > 0$，则 $P = 1$；而强约束环境中不持有货币时存在条件 $q > 1$，$m = 0$，则有 $P = 0$，并且此时欧拉方程函数需满足等式 $u'(c^s) \equiv \Gamma(q) + \Psi(q)|_{P=0}$ 或 $u'(c^i) \equiv \Gamma(q) + \Psi(q)|_{P=0}$。现考虑 $\hat{q} < \underline{q} < \bar{q}$ 的情形，假设厂商现在需从 $(\underline{q}, \bar{q})$ 中形成均衡权益价格 q，但又由 $\hat{q}$ 的性质知任意 $q > \hat{q}$ 将导致均衡时厂商不持有货币，故函数 $\Gamma(q)$ 与 $\Psi(q)$ 满足 $P = 0$ 时的条件。给定 $\underline{\pi}$，考虑以下两类情形：

（i）对于当期为储蓄型而下期类型未定的厂商而言，其欧拉方程均衡满足：

$$(1 - \underline{\pi}) \left(\frac{1}{1 - \underline{\pi}} - \frac{r + \lambda q}{q} \beta \right) u'(c^s) = \underline{\pi} \frac{r + \lambda \phi q + \lambda (1 - \phi) q^R}{q} \beta u'(c^i)$$

（ii）对于当期为投资型而下期类型未定的厂商而言，其欧拉方程均衡满足：

$$(1 - \underline{\pi}) \frac{r + \lambda q}{q} \beta u'(c^s) = \underline{\pi} \left(\frac{1}{\underline{\pi}} - \frac{r + \lambda \phi q + \lambda (1 - \phi) q^R}{q} \beta \right) u'(c^i)$$

基于此，给定 Kiyotaki & Moore（2012）的参数赋值标准（$\theta = 0.19$，$\lambda = 0.975$，$\beta = 0.99$），这里令 $\pi = 0.05$，$\Delta = 0.01$。通过数值计算可以发现情形（i）中的解为 $q^s \approx 1.003$，而情形（ii）中的解为 $q^i \approx 1.212$，故 $q^s \neq q^i$，此时均衡不

---

① 已由前文验证，在强约束条件下不存在无货币均衡。

存在。这一结果又可视为未协调的流动性紧缩预期，也即经济主体对现阶段流动性程度的看法不一①。直观上理解，2015 年 A 股大幅波动则是一个明显的例子：在 2015 年 7 月 6 日至 10 日的五天内，前三日上证指数持续暴跌，绝大多数股票价格在开盘前报价阶段就已跌停（跌幅达 10%），并且交易时段期间买单极其之少，鲜有股票价格出现上涨。鉴于此番情境，大多数上市公司通过停牌以回避股票价格暴跌。截止至 7 月 8 日停牌公司数量一度接近 1500 家。然而自 7 月 9 日 10 点 10 分起沪深指数开始翻红，收盘时两市约有 1200 多只股票涨停（涨幅达 10%），沪指大涨 5.76%，创六年来最大单日涨幅。并且这一涨势延续至 7 月 10 日之后。上述现象中，前三日股市下跌可以视为预期流动性趋紧的群体占主导，即本章模型中均衡权益价格为 q^i 的厂商，它们认为未来流动性将持续紧缩，则为满足自身流动性需求主动卖出持有权益，故对应现实中 A 股价格下挫；而后两日股市上涨却可视为预期流动性相对充裕的群体占主导，对应均衡权益价格为 q^s 的厂商，它们认为未来流动性相对宽松，故选择买入权益以增加收益回报，这体现为现实中 A 股价格反弹上涨。但无论如何，上述两类群体预期都非均衡结果，它是一种不稳定的动态反复过程，进而在基本面条件未发生变化时造就了"千股跌停、千古涨停"的波动现象。

根据上述结论，为保证不确定预期下均衡唯一且存在，这里需对模糊区间 $[\underline{\pi} - \xi, \overline{\pi} + \xi]$ 做出进一步的约束，而这一约束也具备一定程度的政策启示。可以注意到，给定 $\underline{\pi}$，当均衡唯一存在时货币均衡的权益价格上限 $\hat{q}(\underline{\pi})_{\text{S.B.}}$ 应满足：

（1）$\hat{q} < \overline{q}$，$\forall \underline{\pi} \in (0.02, 0.05)$；

（2）$\hat{q} > \overline{q}$，$\forall \underline{\pi} \in (0.02, 0.05)$；

（3）$\hat{q} \geqslant q|_{\Gamma(q) = \Psi(q), P=1}$，$\forall \underline{\pi} \in (0.02, 0.05)$，$q \in (\underline{q}, \overline{q})$。

上述条件的经济含义是：为使均衡存在，需保证储蓄型厂商与投资型厂商具

---

① 除本课题所提供的思路外，也有部分研究试图以微观视角来探究这一协调性问题。例如 Kawagoe & Ui（2010）将模糊性纳入至 Carlsson & Van Damme（1993）所提出的全局博弈（Global Game）之中，并重新审视金融投资过程中的预期协调问题，相似的研究还有 Laskar（2014）。

有相等的均衡权益价格 q，并且 q 于区间 $(\underline{q}, \overline{q})$ 内，数值不大于 $\hat{q}$。基于此，得到本章的最后一个命题，即命题3。

命题3. 在不确定预期下为保证均衡唯一存在，模糊区间下限 $\underline{\pi} = \pi - \xi$ 需满足下述条件之一：

（1）弱限制：定义 $G(\Delta) = \hat{q}(\Delta) - \underline{q}(\Delta)$，$\forall \Delta \in \Xi$，其中 Ξ 为 Δ 的可取值区间。则给定初始点 $\pi^* < 0.5$ 以及强约束 $\phi(\pi, \Delta)$，存在唯一的 $\underline{\pi}$ 与 Δ 的关系式满足：

$$\inf_{\Delta \in \Xi} G^{-1}(\Delta) \Big|_{\Delta: \, \hat{q}(\Delta) - \underline{q}(\Delta) = 0, \, \forall \underline{\pi} \in (0.02, \, \pi^*)} = \int_{\underline{\pi}}^{\pi^*} \frac{\partial \phi}{\partial \pi} \mathrm{d}\pi$$

（2）强限制：定义 $G(\Delta) = \hat{q}(\Delta) - \underline{q}(\Delta) \big|_{\Gamma = \Psi}$，$\forall \Delta \in \Xi$。则给定初始点 $\pi^* < 0.5$ 以及强约束 $\phi(\pi, \Delta)$，存在唯一的 $\underline{\pi}$ 与 Δ 的关系式满足：

$$\inf_{\Delta \in \Xi} G^{-1}(\Delta) \Big|_{\Delta: \, \hat{q}(\Delta) - \underline{q}(\Delta) = 0, \, \forall \underline{\pi} \in (0.02, \, \pi^*)} = \int_{\underline{\pi}}^{\pi^*} \frac{\partial \phi}{\partial \pi} \mathrm{d}\pi$$

此外，如若上述两类限制中右积分的解满足 $\underline{\pi} < (1 - \theta)(1 - \lambda)$，则说明 $\hat{q} - \underline{q} < 0$，$\forall \underline{\pi} \in [(1 - \theta)(1 - \lambda), \, \pi^*]$ 或 $\hat{q} - \underline{q} < 0$，$\forall \underline{\pi} \in [(1 - \theta)(1 - \lambda), \, \pi^*]$，这便意味着经济恒不均衡。

命题3的结论可由图3-6进行验证。图3-6左模拟了不符合命题3中 $\underline{\pi}$ 与 Δ 的关系，此时 $\Delta = 0.01$。可见在 $\underline{\pi} \in (0.02, \, 0.05)$ 的区间内，$\hat{q}$ 不总是大于 $\underline{q}$，并且数值求解有 $q \big|_{\Gamma = \Psi} > \hat{q}$，故该情形下均衡不存在。而在图3-6右中，$\Delta = 0.1$，该情况符合命题3条件。在 $\| \underline{\pi} - 0.05 \|_E < \varepsilon$ 的范围内，$\underline{q} < q \big|_{\Gamma = \Psi} < \hat{q} < \overline{q}$ 成立，故稳定均衡存在且唯一。

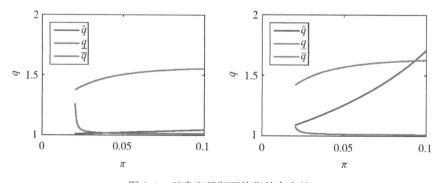

图3-6 不确定预期下均衡的存在性

直观理解，命题 3 实质上是提供了不确定性预期下能够保证稳定均衡存在的流动性强约束条件。由命题 1 知，楔子 Δ 与不确定性预期 $\underline{\pi}$ 成反比，即厂商对 π 的预期越不确定，则 $\underline{\pi}$ 越小，进而导致流动性约束越紧，故楔子 Δ 越大。但由上文说明，当楔子 Δ 在一定范围内，不同类型厂商会对当前流动性状态产生不同认知，从而导致其决策结果无法统一（如 2015 年 A 股大幅波动过程）。而只有当楔子 Δ 高于某一水平时①，厂商对当前流动性状态的认知才能够达成统一，并且此时金融流动性已足够紧缩，厂商已持有足够多的货币用于满足自身流动性需求（如股市大幅调整后持续低迷），对应的均衡配置也非第一最优。

第三节　稳定政策与动态分析

一、稳定政策探讨

下面将进一步探讨相关稳定政策及其性质。给定本章所要研究的现实问题，这里考虑三类稳定政策，其一是预期锚定与沟通，其二和其三分别为政府投资补助和央行流动性供给。

首先说明预期锚定与沟通的实施策略。假定经济中存在宏观调控机构，能够准确观测经济中的实际投资机会 π 以及 π 与楔子 Δ 之间的关系，同时能够于每期末了解企业预期模糊下投资机会的加总大小 $\underline{\pi}$。因此，宏观调控机构将依据 π 与 $\underline{\pi}$ 的数值差异来稳定融资流动性。由上述设定，预期锚定与沟通的策略可归纳为注解 1：宏观调控机构的最优策略是于每一期初公布真实投资机会 π；次优策略是在第一期末观测到企业不确定预期加总 $\underline{\pi}$ 后，于下一期初公布一个合适且非真实的 π，使之与当前楔子 Δ 的关系符合命题 3；最劣策略是不采取任何措施，任由企业自行融资出清。

由注解 1 不难发现，之所以宏观调控机构的最优策略是于每一期初公布真实

---

① 本课题根据命题 3 的理论条件进行了数值计算，结果表明 Δ 与 π 存在非线性关系，具体而言 Δ 随 π 递减且凸。同时，可以证明符合命题 3 条件的楔子满足关系式 $\Delta \leqslant (1-\beta)(1-\pi)/\lambda\pi$，将此式代入强约束后得到条件 $(1-\lambda)\theta + \lambda\pi\phi \geqslant (\beta-\lambda)(1-\pi)$，这与 Kiyotaki & Moore(2012) 中假设 2 所得到的必要条件相近，但两式符号不同。

π，一方面，主要是因为在期初明晰投资机会 π 的信息后，该时期内企业预期不再模糊，将依据真实值 π 做出跨期选择；另一方面，由于 π 是未经历流动性紧缩的真实值，代表无货币均衡，故令企业依据真实值 π 作决策可使均衡时的经济配置达到第一最优。而次优策略意指在预期模糊下使经济均衡达到命题 3 所给定的条件。理由是预期模糊过程一旦被触发，将难以扭转。此时，宏观调控机构的次优策略是公布一个特定的 π'，满足 $\pi' \leqslant \underline{\pi}$ 以及命题 3 的条件，从而将企业跨期配置快速推向稳定的货币均衡，但此时均衡配置严格劣于第一最优。最后，若宏观调控机构不采取任何措施，则企业对流动性的预期可能无法协调，此时企业融资行为难以收敛于均衡而一直处于波动状态，故该情形所对应的调控策略最劣。

接下来说明预期不确定性环境中政府投资补助与央行流动性供给的施行策略，由命题 2 可知，流动性弱约束条件下经济仍可实现无货币均衡，故由弱约束可进一步得到政府投资补助 θ^* 与央行流动性供给 ϕ^* 的操作边界：

$$\phi^* = \frac{(\beta - \lambda)(1 - \pi) - (1 - \lambda)\theta}{\lambda \pi}, \quad \theta^* = \frac{(1 - \lambda)(1 - \pi) - \lambda \pi \phi}{1 - \lambda}$$

对于央行流动性供给 ϕ^*，其对新进投资的融资垫头 θ 的导数为 $\partial \phi^*/\partial \theta = -(1 - \lambda)/\lambda \pi < 0$，对 θ、π 的混合二阶导为 $\partial^2 \phi^*/\partial \theta \partial \pi = \lambda(1 - \lambda)/(\lambda \pi)^2 > 0$，说明预期不确定性的增大将削弱融资垫头与央行流动性之间的相互影响。同样地，对于政府投资补助，对流动性黏性 ϕ 的导数为 $\partial \phi^*/\partial \theta$ 的倒数，即 $\partial \theta^*/\partial \phi = -\lambda \pi/(1 - \lambda) < 0$，而对 ϕ、π 的混合二阶导为 $\partial^2 \theta^*/\partial \phi \partial \pi = -\lambda/(1 - \lambda) < 0$。该结果说明预期不确定性的增大将加强政府投资补助与流动性黏性之间的相互影响，这与央行流动性供给的情形相反。由此得到注解 2：给定政府投资补助 θ^* 与央行流动性供给 ϕ^* 两类政策工具，在预期不确定性条件下存在：第一，预期不确定性增大时，政府投资补贴与流动性水平成反比，实体融资流动性趋紧所需政府投资补贴的增量下降；第二，预期不确定性增大时，央行流动性供给与融资垫头成反比，实体融资流动性趋紧所需央行流动性供给的增量上升。

注解 2 中的政策边界可由图 3-7 形象说明。图 3-7(a) 给出了央行流动性供给的变动情况，其与融资垫头 θ 成反比关系，而当预期不确定性增大时，央行需提供更多的流动性供给用于弥补 π 下降造成的流动性紧缩，故政策边界 ϕ^* 上扬。

图 3-7(b) 与之类似，政府投资补助 θ^* 与流动性水平 ϕ 成反比，同时政府也因预期不确定性增大而需要提供额外的投资补助支持，因此 θ^* 的边界上扬。而且预期不确定性未改变 θ^* 与 ϕ^* 在右侧极端情形下的实际状态，如 $\phi^*|_{\pi=0.03, \theta=1} \approx (1-\lambda)/\lambda$，这与 $\phi^*|_{\pi=0.05, \theta=1}$ 几近一致；$\theta^*|_{\pi=0.03, \phi=1} < 0$，表明此时经济中任意融资垫头状态都能使实体流动性充裕，此结论与 $\theta^*|_{\pi=0.05, \phi=1} < 0$ 一致。然而值得注意的是，预期不确定性增大时，企业融资所需的政府投资补助的增量将逐渐减小，而央行流动性供给的增量反而增大，这意味着在以增量成本为标准进行考量时，政府投资补助将优于央行流动性供给；但若以稳定总投入成本为标准，央行流动性供给则优于政府投资补助。之所以如此，可能是因为在流动性调控中，央行的流动性供给可通过外部融资供给直接作用于实体部门的加总流动性状态，而政府投资补助对实体融资流动性的调控却较为间接(政府投资补助主要影响企业融资决策)，故在加总成本上前者小于后者。但从另一方面看，央行流动性供给属于总量调控，而政府投资补助实为结构性稳定政策，且由现实证明结构性调控的边际效率优于总量调控，故在增量成本上前者反而大于后者。

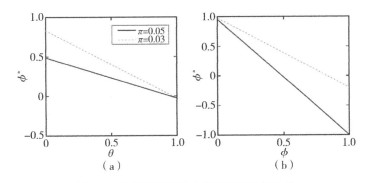

图 3-7　模糊预期下流动性管理的政策边界

二、动态数值模拟

为探究稳定政策效果，下面做动态数值模拟。值得注意的是，由理论分析知预期不确定性会影响模型均衡，故动态模拟不宜在稳态附近做线性展开，需要做非线性全局求解。为此，假定经济主体可做完美预见，投资机会 π 包含未预期冲击，体现出预期不确定性性质；经济动态系统于第 N 期收敛，对任意变量 X 存在 $X_N = X_{N+1} = X_{N+2} = \cdots$。为保证模拟结果贴近现实，令主观贴现因子 β 取值 0.99；折旧率 $1 - \lambda$ 取值 0.025（龚六堂和谢丹阳，2004）；资本要素投入比例 γ 取值 0.5（赵扶扬等，2017）；由《中国国家资产负债表（2015）》推算知企业发售债券的融资垫头 $1 - \theta$ 取值 0.4；为方便求解，参照若干相关研究，令劳动供给弹性倒数 ν 为 1。另外，由于投资机会 π 与债券流动性系数 ϕ 两类数据在现实中难以获取，这里做数值求解，方法主要是：首先给定点列 $\{\pi\}$ 和 $\{\phi\}$，结合上述参数分别计算消费、投资占比和债券对现金的利差稳态；随后将模型计算稳态与现实数据对比，寻找两者差值最小时所对应的 $\{\pi^*, \phi^*\}$。为与 Kiyotaki & Moore（2019）做有效对比，最终选取 $\pi \approx 0.05$，$\phi = 0.23$，此时消费、投资占比分别为 $C/Y = 0.52$，$I/Y = 0.48$，国家统计局发布的《中华人民共和国 2019 年国民经济和社会发展统计公报》中最终消费对 GDP 增长的贡献比例为 57.8%，与模型稳态较为接近。同时，一年期债券对现金的利差稳态为 $r/q + \lambda - 1 \approx 0.031$，截至 2019 年 12 月 31 日，一年期上海银行间拆借利率为 3.11，民营企业信用债平均回报率在 6~6.5 左右（AAA 级为 3.18，A 级为 9.46），故两者利差区间为 [3, 3.4]，也与模型稳态较符合，赋值结果如表 3-2 所示。

表 3-2　　　　　　　　　　　　　**参数赋值与稳态拟合**

参数	名称	取值	参数	名称	取值
β	主观贴现因子	0.99	$1 - \lambda$	资本折旧率	0.025
γ	资本要素投入比例	0.5	$1 - \theta$	债券发售垫头	0.4
ν	劳动供给弹性倒数	1	π	投资机会	0.05
ϕ	债券流动性系数	0.23	$r/q + \lambda - 1$	债券对现金的利差稳态	0.031
I/Y	投资对产出占比	0.48	C/Y	消费对产出占比	0.52

基于以上赋值，首先讨论预期不确定性对模型均衡及各变量转移路径的影响。给定不确定性系数 $\xi = 0.02$，则根据不确定性区间 $[\pi - \xi, \pi + \xi]$ 以及 Gilboa & Schmeidler（1989）准则，经济主体对投资机会的最坏预期为 $\pi = 0.03$。基准转移路径结果如图 3-8 中实线所示。图中各变量前 10 期为模型原稳态，第

11 期时出现预期不确定性，即 $\pi \to \bar{\pi}$，企业认为未来期限内投资机会将骤降，于是债券价格 q 和货币余额价值 pM 上升。之所以这样，是由于企业预期不确定性造成"现实流动性紧缩偏差"（见命题 1），为保持流动性，企业被迫提高债券价格以获得高额度的融资，或持有更多的货币以预防流动性不足。值得注意的是，货币余额价值的上升幅度大于债券价格，表明实体流动性紧缩中，企业更偏好于持有完全流动的货币，而非企业债券，这也解释了实体经济流动性紧缺时企业通过抛售债券来兑换现金的行为。同时，由于企业持有部分不升息且无附加收益的货币，导致社会总资本积累 K 下降，而资本作为投入要素与产出 Y 直接相关，最终导致社会总产出随之下降。不同寻常的是，企业因预期不确定性认为未来投资机会将永久减小，资本积累下降，因此，当期获得投资机会的企业将最大限度地增加其资本积累，以弥补和抵消未来新进投资机会下降所带来的负面效用。这一逻辑具体表现为投资 I 当期骤升，且随资本 K 下降而趋于收敛（资本积累方程）。同时，基于市场出清条件 Y=C+I，社会消费 C 出现下降，原因在于产出降幅远大于投资增幅，因而社会加总消费负增长。

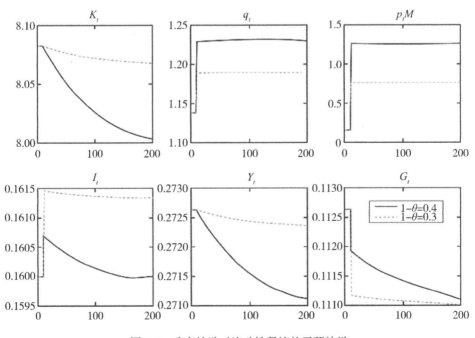

图 3-8 政府补助对流动性紧缩的干预效果

下面分别探究动态情形下政府投资补助与央行流动性供给对实体债务流动性紧缩的缓解效果。首先将企业垫头系数写为 $\theta = \bar{\theta} - \theta^*$，其中，$\bar{\theta}$ 可视为法定垫头系数，θ^* 为政府补助系数，则 $1 - \theta^*$ 越大，企业所需支付的垫头 $1 - \theta$ 越小，故流动性压力得以缓解。为展示这一效果，在动态转移路径中令政府补助为 0.1，企业垫头 $1 - \theta$ 从 0.4 降至 0.3，结果由图 3-8 中虚线所示。在政府补助的影响下，预期不确定性对实体融资流动性紧缩的影响大幅度减小。债券价格和货币余额价值的上升幅度仅为原基准模型的一半。但此时货币余额 pM 的上升速度仍快于债券价格 q，说明政府补助并没有改变流动性紧缩时企业对货币现金的偏好。同时，由于流动性受到较好的干预，社会资本积累总量 K 和产出 Y 的下降幅度明显减小。值得注意的是，当政府给予投资补贴后，企业融资垫头降低，意味着企业可发行更多的债券，从而获得更多的市场融资，故新近投资 I 较原基准模型上涨。然而，消费 C 却显著下降。之所以这样，是因为投资 I 的增长速度超过了产出 Y 的降幅，则由资源约束条件可知，此时消费被投资"挤出"，意指此转移路径上经济主要受投资驱动。

接下来计算央行流动性供给下的动态转移路径。为有效对比结果，选取 $\phi^* = 0.28$，从而令各变量的变动幅度贴近于政府投资补助情形，结果如图 3-9 所示。在央行流动性供给下，绝大部分变量变动情况近似于政府投资补助情形，仅债券价格除外。债券价格 q 未出现下降，而是与原基准模型幅度保持一致。这一方面是由于央行流动性供给行为仅从外部为市场提供整体流动性缓解，并未改变企业内部关于债券融资的决策，特别是预期不确定性对债券价格的影响；而另一方面，相比之下，政府投资补贴对债券价格之所以有显著影响，主要是由于该补贴能够直接干预企业的融资成本，即企业为融资一单位资金所需支付的垫头大小，因此，当央行通过流动性供给来予以稳定时，债券价格的变动无显著改变。但需要注意的是，在相同的稳定效果下，央行流动性供给的稳定成本远小于政府投资补助，即 $\Delta\theta = 0.1 \gg \Delta\phi = 0.05$，这一动态结论与之前的理论分析一致。

另外，为刻画民营企业与国有企业在本章理论框架中的区别，这里依据现实经济特征作设定。由于国有企业商誉相对更好，实际融资活动中所支付的垫头相对较低；反观民营企业，多数商誉不如国有企业，融资供给方为规避道德风险，要求其支付较高的垫头，故有 $\theta^s > \theta^p$，其中，θ^s 为国有企业债券融资最大额度，

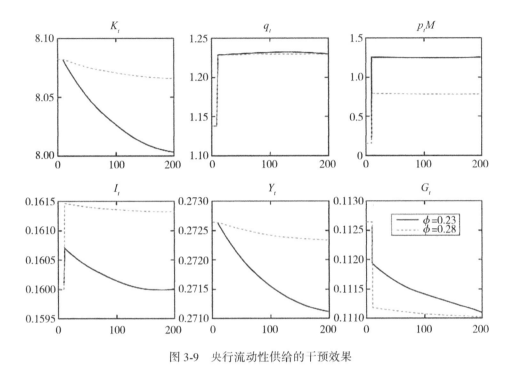

图 3-9 央行流动性供给的干预效果

θ^p 对应民营企业。上述不等式意指国有企业的债券融资最大额度高于民营企业。图 3-10 展示了该环境下的转移路径。图中，深色线对应国有企业环境下的转移路径，浅色线对应民营企业情景，两类虚线分别为各自被给予政府投资补助后的结果。假定国有企业利用债券融资所需支付的垫头为 $1 - \theta^s = 0.2$，民营企业为 $1 - \theta^p = 0.5$，二者加权约等于前文中 $1 - \theta = 0.4$，并令政府补助为 $\Delta\theta = 0.1$。从实线结果看，由于国有企业所需支付的债券融资垫头相对较低，自身通过外部融资所获资金较多，流动性紧缩的严重程度远低于民营企业；相反，民营企业所支付的债券融资垫头较高，流动性也相对紧缺，因此，民营企业的债券售卖价格 q_t 与所感知的货币价值 $p_t M$ 皆高于国有企业；同时，虽然获得投资机会的企业将最大限度地增加其资本积累，引致投资 i_t 上行，但由于流动性数量的差别和流动性约束的限制，民营企业投资水平终究要低于国有企业，故在资本存量 k_t 方面国有企业也高于民营企业。此外，在产出 Y_t 下降的前提下，国有企业较高的投资水平将挤出更多的消费 C_t，因此，国有企业情景中消费水平处于低位。从虚线结果看，两类企业的结果对比恰好验证了之前的理论推论，即国有企业债券融资所需支付的垫头 $1 - \theta^s$ 较低，则 $1 - \theta^s - \Delta\theta$ 对债券售卖的影响较小，在流动性约束中所能撬动的债券融资额度也较少。反观民营企业，所需支付的垫头 $1 - \theta^p$ 较高，则 $1 - \theta^p - \Delta\theta$ 的变动对债券售卖的影响较大，故流动性约束中所能撬动的债券融资额度也较多，这导致政府的投资补助 $\Delta\theta$ 更有利于民营企业。

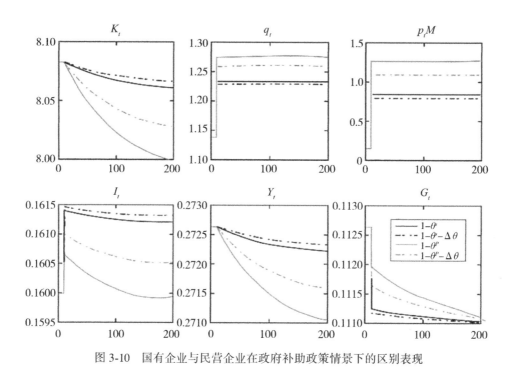

图 3-10 国有企业与民营企业在政府补助政策情景下的区别表现

本章尝试在区分企业类型的环境中验证央行流动性供给的效果，但区别甚微，不如政府补助结果显著。原因在于：一是央行流动性补助是总量政策，结构性调节作用偏弱；二是两类企业每期在市场上二次出售或赎回债券的最大份额 ϕ_t 主要由市场交易决定，与所有制类型无本质上的关联。

第四节 结论与政策启示

为从理论上更深层次地把握不确定性预期对实体企业（债务）融资流动性及

宏观加总变量的影响，本章围绕非金融部门对经济下行压力下的真实不确定性预期（Gilboa & Schmeidler，1989）作抽象，并结合企业债务融资的流动性（Kiyotaki & Moore，2019）对当下宏观紧缩环境中的现实问题给出了一定的回答。主要结论如下：第一，给定企业债务流动性约束，总存在唯一且最小的不确定性预期区间使企业债务融资流动性从充裕转为紧缩。第二，给定企业债务流动性约束，其弱约束对应无货币均衡，此时实体部门不存在债务流动性紧缩，而强约束对应货币均衡，企业为预防债务流动性紧缩而持有货币。企业预期越不确定，债务流动性将越紧缩。第三，实体跨期配置的最低债券价格随预期不确定性增大而下降，而跨期配置的最高债券价格随预期不确定性增大而上升。当企业预期处于某一不确定性范围内，微观群体对债务流动性看法不一，导致紧缩预期无法统一，造成债券价格持续波动。第四，刻画了三类稳定政策。其中，预期锚定与沟通调控的最优策略是宏观调控当局公布真实投资机会，次优策略是在预期不确定性过程中公布一类可将实体部门推入稳定紧缩状态的投资机会，而最劣策略是不做出任何回应。预期不确定性增大时，政府投资补助增量逐渐减小，央行流动性供给增量反之；但若以总投入量为标准，央行流动性供给将优于政府投资补助。

基于上述理论发现得到的政策启示如下：第一，"稳预期"方面，信息公布的指引性、真实性和透明性是"稳预期"政策执行的关键。为进一步完善关键信息披露等措施，建议有关部门一方面进一步完善数据、信息等的披露机制，巩固会计、审计等机构的自律性与公正性，强化披露信息的真实性和透明度，从而弱化实体经济中蕴含的不确定性预期。调控当局应主动做好市场沟通工作，强化市场和实体部门的预期指引，帮助扭转非理性或不确定性预期态势，从根本上化解"预期紧缩"效应。第二，宏观调控政策方面，建议在实体债务紧缩较为严重时保持财政工具为主、货币工具相对稳健的政策组合。例如，央行可利用稳健的流动性供给工具（如扩大信贷工具等）从外部直接为实体企业注入流动性，以弥补融资流动性供给匮乏；与此同时，政府部门可依据自身拥有的行政职能，灵活地为企业提供政府投资补助（如采用补贴或退税等方式缓解企业融资压力），从内部缓解企业债务流动性压力，进而稳定实体部门的加总流动性需求。

第四章 熨平短期波动的金融稳定政策

在以 Woodford(2001)二次近似福利损失函数为标杆的大部分研究中,对金融摩擦的探讨主要存在两类不足:第一,绝大部分福利损失函数的推导不涉及内生资本积累以及金融产品的变化过程,这意味着经济中仅有价格与劳动两类稳定目标。而在考虑金融因素之后,资本成为一类新的稳定目标,但就目前的相关研究来看,二次近似中考虑资本要素的研究却寥寥无几。第二,大部分二次近似的福利损失函数都主要沿着技术进步冲击、货币政策冲击等路径展开,在美国次贷危机之后虽然不乏学者围绕着金融冲击的路径展开进行了探讨(Woodford,2012),但这些探讨都仅为概念上的描绘,而并未进行理论实施。除此之外,Uribe & Faia(2005)基于 Lucas 对二战后美国政策的评估方法,构建了"楔子"形式的福利损失计量方式。这种方法的好处在于它能规避二次近似复杂烦琐的推导,通过用数值计算的方式给出大致精确的福利损失;而缺点是这种数值解无法给出金融冲击下,风险与金融摩擦的动态原理,更不能提供稳定政策制定的侧重点与核心逻辑,并且这种数值计算的方法更容易得到稳定政策的局部最优解,而非全局最优解。

为了解决金融风险的福利损失测度问题,以及推导出动态稳定政策,对基准模型中家庭效用进行二次渐近,在内生资本积累、金融资产变动的基础上沿金融风险冲击路径展开。在推导损失函数与动态稳定政策前,先给出与本章相近的几项研究:Edge(2003)从一个"资本租赁市场"的角度强调了含内生资本积累的二次福利损失函数的基本性质,但该研究主要考察了 RBC 情形与通胀的拓展,并没有考虑由此延伸的金融元素。Sveen & Weinke(2009)在 Edge(2003)的研究上进一步考虑"公司专有资本"的形式,推导出了相应的福利损失函数,并数值模拟了不同政策情况下的福利损失，从而筛选出最优政策参数组合。但这篇文章的缺点依旧是没有考虑金融元素。此外，Carlstrom et al.（2010）在未考虑内生资本积累的前提下，基于信贷约束推导出了福利损失函数，其结论是一阶形式同构；De Fiore & Tristani（2013），Curdia & Woodford（2016）虽对金融摩擦环境中的一阶条件进行二次近似，但仍未考虑内生性资本积累。

第一节 福利损失函数推导

一、基本经济环境框架简述

为方便下文计算与阐述，这里列出精简后的经济一阶条件如下：

$$\Lambda_{t,\,t+1} = \beta\, \mathbb{E}_t\left(\frac{C_t^{\sigma}}{C_{t+1}^{\sigma}}\right) \tag{4-1}$$

$$\mathbb{E}_t\,\Lambda_{t,\,t+1}R_t = 1 = \mathbb{E}_t\,\Lambda_{t,\,t+1}R_{g,\,t} \tag{4-2}$$

$$W_t = L_t^{s}C_t^{\sigma} \tag{4-3}$$

$$W_t = (1-\alpha)\,\frac{Y_t(i)}{L_t(i)} \tag{4-4}$$

$$R_{K,\,t} = \alpha\,\frac{Y_t(i)}{\psi_t K_t(i)} + (1-\delta) \tag{4-5}$$

$$K_{t+1} = (1-\delta)\psi_t K_t + I_t \tag{4-6}$$

$$k_{t+1} = n_t + d_t \tag{4-7}$$

$$n_{t+1} = R_{K,\,t+1}k_{t+1} - R_t d_t = (R_{K,\,t+1} - R_t)k_{t+1} + R_t n_t \tag{4-8}$$

$$\frac{k_{t+1}}{n_t} = \varpi_t = \frac{\mu_{N,\,t}}{\Theta - \mu_{K,\,t}} \tag{4-9}$$

由上述一阶条件，下面可以得到其对数线性化形式。为此，这里使用小写符号表示对应变量，而使用"~"表示其对数偏离。因此，结合式（4-1）—（4-2），欧拉方程的线性对数化方程为：

$$\tilde{r}_t = \mathbb{E}_t\sigma\,\tilde{c}_{t+1}\sigma\,\tilde{c}_t \tag{4-10}$$

其次，由厂商一阶条件(劳动需求与家庭劳动供给，以及资本需求)可得到厂商部门的一阶对数线性化条件如下：

$$\widetilde{w}_t = s\, \tilde{l}_t + \sigma\, \tilde{c}_t \tag{4-11}$$

$$\widetilde{w}_t = \tilde{y}_t - \tilde{l}_t \tag{4-12}$$

$$\tilde{r}_{K,t} R_K = \alpha \frac{\delta}{1-\phi}(\tilde{y}_t - \tilde{k}_t - \widetilde{\psi}_t) \tag{4-13}$$

特别地，文中此处使用变量 ϕ 表示消费与产出的比例，即 C/Y；并由资本积累方程可知：

$$K = (1-\delta)K + I \Rightarrow K = \frac{I}{\delta} \Rightarrow \frac{Y}{K} = \frac{\delta Y}{I} = \frac{\delta}{\dfrac{Y-C}{Y}} = \frac{\delta}{1-\phi} \tag{4-14}$$

此外，厂商生产函数、市场出清条件对数线性化后分别如下：

$$\tilde{y}_t = \alpha\, \widetilde{\psi}_t + \alpha\, \tilde{k}_t + (1-\alpha)\, \tilde{l}_t \tag{4-15}$$

$$\tilde{y}_t = \phi\, \tilde{c}_t + (1-\phi)\, \tilde{i}_t \tag{4-16}$$

$$\tilde{k}_{t+1} = (1-\delta)\, \tilde{k}_t + (1-\delta)\, \widetilde{\psi}_t + \delta\, \tilde{i}_t \tag{4-17}$$

以上条件分别为福利损失函数推导的核心条件。由上述条件不难看出，与福利损失推导相关的参数主要包括 σ，ϕ，s，α，β，δ，R_K，同时由于资本与产出的比例、利差两者状态随金融摩擦变化而改变，这便说明经济体在动态过程中存在夹杂部分稳态变动。为说明这一点，由前述的中长期稳定政策设计可知，由于利差扭曲的存在，银行将有两类"杠杆——利差"决策，其一为理性决策，而另一类非理性且不可持续；并且利差扭曲的福利稳态损失为：

$$\Phi = \delta \cdot \frac{\alpha \Delta R}{[R + \Delta R - (1-\delta)][R - (1-\delta)]} \tag{4-18}$$

上述损失与利差成正比，说明产出与消费的楔子缺口减小，而产出与投资的缺口扩大，意指利差扭曲的动态过程可导致社会投资减少，这便在参数变化上使损失函数测度产生偏差。因此，为考虑上述两者在动态波动中的作用，下文将依据 Benigno & Woodford(2004)的理念，对经济体效用福利进行二次近似，并在扭曲稳态进行展开，展开路径与前述章节的资产状态冲击一致。

二、损失函数推导

由于消费与劳动二者可加总分离，故这里可分别对消费与劳动进行二次近似。下面先对消费进行基本近似，则效用函数中消费项近似结果为：

$$\frac{C_t^{1-\sigma}}{1-\sigma} = \frac{1}{1-\sigma}C^{1-\sigma} + C^{1-\sigma}(\tilde{c}_t + \frac{1}{2}\tilde{c}_t^2) - \frac{1}{2}(\sigma C^{1-\sigma}\tilde{c}_t^2) + \mathfrak{O}(\parallel\xi\parallel^3)$$

$$(4\text{-}19)$$

其中，消费二次近似的对数偏离定义为 $\frac{C_t - C}{C} = \tilde{c}_t + \frac{1}{2}\tilde{c}_t^2$。则为消除上式中分项 $\tilde{c}_t + \frac{1}{2}\tilde{c}_t^2$，可进一步对市场出清条件与资本积累方程进行二次近似，具体而言，近似结果如下：

$$\tilde{y}_t + \frac{1}{2}\tilde{y}_t^2 = \phi(\tilde{c}_t + \frac{1}{2}\tilde{c}_t^2) + (1-\phi)(\tilde{i}_t + \frac{1}{2}\tilde{i}_t^2)$$
$$+ \Phi(\tilde{c}_t + \frac{1}{2}\tilde{c}_t^2 - \tilde{i}_t - \frac{1}{2}\tilde{i}_t^2) + \mathfrak{O}(\parallel\xi\parallel^3)$$

$$\tilde{k}_{t+1} + \frac{1}{2}\tilde{k}_{t+1}^2 = (1-\delta)(\tilde{k}_t + \frac{1}{2}\tilde{k}_t^2) + (1-\delta)(\tilde{\psi}_t + \frac{1}{2}\tilde{\psi}_t^2)$$
$$+ \delta(\tilde{i}_t + \frac{1}{2}\tilde{i}_t^2) + \mathfrak{O}(\parallel\xi\parallel^3)$$

上式中 $\phi_F = \phi + \Phi$。合并以上方程，得到：

$$\tilde{c}_t + \frac{1}{2}\tilde{c}_t^2 = \frac{1}{\phi}(\tilde{y}_t + \frac{1}{2}\tilde{y}_t^2) - \frac{1-\phi}{\phi}\cdot\frac{1}{\delta}(\tilde{k}_{t+1} + \frac{1}{2}\tilde{k}_{t+1}^2) + \frac{1-\phi}{\phi}\cdot\frac{1-\delta}{\delta}(\tilde{k}_t + \frac{1}{2}\tilde{k}_t^2) + \frac{1-\phi}{\phi}\cdot\frac{1-\delta}{\delta}(\tilde{\psi}_t + \frac{1}{2}\tilde{\psi}_t^2)$$

$$-\frac{\Phi}{\phi}\begin{bmatrix} \frac{1}{\phi_F}\tilde{y}_t - \frac{1}{\phi_F}\cdot\frac{1}{\delta}\tilde{k}_{t+1} + \frac{1}{\phi_F}\cdot\frac{1-\delta}{\delta}\tilde{k}_t + \frac{1}{\phi_F}\cdot\frac{1-\delta}{\delta}\tilde{\psi}_t + \frac{1}{2}\cdot\frac{1}{\phi_F^2}\tilde{y}_t^2 + \frac{1}{2}\cdot\frac{1-2\phi_F}{\phi_F^2}\cdot\frac{1-\delta}{\delta^2}\tilde{k}_{t+1}^2 \\ + \frac{1}{2}\cdot\frac{1-2\phi_F}{\phi_F^2}\cdot\frac{(1-\delta)^2}{\delta^2}\tilde{k}_t^2 + \frac{1}{2}\cdot\frac{1-2\phi_F}{\phi_F^2}\cdot\frac{(1-\delta)^2}{\delta^2}\tilde{\psi}_t^2 - \frac{1-\phi_F}{\phi_F^2}\cdot\frac{1}{\delta}\tilde{y}_t\tilde{k}_{t+1} + \frac{1-\phi_F}{\phi_F^2}\cdot\frac{1-\delta}{\delta}\tilde{k}_t\tilde{y}_t \\ -\frac{1-2\phi_F}{\phi_F^2}\cdot\frac{1-\delta}{\delta^2}\tilde{k}_t\tilde{k}_{t+1} + \frac{1-\phi_F}{\phi_F^2}\cdot\frac{1-\delta}{\delta}\tilde{\psi}_t\tilde{y}_t - \frac{1-2\phi_F}{\phi_F^2}\cdot\frac{1-\delta}{\delta^2}\tilde{\psi}_t\tilde{k}_{t+1} + \frac{1-2\phi_F}{\phi_F^2}\cdot\frac{(1-\delta)^2}{\delta^2}\tilde{\psi}_t\tilde{k}_t \end{bmatrix} + \mathfrak{O}(\parallel\xi\parallel^3)$$

为代换消费项中的 $\tilde{c}_t^2$，将上述方程平方后得到：

$$\tilde{c}_t^2 = \begin{bmatrix} \dfrac{\Phi^2}{\phi^2} \cdot \dfrac{1}{\phi_F^2} \tilde{y}_t^2 - 2 \cdot \dfrac{\Phi}{\phi^2} \cdot \dfrac{1}{\phi_F} \tilde{y}_t^2 + \dfrac{\Phi^2}{\phi^2} \cdot \dfrac{1}{\phi_F^2} \cdot \dfrac{1}{\delta^2} \tilde{k}_{t+1}^2 - 2 \cdot \dfrac{\Phi}{\phi^2} \cdot \dfrac{1}{\phi_F} \cdot \dfrac{(1-\phi)}{\delta^2} \tilde{k}_{t+1}^2 + \dfrac{\Phi^2}{\phi^2} \cdot \dfrac{1}{\phi_F^2} \cdot \dfrac{(1-\delta)^2}{\delta^2} \tilde{k}_t^2 \\[2mm] -2 \cdot \dfrac{\Phi}{\phi^2} \cdot \dfrac{1}{\phi_F} \cdot \dfrac{(1-\phi)(1-\delta)^2}{\delta^2} \tilde{k}_t^2 + \dfrac{\Phi^2}{\phi^2} \cdot \dfrac{1}{\phi_F^2} \cdot \dfrac{(1-\delta)^2}{\delta^2} \tilde{\psi}_t^2 - 2 \cdot \dfrac{\Phi}{\phi^2} \cdot \dfrac{1}{\phi_F} \cdot \dfrac{(1-\phi)(1-\delta)^2}{\delta^2} \tilde{\psi}_t^2 \\[2mm] + 2 \cdot \dfrac{\Phi}{\phi_F} \cdot \dfrac{1}{\phi} \cdot \dfrac{1}{\delta}\left(\dfrac{1-\phi}{\phi} + \dfrac{1}{\phi} - \dfrac{\Phi}{\phi\phi_F}\right)\tilde{y}_t\tilde{k}_{t+1} - 2 \cdot \dfrac{\Phi}{\phi_F} \cdot \dfrac{1}{\phi} \cdot \dfrac{1-\delta}{\delta}\left(\dfrac{1-\phi}{\phi} + \dfrac{1}{\phi} - \dfrac{\Phi}{\phi\phi_F}\right)\tilde{y}_t\tilde{k}_t \\[2mm] + 2 \cdot \dfrac{\Phi}{\phi_F} \cdot \dfrac{1}{\phi} \cdot \dfrac{1-\delta}{\delta^2}\left(\dfrac{1-\phi}{\phi} + \dfrac{1-\phi}{\phi} - \dfrac{\Phi}{\phi\phi_F}\right)\tilde{k}_t\tilde{k}_{t+1} - 2 \cdot \dfrac{\Phi}{\phi_F} \cdot \dfrac{1}{\phi} \cdot \dfrac{1-\delta}{\delta}\left(\dfrac{1-\phi}{\phi} + \dfrac{1}{\phi} - \dfrac{\Phi}{\phi\phi_F}\right)\tilde{y}_t\tilde{\psi}_t \\[2mm] + 2 \cdot \dfrac{\Phi}{\phi_F} \cdot \dfrac{1}{\phi} \cdot \dfrac{1-\delta}{\delta^2}\left(\dfrac{1-\phi}{\phi} + \dfrac{1-\phi}{\phi} - \dfrac{\Phi}{\phi\phi_F}\right)\tilde{\psi}_t\tilde{k}_{t+1} - 2 \cdot \dfrac{\Phi}{\phi_F} \cdot \dfrac{1}{\phi} \cdot \dfrac{(1-\delta)^2}{\delta^2}\left(\dfrac{1-\phi}{\phi} + \dfrac{1-\phi}{\phi} - \dfrac{\Phi}{\phi\phi_F}\right)\tilde{k}_t\tilde{\psi}_t \\[2mm] + 2 \cdot \dfrac{\Phi}{\phi_F} \cdot \left(\dfrac{1-\phi}{\phi}\right)^2 \cdot \dfrac{1-\delta}{\delta^2}\tilde{k}_t\tilde{k}_{t+1} - 2 \cdot \dfrac{\Phi}{\phi_F} \cdot \left(\dfrac{1-\phi}{\phi}\right)^2 \cdot \dfrac{1-\delta}{\delta^2}\tilde{k}_t\tilde{k}_{t+1} \end{bmatrix}$$

$$+ \begin{bmatrix} \dfrac{1}{\phi^2}\tilde{y}_t^2 + \left(\dfrac{1-\phi}{\phi} \cdot \dfrac{1}{\delta}\right)^2\tilde{k}_{t+1}^2 + \left(\dfrac{1-\phi}{\phi} \cdot \dfrac{1-\delta}{\delta}\right)^2\tilde{k}_t^2 + \left(\dfrac{1-\phi}{\phi} \cdot \dfrac{1-\delta}{\delta}\right)^2\tilde{\psi}_t^2 \\[2mm] -2 \cdot \dfrac{1}{\phi} \cdot \dfrac{1-\phi}{\phi} \cdot \dfrac{1}{\delta}\tilde{y}_t\tilde{k}_{t+1} + 2 \cdot \dfrac{1}{\phi} \cdot \dfrac{1-\phi}{\phi} \cdot \dfrac{1-\delta}{\delta}\tilde{y}_t\tilde{k}_t - 2 \cdot \left(\dfrac{1-\phi}{\phi}\right)^2 \cdot \dfrac{1}{\delta} \cdot \dfrac{1-\delta}{\delta}\tilde{k}_{t+1}\tilde{k}_t \\[2mm] + 2 \cdot \dfrac{1}{\phi} \cdot \dfrac{1-\phi}{\phi} \cdot \dfrac{1-\delta}{\delta}\tilde{y}_t\tilde{\psi}_t - 2 \cdot \left(\dfrac{1-\phi}{\phi}\right)^2 \cdot \dfrac{1}{\delta} \cdot \dfrac{1-\delta}{\delta}\tilde{k}_{t+1}\tilde{\psi}_t + 2 \cdot \left(\dfrac{1-\phi}{\phi}\right)^2 \cdot \dfrac{(1-\delta)^2}{\delta^2}\tilde{k}_t\tilde{\psi}_t \end{bmatrix} + \text{t.i.p} + \mathfrak{O}(\|\xi\|^3)$$

根据上述结果，将 $\tilde{c}_t + \dfrac{1}{2}\tilde{c}_t^2$ 与 $\tilde{c}_t^2$ 代入式（4-19），进而得到消费项的完整二次近似形式如下：

$$\dfrac{1}{1-\sigma}C_t^{1-\sigma}$$

$$= \dfrac{1}{1-\sigma}\bar{C}^{1-\sigma} + \dfrac{\bar{C}^{1-\sigma}}{\phi}\tilde{y}_t^2 - \bar{C}^{1-\sigma}\dfrac{1-\phi}{\phi\delta}\tilde{k}_{t+1} + \bar{C}^{1-\sigma}\dfrac{(1-\phi)(1-\delta)}{\phi\delta}\tilde{k}_t - \bar{C}^{1-\sigma}\dfrac{\Phi}{\phi F}\left(\dfrac{1}{\phi}\tilde{y}_t - \dfrac{1}{\phi\delta}\tilde{k}_{t+1} + \dfrac{1-\delta}{\phi\delta}\tilde{k}_t\right)$$

$$+ \dfrac{1}{2}\begin{bmatrix} \dfrac{\bar{C}^{1-\sigma}}{\phi}\left(1 - \dfrac{\sigma}{\phi}\right)\tilde{y}_t^2 \\[2mm] -\dfrac{\bar{C}^{1-\sigma}(1-\phi)}{\phi\delta}\left(1 + \dfrac{\sigma(1-\phi)}{\phi\delta}\right)\tilde{k}_{t+1}^2 \\[2mm] + \dfrac{\bar{C}^{1-\sigma}(1-\phi)(1-\delta)}{\phi\delta}\left(1 - \dfrac{\sigma(1-\phi)(1-\delta)}{\phi\delta}\right)\tilde{k}_t^2 \end{bmatrix} + \dfrac{\sigma\bar{C}^{1-\sigma}(1-\phi)}{\phi\delta}\begin{bmatrix} \dfrac{1}{\phi}\tilde{y}_t\tilde{k}_{t+1} - \dfrac{(1-\sigma)^2(1-\phi)}{\phi\delta}\tilde{k}_{t+1}\tilde{\psi}_t \\[2mm] -\dfrac{(1-\delta)}{\phi}\tilde{y}_t\tilde{k}_t + \dfrac{(1-\delta)(1-\phi)}{\phi\delta}\tilde{k}_{t+1}\tilde{\psi}_t \\[2mm] + \dfrac{(1-\delta)(1-\phi)}{\phi\delta}\tilde{k}_{t+1}\tilde{k}_t - \dfrac{(1-\sigma)}{\phi}\tilde{y}_t\tilde{\psi}_t \end{bmatrix}$$

$$
\begin{aligned}
&-\overline{C}^{1-\sigma}\frac{\Phi}{\phi F}
\begin{bmatrix}
-\dfrac{1}{\phi}\cdot\dfrac{1-\phi F}{\phi F}\cdot\dfrac{1}{\delta}\tilde{y}_t\tilde{k}_{t+1}\\[2mm]
+\dfrac{1}{\phi}\cdot\dfrac{1-\phi F}{\phi F}\cdot\dfrac{1-\delta}{\delta}\tilde{k}_t\tilde{y}_t\\[2mm]
-\dfrac{1}{\phi}\cdot\dfrac{1-2\phi F}{\phi F}\cdot\dfrac{1-\delta}{\delta^2}\tilde{k}_t\tilde{k}_{t+1}\\[2mm]
+\dfrac{1}{\phi}\cdot\dfrac{1-\phi F}{\phi F}\cdot\dfrac{1-\delta}{\delta}\tilde{\psi}_t\tilde{y}_t\\[2mm]
-\dfrac{1}{\phi}\cdot\dfrac{1-2\phi F}{\phi F}\cdot\dfrac{1-\delta}{\delta^2}\tilde{\psi}_t\tilde{k}_{t+1}\\[2mm]
+\dfrac{1}{\phi}\cdot\dfrac{1-2\phi F}{\phi F}\cdot\dfrac{(1-\delta)^2}{\delta^2}\tilde{\psi}_t\tilde{k}_t
\end{bmatrix}
-\frac{\Phi}{\phi F}\cdot\frac{\sigma\overline{C}^{1-\sigma}(1-\phi)}{\phi\delta}
\begin{bmatrix}
\dfrac{1}{\phi}\tilde{y}_t\tilde{k}_{t+1}\\[2mm]
-\dfrac{(1-\delta)}{\phi}\tilde{y}_t\tilde{k}_t\\[2mm]
+\dfrac{(1-\delta)(1-\phi)}{\phi\delta}\tilde{k}_{t+1}\tilde{k}_t\\[2mm]
-\dfrac{(1-\delta)}{\phi}\tilde{y}_t\tilde{\psi}_t\\[2mm]
+\dfrac{(1-\delta)(1-\phi)}{\phi\delta}\tilde{k}_{t+1}\tilde{\psi}_t\\[2mm]
-\dfrac{(1-\delta)^2(1-\phi)}{\phi\delta}\tilde{k}_t\tilde{\psi}_t
\end{bmatrix}
\end{aligned}
$$

$$
-\frac{\overline{C}^{1-\sigma}}{2}\cdot\frac{\Phi}{\phi F}
\begin{bmatrix}
\left[\dfrac{1}{\phi}\left(1-\dfrac{\sigma}{\phi}\right)-\dfrac{1-\sigma-\phi F}{\phi\phi F}\right]\tilde{y}_t^2\\[3mm]
-\left[\dfrac{(1-\phi)}{\phi\delta}\left(1+\dfrac{\sigma(1-\phi)}{\phi\delta}\right)+\dfrac{\sigma+2\phi F-1}{\phi\phi F}\cdot\dfrac{1}{\delta^2}-\dfrac{1-\phi}{\phi\delta}-\dfrac{\sigma}{\delta^2}\right]\tilde{k}_{t+1}^2\\[3mm]
\left[\dfrac{(1-\phi)(1-\delta)}{\phi\delta}\left(1-\dfrac{(1-\phi)(1-\delta)}{\phi\delta}\right)-\dfrac{\sigma+2\phi F-1}{\phi\phi F}\cdot\dfrac{(1-\delta)^2}{\delta^2}-\dfrac{(1-\phi)(1-\delta)}{\phi\delta}+\dfrac{\sigma(1-\delta)^2}{\delta^2}\right]\tilde{k}_t^2
\end{bmatrix}
$$

$$
-\sigma\overline{C}^{1-\sigma}\frac{\Phi}{\phi F}
\begin{bmatrix}
+\dfrac{1}{\phi}\cdot\dfrac{1}{\delta}\left(\dfrac{1}{\phi}-\dfrac{\Phi}{\phi\phi F}\right)\tilde{y}_t\tilde{k}_{t+1}-\dfrac{1}{\phi}\cdot\dfrac{1-\delta}{\delta}\left(\dfrac{1}{\phi}-\dfrac{\Phi}{\phi\phi F}\right)\tilde{y}_t\tilde{k}_t\\[3mm]
+\dfrac{1}{\phi}\cdot\dfrac{1-\delta}{\delta^2}\left(\dfrac{2(1-\phi)}{\phi}-\dfrac{\Phi}{\phi\phi F}\right)\tilde{k}_t\tilde{k}_{t+1}-\left(\dfrac{1-\phi}{\phi}\right)^2\cdot\dfrac{1-\delta}{\delta^2}\tilde{k}_t\tilde{k}_{t+1}\\[3mm]
-\dfrac{1}{\phi}\cdot\dfrac{1-\delta}{\delta}\left(\dfrac{1}{\phi}-\dfrac{\Phi}{\phi\phi F}\right)\tilde{y}_t\tilde{\psi}_t-\dfrac{1}{\phi}\cdot\dfrac{1-\delta}{\delta^2}\left(\dfrac{2(1-\phi)}{\phi}-\dfrac{\Phi}{\phi\phi F}\right)\tilde{\psi}_t\tilde{k}_{t+1}\\[3mm]
-\left(\dfrac{1-\phi}{\phi}\right)^2\cdot\dfrac{1-\delta}{\delta^2}\tilde{\psi}_t\tilde{k}_{t+1}+\left(\dfrac{1-\phi}{\phi}\right)^2\cdot\dfrac{(1-\delta)^2}{\delta^2}\tilde{\psi}_t\tilde{k}_t\\[3mm]
-\dfrac{1}{\phi}\cdot\dfrac{(1-\delta)^2}{\delta^2}\left(\dfrac{2(1-\phi)}{\phi}-\dfrac{\Phi}{\phi\phi F}\right)\tilde{\psi}_t\tilde{k}_t
\end{bmatrix}
+\text{t.i.p}+\mathfrak{O}(\|\xi\|^3)
$$

$$
\tag{4-20}
$$

　　上式中"t. i. p"表示政策独立项，意指与波动无关的变量或常数等。从式（4-20）不难看出消费的扭曲稳态二次渐近包含了两方面因素：其一是在扭曲稳态上的对数偏离，其二则是金融摩擦造成的非效率出清结果。同时，前者给出了损失函数的潜在缺口定义，而后者利于最优政策的制定。

同样，劳动的二次渐近结果如下：

$$\frac{1}{1+s}L_t^{1+s} = \frac{1}{1+s}\bar{L}^{1+s} + \bar{L}^{1+s}\left(\tilde{l}_t + \frac{1}{2}\tilde{l}_t^2\right) + \frac{1}{2}(s\bar{L}^{1+s}\tilde{l}_t^2) \tag{4-21}$$

与消费项类似，为将 $\tilde{l}_t$ 转化为 $\tilde{y}_t$、$\tilde{k}_t$ 的函数，可将厂商的生产函数进行一次近似，具体结果为：

$$Y_t(i) = \bar{A}_t(\psi_t K_t(i))^\alpha L_t(i)^{1-\alpha}$$

$$\Rightarrow \tilde{l}_t(i) = \frac{1}{1-\alpha}\tilde{y}_t(i) - \frac{\alpha}{1-\alpha}\tilde{k}_t(i) - \frac{\alpha}{1-\alpha}\tilde{\psi}_t + \mathfrak{O}(\parallel\xi\parallel^2)$$

但由于 $\tilde{y}_t(i)$、$\tilde{k}_t(i)$、$\tilde{l}_t(i)$ 并非加总变动，故这里需要利用加总的近似展开。具体为：

$$X_t = (\int_0^1 X_t(i)^\gamma di)^{\frac{1}{\gamma}} \Rightarrow \tilde{X}_t = \mathbb{E}_i\tilde{X}_t(i) + \gamma\frac{1}{2}\mathrm{Var}_i\tilde{X}_t(i) + \mathfrak{O}(\parallel\xi\parallel^3)$$

则由个体劳动的项内差异（Cross-sectional difference）知 $\tilde{l}_t(i)$ 的二次近似可表述为：

$$\tilde{l}_t = \mathbb{E}_i\tilde{l}_t(i) + \frac{1}{2}\mathrm{Var}_i\tilde{l}_t(i) + \mathfrak{O}(\parallel\xi\parallel^3) \tag{4-22}$$

其中，个体劳动项内差异的均值与方程分别为：

$$\mathbb{E}_i\tilde{l}_t(i) = \frac{1}{1-\alpha}\mathbb{E}_i\tilde{y}_t(i) - \frac{\alpha}{1-\alpha}\mathbb{E}_i\tilde{k}_t(i) - \frac{\alpha}{1-\alpha}\tilde{\psi}_t$$

$$\mathrm{Var}_i\tilde{l}_t(i) = \frac{1}{(1-\alpha)^2}\mathrm{Var}_i\tilde{y}_t(i) + \frac{\alpha^2}{(1-\alpha)^2}\mathrm{Var}_i\tilde{k}_t(i)$$

$$- 2\cdot\frac{\alpha}{(1-\alpha)^2}\mathrm{Cov}_i(\tilde{y}_t(i), \tilde{k}_t(i))$$

与此类似，给定模型环境中的产出加总与资本加总，即 $Y_t = (\int_0^1 Y_t(i)^{\frac{\varepsilon-1}{\varepsilon}}di)^{\frac{\varepsilon}{\varepsilon-1}}$ 与 $K_t = \int_0^1 K_t(i)di$，则产出与资本的项内差异可表述为：

$$\mathbb{E}_i\tilde{y}_t(i) = \tilde{y}_t - \frac{1}{2}\cdot\frac{\varepsilon}{\varepsilon-1}\mathrm{Var}_i\tilde{y}_t(i)$$

$$\mathbb{E}_t\tilde{k}_t(i) = \tilde{k}_t - \frac{1}{2}\mathrm{Var}_i\tilde{k}_t(i)$$

将最后四列方程代入式（4-22）中可得到：

$$\tilde{l}_t = \frac{1}{1-\alpha}\widetilde{y}_t - \frac{\alpha}{1-\alpha}\widetilde{k}_t - \frac{\alpha}{1-\alpha}\widetilde{\psi}_t + \frac{1}{2}\cdot\frac{1}{1-\alpha}\left(\frac{1}{1-\alpha}-\frac{\varepsilon}{\varepsilon-1}\right)\mathrm{Var}_i\widetilde{y}_t(i)$$

$$+ \frac{1}{2}\cdot\frac{\alpha}{1-\alpha}\left(1+\frac{\alpha}{1-\alpha}\right)\mathrm{Var}_i\widetilde{k}_t(i)$$

$$- \frac{\alpha}{(1-\alpha)^2}\mathrm{Cov}_i(\widetilde{y}_t(i),\widetilde{k}_t(i)) + \mathfrak{O}(\parallel\xi\parallel^3)$$

同时将上述方程平方后得到表达式 $\tilde{l}_t^2$ 如下:

$$\tilde{l}_t^2 = \frac{1}{(1-\alpha)^2}\widetilde{y}_t^2 + \frac{\alpha^2}{(1-\alpha)^2}\widetilde{k}_t^2 + \frac{2\alpha^2}{(1-\alpha)^2}\widetilde{k}_t\widetilde{\psi}_t$$

$$- \frac{2\alpha}{(1-\alpha)^2}\widetilde{y}_t\widetilde{k}_t - \frac{2\alpha}{(1-\alpha)^2}\widetilde{y}_t\widetilde{\psi}_t + \mathfrak{O}(\parallel\xi\parallel^3)$$

由此,将 $\tilde{l}_t$, $\tilde{l}_t^2$ 的表达式分别代入式(4-21)后得到:

$$\frac{1}{1+s}L_t^{1+s} = \frac{1}{1+s}\overline{L}^{1+s} + \overline{L}^{1+s}\frac{1}{1-\alpha}\widetilde{y}_t - \overline{L}^{1+s}\frac{\alpha}{1-\alpha}\widetilde{k}_t - \overline{L}^{1+s}\frac{\alpha}{1-\alpha}\widetilde{\psi}_t + \frac{1}{2}\overline{L}^{1+s}\frac{1+s}{(1-\alpha)^2}\widetilde{y}_t^2 +$$

$$\frac{1}{2}\alpha^2\overline{L}^{1+s}\frac{1+s}{(1-\alpha)^2}\widetilde{k}_t^2 + \frac{1}{2}\alpha^2\overline{L}^{1+s}\cdot\frac{1+s}{(1-\alpha)^2}\widetilde{\psi}_t^2 - \overline{L}^{1+s}\frac{\alpha(1+s)}{(1-\alpha)^2}\widetilde{y}_t\widetilde{k}_t - \overline{L}^{1+s}$$

$$\frac{\alpha(1+s)}{(1-\alpha)^2}\widetilde{y}_t\widetilde{\psi}_t + \overline{L}^{1+s}\frac{\alpha^2(1+s)}{(1-\alpha)^2}\widetilde{k}_t\widetilde{\psi}_t + \frac{1}{2}\overline{L}^{1+s}\frac{1}{1-\alpha}\left(\frac{1}{1-\alpha}-\frac{\varepsilon}{\varepsilon-1}\right)\mathrm{Var}_i\widetilde{y}_t(i) + \frac{1}{2}\overline{L}^{1+s}$$

$$\frac{\alpha}{1-\alpha}\left(1+\frac{\alpha}{1-\alpha}\right)\mathrm{Var}_i\widetilde{k}_t(i) - \overline{L}^{1+s}\frac{\alpha}{(1-\alpha)^2}\mathrm{Cov}_i(\widetilde{y}_t(i),\widetilde{k}_t(i)) + \mathrm{t.i.p} +$$

$$\mathfrak{O}(\parallel\xi\parallel^3) \tag{4-23}$$

值得注意的是,由 Gertler & Karadi(2011)的模型设置可知,因为所有中间商对称且不存在定价黏性,那么所有项内差异都可以视为0,因此其方差与期望也随之变为0。则根据上述逻辑,下述三式成立:

$$Y_t = \left(\int_0^1 Y_t(i)^{\frac{\varepsilon-1}{\varepsilon}}\mathrm{d}i\right)^{\frac{\varepsilon}{\varepsilon-1}} = Y_t(i),\ K_t = \int_0^1 K_t(i)\mathrm{d}i = K_t(i),$$

$$L_t = \int_0^1 L_t(i)\mathrm{d}i = L_t(i)$$

故进一步有:

$$(1-\alpha)\frac{Y}{L} = W = L^s C^\sigma \Rightarrow (1-\alpha) - \frac{\Phi}{\phi_F}(1-\alpha) = L^{1+s}\frac{\phi}{C^{1-\sigma}}$$

为得到每一期限内的效用函数的二次近似形式,这里将式(4-20)与(4-23)进行合并,并将常系数项 $C^{1-\sigma}/\phi$ 移至等式左侧,便于下文分析。同时,上述分析所得的损失函数可区分为一阶项目（First order term），二阶项（Second order term，包括产出与资本的交叉项），冲击与模型变量的交叉项（Cross product term）。具体而言，经济的损失函数大体如下：

$$\left(\frac{C_t^{1-\sigma}}{1-\sigma} - \frac{L_t^{1+s}}{1+s}\right)\frac{\phi}{\overline{C}^{1-\sigma}} = \underbrace{\frac{(1-\phi)}{\delta}\tilde{k}_{t+1} + \left[\frac{(1-\phi)(1-\delta)}{\delta} + \alpha\right]\tilde{k}_t}_{(\text{i})}$$

$$+ \underbrace{\frac{\Phi}{\phi_F}\cdot\frac{1}{\delta}\tilde{k}_{t+1} - \frac{\Phi}{\phi_F}\left(\frac{1-\delta}{\delta} + \alpha\right)\tilde{k}_t}_{(\text{ii})}$$

$$+ \frac{1}{2}\left\{\begin{array}{c} -\left(\dfrac{\sigma}{\phi} + \dfrac{s+\alpha}{1-\alpha}\right)\tilde{y}_t^2 \\[2mm] -\dfrac{1-\phi}{\delta}\left(1 + \dfrac{\sigma(1-\phi)}{\phi\delta}\right)\tilde{k}_{t+1}^2 \\[2mm] +\left[\dfrac{(1-\phi)(1-\delta)}{\delta}\left(1 - \dfrac{\sigma(1-\phi)(1-\delta)}{\phi\delta}\right) - \alpha^2\dfrac{1+s}{1-\alpha}\right]\tilde{k}_t^2 \end{array}\right\}$$

$$- \frac{1}{2}\cdot\frac{\Phi}{\phi_F}\left\{\begin{array}{c} -\left(\dfrac{\sigma}{\phi} + \dfrac{s+\alpha}{1-\alpha}\right)\tilde{y}_t^2 - \dfrac{1-\sigma-\phi_F}{\phi_F}\tilde{y}_t^2 \\[2mm] -\dfrac{1-\phi}{\delta}\left(1 + \dfrac{\sigma(1-\phi)}{\phi\delta}\right)\tilde{k}_{t+1}^2 - \left(\dfrac{\sigma+2\phi_F-1}{\phi_F}\cdot\dfrac{1}{\delta^2} - \dfrac{1-\phi}{\delta} - \dfrac{\sigma\phi}{\delta^2}\right)\tilde{k}_{t+1}^2 \\[2mm] +\left[\dfrac{(1-\phi)(1-\delta)}{\delta}\left(1 - \dfrac{\sigma(1-\phi)(1-\delta)}{\phi\delta}\right) - \alpha^2\dfrac{1+s}{1-\alpha}\right]\tilde{k}_t^2 \\[2mm] -\left[\dfrac{\sigma+2\phi_F-1}{\phi_F}\cdot\dfrac{(1-\delta)^2}{\delta^2} + \dfrac{(1-\phi)(1-\delta)}{\delta} - \dfrac{\sigma\phi(1-\delta)^2}{\delta^2}\right]\tilde{k}_t^2 \end{array}\right\}$$

$$+ \left\{\begin{array}{c} \dfrac{\sigma(1-\phi)}{\phi\delta}\tilde{y}_t\tilde{k}_{t+1} \\[2mm] -\left[\dfrac{\sigma(1-\phi)(1-\delta)}{\phi\delta} - \dfrac{\alpha(1+s)}{1-\alpha}\right]\tilde{y}_t\tilde{k}_t \\[2mm] \dfrac{\sigma(1-\phi)^2(1-\delta)}{\phi\delta^2}\tilde{k}_{t+1}\tilde{k}_t \end{array}\right\} - \frac{\Phi}{\phi_F}\left[\begin{array}{c} -\dfrac{1-\phi_F}{\phi_F}\cdot\dfrac{1}{\delta}\tilde{y}_t\tilde{k}_{t+1} \\[2mm] +\dfrac{1-\phi_F}{\phi_F}\cdot\dfrac{1-\delta}{\delta}\tilde{k}_t\tilde{y}_t \\[2mm] -\dfrac{1-2\phi_F}{\phi_F}\cdot\dfrac{1-\delta}{\delta^2}\tilde{k}_t\tilde{k}_{t+1} \end{array}\right]$$

$$- \frac{\Phi}{\phi_F}\left\{\begin{array}{c} \dfrac{\sigma(1-\phi)}{\phi\delta}\tilde{y}_t\tilde{k}_{t+1} \\[2mm] -\left[\dfrac{\sigma(1-\phi)(1-\delta)}{\phi\delta} - \dfrac{\alpha(1+s)}{1-\alpha}\right]\tilde{y}_t\tilde{k}_t \\[2mm] \dfrac{\sigma(1-\phi)^2(1-\delta)}{\phi\delta^2}\tilde{k}_{t+1}\tilde{k}_t \end{array}\right\} - \sigma\frac{\Phi}{\phi_F}\left\{\begin{array}{c} \dfrac{1}{\delta}\left(\dfrac{1}{\phi} - \dfrac{\Phi}{\phi\phi_F}\right)\tilde{y}_t\tilde{k}_{t+1} \\[2mm] -\dfrac{1-\delta}{\delta}\left(\dfrac{1}{\phi} - \dfrac{\Phi}{\phi\phi_F}\right)\tilde{y}_t\tilde{k}_t \\[2mm] \dfrac{1-\delta}{\delta^2}\left[\dfrac{2(1-\phi)}{\phi} - \dfrac{\Phi}{\phi\phi_F}\right]\tilde{k}_t\tilde{k}_{t+1} \\[2mm] -\dfrac{(1-\phi)^2}{\phi}\cdot\dfrac{1-\delta}{\delta^2}\tilde{k}_t\tilde{k}_{t+1} \end{array}\right\}$$

$$+ \frac{\alpha(1+s)}{1-\alpha}\tilde{y}_t\tilde{\psi}_t - \frac{\alpha^2(1+s)}{1-\alpha}\tilde{k}_t\tilde{\psi}_t - \frac{\Phi}{\phi_F}\cdot\frac{\alpha(1+s)}{1-\alpha}\tilde{y}_t\tilde{\psi}_t + \frac{\Phi}{\phi_F}\cdot\frac{\alpha^2(1+s)}{1-\alpha}\tilde{k}_t\tilde{\psi}_t$$

$$-\frac{\Phi}{\phi_F}\begin{bmatrix} -\frac{\sigma(1-\delta)}{\delta}\left(\frac{1}{\phi}-\frac{\Phi}{\phi\phi_F}\right)\tilde{y}_t\tilde{\psi}_t \\[2mm] +\frac{\sigma(1-\delta)}{\delta^2}\left(\frac{2(1-\phi)}{\phi}-\frac{\Phi}{\phi\phi_F}\right)\tilde{\psi}_t\tilde{k}_{t+1} \\[2mm] -\frac{\sigma(1-\delta)^2}{\delta^2}\left(\frac{2(1-\phi)}{\phi}-\frac{\Phi}{\phi\phi_F}\right)\tilde{\psi}_t\tilde{k}_t \\[2mm] -\frac{\sigma(1-\delta)(1-\phi)^2}{\phi\delta^2}\tilde{\psi}_t\tilde{k}_{t+1}+\frac{\sigma(1-\phi)^2(1-\delta)^2}{\phi\delta^2}\tilde{\psi}_t\tilde{k}_t \end{bmatrix}$$

$$-\frac{\Phi}{\phi_F}\begin{bmatrix} +\frac{1-\phi_F}{\phi_F}\cdot\frac{1-\delta}{\delta}\tilde{\psi}_t\tilde{y}_t \\[2mm] -\frac{1-2\phi_F}{\phi_F}\cdot\frac{1-\delta}{\delta^2}\tilde{\psi}_t\tilde{k}_{t+1} \\[2mm] +\frac{1-2\phi_F}{\phi_F}\cdot\frac{(1-\delta)^2}{\delta^2}\tilde{\psi}_t\tilde{k}_t \end{bmatrix} - \frac{\Phi}{\phi_F}\begin{bmatrix} -\frac{\sigma(1-\phi)(1-\delta)}{\delta\phi}\tilde{y}_t\tilde{\psi}_t \\[2mm] +\frac{\sigma(1-\delta)(1-\phi)^2}{\phi\delta^2}\tilde{k}_{t+1}\tilde{\psi}_t \\[2mm] -\frac{\sigma(1-\delta)^2(1-\phi)^2}{\phi\delta^2}\tilde{k}_t\tilde{\psi}_t \end{bmatrix}$$

$$+\begin{bmatrix} -\frac{\sigma(1-\delta)^2(1-\phi)^2}{\phi\delta^2}\tilde{k}_t\tilde{\psi}_t \\[2mm] +\frac{\sigma(1-\delta)(1-\phi)^2}{\phi\delta^2}\tilde{k}_{t+1}\tilde{\psi}_t \\[2mm] -\frac{\sigma(1-\delta)(1-\phi)}{\phi\delta}\tilde{y}_t\tilde{\psi}_t \end{bmatrix} + \mathrm{t.\,i.\,p} + \mho(\parallel\boldsymbol{\xi}\parallel^3) \qquad (4\text{-}24)$$

为方便后文进一步的政策设计研究，这里还需对上述损失方程中的二阶项进行化简，主要将其转化为两类变量形式：其一是能够定义潜在缺口的潜在对数偏离变量；其二是包含稳态扭曲的对数偏离变量，这将解释动态过程中包含的参数变化行为。

三、化简二阶项

由式(4-24)可以注意到，其中二次项被分为(i)—(ii)两项，这里先对(i)进行化简。为此，由式(4-18)中所包含的关系可知，在非扭曲稳态下，(i)可以被转化为：

$$-\frac{\alpha}{R-(1-\delta)}\tilde{k}_{t+1} + \frac{\alpha(1-\delta)}{R-(1-\delta)}\tilde{k}_t = \frac{\alpha}{R-(1-\delta)}(R\tilde{k}_t - \tilde{k}_{t+1})$$

$$= \frac{\alpha\beta}{1-\beta(1-\delta)}(\tilde{k}_t - \beta\tilde{k}_{t+1})$$

其中 $R = 1/\beta$。同时，由效用无限期的可加性知，对整体效用函数的二次近似等同于单期效用贴现近似之和。故利用上式，可得到：

$$\mathbb{E}_0 \sum_{\infty}^{t=0} \beta^t \frac{\alpha}{1 - \beta(1 - \delta)} (\widetilde{k}_t - \beta \widetilde{k}_{t+1})$$

$$= \frac{\alpha}{1 - \beta(1 - \alpha)} \mathbb{E}_0 (\widetilde{k}_{-1} - \beta \widetilde{k}_0 + \beta \widetilde{k}_0 - \beta^2 \widetilde{k}_1 + \cdots) = \frac{\alpha}{1 - \beta(1 - \alpha)} \widetilde{k}_{-1}$$

显然，由时序性知 $\widetilde{k}_{-1}$ 独立于从 0 期开始的经济波动，故它为政策无关项，进而可知(i)整体为政策无关项，即(i)为 t. i. p.。

与此不同，(ii)非政策无关项，其原因主要是因为经济中贷款利率与存款利率存在楔子，即利差，这里所包含的简明含义可由下文进行阐述：

由之前的结论所知，利差的参数赋值是由经济真实参数推导而得，并且这一参数值与社会的整体资本存量相关。不是一般性，这里将 ΔR_t 视为 $\widetilde{k}_t$ 的函数，为方便说明，其对数线性化形式可近似于 $\Delta R_t = \rho \widetilde{k}_t$，便存在关系：

$$\Delta R = \frac{1}{\gamma + 1} \sum_{T = t - \gamma}^{t} \Delta R_T = \frac{1}{\gamma + 1} \sum_{T = t - \gamma}^{t} \rho \widetilde{k}_T$$

上述关系可由算术平均所推导而得。进一步假设 $R_K = 1/\beta'$，则(ii)变为：

$$\mathbb{E}_0 \sum_{t=1}^{\infty} \beta^t \left[\frac{\Phi}{\phi_F} \cdot \frac{1}{\delta} \widetilde{k}_{t+1} - \frac{\Phi}{\phi_F} \left(\frac{1 - \delta}{\delta} + \alpha \right) \widetilde{k}_t \right]$$

$$= \mathbb{E}_0 \sum_{t=1}^{\infty} \beta^t \left\{ \frac{\Phi}{\phi_F (1 - \phi_F)} \left[\frac{1 - \phi_F}{\delta} \widetilde{k}_{t+1} - \left(\frac{(1 - \delta)(1 - \phi_F)}{\delta} + \alpha \right) \widetilde{k}_t \right] + \frac{\Phi}{1 - \phi_F} \alpha \widetilde{k}_t \right\}$$

$$= \mathbb{E}_0 \sum_{t=1}^{\infty} \beta^t \frac{\Phi}{\phi_F (1 - \phi_F)} \left[\frac{\alpha \beta'}{1 - \beta'(1 - \delta)} (\Delta R \widetilde{k}_t + R \widetilde{k}_t - \widetilde{k}_{t+1}) + \phi_F \cdot \alpha \widetilde{k}_t \right]$$

$$= \mathbb{E}_0 \sum_{t=1}^{\infty} \beta^t \underbrace{\frac{\Phi}{\phi_F (1 - \phi_F)} \left[\frac{\alpha \beta'}{1 - \beta'(1 - \delta)} \cdot \frac{1}{\gamma + 1} \sum_{T = t - \gamma}^{t} \rho \widetilde{k}_T \widetilde{k}_t + \phi_F \cdot \alpha \widetilde{k}_t \right]}_{A}$$

$$+ \underbrace{\frac{\Phi}{\phi_F (1 - \phi_F)} \cdot \frac{\alpha \beta'}{[1 - \beta'(1 - \delta)] \beta} \widetilde{k}_{-1}}_{B}$$

由上式所示，A 项可视为扭曲稳态相对潜在稳态或者自然稳态的偏离损失，而 B 项可视为扭曲稳态的纯损失，这主要是因为 $\tilde{k}_{-1}$ 固定且为政策无关项。从另一方面来看，(ii)为模型中水平变化与偏离变量提供了显性形式的解释，这有助于分析模型在利差扭曲水平下的福利变化，这也是之前损失函数研究所忽视的一类要点之一。然而，为保证最优稳定政策对金融摩擦的稳定效率，这里将(ii)改写为潜在缺口的形式，具体如下：

$$\frac{\Phi}{\phi_F} \cdot \frac{1}{\delta} \hat{k}_{t+1} - \frac{\Phi}{\phi_F}\left(\frac{1-\delta}{\delta} + \alpha\right)\hat{k}_t + \text{t.i.p}$$

上式中，小写字母并标注"ˆ"为潜在缺口变量，意指原变量在无摩擦环境中的对数偏离与有摩擦环境中对数偏离之差。

四、化简交叉项

在化简交叉项之前，需要找到冲击变量 $\widetilde{\psi}_t$ 的合适形式。给定无摩擦经济环境的条件，由厂商生产函数的一阶近似(厂商对劳动的需求，家庭的劳动供给，市场出清条件，资本积累方程)可以得到：

$$\widetilde{y}_t = \alpha \widetilde{\psi}_t + \alpha \widetilde{k}_t + (1-\alpha)\widetilde{l}_t + \mathcal{O}(\|\xi\|^2) \tag{4-25}$$

$$\widetilde{w}_t = \widetilde{y}_t - \widetilde{l}_t + \mathcal{O}(\|\xi\|^2) \tag{4-26}$$

$$\widetilde{w}_t = s\widetilde{l}_t + \sigma\widetilde{c}_t + \mathcal{O}(\|\xi\|^2) \tag{4-27}$$

$$\widetilde{y}_t = \phi\widetilde{c}_t + (1-\phi)\widetilde{i}_t + \mathcal{O}(\|\xi\|^2) \tag{4-28}$$

$$\widetilde{k}_{t+1} = (1-\delta)\widetilde{k}_t + (1-\delta)\widetilde{\psi}_t + \delta\widetilde{i}_t + \mathcal{O}(\|\xi\|^2) \tag{4-29}$$

上式中，合并(4-26)—(4-27)消除 $\widetilde{w}_t$，得到：

$$\widetilde{y}_t = (1+s)\widetilde{l}_t + \sigma\widetilde{c}_t + \mathcal{O}(\|\xi\|^2)$$

将上式与(4-28)合并消除 $\widetilde{c}_t$，得到：

$$\left(1 - \frac{\sigma}{\phi}\right)\widetilde{y}_t = (1+s)\widetilde{l}_t - \frac{\sigma(1-\phi)}{\phi}\widetilde{i}_t + \mathcal{O}(\|\xi\|^2)$$

将上式与(4-25)合并消除 $\widetilde{l}_t$，得到：

$$\frac{\alpha(1+s)}{1-\alpha}\widetilde{\psi}_t = \left(\frac{s+\alpha}{1-\alpha}+\frac{\sigma}{\phi}\right)\widetilde{y}_t - \frac{\alpha(1+s)}{1-\alpha}\widetilde{k}_t - \frac{\sigma(1-\phi)}{\phi}\widetilde{i}_t + \mho(\parallel\xi\parallel^2)$$

将上式与(4-29)合并消除 $\widetilde{i}_t$，得到：

$$\begin{aligned}\left[\frac{\alpha(1+s)}{1-\alpha}-\frac{\sigma(1-\phi)(1-\delta)}{\delta\phi}\right]\widetilde{\psi}_t =& \left(\frac{s+\alpha}{1-\alpha}+\frac{\sigma}{\phi}\right)y_t^n \\ &+ \left[\frac{\sigma(1-\phi)(1-\delta)}{\delta\phi}-\frac{\alpha(1+s)}{1-\alpha}\right]k_t^n \\ &- \frac{\sigma(1-\phi)}{\delta\phi}k_{t+1}^n + \mho(\parallel\xi\parallel^2)\end{aligned}$$

其中小写字母并带有上标 n 表明变量在无摩擦环境下的对数偏离。上式即 $\widetilde{\psi}_t$ 的线性表达。为方便将 $\widetilde{\psi}_t$ 的线性表达式代入式(4-24)，这里需要进一步的转化，具体步骤如下：

这里需先将交叉项系数 $\frac{\alpha(1+s)}{1-\alpha}\widetilde{y}_t\widetilde{\psi}_t$ 进行改变，为此现将式(4-24)中余项与添加项 $-\frac{\sigma(1-\phi)(1-\delta)}{\phi\delta}\widetilde{y}_t\widetilde{\psi}_t$ 进行合并进而得到 $\left[\frac{\alpha(1+s)}{1-\alpha}-\frac{\sigma(1-\phi)(1-\delta)}{\delta\phi}\right]\widetilde{y}_t\widetilde{\psi}_t$；

而对于 $\frac{\alpha^2(1+s)}{1-\alpha}\widetilde{k}_t\widetilde{\psi}_t$，这里可利用无摩擦环境下厂商资本需求的最优决策条件：

$$\alpha = R \cdot \frac{1-\phi}{\delta} - \frac{(1-\delta)(1-\phi)}{\delta}$$

基于这一条件，将 $-\frac{\alpha^2(1+s)}{1-\alpha}\widetilde{k}_t\widetilde{\psi}_t$ 与 $-\frac{\sigma(1-\delta)^2(1-\phi)^2}{\phi\delta^2}\widetilde{k}_t\widetilde{\psi}_t$ 代入式(4-24)后得到：

$$\begin{aligned}&-\frac{\alpha^2(1+s)}{1-\alpha}\widetilde{k}_t\widetilde{\psi}_t - \frac{\sigma(1-\delta)^2(1-\phi)^2}{\phi\delta^2}\widetilde{k}_t\widetilde{\psi}_t \\ =&-\alpha \cdot \frac{\alpha(1+s)}{1-\alpha}\widetilde{k}_t\widetilde{\psi}_t + \left[R \cdot \frac{1-\phi}{\delta} - \frac{(1-\delta)(1-\phi)}{\delta}\right] \\ &\frac{\sigma(1-\phi)(1-\delta)}{\delta\phi}\widetilde{k}_t\widetilde{\psi}_t - R \cdot \frac{1-\phi}{\delta} \cdot \frac{\sigma(1-\phi)(1-\delta)}{\delta\phi}\widetilde{k}_t\widetilde{\psi}_t\end{aligned}$$

$$= -\alpha \left[\frac{\alpha(1+s)}{1-\alpha} - \frac{\sigma(1-\phi)(1-\delta)}{\delta\phi} \right] \tilde{k}_t \widetilde{\psi}_t$$

$$- R \cdot \frac{1-\phi}{\delta} \cdot \frac{\sigma(1-\phi)(1-\delta)}{\delta\phi} \tilde{k}_t \widetilde{\psi}_t$$

这里需要注意的是上式中第二项可与 $\dfrac{\sigma(1-\delta)(1-\phi)^2}{\phi\delta^2} \tilde{k}_{t+1} \widetilde{\psi}_t$ 相互抵调，具

体而言：

$$- R \cdot \frac{1-\phi}{\delta} \cdot \frac{\sigma(1-\phi)(1-\delta)}{\delta\phi} \tilde{k}_t \widetilde{\psi}_t + \frac{\sigma(1-\delta)(1-\phi)^2}{\phi\delta^2} \tilde{k}_{t+1} \widetilde{\psi}_t$$

$$= \frac{\sigma(1-\delta)(1-\phi)^2}{\phi\delta^2} \cdot R(\beta \tilde{k}_{t+1} - \tilde{k}_t) \widetilde{\psi}_t$$

$$= \frac{\sigma(1-\delta)(1-\phi)^2}{\phi\delta^2} \cdot R(\tilde{k}_t - \tilde{k}_t) \widetilde{\psi}_t = 0$$

同样，这里可以对 $\tilde{y}_t \widetilde{\psi}_t$，$\tilde{k}_t \widetilde{\psi}_t$，$\tilde{k}_{t+1} \widetilde{\psi}_t$ 进行类似的转化，并化简出系数

$-\dfrac{\Phi}{\phi_F}$，则剩余的交互项满足：

$$- \frac{\sigma(1-\delta)}{\delta} \cdot \frac{1}{\phi_F} \tilde{y}_t \widetilde{\psi}_t + \frac{\sigma(1-\delta)}{\delta^2} \cdot \frac{1}{\phi_F} \tilde{k}_{t+1} \widetilde{\psi}_t - \frac{\sigma(1-\delta)\phi}{\delta^2} \tilde{k}_{t+1} \widetilde{\psi}_t$$

$$- \frac{\sigma(1-\delta)^2}{\delta^2} \cdot \frac{1}{\phi_F} \tilde{k}_t \widetilde{\psi}_t + \frac{\sigma(1-\delta)^2\phi}{\delta^2} \tilde{k}_t \widetilde{\psi}_t$$

进一步，将 $\widetilde{\psi}_t$ 的线性表达式代入上式中，可得到 $\tilde{y}_t \widetilde{\psi}_t$，$\tilde{k}_{t+1} \widetilde{\psi}_t$，$\tilde{k}_t \widetilde{\psi}_t$ 三项交

叉项的具体表达式如下：

交叉项 $\tilde{y}_t \widetilde{\psi}_t$

$$f(\tilde{y}_t \widetilde{\psi}_t) = \frac{\Phi}{\phi_F} \cdot \frac{\delta-1}{\delta} \cdot \frac{\phi_F + \sigma - 1}{\phi_F} \tilde{y}_t k_t^n$$

$$+ \frac{\Phi}{\phi_F} \cdot \frac{\delta-1}{\delta} \cdot \frac{\sigma(1-\alpha)(1-\phi)(\phi_F + \sigma - 1)}{\phi_F [\sigma(1-\alpha)(1-\delta)(1-\phi) - \delta\phi\alpha(1+s)]} \tilde{y}_t k_{t+1}^n$$

$$- \frac{\Phi}{\phi_F} \cdot \frac{(1-\delta)(\phi_F + \sigma - 1)[\sigma(1-\alpha) + \phi(\alpha+s)]}{\phi_F [\sigma(1-\alpha)(1-\delta)(1-\phi) - \delta\phi\alpha(1+s)]} \tilde{y}_t y_t^n$$

$$C(\widetilde{y}_t k_{n,\,t+1}) = \frac{\Phi}{\phi_F} \cdot \frac{\delta - 1}{\delta} \cdot \frac{\sigma(1-\alpha)(1-\phi)(\phi_F + \sigma - 1)}{\phi_F[\sigma(1-\alpha)(1-\delta)(1-\phi) - \delta\phi\alpha(1+s)]}$$

$$C(\widetilde{y}_t k_{n,\,t}) = \frac{\Phi}{\phi_F} \cdot \frac{\delta - 1}{\delta} \cdot \frac{\phi_F + \sigma - 1}{\phi_F}$$

$$C(\widetilde{y}_t y_{n,\,t}) = -\frac{\Phi}{\phi_F} \cdot \frac{(1-\delta)(\phi_F + \sigma - 1)[\sigma(1-\alpha) + \phi(\alpha + s)]}{\phi_F[\sigma(1-\alpha)(1-\delta)(1-\phi) - \delta\phi\alpha(1+s)]}$$

交叉项 $\widetilde{k}_t \widetilde{\psi}_t$

$$f(\widetilde{k}_t \widetilde{\psi}_t) = \frac{\Phi}{\phi_F} \cdot \frac{(1-\delta)^2}{\delta^2} \cdot \frac{2\phi_F + (1-\phi\phi_F)\sigma - 1}{\phi_F} \widetilde{k}_t k_t^n$$

$$- \frac{\Phi}{\phi_F} \cdot \frac{(1-\delta)^2}{\delta} \cdot \frac{\sigma(1-\alpha)(1-\phi)[2\phi_F + (1-\phi\phi_F)\sigma - 1]}{\phi_F[\sigma(1-\alpha)(1-\delta)(1-\phi) - \delta\phi\alpha(1+s)]} \widetilde{k}_t k_{t+1}^n$$

$$+ \frac{\Phi}{\phi_F} \cdot \frac{(1-\delta)^2}{\delta} \cdot \frac{[2\phi_F + (1-\phi\phi_F)\sigma - 1][(1-\alpha) + \phi(\alpha + s)]}{\phi_F[\sigma(1-\alpha)(1-\delta)(1-\phi) - \delta\phi\alpha(1+s)]} \widetilde{k}_t y_t^n$$

$$C(\widetilde{k}_t y_{n,\,t}) = \frac{\Phi}{\phi_F} \cdot \frac{(1-\delta)^2}{\delta} \cdot \frac{[2\phi_F + (1-\phi\phi_F)\sigma - 1][(1-\alpha) + \phi(\alpha + s)]}{\phi_F[\sigma(1-\alpha)(1-\delta)(1-\phi) - \delta\phi\alpha(1+s)]}$$

$$C(\widetilde{k}_t k_{n,\,t+1}) = -\frac{\Phi}{\phi_F} \cdot \frac{(1-\delta)^2}{\delta} \cdot \frac{\sigma(1-\alpha)(1-\phi)[2\phi_F + (1-\phi\phi_F)\sigma - 1]}{\phi_F[\sigma(1-\alpha)(1-\delta)(1-\phi) - \delta\phi\alpha(1+s)]}$$

$$C(\widetilde{k}_t k_{n,\,t}) = \frac{\Phi}{\phi_F} \cdot \frac{(1-\delta)^2}{\delta^2} \cdot \frac{2\phi_F + (1-\phi\phi_F)\sigma - 1}{\phi_F}$$

交叉项 $\widetilde{k}_{t+1} \widetilde{\psi}_t$

$$f(\widetilde{k}_{t+1} \widetilde{\psi}_t) = \frac{\Phi}{\phi_F} \cdot \frac{(1-\delta)}{\delta^2} \cdot \frac{2\phi_F + (1-\phi\phi_F)\sigma - 1}{\phi_F} \widetilde{k}_{t+1} k_t^n$$

$$+ \frac{\Phi}{\phi_F} \cdot \frac{(1-\delta)}{\delta} \cdot \frac{[2\phi_F + (1-\phi\phi_F)\sigma - 1][(1-\alpha) + \phi(\alpha + s)]}{\phi_F[\sigma(1-\alpha)(1-\delta)(1-\phi) - \delta\phi\alpha(1+s)]} \widetilde{k}_{t+1} y_t^n$$

$$- \frac{\Phi}{\phi_F} \cdot \frac{(1-\delta)}{\delta} \cdot \frac{\sigma(1-\alpha)(1-\phi)[2\phi_F + (1-\phi\phi_F)\sigma - 1]}{\phi_F[\sigma(1-\alpha)(1-\delta)(1-\phi) - \delta\phi\alpha(1+s)]} \widetilde{k}_{t+1} k_{t+1}^n$$

$$C(\widetilde{k}_{t+1} k_{n,\,t}) = \frac{\Phi}{\phi_F} \cdot \frac{(1-\delta)}{\delta^2} \cdot \frac{2\phi_F + (1-\phi\phi_F)\sigma - 1}{\phi_F}$$

$$C(\widetilde{k}_{t+1} k_{n,\,t+1}) = -\frac{\Phi}{\phi_F} \cdot \frac{(1-\delta)}{\delta} \cdot \frac{\sigma(1-\alpha)(1-\phi)[2\phi_F + (1-\phi\phi_F)\sigma - 1]}{\phi_F[\sigma(1-\alpha)(1-\delta)(1-\phi) - \delta\phi\alpha(1+s)]}$$

$$C(\tilde{k}_{t+1}y_{n,\ t}) = \frac{\varPhi}{\phi_F} \cdot \frac{(1-\delta)}{\delta} \cdot \frac{[2\phi_F + (1-\phi\phi_F)\sigma - 1][(1-\alpha)+\phi(\alpha+s)]}{\phi_F[\sigma(1-\alpha)(1-\delta)(1-\phi) - \delta\phi\alpha(1+s)]}$$

给定上述交叉项结果与其特定系数形式，可将其进一步概括为二次型矩阵 $f_{y,\ k,\ k'} = B^T A B$，其中矩阵 A 与向量 B 具体为：

$$A = \begin{bmatrix} 0 & 0 & 0 & \frac{1}{2}C(\tilde{y_t}y_t^n) & \frac{1}{2}C(\tilde{y_t}k_{t+1}^n) & \frac{1}{2}C(\tilde{y_t}k_t^n) \\[2mm] 0 & 0 & 0 & \frac{1}{2}C(\tilde{k}_{t+1}y_t^n) & \frac{1}{2}C(\tilde{k}_{t+1}k_{t+1}^n) & \frac{1}{2}C(\tilde{k}_{t+1}k_t^n) \\[2mm] 0 & 0 & 0 & \frac{1}{2}C(\tilde{k_t}y_t^n) & \frac{1}{2}C(\tilde{k_t}k_{t+1}^n) & \frac{1}{2}C(\tilde{k_t}k_t^n) \\[2mm] \frac{1}{2}C(\tilde{y_t}y_t^n) & \frac{1}{2}C(\tilde{k}_{t+1}y_t^n) & \frac{1}{2}C(\tilde{k_t}y_t^n) & 0 & 0 & 0 \\[2mm] \frac{1}{2}C(\tilde{y_t}k_{t+1}^n) & \frac{1}{2}C(\tilde{k}_{t+1}k_{t+1}^n) & \frac{1}{2}C(\tilde{k_t}k_{t+1}^n) & 0 & 0 & 0 \\[2mm] \frac{1}{2}C(\tilde{y_t}k_t^n) & \frac{1}{2}C(\tilde{k}_{t+1}k_t^n) & \frac{1}{2}C(\tilde{k_t}k_t^n) & 0 & 0 & 0 \end{bmatrix}$$

$$B = \begin{bmatrix} \tilde{y_t} & \tilde{k}_{t+1} & \tilde{k_t} & y_t^n & k_{t+1}^n & k_t^n \end{bmatrix}^T$$

其中 A 为二次型的系数矩阵，而 B 为二次型中的交叉项。基于此，这里对 B 进行进一步转化，由此可以得到向量 B_1 与 B_2 如下：

$$B = -\begin{bmatrix} -\tilde{y_t} \\[2mm] -\tilde{k}_{t+1} \\[2mm] -\tilde{k_t} \\[2mm] -y_t^n \\[2mm] -k_{t+1}^n \\[2mm] -k_t^n \end{bmatrix} = \underbrace{\begin{bmatrix} \tilde{y_t} - y_t^n \\[2mm] \tilde{k}_{t+1} - k_{t+1}^n \\[2mm] \tilde{k_t} - k_t^n \\[2mm] -(\tilde{y_t} - y_t^n) \\[2mm] -(\tilde{k}_{t+1} - k_{t+1}^n) \\[2mm] -(\tilde{k_t} - k_t^n) \end{bmatrix}}_{B_1} + \underbrace{\begin{bmatrix} y_t^n \\[2mm] k_{t+1}^n \\[2mm] k_t^n \\[2mm] \tilde{y_t} \\[2mm] \tilde{k}_{t+1} \\[2mm] \tilde{k_t} \end{bmatrix}}_{B_2}$$

并且向量 B_1 与 B_2 使表达式 $f_{y,\,k,\,k'}$ 中的二次型变为：

$$f_{y,\,k,\,k'} = B^{\mathrm{T}}AB = (B_1 + B_2)^{\mathrm{T}}A(B_1 + B_2)$$

$$= B_1^{\mathrm{T}}AB_1 + B_1^{\mathrm{T}}AB_2 + B_2^{\mathrm{T}}AB_1 + B_2^{\mathrm{T}}AB_2$$

$$= B_1^{\mathrm{T}}AB_1 + B^{\mathrm{T}}AB_2 + B_2^{\mathrm{T}}AB - B_2^{\mathrm{T}}AB_2$$

则给定上式与矩阵 A，$B_1^{\mathrm{T}}AB_1$，$B^{\mathrm{T}}AB_2$，$B_2^{\mathrm{T}}AB_1$ 分别为：

$$B_1^{\mathrm{T}}AB_1 = \begin{bmatrix} -\dfrac{1}{2}C(\tilde{y}_t y_t^n)(\tilde{y}_t - y_t^n) - \dfrac{1}{2}C(\tilde{y}_t k_{t+1}^n)(\tilde{k}_{t+1} - k_{t+1}^n) - \dfrac{1}{2}C(\tilde{y}_t k_t^n)(\tilde{k}_t - k_t^n) \\[2mm] -\dfrac{1}{2}C(\tilde{k}_{t+1} y_t^n)(\tilde{y}_t - y_t^n) - \dfrac{1}{2}C(\tilde{k}_{t+1} k_{t+1}^n)(\tilde{k}_{t+1} - k_{t+1}^n) - \dfrac{1}{2}C(\tilde{k}_{t+1} k_t^n)(\tilde{k}_t - k_t^n) \\[2mm] -\dfrac{1}{2}C(\tilde{k}_t y_t^n)(\tilde{y}_t - y_t^n) - \dfrac{1}{2}C(\tilde{k}_t k_{t+1}^n)(\tilde{k}_{t+1} - k_{t+1}^n) - \dfrac{1}{2}C(\tilde{k}_t k_t^n)(\tilde{k}_t - k_t^n) \\[2mm] \dfrac{1}{2}C(\tilde{y}_t y_t^n)(\tilde{y}_t - y_t^n) + \dfrac{1}{2}C(\tilde{k}_{t+1} y_t^n)(\tilde{k}_{t+1} - k_{t+1}^n) + \dfrac{1}{2}C(\tilde{k}_t y_t^n)(\tilde{k}_t - k_t^n) \\[2mm] \dfrac{1}{2}C(\tilde{y}_t k_{t+1}^n)(\tilde{y}_t - y_t^n) + \dfrac{1}{2}C(\tilde{k}_{t+1} k_{t+1}^n)(\tilde{k}_{t+1} - k_{t+1}^n) + \dfrac{1}{2}C(\tilde{k}_t k_{t+1}^n)(\tilde{k}_t - k_t^n) \\[2mm] \dfrac{1}{2}C(\tilde{y}_t k_t^n)(\tilde{y}_t - y_t^n) + \dfrac{1}{2}C(\tilde{k}_{t+1} k_t^n)(\tilde{k}_{t+1} - k_{t+1}^n) + \dfrac{1}{2}C(\tilde{k}_t k_t^n)(\tilde{k}_t - k_t^n) \end{bmatrix}^{\mathrm{T}}$$

$$\begin{bmatrix} \tilde{y}_t - y_t^n \\[2mm] \tilde{k}_{t+1} - k_{t+1}^n \\[2mm] \tilde{k}_t - k_t^n \\[2mm] -(\tilde{y}_t - y_t^n) \\[2mm] -(\tilde{k}_{t+1} - k_{t+1}^n) \\[2mm] -(\tilde{k}_t - k_t^n) \end{bmatrix}$$

$$= -C(\tilde{y}_t y_t^n)\hat{y}_t^2 - C(\tilde{k}_{t+1} k_{t+1}^n)\hat{k}_{t+1}^2 - C(\tilde{k}_t k_t^n)\hat{k}_t^2 - [C(\tilde{y}_t k_{t+1}^n) + C(\tilde{k}_{t+1} y_t^n)]\hat{y}_t \hat{k}_{t+1}$$

$$- [C(\tilde{y}_t k_t^n) + C(\tilde{k}_t y_t^n)]\hat{y}_t \hat{k}_t - [C(\tilde{k}_{t+1} k_t^n) + C(\tilde{k}_t k_{t+1}^n)]\hat{k}_{t+1}\hat{k}_t$$

$$B^{\mathrm{T}}AB_2 + B_2^{\mathrm{T}}AB =
\begin{bmatrix}
\frac{1}{2}C(\tilde{y_t}y_t^n)y_t^n + \frac{1}{2}C(\tilde{y_t}k_{t+1}^n)k_{t+1}^n + \frac{1}{2}C(\tilde{y_t}k_t^n)k_t^n \\
\frac{1}{2}C(\tilde{k}_{t+1}y_t^n)y_t^n + \frac{1}{2}C(\tilde{k}_{t+1}k_{t+1}^n)k_{t+1}^n + \frac{1}{2}C(\tilde{k}_{t+1}k_t^n)k_t^n \\
\frac{1}{2}C(\tilde{k}_t y_t^n)y_t^n + \frac{1}{2}C(\tilde{k}_t k_{t+1}^n)k_{t+1}^n + \frac{1}{2}C(\tilde{k}_t k_t^n)k_t^n \\
\frac{1}{2}C(\tilde{y_t}y_t^n)\tilde{y_t} + \frac{1}{2}C(\tilde{k}_{t+1}y_t^n)\tilde{k}_{t+1} + \frac{1}{2}C(\tilde{k}_t y_t^n)\tilde{k}_t \\
\frac{1}{2}C(\tilde{y_t}k_{t+1}^n)\tilde{y_t} + \frac{1}{2}C(\tilde{k}_{t+1}k_{t+1}^n)\tilde{k}_{t+1} + \frac{1}{2}C(k_t k_{t+1}^n)\tilde{k}_t \\
\frac{1}{2}C(\tilde{y_t}k_t^n)\tilde{y_t} + \frac{1}{2}C(\tilde{k}_{t+1}k_t^n)\tilde{k}_{t+1} + \frac{1}{2}C(\tilde{k}_t k_t^n)\tilde{k}_t
\end{bmatrix}^{\mathrm{T}}
\begin{bmatrix}
y_t^n \\ k_{t+1}^n \\ k_t^n \\ \tilde{y_t} \\ \tilde{k}_{t+1} \\ \tilde{k}_t
\end{bmatrix}$$

$$+
\begin{bmatrix}
\frac{1}{2}C(\tilde{y_t}y_t^n)\tilde{y_t} + \frac{1}{2}C(\tilde{y_t}k_{t+1}^n)\tilde{k}_{t+1} + \frac{1}{2}C(\tilde{y_t}k_t^n)\tilde{k}_t \\
\frac{1}{2}C(\tilde{k}_{t+1}y_t^n)\tilde{y_t} + \frac{1}{2}C(\tilde{k}_{t+1}k_{t+1}^n)\tilde{k}_{t+1} + \frac{1}{2}C(\tilde{k}_{t+1}k_t^n)\tilde{k}_t \\
\frac{1}{2}C(\tilde{k}_t y_t^n)\tilde{y_t} + \frac{1}{2}C(\tilde{k}_t k_{t+1}^n)\tilde{k}_{t+1} + \frac{1}{2}C(\tilde{k}_t k_t^n)\tilde{k}_t \\
\frac{1}{2}C(\tilde{y_t}y_t^n)y_t^n + \frac{1}{2}C(\tilde{k}_{t+1}y_t^n)k_{t+1}^n + \frac{1}{2}C(\tilde{k}_t y_t^n)k_t^n \\
\frac{1}{2}C(\tilde{y_t}k_{t+1}^n)y_t^n + \frac{1}{2}C(\tilde{k}_{t+1}k_{t+1}^n)k_{t+1}^n + \frac{1}{2}C(\tilde{k}_t k_{t+1}^n)k_t^n \\
\frac{1}{2}C(\tilde{y_t}k_t^n)y_t^n + \frac{1}{2}C(\tilde{k}_{t+1}k_t^n)k_{t+1}^n + \frac{1}{2}C(\tilde{k}_t k_t^n)k_t^n
\end{bmatrix}^{\mathrm{T}}
\begin{bmatrix}
\tilde{y_t} \\ \tilde{k}_{t+1} \\ \tilde{k}_t \\ y_t^n \\ k_{t+1}^n \\ k_t^n
\end{bmatrix}$$

$$= C(\tilde{y_t}y_t^n)\tilde{y_t}^2 + C(\tilde{k}_{t+1}k_{t+1}^n)\tilde{k}_{t+1}^2 + C(\tilde{k}_t k_t^n)\tilde{k}_t^2 + [C(\tilde{k}_{t+1}y_t^n) + C(\tilde{y_t}k_{t+1}^n)]\tilde{y_t}\tilde{k}_{t+1}$$

$$+ [C(\tilde{k}_t y_t^n) + C(\tilde{y_t}k_t^n)]\tilde{y_t}\tilde{k}_t + [C(\tilde{k}_t k_{t+1}^n) + C(\tilde{k}_{t+1}k_t^n)]\tilde{k}_t\tilde{k}_{t+1} + \mathrm{t.i.p}$$

此外，由于 A 为实对称矩阵，故它可进行对角化，进而有：

$$B_2^{\mathrm{T}}AB_2 = (PB_2)^{\mathrm{T}}\Lambda PB_2 = C^{\mathrm{T}}\Lambda C$$

其中 P 为正交矩阵，$C = PB_2$ 为向量 B_2 的线性组合。为完全消除交叉项，这里进一步根据 C 定义 G 为正规矩阵，则 Λ 为对角矩阵。

因此，剩余交互项变为：

$$\begin{bmatrix} \left(1 - \dfrac{\Phi}{\phi_F}\right)\left[\dfrac{\alpha(1+s)}{1-\alpha} - \dfrac{\sigma(1-\phi)(1-\delta)}{\delta\phi}\right] \\[2ex] -\left(1 - \dfrac{\Phi}{\phi_F}\right)\left[\dfrac{\alpha(1+s)}{1-\alpha} - \dfrac{\sigma(1-\phi)(1-\delta)}{\delta\phi}\right] \end{bmatrix}^{\mathrm{T}} \begin{bmatrix} \widetilde{y}_t\widetilde{\psi}_t \\[2ex] \widetilde{k}_t\widetilde{\psi}_t \end{bmatrix}$$

$$= \left(1 - \dfrac{\Phi}{\phi_F}\right) \begin{bmatrix} \dfrac{s+\alpha}{1-\alpha} + \dfrac{\sigma}{\phi} \\[2ex] \dfrac{\sigma(1-\phi)(1-\delta)}{\delta\phi} - \dfrac{\alpha(1+s)}{1-\alpha} \\[2ex] -\dfrac{\sigma(1-\phi)}{\delta\phi} \\[2ex] -\alpha\left(\dfrac{s+\alpha}{1-\alpha} + \dfrac{\sigma}{\phi}\right) \\[2ex] -\alpha\left[\dfrac{\sigma(1-\phi)(1-\delta)}{\delta\phi} - \dfrac{\alpha(1+s)}{1-\alpha}\right] \\[2ex] \dfrac{\alpha\sigma(1-\phi)}{\delta\phi} \end{bmatrix}^{\mathrm{T}} \begin{bmatrix} \widetilde{y}_t y_t^n \\[2ex] \widetilde{y}_t k_t^n \\[2ex] \widetilde{y}_t k_{t+1}^n \\[2ex] \widetilde{k}_t y_t^n \\[2ex] \widetilde{k}_t k_t^n \\[2ex] \widetilde{k}_t k_{t+1}^n \end{bmatrix}$$

$$+ \text{t. i. p} + \mathfrak{O}(\|\xi\|^3) \tag{4-30}$$

可以注意到上述化简过程主要沿厂商对劳动需求的决策路径进行，这只能构成厂商部门化简的路径之一。然而为确保后续化简过程，这里需要寻找出厂商决策的另一路径。为此，厂商对资本需求的一阶近似可转换如下：

$$\frac{(1-\phi-\Phi)}{\delta}(\Delta R + R)(\widetilde{k}_t + \widetilde{r}_{K,t})$$

$$= \alpha\widetilde{y}_t + \frac{(1-\phi)}{\delta}(1-\delta)\widetilde{k}_t - \frac{\Phi}{\delta}(1-\delta)\widetilde{k}_t + \text{t. i. p} \Rightarrow R\widetilde{r}_{K,t}$$

$$= \frac{\alpha\delta}{1-\phi}(\widetilde{y}_t - \widetilde{k}_t) - \frac{\Phi}{1-\phi}(1-\delta)\widetilde{k}_t - \frac{[(1-\phi)\Delta R - \Phi\Delta R - \Phi R]}{1-\phi}$$

$$(\widetilde{k}_t + \widetilde{r}_{K,t}) + \text{t. i. p} \tag{4-31}$$

其中，这里贷款利率与存款利率之间的利差楔子表述为 $\widetilde{r}_{K,t} = \widetilde{r}_{s,t} + \widetilde{r}_{t-1}$。基于此，将欧拉方程、资本积累方程、市场出清条件三者的一阶近似代入式(4-31)式后得到：

$$0 = \frac{\alpha\delta}{R(1-\phi)}(\tilde{y}_{t+1} - \tilde{k}_{t+1}) - \frac{\sigma}{\phi}(\tilde{y}_{t+1} - \tilde{y}_t) + \frac{\sigma(1-\phi)}{\phi\delta}(\tilde{k}_{t+2} - \tilde{k}_{t+1})$$

$$- \frac{\sigma(1-\phi)(1-\delta)}{\phi\delta}(\tilde{k}_{t+1} - \tilde{k}_t) - \tilde{r}_{s,t+1}$$

$$- \frac{\Phi}{R(1-\phi)}(1-\delta)\tilde{k}_{t+1} - \frac{[(1-\phi)\Delta R - \Phi\Delta R - \Phi R]}{R(1-\Phi)}$$

$$(\tilde{k}_{t+1} + \tilde{r}_{K,t+1}) + \text{t. i. p} + \mathcal{O}(\|\xi\|^3)$$

这里不难发现当经济不存在金融摩擦时，$\tilde{r}_{s,t}$，Φ，$\overline{R}^{\Delta}$ 为 0。因此，上式中余项与 $\frac{\alpha}{\overline{R}_K - (1-\delta)}\tilde{k}_{t+1}$ 的表达关系式可表述如下：

$$0 = -\frac{\alpha}{R}(\tilde{k}_{t+1}y_{t+1}^n + \tilde{k}_{t+1}k_{t+1}^n) - \frac{\alpha}{R - (1-\delta)}\frac{\sigma}{\phi}(\tilde{k}_{t+1}y_{t+1}^n - \tilde{k}_{t+1}y_t^n)$$

$$- \frac{\alpha}{R - (1-\delta)}\frac{\sigma(1-\phi)}{\phi\delta}(\tilde{k}_{t+1}k_{t+2}^n - \tilde{k}_{t+1}k_{t+1}^n)$$

$$+ \frac{\alpha}{R - (1-\delta)}\frac{\sigma(1-\phi)(1-\delta)}{\phi\delta}(\tilde{k}_{t+1}k_{t+1}^n - \tilde{k}_{t+1}k_t^n) + \text{t. i. p} + \mathcal{O}(\|\xi\|^3)$$

$$(4\text{-}32)$$

进一步，集合(4-24)，(4-30)，(4-32)式，交叉项的最终化简如下：

· 产出的交叉项

$$- \frac{1}{2}\left(\frac{\sigma}{\phi} + \frac{s+\alpha}{1-\alpha}\right)\tilde{y}_t^2 + \left(\frac{s+\alpha}{1-\alpha} + \frac{\sigma}{\phi}\right)\tilde{y}_t y_t^n$$

$$= -\frac{1}{2}\left(\frac{\sigma}{\phi} + \frac{s+\alpha}{1-\alpha}\right)(\tilde{y}_t - y_t^n)^2 + \text{t. i. p}$$

· 资本的交叉项

$$\begin{cases} \dfrac{\alpha}{R}\tilde{k}_{t+1}k_{t+1}^n \\[2mm] \dfrac{\alpha}{R - (1-\delta)} \cdot \dfrac{\sigma(1-\phi)(1-\delta)}{\phi\delta}\tilde{k}_{t+1}k_{t+1}^n \\[2mm] \dfrac{\alpha}{R - (1-\delta)} \cdot \dfrac{\sigma(1-\phi)}{\phi\delta}\tilde{k}_{t+1}k_{t+1}^n \\[2mm] -\dfrac{1}{2} \cdot \dfrac{1-\phi}{\delta}\left(1 + \dfrac{\sigma(1-\phi)}{\phi\delta}\right)\tilde{k}_{t+1}^2 \end{cases} \quad (4\text{-}33a)\text{—}(4\text{-}33d)$$

首先，需要对(4-24)，(4-30)，(4-32)中的 $\widetilde{k}_{t+1}$ 与 k_{t+1}^n 进行化简，其中包含这两类交叉项的部分由(4-33a)—(4-33d)所示。则由无金融摩擦经济环境的性质知，通过(4-18)与(4-33c)可进一步推导出：

$$\frac{\alpha}{\overline{R}-(1-\delta)} \cdot \frac{\sigma(1-\phi)}{\phi\delta}\widetilde{k}_{t+1}k_{t+1}^n = \frac{\sigma(1-\phi)^2}{\phi\delta^2}\widetilde{k}_{t+1}k_{t+1}^n \qquad (4\text{-}34)$$

将(4-33d)分解为 $-\dfrac{1}{2} \cdot \dfrac{1-\phi}{\delta}\widetilde{k}_{t+1}^2$ 与 $-\dfrac{1}{2} \cdot \dfrac{\sigma(1-\phi)^2}{\phi\delta^2}\widetilde{k}_{t+1}^2$，将后者与式

(4-34)合并后可得到 $-\dfrac{\sigma(1-\phi)^2}{2\phi\delta^2}(\widetilde{k}_{t+1} - k_{t+1}^n)^2$。此外，由于稳态时存在关系 $R = 1/\beta$，则前者可化为：

$$-\frac{1}{2} \cdot \frac{1-\phi}{\delta}\widetilde{k}_{t+1}^2 = -\frac{1}{2} \cdot \frac{\alpha}{\overline{R}-(1-\delta)}\widetilde{k}_{t+1}^2 = -\frac{1}{2} \cdot \frac{\alpha\beta}{1-\beta(1-\delta)}\widetilde{k}_{t+1}^2 \qquad (4\text{-}35)$$

期间，将(4-24)式进行分割，得到：

$$\frac{1}{2}\left[\frac{(1-\phi)(1-\delta)}{\delta}\left(1 - \frac{\sigma(1-\phi)(1-\delta)}{\phi\delta}\right) - \alpha^2\frac{1+s}{1-\alpha}\right]\widetilde{k}_t^2$$

$$= \underbrace{\frac{1}{2} \cdot \frac{(1-\phi)(1-\delta)}{\delta}\widetilde{k}_t^2}_{(4\text{-}36a)} - \underbrace{\frac{1}{2} \cdot \frac{\sigma(1-\phi)^2(1-\delta)^2}{\phi\delta^2}\widetilde{k}_t^2}_{(4\text{-}36b)} - \underbrace{\frac{\alpha^2}{2} \cdot \frac{1+s}{1-\alpha}\widetilde{k}_t^2}_{(4\text{-}36c)}$$

将(4-36a)化为 $\dfrac{1}{2} \cdot \dfrac{\alpha(1-\delta)\beta}{1-\beta(1-\delta)}\widetilde{k}_t^2$ 并将此与(4-33a)，(4-35)进行合并，得到：

$$-\frac{1}{2} \cdot \frac{\alpha\beta}{1-\beta(1-\delta)}\widetilde{k}_{t+1}^2 + \frac{1}{2} \cdot \frac{\alpha(1-\delta)(\beta)^2}{1-\beta(1-\delta)}\widetilde{k}_{t+1}^2 + \alpha\beta\widetilde{k}_{t+1}k_{t+1}^n$$

$$= -\frac{\alpha\beta}{2}(\widetilde{k}_{t+1} - k_{t+1}^n)^2 + \text{t. i. p}$$

此外，将(4-33b)，(4-36b)以及式(4-30)中的 $-\dfrac{\alpha\sigma(1-\phi)(1-\delta)}{\delta\phi}\widetilde{k}_t k_t^n$ 进行合并，最终得到：

$$-\frac{1}{2} \cdot \frac{\sigma(1-\phi)^2(1-\delta)^2}{\phi\delta^2}\widetilde{k}_t^2 - \frac{\alpha\sigma(1-\phi)(1-\delta)}{\delta\phi}\widetilde{k}_t k_t^n + \frac{\alpha}{\overline{R}-(1-\delta)} \cdot \frac{\sigma(1-\phi)(1-\delta)}{\phi\delta}\widetilde{k}_{t+1}k_{t+1}^n$$

$$= -\frac{1}{2} \cdot \frac{\sigma(1-\phi)^2(1-\delta)^2}{\phi\delta^2}\tilde{k}_t^2 - \frac{\sigma(1-\phi)(1-\delta)}{\delta\phi}\left[\alpha\beta\tilde{k}_{t+1}k_{t+1}^n - \frac{\alpha\beta}{1-\beta(1-\delta)} \cdot \frac{1}{\beta} \cdot \beta\tilde{k}_{t+1}k_{t+1}^n\right]$$

$$= -\frac{1}{2} \cdot \frac{\sigma(1-\phi)^2(1-\delta)^2}{\phi\delta^2}\tilde{k}_t^2 - \frac{\sigma(1-\phi)^2(1-\delta)^2}{\delta\phi}\tilde{k}_{t+1}k_{t+1}^n$$

$$= -\frac{1}{2} \cdot \frac{\sigma(1-\phi)^2(1-\delta)^2}{\phi\delta^2}(\tilde{k}_t - k_t^n)^2 + \text{t. i. p}$$

不难发现，（4-24），（4-30），（4-32）三式中关于 $\tilde{k}_t$ 与 k^n 的余项分别为 $-\frac{1}{2}\alpha^2\frac{1+s}{1-\alpha}\tilde{k}_t^2$ 与 $\alpha^2\frac{1+s}{1-\alpha}\tilde{k}_t k^n$，故将二者合并后得到：

$$-\frac{\alpha^2}{2} \cdot \frac{1+s}{1-\alpha}\tilde{k}_t^2 + \alpha^2\frac{1+s}{1-\alpha}\tilde{k}_t k^n = -\frac{\alpha^2}{2} \cdot \frac{1+s}{1-\alpha}(\tilde{k}_t - k_t^n)^2 + \text{t. i. p}$$

以上推导为 $\tilde{k}$ 与 k^n 二者交叉项的化简过程，而余项 $\tilde{k}_{t+1}k_t^n$，$\tilde{k}_t k_{t+1}^n$，$\tilde{k}_{t+1}\tilde{k}_t$ 等交叉项的等式如下：

$$\left\{\begin{array}{l} \dfrac{\sigma(1-\phi)^2(1-\delta)}{\phi\delta^2}\tilde{k}_{t+1}\tilde{k}_t \\[2mm] \Rightarrow \dfrac{\alpha\beta}{1-\beta(1-\delta)} \cdot \dfrac{\sigma(1-\phi)(1-\delta)}{\phi\delta}\tilde{k}_{t+1}\tilde{k}_t \quad \dfrac{\alpha\sigma(1-\phi)}{\delta\phi}\tilde{k}_t\tilde{k}_{t+1}^n \\[2mm] \qquad -\dfrac{\alpha}{R-(1-\delta)} \cdot \dfrac{\sigma(1-\phi)}{\phi\delta}\tilde{k}_{t+1}k_{t+2}^n \\[2mm] \qquad \Rightarrow -\dfrac{\alpha\beta}{1-\beta(1-\delta)} \cdot \dfrac{\sigma(1-\phi)}{\phi\delta}\tilde{k}_{t+1}k_{t+2}^n \\[2mm] \qquad -\dfrac{\alpha}{R-(1-\delta)}\dfrac{\sigma(1-\phi)(1-\delta)}{\phi\delta}\tilde{k}_{t+1}k_t^n \\[2mm] \qquad \Rightarrow -\dfrac{\alpha\beta}{1-\beta(1-\delta)}\dfrac{\sigma(1-\phi)(1-\delta)}{\phi\delta}\tilde{k}_{t+1}k_t^n \end{array}\right. \quad (4\text{-}36\text{a})\text{—}(4\text{-}36\text{d})$$

合并（4-36b）—（4-36c）得到：

$$\frac{\alpha\sigma(1-\phi)}{\delta\phi}\tilde{k}_t k_{t+1}^n - \frac{\alpha\beta}{1-\beta(1-\delta)} \cdot \frac{\sigma(1-\phi)}{\phi\delta} \cdot \frac{1}{\beta} \cdot \beta\,\tilde{k}_{t+1}k_{t+2}^n$$

$$= -\frac{\alpha\beta}{1-\beta(1-\delta)} \cdot \frac{\sigma(1-\phi)(1-\delta)}{\delta\phi}\tilde{k}_t k_{t+1}^n$$

(4-37)

进一步合并（4-37），（4-36a），（4-36d）得到：

$$\frac{\alpha\beta}{1-\beta(1-\delta)} \cdot \frac{\sigma(1-\phi)(1-\delta)}{\delta\phi} (\tilde{k}_{t+1}\tilde{k}_t - \tilde{k}_{t+1}k_t^n - \tilde{k}_t k_{t+1}^n)$$

$$= \frac{\alpha\beta}{1-\beta(1-\delta)} \cdot \frac{\sigma(1-\phi)(1-\delta)}{\delta\phi} (\tilde{k}_t - k_t^n)(\tilde{k}_{t+1} - k_{t+1}^n) + \text{t.i.p}$$

· 产出与资本的交叉项

资本与产出的同期项包括 $\tilde{k}_t\tilde{y}_t$, $\tilde{k}_t y_t^n$, $k_t^n\tilde{y}_t$, 其对应的等式分别为

$$\begin{cases} -\left(\frac{\sigma(1-\phi)(1-\delta)}{\phi\delta} - \frac{\alpha(1+s)}{1-\alpha}\right)\tilde{y}_t\tilde{k}_t \\ \left(\frac{\sigma(1-\phi)(1-\delta)}{\phi\delta} - \frac{\alpha(1+s)}{1-\alpha}\right)\tilde{y}_t k_t^n \\ -\alpha\left(\frac{s+\alpha}{1-\alpha} + \frac{\sigma}{\phi}\right)\tilde{k}_t y_t^n \\ -\alpha\beta\tilde{k}_{t+1}y_{t+1}^n + \frac{\alpha\beta}{1-\beta(1-\delta)} \cdot \frac{\sigma}{\phi}\tilde{k}_{t+1}y_{t+1}^n \end{cases} \quad (4\text{-}38\text{a})\text{—}(4\text{-}38\text{d})$$

首先，将(4-38d)改写为：

$$-\alpha\beta\tilde{k}_{t+1}y_{t+1}^n + \frac{\alpha\beta}{1-\beta(1-\delta)} \cdot \frac{\sigma}{\phi}\tilde{k}_{t+1}y_{t+1}^n$$

$$= -\alpha\tilde{k}_t y_t^n + \frac{\alpha}{1-\beta(1-\delta)} \cdot \frac{\sigma}{\phi}\tilde{k}_t y_t^n \qquad (4\text{-}39)$$

则将(4-38a)—(4-38c)与(4-39)合并，得到：

$$-\left(\frac{\sigma(1-\phi)(1-\delta)}{\phi\delta} - \frac{\alpha(1+s)}{1-\alpha}\right)(\tilde{y}_t - y^n)(\tilde{k}_t - k_t^n) + \text{t.i.p}$$

而剩余产出与资本的非同期余项 $\tilde{y}_t\tilde{k}_{t+1}$, $\tilde{y}_t k_{t+1}^n$, $y_t^n\tilde{k}_{t+1}$ 所对应的等式依次为：

$$\begin{cases} \frac{\sigma(1-\phi)}{\phi\delta}\tilde{y}_t\tilde{k}_{t+1} \\ -\frac{\sigma(1-\phi)}{\phi\delta}\tilde{y}_t k_{t+1}^n \\ -\frac{\alpha}{\bar{R}-(1-\delta)} \cdot \frac{\sigma}{\phi}\tilde{k}_{t+1}y_t^n \Rightarrow -\frac{\sigma(1-\phi)}{\phi\delta}y_t^n\tilde{k}_{t+1} \end{cases} \quad (4\text{-}40\text{a})\text{—}(4\text{-}40\text{c})$$

将上述三式合并，最终得到：

$$\frac{\sigma(1-\phi)}{\phi\delta}(\tilde{y}_t \tilde{k}_{t+1} - \tilde{y}_t k_{t+1}^n - y_t^n \tilde{k}_{t+1})$$

$$= \frac{\sigma(1-\phi)}{\phi\delta}(\tilde{y}_t - y_t^n)(\tilde{k}_{t+1} - k_{t+1}^n) + \text{t. i. p}$$

以上化简过程主要为模型中变量关于潜在缺口的对数偏离，也即在非扭曲稳态展开的结果。依据这一结论，这里仅需围绕式(4-32)进行扭曲稳态展开，并相应赋予系数 $-\Phi/\phi_F$ 即可求出扭曲稳态的展开结果。因此，损失函数的扭曲稳态二次近似最终结果如下：

$$\left(\frac{C_t^{1-\sigma}}{1-\sigma} - \frac{L_t^{1+s}}{1+s}\right)\frac{\phi}{\overline{C}^{1-\sigma}} = \frac{\Phi}{\phi_F} \cdot \frac{1}{\delta} \tilde{k}_{t+1}^2 - \frac{\Phi}{\phi_F}\left(\frac{1-\delta}{\delta} + \alpha\right)\tilde{k}_t^2$$

$$- \frac{1}{2} \cdot \frac{\phi}{\phi_F}\begin{bmatrix} + \left(\frac{\sigma}{\phi} + \frac{s+\alpha}{1-\alpha}\right)\tilde{y}_t^2 \\ + \left(\frac{\sigma(1-\phi)^2}{\phi\delta^2} + \alpha\beta\right)\tilde{k}_{t+1}^2 \\ + \left(\frac{\alpha^2(1+s)}{1-\alpha} + \frac{\sigma(1-\phi)^2(1-\delta)^2}{\phi\delta^2}\right)\tilde{k}_t^2 \end{bmatrix}$$

$$+ \frac{\phi}{\phi_F}\begin{bmatrix} + \frac{\sigma(1-\phi)^2(1-\delta)}{\delta^2\phi}\tilde{k}_t^2 \tilde{k}_{t+1}^2 \\ + \left(\frac{\alpha(1+s)}{1-\alpha} - \frac{\sigma(1-\phi)(1-\delta)}{\phi\delta}\right)\tilde{y}_t^2 \tilde{k}_t^2 \\ + \frac{\sigma(1-\phi)}{\phi\delta}\tilde{y}_t^2 \tilde{k}_{t+1}^2 \end{bmatrix}$$

$$+ B_1^T A B_1 + B^T A B_2 + B_2^T A B - G^T \Lambda G$$

$$- \frac{1}{2} \cdot \frac{\Phi}{\phi_F}\begin{Bmatrix} - \frac{1-\sigma-\phi_F}{\phi_F}\tilde{y}_t^2 \\ - \left(\frac{\sigma+2\phi_F-1}{\phi_F} \cdot \frac{1}{\delta^2} - \frac{1-\phi}{\delta} - \frac{\sigma\phi}{\delta^2}\right)\tilde{k}_{t+1}^2 \\ - \left[\frac{\sigma+2\phi_F-1}{\phi_F} \cdot \frac{(1-\delta)^2}{\delta^2} + \frac{(1-\phi)(1-\delta)}{\delta} - \frac{\sigma\phi(1-\delta)^2}{\delta^2}\right]\tilde{k}_t^2 \end{Bmatrix}$$

$$-\sigma\frac{\Phi}{\phi_F}\begin{bmatrix}\dfrac{1}{\delta}\cdot\dfrac{1}{\phi_F}\tilde{y}_t\tilde{k}_{t+1}\\[2mm]-\dfrac{1-\delta}{\delta}\cdot\dfrac{1}{\phi_F}\tilde{y}_t\tilde{k}_t\\[2mm]+\dfrac{1}{\phi_F}\cdot\dfrac{1-\delta}{\delta^2}\tilde{k}_t\tilde{k}_{t+1}\\[2mm]-\dfrac{\phi(1-\delta)}{\delta^2}\tilde{k}_t\tilde{k}_{t+1}\end{bmatrix}-\frac{\Phi}{\phi_F}\begin{bmatrix}-\dfrac{1-\phi_F}{\phi_F}\cdot\dfrac{1}{\delta}\tilde{y}_t\tilde{k}_{t+1}\\[2mm]+\dfrac{1-\phi_F}{\phi_F}\cdot\dfrac{1-\delta}{\delta}\tilde{k}_t\tilde{y}_t\\[2mm]-\dfrac{1-2\phi_F}{\phi_F}\cdot\dfrac{1-\delta}{\delta^2}\tilde{k}_t\tilde{k}_{t+1}\end{bmatrix}+\mathrm{t.i.p}+\mathfrak{D}(\parallel\xi\parallel^3)$$

其中，上式中的对数偏离形式可被进一步化简为二次型形式，具体化简过程如下所示：

· 合并 $\tilde{y}_t$ 与 $\tilde{k}_{t+1}$

$$-\frac{1}{2}\cdot\frac{\Phi}{\phi_F}\left(\begin{array}{l}-\dfrac{1-\sigma-\phi_F}{\phi_F}\tilde{y}_t^2-2\cdot\dfrac{1-\phi_F}{\phi_F}\cdot\dfrac{1}{\delta}\tilde{y}_t\tilde{k}_{t+1}+2\cdot\dfrac{\sigma}{\phi_F}\cdot\dfrac{1}{\delta}\tilde{y}_t\tilde{k}_{t+1}\\[2mm]-\dfrac{1-\sigma-\phi_F}{\phi_F}\cdot\dfrac{1}{\delta^2}\tilde{k}_{t+1}^2+\dfrac{1-\sigma-\phi_F}{\phi_F}\cdot\dfrac{1}{\delta^2}\tilde{k}_{t+1}^2\end{array}\right)$$

$$=\frac{1}{2}\cdot\frac{\Phi}{\phi_F}\cdot\frac{1-\sigma-\phi_F}{\phi_F}(\tilde{y}_t+\frac{1}{\delta}\tilde{k}_{t+1})^2-\frac{1}{2}\cdot\frac{\Phi}{\phi_F}\cdot\frac{1-\sigma-\phi_F}{\phi_F}\cdot\frac{1}{\delta^2}\tilde{k}_{t+1}^2$$

· 合并 $\tilde{y}_t$ 与 $\tilde{k}_t$

$$-\frac{1}{2}\cdot\frac{\Phi}{\phi_F}\begin{bmatrix}\dfrac{1-\phi_F-\sigma}{\phi_F}\tilde{y}_t^2+\left(2\cdot\dfrac{1-\phi_F}{\phi_F}\cdot\dfrac{1-\delta}{\delta}-2\cdot\dfrac{\sigma}{\phi_F}\cdot\dfrac{1-\delta}{\delta}\right)\tilde{y}_t\tilde{k}_t+\dfrac{1-\phi_F-\sigma}{\phi_F}\cdot\dfrac{(1-\delta)^2}{\delta^2}\tilde{k}_t^2\\[2mm]-\dfrac{1-\phi_F-\sigma}{\phi_F}\tilde{y}_t^2-\dfrac{1-\phi_F-\sigma}{\phi_F}\cdot\dfrac{(1-\delta)^2}{\delta^2}\tilde{k}_t^2\end{bmatrix}$$

$$=-\frac{1}{2}\cdot\frac{\Phi}{\phi_F}\cdot\frac{1-\phi_F-\sigma}{\phi_F}(\tilde{y}_t+\frac{(1-\delta)}{\delta}\tilde{k}_t)^2+\frac{1}{2}\cdot\frac{\Phi}{\phi_F}\cdot\frac{1-\phi_F-\sigma}{\phi_F}\tilde{y}_t^2$$

$$+\frac{1}{2}\cdot\frac{\Phi}{\phi_F}\cdot\frac{1-\phi_F-\sigma}{\phi_F}\cdot\frac{(1-\delta)^2}{\delta^2}\tilde{k}_t^2$$

· 合并 $\tilde{k}_t$ 与 $\tilde{k}_{t+1}$

$$
-\frac{1}{2} \cdot \frac{\Phi}{\phi_F} \left\{
\begin{array}{l}
\left(\dfrac{1 - 2\phi_F - \sigma}{\phi_F} \cdot \dfrac{1}{\delta^2} + \dfrac{1 - \phi}{\delta} + \dfrac{\sigma\phi}{\delta^2} \right) \widetilde{k}_{t+1}^2 - 2 \cdot \dfrac{1 - 2\phi_F}{\phi_F} \cdot \dfrac{1 - \delta}{\delta^2} \widetilde{k}_t \widetilde{k}_{t+1} \\[3mm]
+ 2 \left[\dfrac{\sigma(1 - \delta)}{\delta^2} \left(\dfrac{2(1 - \phi)}{\phi} - \dfrac{\Phi}{\phi\phi_F} \right) - \dfrac{(1 - \phi)^2}{\phi} \cdot \dfrac{\sigma(1 - \delta)}{\delta^2} \right] \widetilde{k}_t \widetilde{k}_{t+1} \\[3mm]
+ \left[\dfrac{1 - 2\phi_F - \sigma}{\phi_F} \cdot \dfrac{(1 - \delta)^2}{\delta^2} - \dfrac{(1 - \phi)(1 - \delta)}{\delta} + \dfrac{\phi\sigma(1 - \delta)^2}{\delta^2} \right] \widetilde{k}_t^2
\end{array}
\right\}
$$

$$
= -\frac{1}{2} \cdot \frac{\Phi}{\phi_F} \left[
\begin{array}{l}
\dfrac{1 - 2\phi_F - \sigma}{\phi_F} \cdot \dfrac{1}{\delta^2} \widetilde{k}_{t+1}^2 - 2 \cdot \dfrac{1 - 2\phi_F - \sigma}{\phi_F} \cdot \dfrac{(1 - \delta)}{\delta^2} \widetilde{k}_t \widetilde{k}_{t+1} \\[3mm]
+ \dfrac{1 - 2\phi_F - \sigma}{\phi_F} \cdot \dfrac{(1 - \delta)^2}{\delta^2} \widetilde{k}_t^2 + \dfrac{\phi\sigma}{\delta^2} \widetilde{k}_{t+1}^2 - 2 \cdot \dfrac{\phi\sigma(1 - \delta)}{\delta^2} \widetilde{k}_{t+1} \widetilde{k}_t \\[3mm]
+ \dfrac{\phi\sigma(1 - \delta)^2}{\delta^2} \widetilde{k}_t^2 + \dfrac{1 - \phi}{\phi\delta} \widetilde{k}_{t+1}^2 - \dfrac{(1 - \phi)(1 - \delta)}{\phi\delta} \widetilde{k}_t^2
\end{array}
\right]
$$

$$
= -\frac{1}{2} \cdot \frac{\Phi}{\phi_F} \cdot \frac{1 - 2\phi_F - \sigma}{\phi_F} \cdot \frac{1}{\delta^2} (\widetilde{k}_{t+1} - (1 - \delta) \widetilde{k}_t)^2
$$

$$
- \frac{1}{2} \cdot \frac{\Phi}{\phi_F} \cdot \frac{\phi\sigma}{\delta^2} (\widetilde{k}_{t+1} - (1 - \delta) \widetilde{k}_t)^2
$$

$$
- \frac{1}{2} \cdot \frac{\Phi}{\phi_F} \cdot \frac{1 - \phi}{\phi\delta} \widetilde{k}_{t+1}^2 + \frac{1}{2} \cdot \frac{\Phi}{\phi_F} \cdot \frac{(1 - \phi)(1 - \delta)}{\phi\delta} \widetilde{k}_t^2
$$

最终，福利损失函数可写为：

$$
\mathfrak{L} = \mathbb{E}_0 \sum_{t=0}^{\infty} \beta^t - \frac{1}{2} \cdot \frac{\phi}{\phi_F} \left[
\begin{array}{l}
+ \left(\dfrac{\sigma}{\phi} + \dfrac{s + \alpha}{1 - \alpha} \right) \widetilde{y}_t \\[3mm]
+ \left(\dfrac{\sigma(1 - \phi)^2}{\phi\delta^2} + \alpha\beta \right) \widetilde{k}_{t+1}^2 \\[3mm]
+ \left(\dfrac{\alpha^2(1 + s)}{1 - \alpha} + \dfrac{\sigma(1 - \phi)^2(1 - \delta)^2}{\phi\delta^2} \right) \widetilde{k}_t^2
\end{array}
\right]
$$

$$
+ \frac{\phi}{\phi_F} \left[
\begin{array}{l}
+ \dfrac{\sigma(1 - \phi)^2(1 - \delta)}{\delta^2\phi} \widetilde{k}_t^2 \widetilde{k}_{t+1}^2 \\[3mm]
+ \left(\dfrac{\alpha(1 + s)}{1 - \alpha} - \dfrac{\sigma(1 - \phi)(1 - \delta)}{\phi\delta} \right) \widetilde{y}_t \widetilde{k}_t^2 \\[3mm]
+ \dfrac{\sigma(1 - \phi)}{\phi\delta} \widetilde{y}_t \widetilde{k}_{t+1}^2
\end{array}
\right]
$$

$$+ \frac{1}{2} \cdot \frac{\Phi}{\phi_F} \left[\begin{array}{c} \dfrac{1 - \sigma - \phi_F}{\phi_F}(\tilde{y}_t + \dfrac{1}{\delta}\tilde{k}_{t+1})^2 \\[3mm] - \dfrac{1 - 2\phi_F - \sigma}{\phi_F} \cdot \dfrac{1}{\delta^2}(\tilde{k}_{t+1} - (1-\delta)\tilde{k}_t)^2 \\[3mm] - \dfrac{\phi\sigma}{\delta^2}(\tilde{k}_{t+1} - (1-\delta)\tilde{k}_t)^2 \\[3mm] - \dfrac{1 - \phi_F - \sigma}{\phi_F}(\tilde{y}_t + \dfrac{(1-\delta)}{\delta}\tilde{k}_t)^2 \end{array} \right]$$

$$+ \frac{1}{2} \cdot \frac{\Phi}{\phi_F} \left[\begin{array}{c} \dfrac{1 - \phi_F - \sigma}{\phi_F}\tilde{y}_t^2 \\[3mm] + \left[\dfrac{(1-\phi)(1-\delta)}{\phi\delta} + \dfrac{1 - \phi_F - \sigma}{\phi_F} \cdot \dfrac{(1-\delta)^2}{\delta^2} \right]\tilde{k}_t^2 \\[3mm] - \left[\dfrac{1-\phi}{\phi\delta} + \dfrac{1 - \phi_F - \sigma}{\phi_F} \cdot \dfrac{1}{\delta^2} \right]\tilde{k}_{t+1}^2 \end{array} \right]$$

$$+ B_1^T A B_1 + B^T A B_2 + B_2^T A B - G^T \Lambda G + \frac{\Phi}{\phi_F} \cdot \frac{1}{\delta}\hat{k}_{t+1} - \frac{\Phi}{\phi_F}\left(\frac{1-\delta}{\delta} + \alpha \right)\hat{k}_t$$

不难发现，上述损失函数依旧围绕加总经济变量的波动量化福利损失情况，而并未涉及金融变量。因此，为进一步解释损失函数中金融摩擦的内涵，这里可以利用厂商行为作为连接，说明银行部门对资本积累的影响。为此，将银行杠杆表达式与银行净资产积累方程进行一阶近似展开，得到：

$$\widetilde{\varpi}_t = \tilde{\mu}_{N,t} + \frac{\mu_K}{\Theta - \mu_K}\tilde{\mu}_{K,t}$$

$$\tilde{k}_{t+1} = \widetilde{\varpi}_t + \tilde{n}_t$$

$$\tilde{n}_t = \frac{qR_K K}{N}(\tilde{r}_{k,t} + \tilde{k}_t) - \frac{qRK}{N}(\tilde{r}_{t-1} + \tilde{k}_t) + \frac{qRN}{N}(\tilde{r}_{t-1} + \tilde{n}_{t-1}) + \frac{(1-q)\xi K}{N}\tilde{k}_t$$

由上述第二个等式可知，银行总资产主要由杠杆率水平及银行部门加总净资产决定，并且二者为当期变量（由前文论文，银行加总资产为前定变量）；由第一个等式知，银行杠杆率水平主要由等式三中的 $\mu_{K,t}$ 与 $\mu_{K,t}$ 所决定；而在等式三中，银行的净资产由无风险利率、银行总资产、银行前期净资产以及当期贷款利率决定，其中前三者由上期决策决定，而剩余变量由当期决策决定。基于以上逻辑，则可认为银行总资产 $\tilde{k}_{t+1}$ 由 $\tilde{k}_t$，$\tilde{\mu}_{K,t}$，$\tilde{\mu}_{N,t}$，$\tilde{r}_{K,t}$，$\tilde{n}_{t-1}$，$\tilde{r}_{t-1}$ 共同决定，因此这一决定路径可被表述为：

$$\tilde{k}_{t+1} = \tilde{\mu}_{N,t} + \frac{\mu_K}{\Theta - \mu_K} \tilde{\mu}_{K,t} + \frac{q\Delta RK + (1-q)\xi K}{N} \tilde{k}_t + \frac{qR_kK}{N} \tilde{r}_{s,t}$$

$$+ \frac{q\Delta RK + qRN}{N} \tilde{r}_{t-1} + \frac{qRN}{N} \tilde{n}_{t-1}$$

为在上述等式中进一步推导出利差变量，这里将使用关系 $\tilde{r}_{K,t} = \tilde{r}_{s,t} + \tilde{r}_{t-1}$，$R_K = \Delta R + R$。由 $\tilde{k}_{t+1}$ 的路径可知：第一，在非扭曲稳态上分离出的潜在缺口表明资本的对数偏离已包含了内生金融摩擦因素，故 $\tilde{y}_t$，$\tilde{k}_t$ 可视为金融摩擦的函数（其中，$\tilde{y}_t$ 是 $\tilde{k}_t$ 的函数），这便意味着对上述两类变量的稳定即是对金融摩擦传导结果的稳定。第二，由于以上各变量都将出现在 IS 曲线中，因此无需再专门寻找出特定的金融变量进行稳定，这也方便了后续的政策设计。

第二节　动态最优政策的设计

这一小节将基于上一小节损失函数推导出本章的最优稳定政策。为此，这里将寻找出 IS 曲线以及政策权衡边界，这两者分别给出了政策变量的变动路径以及最小化损失方程的约束条件。在此基础上，后文将进一步刻画出相机决策政策与承诺规则政策。

一、IS 曲线的推导

为推导出 IS 曲线，这里需先对市场出清条件与资本积累方程进行一次近似，将其合并后得到：

$$\tilde{c}_t = \frac{1}{\phi}\tilde{y}_t - \frac{1-\phi}{\phi} \cdot \frac{1}{\delta} \tilde{k}_{t+1} + \frac{1-\phi}{\phi} \cdot \frac{1-\delta}{\delta} \tilde{k}_t$$

$$- \frac{\Phi}{\phi_F}\left(\frac{1}{\phi}\tilde{y}_t - \frac{1}{\phi} \cdot \frac{1}{\delta} \tilde{k}_{t+1} + \frac{1}{\phi} \cdot \frac{1-\delta}{\delta} \tilde{k}_t\right) + \frac{1-\phi_F}{\phi_F} \cdot \frac{1-\delta}{\delta} \tilde{\psi}_t$$

不难发现当 Φ 趋于 0 时，上述对数偏离与无摩擦环境下的结果一致。因此，将上述 $\tilde{c}_t$ 的路径代入欧拉方程后，得到：

$$
\begin{aligned}
\tilde{r}_t ={}& \frac{\sigma}{\phi}\mathbb{E}_t\tilde{y}_{t+1} - \frac{\sigma(1-\phi)}{\phi}\cdot\frac{1}{\delta}\mathbb{E}_t\tilde{k}_{t+2} + \frac{\sigma(1-\phi)}{\phi}\cdot\frac{1-\delta}{\delta}\mathbb{E}_t\tilde{k}_{t+1} \\
& - \frac{\Phi}{\phi_F}\left(\frac{\sigma}{\phi}\mathbb{E}_t\tilde{y}_{t+1} - \frac{\sigma}{\phi}\cdot\frac{1}{\delta}\mathbb{E}_t\tilde{k}_{t+2} + \frac{\sigma}{\phi}\cdot\frac{1-\delta}{\delta}\mathbb{E}_t\tilde{k}_{t+1}\right) \\
& - \frac{\sigma}{\phi}\tilde{y}_t + \frac{\sigma(1-\phi)}{\phi}\cdot\frac{1}{\delta}\tilde{k}_{t+1} - \frac{\sigma(1-\phi)}{\phi}\cdot\frac{1-\delta}{\delta}\tilde{k}_t \\
& + \frac{\Phi}{\phi_F}\left(\frac{\sigma}{\phi}\tilde{y}_t - \frac{\sigma}{\phi}\cdot\frac{1}{\delta}\tilde{k}_{t+1} + \frac{\sigma}{\phi}\cdot\frac{1-\delta}{\delta}\tilde{k}_t\right) \\
& + \frac{1-\phi_F}{\phi_F}\cdot\frac{1-\delta}{\delta}(\rho_\psi - 1)\tilde{\psi}_t
\end{aligned}
$$

为确保稳定政策尽可能地稳定金融摩擦，这里需依据上式进一步推导出潜在缺口变量，则上式变为标准的 IS 曲线如下：

$$
\begin{aligned}
\tilde{r}_t ={}& r_t^n + \frac{\sigma}{\phi}(\mathbb{E}_t\hat{y}_{t+1} - \hat{y}_t) - \frac{\sigma(1-\phi)}{\phi}\cdot\frac{1}{\delta}(\mathbb{E}_t\hat{k}_{t+2} - \hat{k}_{t+1}) \\
& + \frac{\sigma(1-\phi)}{\phi}\cdot\frac{1-\delta}{\delta}(\mathbb{E}_t\hat{k}_{t+1} - \hat{k}_t) \\
& - \frac{\Phi}{\phi_F}\left[\frac{\sigma}{\phi}(\mathbb{E}_t\tilde{y}_{t+1} - \tilde{y}_t) - \frac{\sigma}{\phi}\cdot\frac{1}{\delta}(\mathbb{E}_t\tilde{k}_{t+2} - \tilde{k}_{t+1}) + \frac{\sigma}{\phi}\cdot\frac{1-\delta}{\delta}(\mathbb{E}_t\tilde{k}_{t+1} - \tilde{k}_t)\right] \\
& + \frac{1-\phi_F}{\phi_F}\cdot\frac{1-\delta}{\delta}(\rho_\psi - 1)\tilde{\psi}_t
\end{aligned}
$$

其中 r_t^n 为无风险利率在潜在路径（即无金融摩擦环境下的路径）下的对数偏离，具体而言：

$$
\begin{aligned}
r_t^n ={}& \frac{\sigma}{\phi}\mathbb{E}_t y_{t+1}^n - \frac{\sigma(1-\phi)}{\phi}\cdot\frac{1}{\delta}\mathbb{E}_t k_{t+2}^n + \frac{\sigma(1-\phi)}{\phi}\cdot\frac{1-\delta}{\delta}\mathbb{E}_t k_{t+1}^n \\
& - \frac{\sigma}{\phi}y_t^n + \frac{\sigma(1-\phi)}{\phi}\cdot\frac{1}{\delta}k_{t+1}^n - \frac{\sigma(1-\phi)}{\phi}\cdot\frac{1-\delta}{\delta}k_t^n
\end{aligned}
$$

二、政策权衡边界

为推导出有助于理解稳定目标的权衡边界，这里将首先对厂商产出与资本积累的决策进行说明。基于 CRS 的假设与灵活定价的标准，任意厂商的边际成本为常数，由此进一步得到：

$$MC_t(i) = MC = \frac{W_t}{MPN_t(i)} + \frac{R_{K,t}}{MPK_t(i)}$$

$$= W_t \frac{L_t(i)}{Y_t(i)} + R_{K,t} \frac{K_t(i)}{Y_t(i)} = W_t \frac{L_t}{Y_t} + R_{K,t} \frac{K_t}{Y_t}$$

对上式对数线性化后得到：

$$0 = (1 - \alpha)(\tilde{w}_t + \tilde{l}_t - \tilde{y}_t) + \left[\alpha + \frac{(1 - \delta)(1 - \phi)}{\delta} \right] (\tilde{r}_{K,t} + \tilde{k}_t - \tilde{y}_t)$$

$$- \frac{1 - \delta}{\delta} \cdot \Phi (\tilde{r}_{K,t} + \tilde{k}_t - \tilde{y}_t) \tag{4-41}$$

此外，由厂商生产函数、劳动供给、市场出清条件、厂商资本需求以及资本积累方程的对数线性化条件可以得到 $\tilde{w}_t + \tilde{l}_t - \tilde{y}_t$ 与 $\tilde{r}_{K,t} + \tilde{k}_t - \tilde{y}_t$ 的表达式如下：

$$(1 - \alpha)(\tilde{w}_t + \tilde{l}_t - \tilde{y}_t) = (1 + s)\tilde{y}_t - \alpha(1 + s)\tilde{\psi}_t - \alpha(1 + s)\tilde{k}_t + \frac{\sigma(1 - \alpha)}{\phi}\tilde{y}_t$$

$$- \frac{\sigma(1 - \phi)(1 - \alpha)}{\phi} \cdot \frac{1}{\delta}\tilde{k}_{t+1} + \frac{\sigma(1 - \phi)(1 - \alpha)}{\phi} \cdot \frac{1 - \delta}{\delta}\tilde{k}_t$$

$$- \frac{\Phi(1 - \alpha)}{\phi_F}\left(\frac{1}{\phi}\tilde{y}_t - \frac{1}{\phi} \cdot \frac{1}{\delta}\tilde{k}_{t+1} + \frac{1}{\phi} \cdot \frac{1 - \delta}{\delta}\tilde{k}_t \right) - (1 - \alpha)\tilde{y}_t + \text{t. i. p}$$

$$\left[\alpha + \frac{(1 - \delta)(1 - \phi)}{\delta} \right] (\tilde{r}_{K,t} + \tilde{k}_t - \tilde{y}_t)$$

$$= \left[\alpha + \frac{(1 - \delta)(1 - \phi)}{\delta} \right] \left[\begin{array}{c} \dfrac{\alpha\beta\delta}{1 - \phi}(\tilde{y}_t - \tilde{k}_t) - \dfrac{\Phi\beta}{1 - \phi}(1 - \delta)\tilde{k}_t \\[3mm] - \dfrac{[(1 - \phi)\Delta R - \Phi\Delta R - \Phi R]\beta}{1 - \phi}(\tilde{k}_t + \tilde{r}_{K,t}) + \tilde{k}_t - \tilde{y}_t \end{array} \right] + \text{t. i. p}$$

将上述两式代入(4-41)后，得到：

$$0 = \left\{ (1 + s) + \frac{(1 - \alpha)\sigma}{\phi} - (1 - \alpha) + \left[\alpha + \frac{(1 - \delta)(1 - \phi)}{\delta} \right] \frac{\alpha\beta\delta + \phi - 1}{1 - \phi} \right\}\tilde{y}_t$$

$$- \left\{ \alpha(1 + s) - \frac{\sigma(1 - \phi)(1 - \alpha)}{\phi} \cdot \frac{1 - \delta}{\delta} + \left[\alpha + \frac{(1 - \delta)(1 - \phi)}{\delta} \right] \frac{\alpha\beta\delta + \phi - 1}{1 - \phi} \right\}\tilde{k}_t$$

$$- \frac{\sigma(1 - \phi)(1 - \alpha)}{\phi} \cdot \frac{1}{\delta}\tilde{k}_{t+1} - \frac{\Phi(1 - \alpha)}{\phi_F}\left(\frac{1}{\phi}\tilde{y}_t - \frac{1}{\phi} \cdot \frac{1}{\delta}\tilde{k}_{t+1} + \frac{1}{\phi} \cdot \frac{1 - \delta}{\delta}\tilde{k}_t \right)$$

$$- \left[\alpha + \frac{(1-\delta)(1-\phi)}{\delta} \right] \left\{ \frac{\Phi\beta}{1-\phi}(1-\delta)\tilde{k}_t + \frac{\left[(1-\phi)\Delta R - \Phi\Delta R - \Phi R \right]\beta}{1-\phi}(\tilde{k}_t + \tilde{r}_{K,t}) \right\}$$

$$- \frac{1-\delta}{\delta}\Phi(\tilde{r}_{K,t} + \tilde{k}_t - \tilde{y}_t) + \text{t. i. p}$$

由上式的结构可以注意到当 Φ 趋于 0 时，产出与资本积累将分别收敛至潜在路径。因此，令上式减去潜在路径后即可得到潜在缺口路径，具体如下：

$$0 = \left\{ (1+s) + \frac{(1-\alpha)\sigma}{\phi} - (1-\alpha) + \left[\alpha + \frac{(1-\delta)(1-\phi)}{\delta} \right] \frac{\alpha\beta\delta + \phi - 1}{1-\phi} \right\} \hat{y}_t$$

$$- \left\{ \alpha(1+s) - \frac{\sigma(1-\phi)(1-\alpha)}{\phi} \cdot \frac{1-\delta}{\delta} + \left[\alpha + \frac{(1-\delta)(1-\phi)}{\delta} \right] \frac{\alpha\beta\delta + \phi - 1}{1-\phi} \right\} \hat{k}_t$$

$$- \frac{\sigma(1-\phi)(1-\alpha)}{\phi} \cdot \frac{1}{\delta}\hat{k}_{t+1} - \frac{\Phi(1-\alpha)}{\phi_F}\left(\frac{1}{\phi}\tilde{y}_t - \frac{1}{\phi} \cdot \frac{1}{\delta}\tilde{k}_{t+1} + \frac{1}{\phi} \cdot \frac{1-\delta}{\delta}\tilde{k}_t \right)$$

$$- \left[\alpha + \frac{(1-\delta)(1-\phi)}{\delta} \right] \left\{ \frac{\Phi\beta}{1-\phi}(1-\delta)\tilde{k}_t + \frac{\left[(1-\phi)\Delta R - \Phi\Delta R - \Phi R \right]\beta}{1-\phi}(\tilde{k}_t + \tilde{r}_{K,t}) \right\}$$

$$- \frac{1-\delta}{\delta}\Phi(\tilde{r}_{K,t} + \tilde{k}_t - \tilde{y}_t) + \text{t. i. p}$$

与标准的 NKPC 不同，上述方程的内涵可分述为两部分：其一是政策稳定对产出缺口与资本缺口的权衡关系，其中二者都可视为包含金融摩擦的函数；其二是对数偏离项的稳态扭曲系数。其原因主要是金融摩擦的内生变动不但在动态过程上造成了波动，也造成了稳态的变化，这与前文论述一致。因此，仅熨平产出与资本缺口并不能完全消除金融摩擦对经济福利造成的损失。这便使最终的政策设计应充分考虑上述两点内涵关系。

三、最优政策的推导

1. 相机抉择政策

在相机决策设计中，$\hat{k}_{t+1}$ 被政策当局视为外生给定，因此当局只需选择适当的 $(\hat{y}_t, \hat{k}_t)$ 标准来最小化上述福利损失函数。构建福利损失函数与约束条件的拉格朗日函数，相机抉择问题的最优化结果为：

$$
\left[
\begin{array}{cc}
0 & \dfrac{\Phi}{\phi_F}\left(\dfrac{1-\delta}{\delta}+\alpha\right) \\[2ex]
\dfrac{\phi}{\phi_F}\left(\dfrac{\sigma}{\phi}+\dfrac{s+\alpha}{1-\alpha}\right) & -\dfrac{\phi}{\phi_F}\left[\dfrac{\sigma(1-\phi)(1-\delta)}{\phi\delta}-\dfrac{\alpha(1+s)}{1-\alpha}\right] \\[3ex]
-\dfrac{\phi}{\phi_F}\left[\dfrac{\sigma(1-\phi)(1-\delta)}{\phi\delta}+\dfrac{\alpha(1+s)}{1-\alpha}\right] & \dfrac{\phi}{\phi_F}\left[\dfrac{\alpha^2(1+s)}{1-\alpha}+\dfrac{\sigma(1-\phi)^2(1-\delta)^2}{\phi\delta^2}\right] \\[3ex]
-\dfrac{\phi}{\phi_F}\cdot\dfrac{\sigma(1-\phi)}{\phi\delta} & -\dfrac{\phi}{\phi_F}\cdot\dfrac{\sigma(1-\phi)^2(1-\delta)}{\delta^2\phi} \\[3ex]
-\left\{\begin{array}{l}(1+s)+\dfrac{(1-\alpha)\sigma}{\phi}-(1-\alpha)\\[1ex]+\left[\alpha+\dfrac{(1-\delta)(1-\phi)}{\delta}\right]\dfrac{\alpha\beta\delta+\phi-1}{1-\phi}\end{array}\right\} & \left\{\begin{array}{l}\alpha(1+s)-\dfrac{\sigma(1-\phi)(1-\alpha)}{\phi}\cdot\dfrac{1-\delta}{\delta}\\[1ex]+\left[\alpha+\dfrac{(1-\delta)(1-\phi)}{\delta}\right]\dfrac{\alpha\beta\delta+\phi-1}{1-\phi}\end{array}\right\}
\end{array}
\right]^T
\left[
\begin{array}{c}
1 \\ \hat{y}_t \\ \hat{k}_t \\ \hat{k}_{t+1} \\ \lambda
\end{array}
\right]
+
\left[
\begin{array}{c}
\dfrac{\partial\Delta_t}{\partial\hat{y}_t} \\[2ex]
\dfrac{\partial\Delta_t}{\partial\hat{k}_t}
\end{array}
\right]
=0
$$

上式中 λ 为拉式乘子，并且 $\Delta_t=B_1^TAB_1+B^TAB_2+B_2^TAB-G^T\Lambda G$。将前述关系式合并，得到 $\hat{y}_t=\nu+\Psi_1\hat{k}_t+\Psi_2\hat{k}_{t+1}+\Psi_3\cdot\dfrac{\partial\Delta_t}{\partial\hat{y}_t}+\Psi_4\cdot\dfrac{\partial\Delta_t}{\partial\hat{k}_t}$，其中：

$$
\left[
\begin{array}{cc}
\Xi_1 & \Psi_3 \\
\Psi_1 & \Psi_4 \\
\Psi_2 & \nu
\end{array}
\right]=
$$

$$
\left[
\begin{array}{cc}
\dfrac{\left\{\alpha(1+s)-\dfrac{\sigma(1-\phi)(1-\alpha)}{\phi}\cdot\dfrac{1-\delta}{\delta}+\left[\alpha+\dfrac{(1-\delta)(1-\phi)}{\delta}\right]\dfrac{\alpha\beta\delta+\phi-1}{1-\phi}\right\}}{\left\{(1+s)+\dfrac{(1-\alpha)\sigma}{\phi}-(1-\alpha)+\left[\alpha+\dfrac{(1-\delta)(1-\phi)}{\delta}\right]\dfrac{\alpha\beta\delta+\phi-1}{1-\phi}\right\}} & \dfrac{\Xi_1}{\left[\dfrac{\sigma(1-\phi)(1-\delta)}{\phi\delta}-\dfrac{\alpha(1+s)}{1-\alpha}\right]-\Xi_1\dfrac{\phi}{\phi_F}\left(\dfrac{\sigma}{\phi}+\dfrac{s+\alpha}{1-\alpha}\right)} \\[5ex]
\dfrac{\dfrac{\phi}{\phi_F}\left[\dfrac{\alpha^2(1+s)}{1-\alpha}+\dfrac{\sigma(1-\phi)^2(1-\delta)^2}{\phi\delta^2}\right]-\Xi_1\dfrac{\phi}{\phi_F}\left[\dfrac{\sigma(1-\phi)(1-\delta)}{\phi\delta}+\dfrac{\alpha(1+s)}{1-\alpha}\right]}{\left[\dfrac{\sigma(1-\phi)(1-\delta)}{\phi\delta}-\dfrac{\alpha(1+s)}{1-\alpha}\right]-\Xi_1\dfrac{\phi}{\phi_F}\left(\dfrac{\sigma}{\phi}+\dfrac{s+\alpha}{1-\alpha}\right)} & \dfrac{1}{\left[\dfrac{\sigma(1-\phi)(1-\delta)}{\phi\delta}-\dfrac{\alpha(1+s)}{1-\alpha}\right]-\Xi_1\dfrac{\phi}{\phi_F}\left(\dfrac{\sigma}{\phi}+\dfrac{s+\alpha}{1-\alpha}\right)} \\[5ex]
\dfrac{-\dfrac{\phi}{\phi_F}\cdot\dfrac{\sigma(1-\phi)^2(1-\delta)}{\delta^2\phi}+\Xi_1\dfrac{\phi}{\phi_F}\cdot\dfrac{\sigma(1-\phi)}{\phi\delta}}{\left[\dfrac{\sigma(1-\phi)(1-\delta)}{\phi\delta}-\dfrac{\alpha(1+s)}{1-\alpha}\right]-\Xi_1\dfrac{\phi}{\phi_F}\left(\dfrac{\sigma}{\phi}+\dfrac{s+\alpha}{1-\alpha}\right)} & \dfrac{\Phi}{\phi_F}\left(\dfrac{1-\delta}{\delta}+\alpha\right)
\end{array}
\right]
$$

将 $\hat{y}_t$ 的表达式代入 IS 曲线得到相机抉择政策如下：

133

$$
\tilde{r}_t = r_t^n +
\begin{bmatrix}
\dfrac{\sigma}{\phi}\Psi_1 + \dfrac{(1-\phi)}{\phi}\cdot\dfrac{\sigma}{\phi}\cdot\dfrac{1-\delta}{\delta} \\[2mm]
\dfrac{\sigma}{\phi}\Psi_2 - \dfrac{(1-\phi)}{\phi}\cdot\dfrac{\sigma}{\phi}\cdot\dfrac{1}{\delta} \\[2mm]
-\dfrac{\Phi}{\phi_F}\cdot\dfrac{\sigma}{\phi} \\[2mm]
\dfrac{\Phi}{\phi_F}\cdot\dfrac{\sigma}{\phi}\cdot\dfrac{1}{\delta} \\[2mm]
-\dfrac{\Phi}{\phi_F}\cdot\dfrac{\sigma}{\phi}\cdot\dfrac{1-\delta}{\delta} \\[2mm]
\dfrac{\sigma}{\phi}\Psi_3 \\[2mm]
\dfrac{\sigma}{\phi}\Psi_4
\end{bmatrix}^T
\begin{bmatrix}
\mathbb{E}_t\hat{k}_{t+1} - \hat{k}_t \\[1mm]
\mathbb{E}_t\hat{k}_{t+2} - \hat{k}_{t+1} \\[1mm]
\mathbb{E}_t\tilde{y}_{t+1} - \tilde{y}_t \\[1mm]
\mathbb{E}_t\tilde{k}_{t+2} - \tilde{k}_{t+1} \\[1mm]
\mathbb{E}_t\tilde{k}_{t+1} - \tilde{k}_t \\[1mm]
\mathbb{E}_t\partial\Delta_{t+1}/\partial\hat{y}_{t+1} - \partial\Delta_t/\partial\hat{y}_t \\[1mm]
\mathbb{E}_t\partial\Delta_{t+1}/\partial\hat{k}_{t+1} - \partial\Delta_t/\partial\hat{k}_t
\end{bmatrix}
$$

$$
+ \frac{1-\phi_F}{\phi_F}\cdot\frac{1-\delta}{\delta}(\rho_\psi - 1)\tilde{\psi}_t
$$

2. 承诺规则

在承诺规则中，政策当局将对状态依存序列 $\{\hat{y}_t,\ \hat{k}_t\}_{t=0}^{\infty}$ 进行选择，进而最小化社会福利损失，这边意味着 $\hat{k}_{t+1}$ 对于当局而言是内生变量。构建损失函数与政策权衡的边界的拉格朗日函数，上述问题的最优化结果为：

$$
\begin{bmatrix}
0 & \dfrac{\Phi}{\phi_F}\left(\dfrac{1-\delta}{\delta}+\alpha\right) - \dfrac{\phi}{\phi_F}\cdot\dfrac{1}{\delta} \\[3mm]
\dfrac{\phi}{\phi_F}\left(\dfrac{\sigma}{\phi}+\dfrac{s+\alpha}{1-\alpha}\right) & -\dfrac{\phi}{\phi_F}\left[\dfrac{\sigma(1-\phi)(1-\delta)}{\phi\delta} - \dfrac{\alpha(1+s)}{1-\alpha}\right] \\[3mm]
0 & -\dfrac{\phi}{\phi_F}\cdot\dfrac{\sigma(1-\phi)}{\phi\delta} \\[3mm]
-\dfrac{\phi}{\phi_F}\cdot\dfrac{\sigma(1-\phi)}{\phi\delta} & -\dfrac{\phi}{\phi_F}\cdot\dfrac{\sigma(1-\phi)^2(1-\delta)}{\delta^2\phi} \\[3mm]
-\dfrac{\phi}{\phi_F}\left[\dfrac{\sigma(1-\phi)(1-\delta)}{\phi\delta} + \dfrac{\alpha(1+s)}{1-\alpha}\right] & \dfrac{\phi}{\phi_F}\left[\dfrac{\alpha^2(1+s)}{1-\alpha} + \dfrac{\sigma(1-\phi)^2(1-\delta)^2}{\phi\delta^2} + \dfrac{\sigma(1-\phi)^2}{\phi\delta^2} + \alpha\beta\right] \\[3mm]
0 & -\dfrac{\phi}{\phi_F}\cdot\dfrac{\sigma(1-\phi)^2(1-\delta)}{\delta^2\phi} \\[3mm]
-\left\{\begin{array}{l}(1+s) + \dfrac{(1-\alpha)\sigma}{\phi} - (1-\alpha) \\[1mm] + \left[\alpha + \dfrac{(1-\delta)(1-\phi)}{\delta}\right]\dfrac{\alpha\beta\delta+\phi-1}{1-\phi}\end{array}\right\} & \left\{\begin{array}{l}\alpha(1+s) - \dfrac{\sigma(1-\phi)(1-\alpha)}{\phi}\cdot\dfrac{1-\delta}{\delta} \\[1mm] + \left[\alpha + \dfrac{(1-\delta)(1-\phi)}{\delta}\right]\dfrac{\alpha\beta\delta+\phi-1}{1-\phi}\end{array}\right\} \\[5mm]
0 & \dfrac{\sigma(1-\phi)(1-\delta)}{\phi}\cdot\dfrac{1}{\delta}
\end{bmatrix}^T
$$

$$
\begin{bmatrix} 1 \\ \hat{y}_t \\ \hat{y}_{t-1} \\ \hat{k}_{t+1} \\ \hat{k}_t \\ \hat{k}_{t-1} \\ \lambda_t \\ \lambda_{t-1} \end{bmatrix} + \begin{bmatrix} \dfrac{\partial \Delta_t}{\partial \hat{y}_t} \\[2mm] \dfrac{\partial \Delta_t}{\partial \hat{k}_t} + \dfrac{\partial \Delta_{t-1}}{\partial \hat{k}_t} \end{bmatrix} = 0
$$

上式中 λ_t，λ_{t-1} 为拉式乘子，与相机抉择类似，将前述方程合并后得到产出的最优路径为 $\hat{y}_t = \gamma + \Gamma_1 \hat{y}_{t-1} + \Gamma_2 \hat{k}_{t+1} + \Gamma_3 \hat{k}_t + \Gamma_4 \hat{k}_{t-1} + \Gamma_5 \cdot \partial \Delta_t / \partial \hat{y}_t + \Gamma_6 \cdot \partial \Delta_{t-1} / \partial \hat{y}_{t-1} + \Gamma_7 \cdot \partial \Delta_t / \partial \hat{k}_t + \Gamma_7 \cdot \partial \Delta_{t-1} / \partial \hat{k}_{t-1}$，其中

$$
\begin{bmatrix} \Xi_2 & \Gamma_5 \\ \Gamma_1 & \Gamma_6 \\ \Gamma_2 & \Gamma_7 \\ \Gamma_3 & \gamma \\ \Gamma_4 & 0 \end{bmatrix} =
$$

$$
\begin{bmatrix}
\dfrac{\dfrac{\sigma(1-\phi)(1-\delta)}{\phi}\cdot\dfrac{1}{\delta}}{\left\{(1+s)+\dfrac{(1-\alpha)\sigma}{\phi}-(1-\alpha)+\left[\alpha+\dfrac{(1-\delta)(1-\phi)}{\delta}\right]\dfrac{\alpha\beta\delta+\phi-1}{1-\phi}\right\}} & \dfrac{\Xi_1}{\left[\dfrac{\sigma(1-\phi)(1-\delta)}{\phi\delta}-\dfrac{\alpha(1+s)}{1-\alpha}\right]-\Xi_1\dfrac{\phi}{\phi_F}\left(\dfrac{\sigma}{\phi}+\dfrac{s+\alpha}{1-\alpha}\right)} \\[6mm]
-\dfrac{\dfrac{\phi}{\phi_F}\cdot\dfrac{\sigma(1-\phi)}{\phi\delta}-\Xi_2\dfrac{\phi}{\phi_F}\left(\dfrac{\sigma}{\phi}+\dfrac{s+\alpha}{1-\alpha}\right)}{\left[\dfrac{\sigma(1-\phi)(1-\delta)}{\phi\delta}-\dfrac{\alpha(1+s)}{1-\alpha}\right]-\Xi_1\dfrac{\phi}{\phi_F}\left(\dfrac{\sigma}{\phi}+\dfrac{s+\alpha}{1-\alpha}\right)} & \dfrac{\Xi_2}{\left[\dfrac{\sigma(1-\phi)(1-\delta)}{\phi\delta}-\dfrac{\alpha(1+s)}{1-\alpha}\right]-\Xi_1\dfrac{\phi}{\phi_F}\left(\dfrac{\sigma}{\phi}+\dfrac{s+\alpha}{1-\alpha}\right)} \\[6mm]
-\dfrac{\dfrac{\phi}{\phi_F}\cdot\dfrac{\sigma(1-\phi)^2(1-\delta)}{\delta^2\phi}+\Xi_1\dfrac{\phi}{\phi_F}\cdot\dfrac{\sigma(1-\phi)}{\phi\delta}}{\left[\dfrac{\sigma(1-\phi)(1-\delta)}{\phi\delta}-\dfrac{\alpha(1+s)}{1-\alpha}\right]-\Xi_1\dfrac{\phi}{\phi_F}\left(\dfrac{\sigma}{\phi}+\dfrac{s+\alpha}{1-\alpha}\right)} & \dfrac{1}{\left[\dfrac{\sigma(1-\phi)(1-\delta)}{\phi\delta}-\dfrac{\alpha(1+s)}{1-\alpha}\right]-\Xi_1\dfrac{\phi}{\phi_F}\left(\dfrac{\sigma}{\phi}+\dfrac{s+\alpha}{1-\alpha}\right)} \\[6mm]
\dfrac{\left\{\dfrac{\phi}{\phi_F}\left[\dfrac{\sigma(1-\phi)^2}{\delta^2}+\alpha\beta\right]-\Xi_2\dfrac{\phi}{\phi_F}\cdot\dfrac{\sigma(1-\phi)}{\phi\delta}+\dfrac{\phi}{\phi_F}\left[\dfrac{\alpha^2(1+s)}{1-\alpha}+\dfrac{\sigma(1-\phi)^2(1-\delta)^2}{\phi\delta^2}\right]-\Xi_1\dfrac{\phi}{\phi_F}\left[\dfrac{\sigma(1-\phi)(1-\delta)}{\phi\delta}+\dfrac{\alpha(1+s)}{1-\alpha}\right]\right\}}{\left[\dfrac{\sigma(1-\phi)(1-\delta)}{\phi\delta}-\dfrac{\alpha(1+s)}{1-\alpha}\right]-\Xi_1\dfrac{\phi}{\phi_F}\left(\dfrac{\sigma}{\phi}+\dfrac{s+\alpha}{1-\alpha}\right)} & \dfrac{\Phi}{\phi_F}\left(\dfrac{1-\delta}{\delta}+\alpha\right)-\dfrac{\phi}{\phi_F}\cdot\dfrac{1}{\delta} \\[6mm]
-\dfrac{\dfrac{\phi}{\phi_F}\cdot\dfrac{\sigma(1-\phi)(1-\delta)}{\delta^2\phi}+\Xi_2\dfrac{\phi}{\phi_F}\left[\dfrac{\sigma(1-\phi)(1-\delta)}{\phi\delta}+\dfrac{\alpha(1+s)}{1-\alpha}\right]}{\left[\dfrac{\sigma(1-\phi)(1-\delta)}{\phi\delta}-\dfrac{\alpha(1+s)}{1-\alpha}\right]-\Xi_1\dfrac{\phi}{\phi_F}\left(\dfrac{\sigma}{\phi}+\dfrac{s+\alpha}{1-\alpha}\right)} & 0
\end{bmatrix}
$$

则将 $\hat{y}_t$ 代入 IS 曲线后，得到承诺规则如下：

$$\tilde{r}_t = r_t^n + \begin{bmatrix} \dfrac{\sigma}{\phi}\Gamma_1 \\[10pt] \dfrac{\sigma}{\phi}\Gamma_2 - \dfrac{(1-\phi)}{\phi}\cdot\dfrac{\sigma}{\phi}\cdot\dfrac{1}{\delta} \\[10pt] \dfrac{\sigma}{\phi}\Gamma_3 + \dfrac{(1-\phi)}{\phi}\cdot\dfrac{\sigma}{\phi}\cdot\dfrac{1-\delta}{\delta} \\[10pt] \dfrac{\sigma}{\phi}\Gamma_4 \\[10pt] -\dfrac{\Phi}{\phi_F}\cdot\dfrac{\sigma}{\phi} \\[10pt] \dfrac{\Phi}{\phi_F}\cdot\dfrac{\sigma}{\phi}\cdot\dfrac{1}{\delta} \\[10pt] -\dfrac{\Phi}{\phi_F}\cdot\dfrac{\sigma}{\phi}\cdot\dfrac{1-\delta}{\delta} \\[10pt] \dfrac{\sigma}{\phi}\Gamma_5 \\[10pt] \dfrac{\sigma}{\phi}\Gamma_6 \\[10pt] \dfrac{\sigma}{\phi}\Gamma_7 \\[10pt] \dfrac{\sigma}{\phi}\Gamma_7 \end{bmatrix}^T \begin{bmatrix} \hat{y}_t - \hat{y}_{t-1} \\[10pt] \mathbb{E}_t\hat{k}_{t+2} - \hat{k}_{t+1} \\[10pt] \mathbb{E}_t\hat{k}_{t+1} - \hat{k}_t \\[10pt] \hat{k}_t - \hat{k}_{t-1} \\[10pt] \mathbb{E}_t\tilde{y}_{t+1} - \tilde{y}_t \\[10pt] \mathbb{E}_t\tilde{k}_{t+2} - \tilde{k}_{t+1} \\[10pt] \mathbb{E}_t\tilde{k}_{t+1} - \tilde{k}_t \\[10pt] \mathbb{E}_t\partial\Delta_{t+1}/\partial\hat{y}_{t+1} - \partial\Delta_t/\partial\hat{y}_t \\[10pt] \partial\Delta_t/\partial\hat{y}_t - \partial\Delta_{t-1}/\partial\hat{y}_{t-1} \\[10pt] \mathbb{E}_t\partial\Delta_{t+1}/\partial\hat{k}_{t+1} - \partial\Delta_t/\partial\hat{k}_t \\[10pt] \partial\Delta_t/\partial\hat{k}_t - \partial\Delta_{t-1}/\partial\hat{k}_{t-1} \end{bmatrix} + \dfrac{1-\phi_F}{\phi_F}\cdot\dfrac{1-\delta}{\delta}(\rho_\psi - 1)\tilde{\psi}_t$$

第三节 短期动态金融稳定政策的评价

一、参数校准

在所得的短期动态金融稳定政策基础上，这里需对其中的相机抉择政策与承诺规则政策分别进行有效性检验。为此，动态参数校准如下：

（1）与上文类似，这里主观贴现率取 0.99。

（2）围绕劳动供给弹性的校准，这里主要参考了马勇（2013），康立等（2013）与林琳等（2016）的研究。其中发现，林琳等（2016）的劳动供给弹性的校准源自龚刚和 Semmler（2003）的 RBC 计量结果，这一结果源于美国数据，而非中国数据。因此本章最终结合马勇（2013）与康立等（2013）的取值，令其为 0.3。

（3）风险厌恶系数与上文类似，取值为 2。

（4）资本要素投入比例与上文类似，取值为 0.33。

（5）资本折旧率与上文类似，取值为 0.25。

（6）银行可转移资产比例与新入银行净资产占社会总资产份额两类参数取值源于对康立等（2013），康立和龚六堂（2014），林琳等（2016）等研究的参考，分别设定其值为 0.381 与 0.002。

（7）在康立和龚六堂（2014）的研究中，投资品加成偏好设置为 0.5，这意味着 $\varphi_I/2 = 0.5$，故本章将投资调整成本系数设置为 $\varphi_I = 1$。

（8）在刘斌（2008）与马勇（2013）的研究中，两位作者估计出中国 Calvo 定价中的价格调整概率为 0.85，则由 Keen & Wang（2007）的研究知该调整概率值对应 Rotemberg 黏性系数为 $\varphi_\Pi = 4.93$。

（9）本章利率规则的参数设定主要参考了马勇（2013，2017）与金春雨和吴安兵（2017）的研究。其中，马勇（2013）一文通过 GMM 估计，求得中国利率规则中通胀反应系数为 $\rho_\Pi = 0.6769$，产出缺口反应系数为 $\rho_Y = 0.2621$，利率平滑系数为 $\rho_R = 0.9$，但因该研究考虑的是封闭情形下的金融摩擦，故没有将汇率因素纳入货币行为方程。在金春雨和吴安兵（2017）的研究中，作者考虑了开放经济的情形，也将汇率因素纳入了利率规则之中，它主要利用贝叶斯估计进行估算，其结果分为是 $\rho_\Pi = 0.69$，$\rho_Y = 0.408$，$\rho_R = 0.55$，$\rho_e = 0.087$（汇改后的利率规则参数）。可见金春雨和吴安兵（2017）的参数赋值主要在 ρ_R，ρ_e 上与马勇（2013）有所不同，其余赋值较为接近。而马勇（2017）研究了开放经济下的最优利率规则，其中利差平滑系数与汇率缺口反应系数分别为 $\rho_R = 0.562$，$\rho_e = 0.09$，与金春雨和吴安兵（2017）中的两值相近，故进一步验证金春雨和吴安兵（2017）是可行的校准参数值。因此，本章以金春雨和吴安兵（2017）的研究结果为基础，将利率规则参数分别赋值为 $\rho_\Pi = 0.69$，$\rho_Y = 0.408$，$\rho_R = 0.55$，$\rho_e = 0.087$。

（10）首先利用市场出清条件稳态的性质分别刻画消费、投资与产出的比值，具体为 $C/Y + Y/I = 1$；而后再利用厂商一阶条件中的贷款定价方程、生产函数与资本积累方程的稳态，通过反解稳态得到 $C/Y = 0.78$，$I/Y = 0.22$。

（11）因为在模型稳态中一单位资本用于生产一单位最终产品，因此通过反解稳态可求得风险回报截距系数为 $a_1 = 1.2$；而风险回报权衡系数 a_2 则基于本章风险溢价思路，利用包含基金风险选择稳态 q 与权益比例稳态 B 的关系式进行反推，最终确定权衡系数 $a_2 = 0.41$。

（12）银行存活稳态采用外生的银行存活概率，参考康立等（2013），康立和龚六堂（2014），林琳等（2016）的研究，最终设定为 $q = 0.972$。同时，中间商品的相对价格稳态与基金权益比例稳态均由模型生产部门与基金部门的一阶条件稳态计算得出，设定 $X = 0.76$，$B = 0.505$。

（13）为方便后文计算与保证模型 BK 条件成立，我们参照经典文献设定 $h = 0.75$，$\varrho = 0.25$，破产损失赔偿比率为 $\tau = 0.82$。

以上为动态稳定政策评价环境中所需的参数，但在进行政策模拟前，为精确评价政策效果，这里需说明所选参数特征的影响，即这些参数对原模型造成哪些变化。具体变化可由三点概括：

第一，名义变量的初试波动收窄：特别是在产出、通胀、消费与就业的波动上，明显弱于原参数。例如消费的初始波动缩小约 0.02，通胀缩小约 0.04，就业缩小约 0.07，产出缩小约 0.01；同时上述变量动态曲率变大。之所以这样，可能由于中国的利率规则参数较之前更关注通胀与产出缺口，而这两者也与就业变量紧密相连，所以波动出现时，利率对上述变量的反应也较为明显，所以稳定效果也更好，这一结果也贴切中国经济实情。

第二，金融变量变动各异：例如基金权益比例受汇率冲击时初始下滑幅度变大（较之前扩大 0.11），表明中国参数下中介更倾向于债务融资而非权益，这也一定程度符合了中国实际经济情况；借鉴于康立等（2013），康立和龚六堂（2014），林琳等（2016）的参数赋值，银行部门杠杆波动与利差波动减缓，这不但与康立等（2013），康立和龚六堂（2014），林琳等（2016）的模拟结果相符，这也与中国实际情况吻合。另外，基金风险选择的初始波动略微扩大，波动曲率也略微增加。

第三，可以发现中国参数对各部门行为决策的影响依旧平稳，虽然各变量的波动初始幅度与波动曲率都存在不同程度的调整，但变量的波动规律与原参数条件下一致，风险传导逻辑未发生本质改变。

基于上述设定，下面分别对两类动态政策进行模拟，评价并对比其政策效果。

二、相机抉择型动态稳定政策

相机抉择类型的动态金融稳定政策如图 4-1 所示：

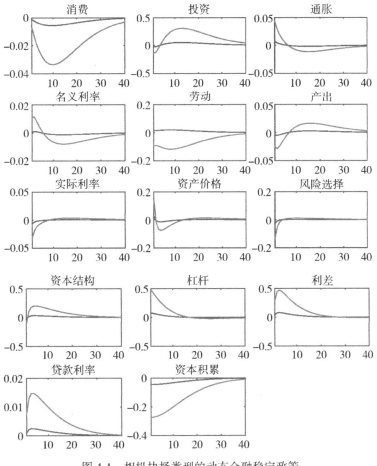

图 4-1　相机抉择类型的动态金融稳定政策

首先，在相机抉择类型动态稳定政策的表现上，不难发现各内生变量在冲击过程中有明显缓和：经济变量上，消费与投资降幅大幅缩减，波动幅度缩小，并且后续波动明显回升。实际利率初始下降幅度变小，而通胀的初始上升幅度也因稳定政策的实施而降低，则加总后的名义利率波动十分微弱。这里值得注意的是，当动态稳定政策实施之后，就业初始波动由负转正，说明动态稳定政策隔绝了金融系统波动对经济中就业的影响，这也是实现基本稳定的一个重要目标。最后，由于损失函数是在扭曲稳态上进行展开，动态稳定政策能够较好地熨平金融变量的波动，例如风险选择、资本结构、杠杆、利差等波幅有较明显的缩减，然而贷款利率的上扬仍然明显。之所以这样，主要是因为贷款利率的设定仍由银行的激励约束所决定，与前文讨论类似，这种激励因素并不能由单纯的外部调控而弱化，需要更为有效的结构性管理才能压制贷款利率受冲击而产生的"虚高"现象。

三、承诺规则型动态稳定政策

图 4-2 展示了承诺规则型金融稳定政策的效果。在上图中，承诺规则型稳定政策的最终稳定效果与相机抉择型类似，对经济及金融变量的稳定效果较为明显。同时，与相机抉择型政策类似，承诺规则型稳定政策下劳动就业依旧出现轻微上浮的现象。而与相机抉择型政策不同，承诺规则在稳定波动上的效果更为有效，其中主要原因是承诺规则相比相机抉择而言对缺口或者波动的调控更优，这一理论的因素已由 Kydland & Prescott(1978)所说明，这里不再赘述。然而，这里还可以发现在后续动态过程中，承诺规则稳定政策的相对波动(非绝对波动)要大于相机抉择型。这主要是由于承诺性质的政策具有动态不一致性，简单来说，即由于承诺规则为滚动优化，t 期决定的政策会因滚动优化在 $t+1$ 期改变，进而造成经济主体在跨期配置上承受特质性冲击，故承诺政策中的相对波动比相机抉择型中要大。

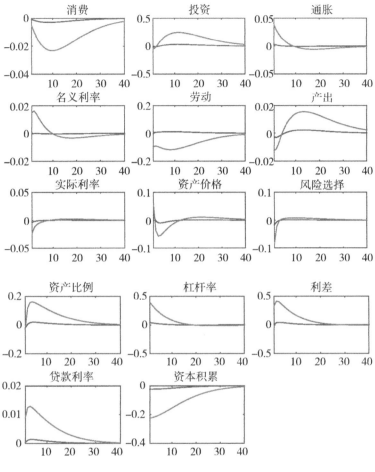

图 4-2　承诺规则类型的金融稳定政策

第四节　简 要 总 结

本章在金融风险环境中通过对家庭效用二次渐近推导出了包含内生资本的福利损失函数，并沿其金融冲击路径展开反解了两类最优稳定政策。

从理论推导中，本章发现在稳态扭曲的水平上福利损失函数包含一阶项，与二阶项不同，该项说明了金融风险的水平效用，即稳定波动并不能完全稳定金融风险造成的非效率出清，还须对稳态中长期的扭曲进行稳定考虑。另外，通过求解理论审慎政策与承诺规则型政策发现，资本项为政策方程的稳定变量之一，说明在金融风险中，内生资本与内生金融资产配置将是最优短期稳定政策所需关注的一类重要对象。

进一步，对比相机抉择型政策与承诺规则型政策的动态稳定效应可以发现：第一，两类政策在动态过程中较好地稳定了经济与金融变量的波动，其中承诺规则政策的稳定效果要略胜于相机抉则政策，这主要是由其理论性质决定（Kydland & Prescott，1978）。另外，两类动态稳定政策在稳定过程中都使经济环境中的就业初始波动由负转正，说明动态稳定政策隔绝了金融系统波动对经济中就业的影响，这也是实现基本稳定的一个重要目标。第二，承诺规则政策环境中各变量的后期相对波动较相机抉择强烈，其主要原因是承诺规则存在动态不一致性，即承诺规则下的滚动优化对经济主体在跨期配置造成特质性冲击，故各变量在后期动态过程中持续波动。

第五章　化解中长期扭曲的金融稳定政策[①]

美国次贷危机后，部分学者对以二次渐近为标准的最优稳定政策产生了质疑，认为只考虑短期稳定政策并不足以从根本上促进金融稳定，宏观调控政策还须在稳态上进行专门设计（Curdia and Woodford，2016）。但在稳态金融政策的设计上，演化出各种不同的观点，其中主张设计独立的宏观审慎政策专注于金融稳定的观点逐渐成为目前学术界研究的热点，也符合了中国"双支柱"调控框架的大方向。鉴于此，本章拟对前文的分析结论进行解析，探究"风险选择行为"与"风险预期"的稳态机理，并在此基础上进一步讨论最优金融稳定政策的设计，通过数值模拟判断各类政策在中长期金融扭曲环境下的有效性，对比其调控性质的异同。

第一节　模 型 框 架

为设定矫正风险行为与稳定金融预期的中长期稳定政策，这里主要精炼出第一部分的金融风险核心[②]，由于预期对金融的影响主要基于 Kiyotaki & Moore（2012）的框架，故这里不再赘述。同时，因为本章引入了较多的政策符号变量，为区别于前述两章模型，这里对政策设计的框架符号进行重新定义，详述如下。

一、家庭部门

基于 Gertler and Karadi（2011）的设定标准，假设家庭部门为 0 到 1 上的连续

---

① 本章的主要内容原载于《中国工业经济》2017 年第 8 期。

② 如 Nuño & Thomas（2017）中提及，控制内生风险传递的有效方式是在收益端进行稳定。故本章稳定风险行为的方式需从银行部门的道德风险行为入手。

集合，且由代表性家庭衡量。其中 $1-f$ 比例的家庭为劳动提供方，通过向厂商提供劳动获得工资；而 f 比例为银行家，从事银行经营获取收入。进一步，本章假设每一时期内，银行家有 $1-q$ 的随机概率退出市场，转变为劳动提供方。但为保证银行数量整体为常数，每期需有 $(1-q)f$ 的劳动供给方转变为银行家。设定以上微观基础，家庭效用函数为：

$$\mathbb{E}_0 \sum_{t=0}^{\infty} \beta^t \left(\frac{C_t^{1-\sigma}}{1-\sigma} - \frac{L_t^{1+s}}{1+s} \right)$$

其中 β 为主观贴现因子，L_t 为 t 期的劳动供给，σ 为相对风险厌恶系数，s 为劳动供给弹性倒数，C_t 为 D-S 加总消费，具体形式为：

$$C_t = \left(\int_0^1 C_t(i)^{\frac{\varepsilon-1}{\varepsilon}} di \right)^{\frac{\varepsilon}{\varepsilon-1}}$$

给定收入，家庭将在每期内选择最优消费 C_t 与存款 D_t [①]，这一选择权衡行为满足如下预算约束：

$$C_t + D_t = W_t L_t + D_{t-1} R_{t-1} + \Upsilon_t + T_t$$

其中 Υ_t 为银行所有权净收入，T_t 为转移支付（或税收），W_t 为工资。由此，家庭部门的一阶最优条件依次为：

$$\Lambda_{t,\,t+1} = \beta\, \mathbb{E}_t \left(\frac{C_t^{\sigma}}{C_{t+1}^{\sigma}} \right) \tag{5-1}$$

$$\mathbb{E}_t\, \Lambda_{t,\,t+1} R_t = 1 \tag{5-2}$$

$$W_t = L_t^s C_t^{\sigma} \tag{5-3}$$

上式中，式(5-1)为定价核，也即随机贴现因子；式(5-2)为欧拉方程；式(5-3)为最优劳动供给条件。

二、厂商部门

与家庭部门类似，厂商也假定为 0 到 1 上的连续统，单一厂商可视为某一商品的垄断竞争参与者。产品生产要素主要为资本与劳动，其中资本要素需由

---

① 　与 Gertler and Karadi(2011)的设定一致，本章此处假设存款为无风险资产，由 D_t 表示，故存款利率相应为 R_t。

厂商"租赁":在生产活动进行前(t期末),厂商从资本品生产商处购置资本,待生产折旧后反售于资本品生产商($t+1$期),其间购置资本要素的资金由银行提供,并相应收取利息。此外,为简化后续章节的稳态计算,此处假设资本品生产商不存在投资调整成本,故社会资产价格恒为1①。由上述设定,厂商生产函数为:

$$Y_t(i) = A_t(\psi_t K_t(i))^\alpha L_t(i)^{1-\alpha}$$

其中α为资本要素投入份额;A_t为加总技术进步,假设外生且赋值为1;$K_t(i)$,$L_t(i)$分别为生产中所投入的资本要素与劳动要素。其中产出、劳动要素、资本要素三者加总形式如下:

$$Y_t = \left(\int_0^1 Y_t(i)^{\frac{\varepsilon-1}{\varepsilon}} di\right)^{\frac{\varepsilon}{\varepsilon-1}}, \quad K_t = \int_0^1 K_t(i) di, \quad L_t = \int_0^1 L_t(i) di$$

同时,假定厂商不存在定价黏性,故存在$Y_t = Y_t(i)$,$K_t = K_t(i)$,$L_t = L_t(i)$②。进一步,ψ_t为资本质量,其稳态为1,并包含AR(1)的外生冲击过程如下:

$$\widetilde{\psi}_t = \rho_\psi \widetilde{\psi}_{t-1} + \epsilon_t$$

基于上述设定,厂商一阶最优条件为:

$$W_t = (1-\alpha)\frac{Y_t}{L_t} \tag{5-4}$$

$$R_{K,t} = \alpha\frac{Y_t}{\psi_t K_t} + (1-\delta) \tag{5-5}$$

上述两式分别为厂商对劳动以及资本要素的最优需求决策。此外,经济中资本积累方程为:

---

① 假设资本品生产商的投资调整成本为0后,资本要素本质上从属于租赁市场(Rental Market),而非公司专有(Firm Specific)。并且经 Edge(2003)与 Sveen and Weinke(2009)证明,当不存在名义黏性与投资调整成本时,政策稳定对租赁市场与公司专有两种情形下的资本积累影响并无差别。因此,该设定既没有改变特殊情形下的政策分析结果,也避免了为区分两种不同资本内生积累模式而产生的复杂讨论。

② 当不存在黏性定价时,厂商行为决策一致,故有$P_t(i) = P_t$,即价格完全弹性,故此处所给关系显然成立。其中具体推导示例可参见 Woodford(2011)或 Galí(2008)。

$$K_{t+1} = (1 - \delta)\psi_t K_t + I_t \tag{5-6}$$

上式中,δ 为资本折旧率,I_t 为第 t 期的投资。

三、银行部门

每时期内,任意单个银行有 q 的概率存活,而有 $1 - q$ 的概率退出市场,转变为劳动供给方。基于这一前提,存活的银行需从家庭部门吸收存款,并负责向厂商提供贷款。因此,与 Gertler and Karadi(2011)的设定一致,单个银行的资产负债方程为[①]:

$$k_{t+1} = n_t + d_t \tag{5-7}$$

其中 k_{t+1} 为单个银行为厂商提供的贷款总额,n_t 为单个银行净资产,d_t 为单个银行所吸纳的存款。此处,这里还假定在单个银行吸纳存款后,其可选择转移部分总资产 k_t(转移部分假设为 θk_t,$\theta \in [0, 1)$ 且为常数)并退出市场,或继续从事经营,赚取贷款业务收益。

在单个银行选择继续从事经营的情形中,其净资产积累方程为:

$$n_{t+1} = R_{K,t+1}k_{t+1} - R_t d_t = (R_{K,t+1} - R_t)k_{t+1} + R_t n_t \tag{5-8}$$

其中 $R_{K,t}$,R_t 分别对应第 t 期的贷款利率与存款利率。对应上述净资本积累路径,单个银行需选择某种总资产路径 $\{k_{t+j}\}_{j \geq 0}$ 以最大化未来期望净资产值的贴现加总,具体为:

$$V_t = \mathbb{E}_t \sum_{j=0}^{\infty} \Lambda_{t,t+1+j} q^j (1 - q) n_{t+1+j} \tag{5-9}$$

此外,为尽可能保证单个银行放弃转移部分资产的动机,本章假设在足够长的时限内,存在激励约束使银行贷款经营业务所获收益不小于其可转移的总资产份额,即:

$$V_t \geq \theta k_{t+1}$$

---

① 在本章的银行部门中,小写字母表示单个银行变量,大写字母表示银行部门加总变量,而大小写字母中无角标 t 代表其稳态。在其他情况下,小写字母与"~"的组合代表变量的对数偏离,大写字母无角标 t 表示对应变量的稳态。

上式决定了银行道德风险性质下的约束行为①。同时，基于单个银行目标函数(5-9)的递归形式，以及净资产积累方程(5-8)，假设其值函数形式为 $V_t = \mu_{K,t} k_{t+1} + \mu_{N,t} n_t$，故一阶条件如下：

$$\mu_{K,t} = \mathbb{E}_t \Lambda_{t,t+1} \big[(1-q)(R_{K,t+1} - R_t) + q x_{t+1} \mu_{K,t+1} \big]$$

$$\mu_{N,t} = \mathbb{E}_t \Lambda_{t,t+1} \big[(1-q) R_t + q z_{t+1} \mu_{N,t+1} \big]$$

其中 $x_{t+1} = k_{t+2}/k_{t+1}$，$z_{t+1} = n_{t+1}/n_t$；$\mu_{K,t}$ 可视为银行从事贷款业务所获的边际收益，也即利差的边际效用；$\mu_{N,t}$ 可视为银行的筹资成本，也即单位资金的时间价值。进一步，定义单个银行杠杆率为其总资产与净资产的比值，即 $k_{t+1} = \varpi_t n_t$，将此结合净资产积累方程(5-8)得到 x_{t+1}，z_{t+1} 的表达式为：

$$z_{t+1} = n_{t+1}/n_t = (R_{K,t+1} - R_t)\varpi_t + R_t$$

$$x_{t+1} = k_{t+2}/k_{t+1} = (\varpi_{t+1}/\varpi_t) z_{t+1}$$

此外，由于本章关注的是整体银行部门受到约束的情形②，因此利用激励约束等号形式 $V_t = \theta k_{t+1}$ 可进一步得到：

$$\mu_{K,t} k_{t+1} + \mu_{N,t} n_t = V_t = \theta k_{t+1} = \theta \varpi_t n_t$$

$$\Rightarrow \frac{k_{t+1}}{n_t} = \varpi_t = \frac{\mu_{N,t}}{\theta - \mu_{K,t}} \tag{5-10}$$

式(5-10)为杠杆的显性表达式，ϖ_t 为杠杆率。这里值得注意的是，因为所有银行决策对称，故 $\mu_{K,t}$，$\mu_{N,t}$，ϖ_t 三者也可被视作银行部门加总变量。所以，

---

① 此处的经济含义较为直观：当单个银行为不等式约束 $V_t > \theta k_{t+1}$ 时，该银行继续从事借贷活动所获得的净资产积累将大于对它可转移的部分总资产，则表明存款人可无顾虑地继续向银行存钱，也意味着单个银行有足够的流动性最大化其收益。故此时银行不存在代理问题，经济环境中也不存在金融摩擦，银行部门可随厂商的需求扩大资产负债，则其一般均衡结果与 RBC 无异。当单个银行约束变为 $V_t = \theta k_{t+1}$ 时，净资产积累与部分总资产转移对单个银行无差异；而当该约束式左端小于右端时，单个银行将倾向于转移部分总资产，此时存款人丧失本息。综上，当激励约束条件由不等式转变为等式时，家庭部门有理由限制其对银行的存款。

② 当激励约束条件为不等式时(银行净资产积累大于其可转移的总资产份额)，表明银行内部存有足够流动性，则可以产生两类结果：其一，银行完全不受激励约束限制，并可自由扩张资产负债，故最终结果是经济不存在金融摩擦；其二，银行虽在一定程度内不受激励约束限制，但随着资产负债的扩张，激励约束最终成立，即由不等式转变为等式约束，故此时银行决策与正文一致。综上，第一类结果不具研究意义，而第二类结果正是激励约束成立的情形。

银行部门加总净资产的运动路径为：

$$N_{t+1} = q\left[\left(R_{K,\,t+1} - R_t\right)\varpi_{t+1} + R_t\right]N_t + \xi K_{t+1} \tag{5-11}$$

其中 ξ 为新入银行净资产占社会总资产的份额。

四、市场出清

上述三部门的竞争出清过程主要包括劳动市场、商品市场以及信贷市场出清，其出清条件依次如下：

$$L_t^s C_t^\sigma = (1 - \alpha)\frac{Y_t}{L_t} \tag{5-12}$$

$$Y_t = C_t + I_t \tag{5-13}$$

$$D_t = K_{t+1} - N_t \tag{5-14}$$

第二节 金融风险内生机制与政策调控的稳态性质

通过设定上文模型，可总结两点发现：一是由于模型中不存在其他名义黏性，经济环境仅受银行部门的金融摩擦影响。二是本章金融摩擦体现为银行道德风险，而道德风险问题实为激励约束，它对经济变量的传导主要体现为先对社会总资本积累 K_{t+1} 产生影响，进而再影响产出 Y_t。为清晰说明这一逻辑，只需将 (5-10)(5-11) 两式对数线性化后合并，得到：

$$\tilde{k}_{t+1} = \tilde{\mu}_{N,\,t} + \frac{\mu_K}{\theta - \mu_K}\tilde{\mu}_{K,\,t} + \frac{q\Delta RK + (1-q)\xi K}{N}\tilde{k}_t + \frac{qR_K K}{N}\tilde{r}_{s,\,t}$$

$$+ \frac{q\Delta RK + qRN}{N}\tilde{r}_{t-1} + \frac{qRN}{N}\tilde{n}_{t-1}$$

其中 $\Delta R = R_K - R$，$\tilde{r}_{s,\,t} = \tilde{r}_{K,\,t} - \tilde{r}_{t-1}$ 分别代表稳态利差与利差的对数偏离，对应模型经济中利差的水平与波动。上式中 $\tilde{k}_t$，$\tilde{r}_{t-1}$，$\tilde{n}_{t-1}$ 是已给定的状态变量[①]，

---

① 在这三者中，$\tilde{k}_t$ 为前定变量，只与上一期的决策相关；$\tilde{r}_{t-1}$ 为无风险利率，由家庭部门的跨期条件决定；$\tilde{n}_{t-1}$ 为上一期银行加总净资产，非当期决策变量。

故当期银行部门的道德风险问题受 $\tilde{\mu}_{N,t}$, $\tilde{\mu}_{K,t}$, $\tilde{r}_{s,t}$ 三类变量决策行为影响,且该影响进一步改变当期社会总资产 $\tilde{k}_{t+1}$ 的状态。于是,厂商部门的加总产出将随之波动(由生产函数形式知)。上式虽给出了金融摩擦的传导逻辑,但仍不足以说明其作用机理。

因此,为厘清金融摩擦影响社会福利的机制,并探究政策如何适当调控,本章需对模型稳态进行求解。但受制于 Gertler & Karadi(2011)银行部门的特殊递归形式[①],鲜有研究得出清晰简明且具说明意义的稳态计算结果。针对这一缺陷,下文将先围绕激励约束对银行的决策变量进行稳态求解,剖析利差形成机制,再刻画出利差扭曲对经济福利水平的影响形式,在此之上进一步讨论金融稳定政策的最优调控方式。

一、金融摩擦的影响方式

由于在稳态时定价核与主观贴现因子等价,则有 $\Lambda = \beta$, 因此银行部门一阶条件所对应的稳态方程依次为:

$$\varpi = \frac{\mu_N}{\theta - \mu_K}$$

$$\mu_K = \frac{\beta(1-q)(R_K - R)}{1 - \beta q[(R_K - R)\varpi + R]} = \frac{\beta(1-q)\Delta R}{1 - \beta q(\Delta R \varpi + R)}$$

$$\mu_N = \frac{\beta(1-q)R}{1 - \beta q[(R_K - R)\varpi + R]} = \frac{\beta(1-q)R}{1 - \beta q(\Delta R \varpi + R)}$$

对应 μ_K, μ_N 的表达式,当且仅当 $1 > \beta q(\Delta R \varpi + R)$ 时,上式成立,否则银行部门的利差边际效用与筹资成本皆为负,与二者为正的前提假设相矛盾;从另一角度来看,该条件暗示给定其他稳态参数,当且仅当利差稳态 ΔR 足够小或在某一范围内,μ_K, μ_N 为正的前提成立。进一步,将 μ_K, μ_N 代入杠杆稳态 ϖ 中,得到杠杆率 ϖ 与利差 ΔR 的函数表达式如下:

---

① Gertler and Karadi(2011)中银行部门的特殊递归形式为后续研究所沿用,相应的 Gertler and Kiyotaki(2010), Gertler et al.(2012), Gertler and Karadi(2013)等文献也秉承了这种特殊的递归形式设定。

$$G(\varpi) \equiv \frac{1 - q}{\theta(1 - q - q\beta\Delta R\varpi) - \beta(1 - q)\Delta R} = \varpi \qquad (5\text{-}15)$$

为方便地推导出 ϖ 与 ΔR 的关系显性解，可将(5-15)转化为二次型形式，得到函数表达式 $F(\varpi)$：

$$F(\varpi) \equiv \theta q\beta\Delta R\varpi^2 - (1 - q)(\theta - \beta\Delta R)\varpi + (1 - q) = 0$$

基于 Gertler and Karadi(2011)的参数赋值知 $F(\varpi)$ 的判别式为正（$(1 - q)^2(\theta - \beta\Delta R)^2 - 4\theta\beta q(1 - q)\Delta R > 0$），故 $F(\varpi)$ 存在两个根，即在模型稳态中存在两类银行杠杆与利差的对应关系。因此，如何合理选取二者间的对应关系将是正确说明金融摩擦传导机制的前提。为此，再次利用式(5-15)的性质，得到命题 1 如下：

命题 1. 若银行部门稳态中存在两类杠杆率与利差的关系（ϖ^*，ϖ^{**}），$\varpi^* < \varpi^{**}$，则 ϖ^* 是唯一稳定且符合银行激励约束的结果。

证明：从几何性质出发，式(5-15)可视作双曲线 $G(\varpi)$ 左上支部分相交于 45 度直线 ϖ，其交点对应式(5-15)的两类根，记为 ϖ^*，ϖ^{**}，且存在 $\varpi^* < \varpi^{**}$。可验证双曲线 $G(\varpi)$ 随杠杆率 ϖ 递增且凸，故 $G(\varpi)$ 从 ϖ 上方交于 ϖ^*，而从 ϖ 下方交于 ϖ^{**}，具体示意如图 5-1：

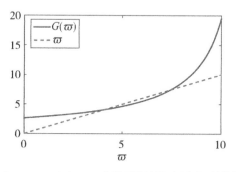

图 5-1 Gertler & Karadi(2011)参数下银行杠杆率与利差的稳态关系

现考虑三种情形来甄别 ϖ^*，ϖ^{**} 的合理性：

① 假设银行选取某一特定总资产 k^0 使其杠杆率满足 $\varpi^0 = k^0/n \in (\varpi^*, \varpi^{**})$，并由图 5-1 知 $G(\varpi^0) < \varpi^0$，则此时银行将偏好于转移部分资产。之所以这样，是因为 ϖ^0 使银行的净资产积累小于可转移的总资产份额，具体可由式

（5-10）所示：

$$\frac{\mu_N}{\theta - \mu_K} = G(\varpi^0) < \varpi^0 = \frac{k^0}{n} \Rightarrow V^0 = \mu_K k^0 + \mu_N n < \theta k^0$$

因此，存款人通过事先观察激励约束条件而限制向银行提供存款，从而迫使银行杠杆率降为 ϖ^*。

②假设银行选择资产 k^0 使其杠杆率 $\varpi^0 > \varpi^{**}$，则由图 5-1 知该情况中 $G(\varpi^0) > \varpi^0$，结合上述分析逻辑可判断此时银行净资产积累大于总资产可转移份额，从而保证银行倾向于经营借贷业务，其杠杆大小不受存款人限制。同时知 k^0 与银行目标函数 V^0 同向变动，故银行将偏好于继续扩大 k^0，使 ϖ^0 进一步偏离 ϖ^{**}（$\varpi^0 \gg \varpi^{**}$）。

③现考虑第三种情形，假设银行选择 k^0 使 $\varpi^0 < \varpi^*$。由图 5-1 知 $G(\varpi^0) > \varpi^0$，同样基于上述讨论可判断银行偏好于扩大 k^0 从而使 ϖ^0 向 ϖ^* 收敛。

综上，可见 ϖ^{**} 所代表的"杠杆率——利差"关系并不稳定，故 ϖ^* 为唯一合理结果[①]。

命题 1 的证明揭示在一般金融中介的委托代理行为中，可能会存在多重决策选择，其中大部分决策结果并不稳定。而在不稳定的决策下，金融中介最终将被动去杠杆或利用庞氏融资加大杠杆，该理论直觉与现实情况一致（2015 年股灾事件与 P2P 网贷、众筹等"跑路"行为）；并且由大量现实事件证明，上述不稳定决策不可持续，留存于金融系统中的行为仍为理性决策，这进一步确认了命题 1 的合理性。因此，基于命题 1 中合理的银行杠杆率，结合银行部门加总净资产积累方程式（5-11）的稳态条件可得到利差稳态的表达式如下：

$$\frac{\left(1 - \frac{q}{\beta}\right)\Delta R}{q\Delta R + \xi} = \frac{1-q}{2\theta q\beta}\left[\theta - \beta\Delta R - \left(\beta^2\Delta R^2 - 2\frac{1+q}{1-q}\theta\Delta R + \theta^2\right)^{\frac{1}{2}}\right]$$

---

①　上述证明也可视为：$G(\varpi)$ 代表某一杠杆率所对应的净资本积累量，而 ϖ 包含了激励约束成立时银行可能转移总资产的份额。基于此，前者可视作净资产积累的增量，后者为对应增量下所能承载的可能消耗量，且二者随杠杆率 ϖ 递增。当前者小于后者时，积累增量小于消耗量，为减少消耗银行被迫压缩杠杆；而当前者大于后者时，积累增量大于消耗量，为扩大积累银行增加杠杆。因此在图 5-1 中，仅 ϖ^* 稳定。

上式决定了经济中的利差扭曲 ΔR，也即决定了金融摩擦对经济的影响：当利差稳态较大时，说明均衡情形下银行贷款利率较高，故厂商对资本要素的需求受到抑制，进而产出水平减少。为清晰说明这一影响，这里将其机理与结果归纳为命题2，具体如下：

命题2. 利差扭曲 ΔR 导致经济中产出与资本积累的稳态水平同时下降，但后者降幅大于前者，此损失可记为 Φ；并且，利差扭曲 ΔR 越大，损失 Φ 也越大。

证明： 首先证 Y, K 因利差稳态扭曲而减小。处于稳态时，无风险利率 $R = 1/\beta$ 固定，利用利差关系式可得贷款利率为 $R_K = \Delta R + 1/\beta$，则进一步结合厂商最优决策（式5-4，5-5）、Cobb-Douglas 生产函数与最优劳动供给，进而得到资本需求（社会资本积累）与利差扭曲的关系为：

$$K = \alpha^{\frac{\alpha}{\alpha-1}} \left(\frac{1}{\alpha} - \frac{\delta}{1-\alpha} \right)^{\frac{\sigma}{s+\sigma}} \left[(1-\alpha)\alpha^{\frac{\alpha}{1-\alpha}} \right]^{\frac{\sigma-1}{s+\sigma}} \left[\Delta R + \frac{1}{\beta} - (1-\delta) \right]^{\frac{\alpha(\sigma-1)+s+\sigma}{(s+\sigma)(\alpha-1)}}$$

$$(5-16)$$

上式中各项为正，幂数上由于 $\sigma > 1$，$\alpha < 1$，则 $[\alpha(\sigma-1) + s + \sigma]/[(s+\sigma)(\alpha-1)] < 0$，显然存在 $\partial K/\partial \Delta R < 0$，故 ΔR 由0转正的过程中资本积累 K 相应减小，即利差扭曲使 K 下降。同样，由 Cobb-Douglas 生产函数的一次齐次性可知，K 下降必然导致产出水平 Y 下降。

基于 Y, K 与 ΔR 的反向变动关系，下面证 K 的降幅大于 Y，并求出其中损失 Φ。为此，定义消费与产出的稳态比 C/Y 为 ϕ，则资本与产出的稳态比 K/Y 为：

$$Y = C + I \Rightarrow I/Y = 1 - C/Y \Rightarrow K/Y = \frac{1-\phi}{\delta}$$

上式利用了稳态下的资本积累方程 $I = \delta K$。进一步，将 K/Y 代入式（5-5）的稳态条件中，得到：

$$R_K = \alpha \frac{Y}{K} + (1-\delta) = \frac{\alpha\delta}{1-\phi} + (1-\delta)$$

$$\Rightarrow \frac{1-\phi}{\delta} = \frac{\alpha}{R_K - (1-\delta)} = \frac{\alpha}{R + \Delta R - (1-\delta)}$$

$$= \frac{\alpha}{R - (1-\delta)} - \frac{\alpha\Delta R}{[R + \Delta R - (1-\delta)][R - (1-\delta)]} = \frac{1-\phi^*}{\delta} - \Phi$$

其中，这里定义 $(1 - \phi^*)/\delta$ 为无金融摩擦时的资本与产出的稳态比，损失

为 $\Phi = \dfrac{\alpha \Delta R}{[R + \Delta R - (1 - \delta)][R - (1 - \delta)]}$。可见，当 $\Delta R > 0$ 时，$(1 - \phi)/\delta <$

$(1 - \phi^*)/\delta$，利差扭曲压缩了资本与产出的稳态比值，也即利差扭曲导致资本积累的下降幅度大于产出。之所以这样，主要是因为银行激励约束对资本积累是直接影响，而对产出变动是间接影响，故资本对利差的反映程度更大。另外，由 Φ 的表达式知其对利差扭曲的一阶效应、二阶效应分别为 $\Phi'(\Delta R) > 0$，$\Phi''(\Delta R) < 0$，表明损失 Φ 随利差扭曲递增且凹，故利差扭曲 ΔR 越大，损失 Φ 也越大。

基于以上两个命题的讨论，此处可进一步归纳出金融摩擦影响机制的一般结论：由银行部门激励约束所选择的最优杠杆率决定了经济中的利差扭曲；而利差扭曲限制了社会资本积累的总量，并在产出与资本积累双降的同时压缩了投资占比（即 $I/Y = 1 - \phi$ 下降），并且利差扭曲越大，该现象越明显。这两条一般结论既是金融摩擦向宏观经济传导的动态路径，也是制定政策调控的逻辑依据：为稳定金融摩擦的影响，政策调控应当致力于弱化利差扭曲对宏观经济的传导；或基于银行的激励约束机制，从根本上减小利差扭曲。为探究上述调控逻辑的可行性，下文将分别就信贷政策与审慎政策的稳态性质与效果进行分析，其中信贷政策对应稳定利差扭曲对宏观经济的影响，而审慎政策聚焦于对银行的激励约束的调控。

二、最优信贷政策的稳态性质

基于 Gertler and Karadi（2011）对信贷政策的已有讨论，本章假设除银行部门外，政府自身可充当一类信贷中介，为经济提供借贷业务。其中，政府信贷资金来源于家庭部门，为此，政府以无风险利率 R_t 发行短期债券 B_t，居民在 t 期购买该债券，并在 $t + 1$ 期获得本息收入。政府在获得资金后，以与银行部门一致的贷款利率 $R_{K, t+1}$ 将资金发放给厂商。通过上述设定，厂商在 t 期的借入资金可区分为银行渠道 $K_{b, t+1}$ 与政府渠道 $K_{g, t+1}$。为方便下文分析，此处设定政府信贷占社会资金需求的比例为 π_t，则下述关系成立：

$$K_{t+1} = K_{b, t+1} + K_{g, t+1} = K_{b, t+1} + \pi_t K_{t+1} \Rightarrow (1 - \pi_t) K_{t+1} = K_{b, t+1}$$

其次，本章假设政府在执行信贷职能时存在死成本 $\Xi_t(\pi_t K_{t+1})$[1]，并且其性质满足 $\Xi_t'(\pi_t K_{t+1}) > 0$，$\Xi_t''(\pi_t K_{t+1}) < 0$。为方便下文分析，这里假设 $\Xi_t = \tau(\pi_t K_{t+1})^\eta$，其中 τ，η 为相关参数，且 $\tau > 0$，$\eta > 1$，这便保证其稳态性质 $\Xi' > 0$，$\Xi'' > 0$。进一步，经济中政府预算约束满足以下关系

$$T_t = (R_{K,\,t+1} - R_t)\pi_t K_{t+1} - \Xi_t \tag{5-17}$$

上式中左侧为政府每期行使信贷职能的成本，右侧为收益。其中 $(R_{K,\,t+1} - R_t)\pi_t K_{t+1}$ 为政府贷款所获的利差收益，并且当 $(R_{K,\,t+1} - R_t)\pi_t K_{t+1}$ 大于(小于) Ξ_t 时，T_t 表示对应居民部门的转移支付(税收)。此外，由于政府信贷带来死成本(deadweight loss)，表现为真实产出的损耗，与银行影子成本不同，Ξ_t 需要计入市场出清条件。具体如下：

$$Y_t = C_t + I_t + \Xi_t \tag{5-18}$$

同时，为避免 Gertler & Karadi(2011)中所遗留的缺陷[2]，本章假设死成本 Ξ_t 足够大，且其稳态 $\Xi \neq 0$。基于上述设定，得到命题3如下：

命题3. 设定政府信贷份额 π 为唯一政策变量，且 π^* 为最优政策，则有 π^* 与利差扭曲 ΔR 同向变动。对应初始利差扭曲 ΔR，死成本初值越大(越小)，π^* 反应越消极(积极)；并且较大(较小)的死成本初值可使 π^* 与 ΔR 二者间的增量

---

[1] 设置死成本是分析最优信贷政策的必要前提。因为，政府信贷渠道实质是对银行部门信贷活动的替代，若不考虑死成本，则经济中最优政策是政府承担经济活动中的所有信贷，进而有 $\pi = 1$，这必然导致模型环境退化为无金融摩擦的 RBC 情形。然而对照经济现实，这种无死成本的设置并不合理：一是上述情况不符合现实依据，二是该设置本质上不需要最优政策分析。故基于此，本章存在设置死成本的必要性。此外，Curdia and Woodford(2009)，Curdia and Woodford(2010)等围绕金融中介死成本的设置也进行了相关讨论。

[2] Gertler and Karadi(2011)对信贷政策的探讨主要存在两类缺陷：①经过本章计算验证，其所设定的死成本几乎接近于0。与前述论证类似，该设定导致的结果是政府承担模型经济中的所有信贷活动，而不存在一个对最优政策度量的探讨。并且基于该设定，Gertler and Karadi(2011)进一步设置了一个具有外生反馈系数的信贷规则，从而在本质上破坏了最优政策应具备的内生性。②同样经过本章计算验证，Gertler and Karadi(2011)假设政府信贷稳态为0。如此设置实际上是默认了信贷政策仅对波动做出反应，而对利差扭曲的稳态影响并无牵制，笔者认为这样的政策设计是有失偏颇的。因此，由于以上两类缺陷的存在，Gertler and Karadi(2011)并没有求解出最优信贷政策。此外，为保证上述计算验证准确，笔者检查了 Gertler and Karadi(2011)所使用的代码(从作者个人主页中寻得)，结果符合推断：其中死成本设置为政府信贷资金的线性关系，系数为 $\tau = 0.0001$；代码中并无政府信贷稳态赋值，即均衡时政府信贷为0。

反向(同向)变化。

证明: 为保证最优信贷政策结果成立,本章规定"最优"的标准是使家庭效用稳态 U 最大化[①]。因此,将式(5-17)代入家庭预算约束,并结合式(5-18),最优信贷政策问题转化为:

$$L = \frac{C^{1-\sigma}}{1-\sigma} - \frac{L^{1+s}}{1+s} + \lambda_1(WL + DR + Y + \Delta R\pi K - \Xi - C - D)$$
$$+ \lambda_2(Y - C - I - \Xi) + \lambda_3\pi K$$

上式中 λ_1, λ_2, λ_3 为乘子,分别对应三类约束条件的影子价格。对拉格朗日函数分别对 K, π 求导,得到一阶条件如下:

$$\lambda_1[\Delta R - \tau\eta(\pi K)^{\eta-1}] - \lambda_2[\delta/\pi + \tau\eta(\pi K)^{\eta-1}] + \lambda_3 = 0$$

$$\lambda_1[\Delta R - \tau\eta(\pi K)^{\eta-1}] - \lambda_2\tau\eta(\pi K)^{\eta-1} + \lambda_3 = 0$$

由于 $\lambda_3\pi K$ 为互补松弛条件,且存在 $\pi K > 0$(死成本在稳态时不为0,故稳态时政府信贷份额也不为0),则 $\lambda_3 = 0$。将上述一阶条件中第二式代入第一式后,得到 $\lambda_2 \cdot \delta/\pi = 0$。因为文中假定 π, $\delta > 0$,故 $\lambda_2 = 0$。因此,在一阶条件剩余项中,由 $\lambda_1 \geq 0$ 的性质可推知 $\Delta R \geq \tau\eta(\pi K)^{\eta-1}$ 或 $\Delta R \leq \tau\eta(\pi K)^{\eta-1}$。不失一般性,本章仅考虑余项条件为等式的情形,即政府选择最优 π^* 的条件满足等式 $\Delta R = \tau\eta(\pi K)^{\eta-1}$[②],其中 K 为 ΔR 的函数,其具体形式为式(5-16)。综上,ΔR 对 π 的一阶效应判别式为:

$$\frac{\partial\pi}{\partial\Delta R} = -\frac{1}{K^2} \cdot \frac{\partial K}{\partial\Delta R}\left(\frac{\Delta R}{\tau\eta}\right)^{\frac{1}{\eta-1}} + \frac{1}{\tau\eta(\eta-1)} \cdot \frac{1}{K}\left(\frac{\Delta R}{\tau\eta}\right)^{\frac{2-\eta}{\eta-1}}$$

由于 $\partial K/\partial\Delta R < 0$ 且 Ξ 随 π 递增,可判断 $-K^{-2} \cdot \partial K/\partial\Delta R > 0$,$\eta - 1 > 0 \Rightarrow \partial\pi/\partial\Delta R > 0$,故在最优政策的设定下,政府信贷占总资产份额的稳态与利差

---

① 经笔者的英文工作论文证明,一般均衡下信贷份额 π 对家庭效用稳态的总影响(包括间接影响与直接影响)为 $U(C(\pi), L(\pi), K(\pi), Y(\pi))$。但由上述推算与证明过程较为烦冗,本章仅考虑政府信贷政策的直接影响。

② 结合经济性质,此处一阶条件应为 $\Delta R = \tau\eta(\pi K)^{\eta-1}$,$\lambda_1 > 0$。倘若 $\lambda_1 = 0$,这意味着死成本或最优政策都无法对居民的效用带来约束,也即此时家庭效用独立于政策调控。为避免以上偏误,本章认为此处符合经济直觉的结果是 $\lambda_1 > 0$,进而有 $\Delta R = \tau\eta(\pi K)^{\eta-1}$。

扭曲同向变化。同时，根据一阶效应条件可进一步求出 π 对 ΔR 的弹性变化关系，具体如下：

$$\varepsilon = \frac{\partial \pi}{\partial \Delta R} \cdot \frac{\Delta R}{\pi} = -\frac{1}{K} \cdot \frac{\partial K}{\partial \Delta R} \cdot \tau \eta (\pi K)^{\eta-1} + \frac{1}{\eta-1}$$

上式中，由于 $(-K^{-1} \cdot \partial K/\partial \Delta R) \cdot \tau \eta (\pi K)^{\eta}$ 为正且足够小，则存在 $\eta_1 > 2 > \eta_2 \Rightarrow \varepsilon_1 < 1 < \varepsilon_2$。其中 η 对应了死成本的初值：给定政府信贷总量 πK，η 越大则初始成本越大。因此 $\eta_1 > 2$ 其弹性 $\varepsilon_1 < 1$，表明初始成本较大时 1 单位 ΔR 的增加引致小于 1 单位 π 的增加，最优信贷政策处于消极状态①；而当 $\eta < 2$ 时，结果反之，最优信贷政策积极。

而在 ΔR 对 π 的二阶效应判别式中因 $2 - \eta$ 的符号不明，故需分情况判断 π 的凹凸性质：以图 5-2 为例，若 $2 - \eta > 0$，则 $\partial^2 \pi / \partial \Delta R^2 > 0$，$\pi$ 为 ΔR 的凸函数，意指当死成本较小时，政府信贷份额增量随利差扭曲增量同向变动；而 $2 - \eta < 0$ 时，$\partial^2 \pi / \partial \Delta R^2 < 0$，$\pi$ 为 ΔR 的凹函数，意指当死成本较大时，政府信贷份额增量随利差扭曲增量反向变动②。

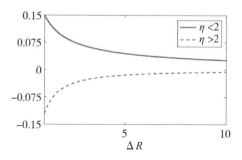

图 5-2　η 取值对 π 凹凸性的影响

① 这里所指的信贷政策态度是对 Taylor(1993) 中泰勒规则性质的延伸：名义利率对通胀的反应系数大于 1，谓之积极的货币政策，反之称为消极。本章此处以弹性大小作为判断标准，定义 $\varepsilon > 1$，$\varepsilon = 1$，$\varepsilon < 1$ 分别为积极、中性、消极的最优信贷政策。

② 之所以这样，是因为政府信贷中死成本也是稳态扭曲的一种表现形式，它的增大即是对产出中 C，I 的挤占（见式 5-18）。而最优信贷政策的本质实际上是在某一范围内政府信贷对银行信贷进行替换，并且要求该范围内的政府信贷扭曲小于利差扭曲。因此，当死成本较大时（η 对应了死成本的大小），政府信贷份额增加的空间就受到了限制，以至于出现增量减小的结果。

命题 3 的证明详述了信贷政策的稳态性质，即信贷政策在不直接触碰银行激励约束的前提下，以利差扭曲为"锚"对银行部门信贷进行部分替代，从而改善金融摩擦导致的非效率性出清。结合现实，上述理论直觉是合乎情理的：以 QE 为例，美联储利用有息准备金（等同于隔夜政府债券）作为融入资金，吸纳了大量金融工具资产（由危机前的影子银行创造），以达到资产负债表的扩张；在其扩张的过程中，联储实质上是替代了私人金融部门的融通职能，大程度地抵消了金融失调对宏观经济的影响，缓解了危机的进一步加深。尽管如此，信贷政策从本质上仍没有对利差扭曲产生的根源——银行激励约束——给予牵制，因此在危机后现实诉求需要新近政策设计更加深入中介行为本质。鉴于此，下文将围绕银行激励约束，构建相应的审慎政策，并在剖析其稳态性质后与信贷政策进行对比。

三、最优审慎政策的稳态性质

不同于 Gertler 等（2012），本章未构建银行资本比例（股权或负债占总资产的比例），故本小节基于 Paoli & Paustian（2017）的思想设置价格型审慎政策，并在此基础上分析其稳态性质①。现假设模型经济中，政府能够在家庭部门与银行部门间自由地进行转移支付，该行为变量在家庭部门中记为 T_t，而在银行部门中记为 $\varphi_t K_{t+1}$，其中 φ_t 为补贴比例，并且 $T_t = \varphi_t K_{t+1}$。当 $\varphi_t > 0$ 时，意指政府利用审慎政策向银行征税，以补贴家庭收入，即 $T_t < 0$；当 $\varphi_t < 0$ 时，反之。此外，

---

①　在 Gertler et al. (2012) 中，作者假设存在银行权益 e_t，并定义资本比例为权益比总资产，即 $x_t = e_t / k_{t+1}$；同时假设银行可转移资产的比例为资本比例的函数，即 $\theta(x_t) = \bar{\theta}(1 + \gamma x_t + \frac{\kappa}{2} x_t^2)$，从而有 $\theta'(x_t) > 0$，$\theta''(x_t) > 0$。以上设置表明，银行资本比例的变化会改变银行道德风险的大小，即权益占比影响银行可转移资本的比例：当权益上升时，转移比例随之上升，这与 Calomiris and Kahn(1991) 的结论一致。基于这类关系，Gertler et al. (2012) 通过设置数量型审慎补贴，以权益注资的方式改变了银行的资本比例稳态，并在均衡时通过改变 x_t 而改变 $\theta(x_t)$，使银行在动态过程中被迫包含"资本充足率要求"，令其演化出内生的逆周期性质，从而更好地稳定金融波动。而本章缺少以上设定，故设置价格型审慎政策。然而，Gertler et al. (2012) 的数量型审慎政策存在一定缺陷，因为在稳态水平上，数量型审慎政策并不能降低稳态利差扭曲，故利差扭曲的水平影响无法被消除。

因本章考虑的是价格型审慎政策，这里进一步假设 φ_t 主要作用于银行的筹资成本。基于单个银行的净资本积累方程，上述设置具体如下：

$$n_{t+1} = [R_{K,\,t+1} - (1+\varphi_t)R_t]k_{t+1} + (1+\varphi_t)R_t n_t \qquad (5\text{-}19)$$

同样，给定银行部门中激励约束的特定递归形式，结合式（5-19）与杠杆率定义（5-10），得到审慎政策条件下利差边际效用 $\mu_{K,\,t}$ 与筹资边际成本 $\mu_{N,\,t}$ 分别为：

$$\mu_{K,\,t} = \mathbb{E}_t \Lambda_{t,\,t+1}\left\{(1-q)\left[R_{K,\,t+1} - (1+\varphi_t)R_t\right] + q x_{t+1}\mu_{K,\,t+1}\right\} \qquad (5\text{-}20)$$

$$\mu_{N,\,t} = \mathbb{E}_t \Lambda_{t,\,t+1}\left[(1-q)(1+\varphi_t)R_t + q z_{t+1}\mu_{N,\,t+1}\right] \qquad (5\text{-}21)$$

其中 z_{t+1}，x_{t+1} 形式为：

$$z_{t+1} = \left[R_{K,\,t+1} - (1+\varphi_t)R_t\right]\varpi_t + (1+\varphi_t)R_t$$

$$x_{t+1} = (\varpi_{t+1}/\varpi_t)z_{t+1}$$

同时，银行部门加总净资产积累方程变为：

$$N_{t+1} = q\left\{\left[R_{K,\,t+1} - (1+\varphi_t)R_t\right]\varpi_{t+1} + (1+\varphi_t)R_t\right\}N_t + \xi K_{t+1} \qquad (5\text{-}22)$$

由上述设定对最优审慎政策进行求解，将其性质归纳得到命题4如下：

命题4. 在可行解区域内存在 $\varphi \leqslant 0$，意指审慎政策稳定利差扭曲的方式是对银行补贴，而非征税；利差扭曲 ΔR 与 φ^* 同向变动，即政府对银行的补贴随利差扭曲增加而上升；并且存在唯一最优审慎补贴 φ^* 能够完全消除利差扭曲。

证明：为求解出最优审慎政策，这里须寻找出什么样的政策变量路径能够最小化利差扭曲 ΔR。首先，利用包含审慎政策的银行决策变量 μ_K，μ_N 与杠杆率定义 $\varpi = \mu_N/(\theta - \mu_K)$ 得到二次型表达式：

$$\theta q(\beta\Delta R - \varphi)\,\varpi^2 - \left[(1-q)(\theta - \beta\Delta R) + (1-q-\theta q)\varphi\right]\varpi + (1-q)(1+\varphi) = 0$$
$$(5\text{-}23)$$

进一步，根据上述二次型的判别式 Δ_{ϖ} 可得到利差的实根区域 $[0, \Delta R_l]$。其中 ΔR_l 为利差均衡的上限，并且 $\Delta R_l \to 0$ 时利差均衡 $\Delta R = 0$；对应 $\Delta R_l = 0$，可得到审慎政策 φ 的下限，记作 φ_l[①]。其次，基于命题1的结论，可知唯一合乎银行激励约束的杠杆率为式（5-23）的小根，故结合银行加总净资产积累式（5-22）稳态可得到审慎政策情形下利差的决定方程为：

---

① 为保证 $\varpi(\Delta R, \varphi)$ 有合乎经济含义的实根范围，ΔR_l，φ_l 的确定需进一步利用 $\Delta\varpi$ 的判别式 Δ。但限于其复杂性与正文篇幅，此处不作展示。

$$\frac{1 - (1 + \varphi)qR}{q\Delta R - \varphi qR + \xi} = \frac{(1 - q)}{2\theta q(\beta\Delta R - \varphi)}$$

$$\left[\theta - \beta\Delta R + \frac{1 - q - \theta q}{1 - q}\varphi - \left(\begin{array}{c} \theta^2 - 2\dfrac{1 + q}{1 - q}\theta\beta\Delta R + \beta^2\Delta R^2 \\[2mm] + \left(1 + \dfrac{\theta q}{1 - q} \right)^2\varphi^2 \\[2mm] - 2\dfrac{(1 - q + \theta q)\beta\Delta R - \theta(1 + q - \theta q)}{1 - q}\varphi \end{array} \right)^{\frac{1}{2}} \right]$$

上式可视为利差扭曲 ΔR 与审慎政策 φ 的函数，记等式左侧为 $\Gamma(\Delta R, \varphi)$，等式右侧为 $\Omega(\Delta R, \varphi)$；其中利差扭曲也可视为审慎政策的函数，即 $\Delta R(\varphi)$。根据以上推论，基于 Gertler and Karadi（2011）的参数赋值进行数值求解，结果如下：

如图 5-3 所示，ΔR_l 作为利差均衡的可行域上界，包含了 ΔR 的变化，并且由推导知 $\partial \Delta R_l / \partial \varphi > 0$，则减小 φ 是唯一能够压缩可行域进而减小利差均衡的方式，故审慎政策 $\varphi \leqslant 0$ 且 φ 与 ΔR 同向变动。同时，在图 5-3 中，分别存在 φ^*，φ_l 使 ΔR，ΔR_l 为 0，表明经济中的利差扭曲可被审慎政策完全消除①。其中 φ^* 为最优审慎补贴，且 $\varphi^* = -0.00325$。

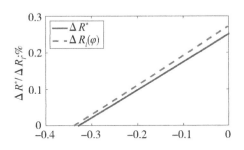

图 5-3 ΔR_l，ΔR 关于 φ 的变化趋势

① 此处审慎补贴可完全消除利差扭曲的原因主要有两点：①本章假设审慎成本为税收 T_t（隐性约束），将其补贴给银行实质上是增加了银行收益，而该收益之后又以所有权净收入 Y_t 的方式分配给家庭，这样便一增一减相互抵消，福利水平基本不变；②基于第一点原因可进一步发现，税收与补贴中并不包含政府额外成本，也不存在补贴衰减，故审慎补贴的整个过程几近无成本。综上，审慎政策无显性约束，故政府有足够的政策调控空间来选择一个最优的 φ^* 使利差扭曲接近于 0。

上述结果说明审慎补贴可从银行内部可消除利差扭曲，其背后机制也较为简明：动态系统中，政府给予银行补贴导致其筹资成本 $(1 + \varphi_t)d_t$ 下降，所获利差收益 $[R_{K, t+1} - (1 + \varphi_t)R_t]k_{t+1}$ 上升[1]，通过关系式 $n_{t+1} = [R_{K, t+1} - (1 + \varphi_t)R_t]k_{t+1} - (1 + \varphi_t)d_t$ 知银行未来净资产积累 n_{t+1} 随之上升。基于式(5-9)，值函数 V_t 随银行未来净资产积累上升而增加，意指银行借贷业务总收益上升。因此，在当期银行总资产 k_{t+1} 相对稳定时，其激励约束变松懈为 $V_t > \theta k_{t+1}$，从而令银行有能力扩大其资产负债，最终使均衡时社会总资本积累稳态大于无政策情形，利差扭曲小于无政策情形，即 $K_\varphi > K$，$\Delta R_\varphi < \Delta R$[2]。

另由图5-4所示，利差扭曲为0时审慎补贴仅有两个根：$\varphi = 0$ 与 $\varphi = -0.00325$，前者意指经济中无利差扭曲时，审慎政策无调控必要；而后者意指审慎政策给予银行部门占社会资产0.00325比例的补贴时，经济中利差扭曲降为0。并且从图5-4可知在 $\varphi_t \leq \varphi < -0.00325$ 与 $\varphi > 0$ 两类区间中 $\Gamma(0, \varphi)$，$\Omega(0, \varphi)$ 均无交点，故存在唯一最优审慎补贴 φ^* 使利差为0。

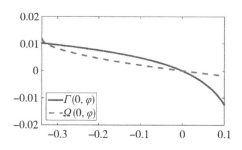

图5-4　零利差时政策补贴 φ 的取值

由上述证明可见，最优价格型审慎政策等同于给予银行某种筹资补贴，增加

---

①　此处需说明的是政府仅给予银行部门补贴，从而使其成本价格为 $(1 + \varphi_t)R_t$。但除银行部门外，模型经济中的存款利率仍与无风险利率等价，即 R_t。因此，从银行部门角度而言，存在 $\varphi_t < 0$ 使 $R_{K, t+1} - (1 + \varphi_t)R_t > R_{K, t+1} - R_t$，使银行实际利差收益上升。

②　社会总资本积累与利差扭曲间的一阶效应为负，这一逻辑在命题2中被证明，此处不再赘述。

了银行内部的实际流动性，使其委托代理行为中的激励约束得以缓解，从而令银行有能力释放更多的贷款来压低经济中的实际贷款利率，减少利差扭曲。这既是价格型审慎政策调控的核心，也是抑制道德风险影响的本质，并且上述原理在现实中逐步出现类似运用①。基于这一逻辑，对比审慎政策与信贷政策后，可进一步得到两点结论：①审慎政策虽避开了信贷政策中政府中介摩擦小于银行摩擦的假设，但其得以适用的前提是政府能够持续承担转移支付的职能，且无执行成本扭曲。②由于信贷政策是直接将部分信贷活动转移到政府渠道上来，则相比审慎政策对银行影子约束的影响，理论上前者缓解金融摩擦的时效性更强。

第三节　中长期金融稳定政策的评价

由前文内容不难发现，在中长期金融稳定政策的设计中还存有两类疑问：无执行成本扭曲的审慎政策是否能够在动态调控中保持稳定？又或者，调控时效性较强的信贷政策是否能替代审慎政策的存在？限于稳态计算，上述围绕理论推论而展开的疑问难以判断，也即两类最优政策的动态稳定效果在上文中尚无考证。因此，为充分比较两类政策，下文将进行数值模拟，并据此论证其政策效果。

一、参数校准

为构建符合中国的风险环境，本课题主要参数赋值如下：

(1)文中主观贴现因子为存款利率稳态的倒数，故利用 2007 年至 2017 年十年间的一年期金融机构存款基准利率进行加权平均，得到存款净利率的稳态为 2.714%；同时由于本章考虑的为季度数据，则季度化后为 0.6785%，故主观贴现因子取值为 0.99326，按照撰写要求，保留两位有效数字后，主观贴现因子为 0.99，故 β 取值为 0.99。

---

① 以 2016 年开始实行的宏观审慎体系(MPA)为例，在 7 大类评估指标中利率定价机制就为一类考核要点，主要考察法人机构利率定价水平和定价行为是否符合省自律机制的相关要求。各省利率定价自律组织定期召开会议，根据省内情况对存贷款利率上下限进行商议，给出合乎审慎调控的利差浮动区间。其中，规定不同省份的存款上限一定程度可视为价格型审慎政策。

（2）围绕劳动供给弹性的校准，这里主要参考了康立等（2013），林琳等（2016）的研究。其中发现，林琳等（2016）的劳动供给弹性的校准源自龚刚，WilliSemmler（2003）的 RBC 计量结果，而这一结果源于美国数据，而非中国数据。因此本章最终采用康立等（2013）的取值，令 $s = 0.2$。

（3）风险厌恶系数的取值，这里主要参考了陈国进（2017），陈彦斌（2009，2013）三篇研究。其中陈国进（2017）的取值为 $\sigma = 3.1$，但注意到其文内风险厌恶系数还包含贴现率与无风险利率等概念，而本章在这三者上有所区分，所以 $\sigma = 3.1$ 这一取值在此可能并不合适。其次，在陈彦斌（2009）提到"国内关于相对风险规避系数选取的经验研究比较少，黄赜琳（2005）利用模拟试验以及中国消费行为的经验研究发现，中国相对风险规避系数的取值应当在区间[0.7，1]之内；但是，这种基于中国消费行为的经验研究仅仅考虑了消费的跨期替代弹性，并没有考虑风险规避效应。而从风险规避的角度来看，相关的金融经济文献一般认为相对风险规避系数应当选取在[2，4]的区间之内。综合考虑两种效应，本章按照国际研究的通用选取方法，将相对风险规避系数的取值确定在区间[1，2]之内……"同时，秉承这一合理的赋值基础，陈彦斌（2013）将风险厌恶系数赋值为 $\sigma = 2$。因此，本章此处采用陈彦斌（2013）的赋值设定，令风险厌恶系数 σ 取值 2。

（4）资本要素投入比例以林琳等（2016）的赋值作为参考，即 α 取值 0.33。

（5）本章发现折旧率的赋值存在两类倾向：其一，陈彦斌等（2009），陈彦斌等（2013），吕捷、王高望（2015）等研究沿用了 Chow & Li（2002）的计量结果，即 $\delta = 0.52$。但注意到 Chow & Li（2002）的测算年份为 1993—1998 年（其中 1978—1992 年该值为 0.04），由于样本区间距今已年份较长，沿用至今略显偏颇；其二为龚六堂、谢丹阳（2004），陈昆亭、龚六堂（2006），康立等（2013），黄锐和蒋海（2013），林琳等（2016）等研究中的赋值设定。上述研究赋值主要基于龚六堂、谢丹阳（2004）的研究，他们沿用了 Chow（1993）与 Chow & Li（2002）的方法，对 1998 年后 28 个省市的资本存量进行了估算，其中折旧的估算为 10%，并且基于这一估算，中国资本与劳动的边际生产率差异水平符合现实特征，故 10% 的年折旧率比 Chow & Li（2002）中 $\delta = 0.52$ 的折旧率可能更贴近近年来的折旧率水平。基于上述依据，给定本章季度数据特征，故季度平均折旧率取值为 $\delta = 0.1/4 = $

0.025。

（6）银行存活率、银行可转移资产比例、新入银行净资产占社会总资产份额三类参数取值源于对康立等（2013），康立，龚六堂（2014），林琳等（2016）等研究的参考。银行存活率 q 取值 0.97；银行可转移资产比例 θ 取值 0.38；新入银行净资产占社会总资产份额 ξ 取值 0.002。

此外，本章稳态赋值过程如下：**无政策环境**中资本产出比 $\phi = 0.78$（通过式 5-5 计算得出）；给定利差扭曲 $\Delta R = 0.0025$，由命题 1 结论可得出银行杠杆率、利差边际效用与筹资边际成本分别为 $\varpi = 4$，$\mu_K = 0.0038$，$\mu_N = 1.5$。**信贷政策环境**中，设定政府信贷份额稳态为 $\pi = 0.2$[①]，由最优信贷政策的一阶条件可推知 $\Delta R = \tau \eta (\pi K)^{\eta-1} \Rightarrow \Delta R \pi K = \Xi$，进而根据式（5-5）、式（5-18）的稳态条件，存在：

$$Y = C + I + \Xi = C + (\delta + \Delta R\pi)K \Rightarrow (\delta + \Delta R\pi)\frac{K}{Y} = 1 - \phi^{CP}$$

$$\Rightarrow \Delta R + 1/\beta - (1 - \delta) = \alpha(\delta + \Delta R\pi) \cdot \frac{Y}{(\delta + \Delta R\pi)K} = \frac{\alpha(\delta + \Delta R\pi)}{1 - \phi^{CP}}$$

$$\Rightarrow 1 - \phi^{CP} = \frac{\alpha(\delta + \Delta R\pi)}{\Delta R + 1/\beta - (1 - \delta)}$$

进一步地，结合上式与式（5-5）、式（5-18）的稳态条件，得出 $\phi^{CP} = C/Y = 0.776$，$\zeta^{CP} = I/Y = 0.219$，$\Omega^{CP} = \Xi/Y = 0.005$。其次，为求出信贷政策参数 τ，先假设 $\eta = 1.2$，则最优信贷政策条件变为 $\Delta R = 1.2\tau(\pi K)^{0.2}$，再将式（5-4）、式（5-5）两式合并得到**条件一**，然而对式（5-3）进行转化得到**条件二**。两类条件分别为：

$$W = (1 - \alpha)\left[\frac{\alpha}{\Delta R + \frac{1}{\beta} - (1 - \delta)}\right]^{\frac{\alpha}{1-\alpha}}, \quad Y = (1 - \alpha)^{\frac{-s}{s+\sigma}} W^{\frac{1+s}{s+\sigma}} (\phi^{CP})^{\frac{-\sigma}{s+\sigma}}$$

通过合并上述条件求得 Y，进一步结合 ζ^{CP} 的结果求得 $\tau = 0.0016$。为在近似利差扭曲水平上对比信贷政策效果，这里将审慎政策补贴限制为 $\varphi = -0.0007$，对应利差扭曲 $\Delta R = 0.002$；基于此，银行杠杆率为 $\varpi^{MP} = 5.2$，其利差效用与边际筹资成本分别为 $\mu_K^{MP} = 0.005$，$\mu_N^{MP} = 1.8$。以上参数校准与稳态赋

---

① 截至 2016 年，QE 所购买的总资产占 2008 年至 2016 年社会总资产增量的 24%（数据来自德银研报），为贴近经济现实以及方便后续稳态计算，此处设定 $\pi = 0.2$。

值结果汇总于表5-1。

表5-1　　　　　　　　　　参数校准及稳态赋值说明

参数	描述	赋值	参数	描述	赋值
β	主观贴现因子	0.99	δ	资本折旧率	0.025
σ	风险厌恶系数	2	q	银行存活率	0.97
s	劳动供给弹性的倒数	0.2	θ	银行可转移资本比例	0.38
α	资本要素投入比例	0.33	ξ	新入银行占社会资本比例	0.002
ΔR	利差扭曲	0.0025	ϖ	无政策环境银行杠杆率	4
μ_K	无政策环境利差边际效用	0.0038	μ_N	无政策环境筹资边际成本	1.52
ϕ	无政策环境消费产出比	0.78	π	政府信贷份额稳态	0.2
ϕ^{CP}	信贷政策下消费产出比	0.776	ζ^{CP}	信贷政策下投资产出比	0.219
Ω^{CP}	信贷政策成本产出比	0.005	η	信贷成本幂数	1.2
τ	信贷成本系数	0.0016	φ	审慎政策补贴率稳态	-0.0007
ϖ^{MP}	审慎政策下银行杠杆率	5.2	μ_K^{MP}	审慎政策下利差边际效用	0.005
μ_N^{MP}	审慎政策下筹资边际成本	1.8	ρ_ψ	质量冲击持续系数	0.8

二、信贷政策模拟

本章运用资本质量冲击模拟金融衰退，则根据上述参数与稳态赋值，信贷政策模拟结果如图5-5所示，受资本质量冲击，资本真实价值骤降，在一单位贷款对应一单位资本的前提下，银行激励约束要求其预期贷款回报上升，故模型经济中利差被推高。因银行贷款利率上升，厂商的资本需求相应下降，其后果一方面是社会总投资低迷；另一方面，基于Cobb-Douglas生产函数与家庭预算约束可知此时产出、就业、消费也相应下降。进一步地，资本真实价值的下降导致银行总资产的真实价值减少，这便意味着银行信贷收益的降低。虽然银行此时已通过提高贷款利率来平衡其收益，但净资产积累最终因厂商资本需求下滑而减少。上述结果与Gertler and Karadi(2011)的逻辑一致。在加入最优信贷政策后，上述情况有所缓解：由于本章假设政府信贷成本大于0，冲击发生后政府信贷份额正向偏离 17% 左右，意指 17% 左右的银行信贷被政府信贷代替。并且在该范围内政府渠道摩擦小于银行摩擦，因此经济中利差波动下降。而正是由于利差波动下降，社会资本积累、投资、产出、就业、消费等波动状态要优于无政策情形。然而，值得注意的是银行净资产在信贷政策环境中下降幅度更大。之所以这样，主要因为冲击发生后，政府信贷份额增加对银行的信贷业务造成了挤占，使银行总资产 $K_{b,t}$ 进一步下降，从而引致银行净资产降幅大于无政策情形。

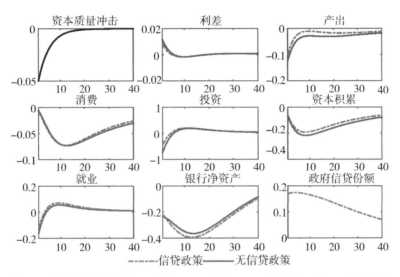

图 5-5　信贷政策模拟（$\pi = 0.2$，$\eta = 1.2$，$\tau = 0.0016$，$\Delta R = 0.0025$）

此外，本章此处进一步验证了死成本对信贷政策调控效果的影响：令 $\eta = 1.05$ 时，Ξ_t 已足够小。此时信贷份额正向偏离达到 53%，且利差由之前的 0.008%（$\eta = 1.2$）下降至 0.0014%。该结果与命题 3 的结论自洽，说明死成本初值越小（即 η 越小），最优信贷政策 π^* 越积极。同时，这一结果也暗示当政府信贷渠道不存在死成本时，经济中的最优信贷份额为 $\pi^* = 1$，即银行业务被政府信贷完全替代，银行部门消失（银行部门加总净资产 N 下降为 0），然而此情形并不具任何讨论价值。

三、审慎政策模拟

利差扭曲存在时，审慎政策模拟结果如图 5-6 所示，受资本质量冲击，审慎

补贴偏离为 $\widetilde{\varphi}_t = -0.0025$，意指政府对银行的补贴增加。该情形下，审慎政策的稳定效果与信贷政策类似：相对无审慎政策环境，利差下降，社会资本积累、投资、产出、就业、消费上升。但对比政策本身，审慎政策与信贷政策又有两点不同：

第一，因审慎补贴的存在，银行部门净资产积累出现了与信贷政策截然相反的脉冲响应，这主要源于两类政策在稳定机制上有本质性的差异。信贷政策强调的是政府渠道对银行渠道的替代，故政府信贷的增加对应银行净资产积累的减少。而审慎政策的不同之处在于它是通过补贴银行净资产积累来放松激励约束，进而诱导银行扩大信贷数额，降低贷款利率，最终缓解利差。因此，对于银行部门而言，前者为"减法"后者为"加法"。

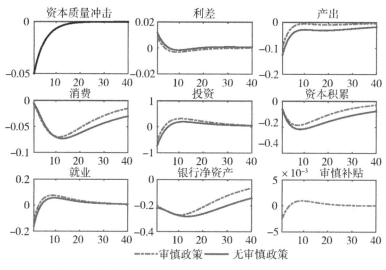

图 5-6　信贷政策模拟（$\varphi = -0.0007$，$\Delta R = 0.002$）

第二，从脉冲响应结果可见，信贷政策的时效性强于审慎政策。受资本质量冲击后，信贷政策环境中利差偏离为 $\widetilde{r}_{s,t}^{CP} = 0.0082$，审慎政策中为 $\widetilde{r}_{s,t}^{MP} = 0.0080$，存在 $\widetilde{r}_{s,t}^{CP} > \widetilde{r}_{s,t}^{MP}$；而社会资本积累的偏离情况相反：信贷政策中为 $\widetilde{k}_t^{CP} = -0.059$，审慎政策中为 $\widetilde{k}_t^{MP} = -0.062$，存在 $\widetilde{k}_t^{CP} > \widetilde{k}_t^{MP}$。这一结果表明审慎政策对利差的

即期稳定效果强于信贷政策，但对资本积累的即期稳定效果却弱于信贷政策。其中原因与理论对比结果一致：信贷政策是直接将部分信贷活动转移到政府渠道上来，故它对社会资本积累有直接效应；而审慎政策的调控路径是通过减少利差来缓解资本积累的抑制，因此它对银行利差有直接效应，对资本积累仅有间接作用。此外，通过观察脉冲响应结果还可观察到审慎政策在中后期对各变量的调控效果要优于信贷政策，并且持续时间较长，这进一步说明放松银行激励约束所带来的潜在效用要大于单纯的渠道替换。

在限定审慎补贴范围的前提下，以上讨论对比了信贷政策与审慎政策本质上的异同，但对 0 利差扭曲水平上的最优审慎补贴 φ^* 的效果未作评析。针对这一问题，下文将使用含审慎政策的基准模型与无银行部门的 RBC 模型进行动态模拟对比；此外，为突出对比的显著性，这里将资本质量冲击大小由 0.05 增至 0.1。具体模拟结果如下：

如图 5-7 所示，资本质量冲击下 RBC 模型中产出、消费、投资、资本积累、就业均出现了负向偏离，意指当不存在金融摩擦的非效率出清时，宏观经济变量对资本价值缩水的反应主要为负面；同时，又因 RBC 模型不包含任何非效率摩擦因素，故在冲击过程中其内部各变量皆为效率变动，则它们的变动路径在任意情形下为最优。以此结论为标准，可见在完全消除利差扭曲的审慎政策基础上，基准模型的脉冲相应结果已充分接近效率变动的路径水平。但从细节而言，仍有两点不同：①相对于 RBC 模型，审慎政策情形中各变量的初始降幅更大；②审慎政策情况中，消费与资本积累虽然分别在前 20 期与前 10 期与 RBC 结果保持一致，但其后稳态回复速度明显放慢，这进一步导致了产出的负向偏离明显大于 RBC 情形。之所以这样，主要因为银行部门激励约束受冲击后仍可使经济产生利差波动，导致利差偏离由零转正，进而有审慎政策环境中各宏观经济变量降幅高于其效率变动，这一点从本质上区分了 RBC 与本章基准模型的变动结果。另外，从资本积累变动的角度来看，尽管在 20 期后利差波动已较小，但较慢的资本稳态回复速度说明模型的动态出清效率仍受银行激励约束牵制，这便意味着虽然最优审慎补贴 φ^* 在稳态水平上完全消除了利差扭曲，但在动态调控过程中，银行的委托代理本质依然存在，冲击下银行的行为仍可扭曲经济状态，加剧非效率出清。该结论可视为最优审慎补贴的缺点之一，这也证明单纯使用审慎政策并不能全权根除利差形成机制以及它对宏观经济层面的影响。因此，在动态调控中当局可另选其他政策加以配合，推进金融市场信息公开化，根据调控目的尽可能地弱化银行中委托代理的本质属性。

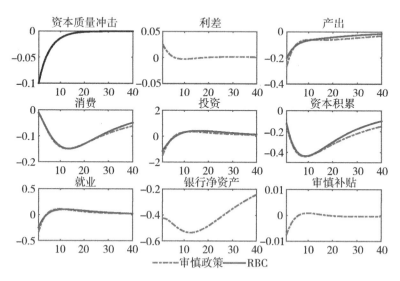

图 5-7　最优信贷政策模拟（$\varphi^* = -0.00325$，$\Delta R = 0$）

第四节　简要总结

在以往的研究中，金融中介作为供给面因素，对融资活动的量、价影响是基于新古典框架来分析的。然而在 2008 年次贷危机之后，传统框架遭遇挑战，从而受越来越多的学者诟病。Gertler and Karadi（2011）针对以往研究中的弱点，构建了一个具有银行本质的一般均衡框架，并简明地解释了金融危机中中介摩擦对融资活动与宏观经济的影响。但受制于 Gertler and Karadi（2011）中银行部门的特殊递归形式，金融摩擦形成机制以及其对宏观经济的传导未能在理论上得到清晰且具意义的说明，以至于后续研究对政策制定的看法众说纷纭。鉴于此，本章基于 Gertler and Karadi（2011）的框架构建了家庭、厂商、银行三部门的动态一般均衡模型，并通过求解银行部门稳态从理论上厘清了金融摩擦形成机制与它对宏观经济的影响。进一步地，本章围绕该机制分别设置了最优信贷政策与最优价格型审慎政策，分析了其稳态性质以及动态稳定效应。主要结论如下：

第一，给定银行部门的激励约束，它包含了两类"杠杆——利差"的稳态关系，其中之一稳定地决定了经济中的利差扭曲。在不稳定的关系中，中介最终将被动去杠杆，抑或利用庞氏融资加大杠杆，该理论直觉与现实情况一致。在此基础上，稳定杠杆对应的利差扭曲限制了社会资本积累总量，在产出与资本积累并同下降时压缩了投资占比，造成金融摩擦的非效率出清，并且利差扭曲越大，非效率出清造成的经济福利损失也越大。

第二，给定上述传导逻辑，本章分别刻画了最优信贷政策与最优审慎政策。其中，最优信贷政策表明政府信贷份额随利差扭曲同向变动，并且信贷政策的初始成本越小（越大），信贷政策越积极（消极）。同时，较大（较小）的初始成本将使政府信贷份额与利差扭曲二者间的增量反向（同向）变动。而在审慎政策情形下，最优稳定措施是政府基于利差扭曲状态给予银行相应的审慎补贴，该补贴随利差扭曲同向变化，意指政府对银行的补贴随利差扭曲增加而上升，并且在某一审慎补贴水平上，稳态利差扭曲可被完全消除。

第三，对比最优信贷政策与审慎政策的动态稳定效应，可进一步发现：（1）在两类政策中，银行部门净资产积累出现了截然相反的脉冲响应，这从侧面说明信贷政策的本质是通过挤占与替代银行信贷业务来稳定金融摩擦的非效率出清，而审慎政策则是通过补贴银行效益来缓解激励约束造成的利差扭曲。（2）通过对脉冲结果的考察，初期数据显示审慎政策对利差的即期稳定效果强于信贷政策，但对资本积累的即期稳定效果却弱于信贷政策，这意味着信贷政策的调控时效性要强于审慎政策；在脉冲响应的中后期数据中，审慎政策的调控效果要持续优于信贷政策，说明放松银行激励约束所带来的潜在效用要大于单纯的渠道替换。（3）通过观测审慎政策在 0 利差稳态水平上的动态稳定结果可以发现，即使审慎补贴完全消除了稳态利差扭曲，但银行的委托代理本质依然存在，冲击下银行的行为仍可扭曲经济状态，加剧非效率出清。

总的来说，本章金融风险的来源是银行激励约束，而激励约束的本质是信息不对称，然而现实经济中大量的信息不对称因素使金融摩擦无法从根本上被消除，这无疑加大了政策当局调控的难度。结合本章理论推论，围绕现实中如何稳定金融摩擦这一问题，得到启示如下：（1）金融波动的稳定与预防应同时并重。在金融摩擦形成机制的探讨中，可见不稳定的金融决策易于过度推升杠杆或加剧被动去杠杆，从而加剧了风险扩张与收缩过程。在现实经济活动中，这两类现象的持续时间通常较长，发生频率较高，这势必要求调控当局形成一套预防机制。因此，政策稳定的目标不单需要稳定突发事件造成的波动，更应协助当局预测或预防非理性金融决策的发生。因此，真正意义上设计出保证金融市场完好运转的调控政策，还需要不少努力。（2）"单一调控"应向"多重搭配"转变。在现实调控中，不同政策的效力或调控方式往往有显著区别，因此当针对某一特定稳定目标时，政策多重搭配的灵活性从根本上将优于单一政策的调控。以本章结论为例，两类金融稳定政策可构造长短期搭配：由于信贷政策时效性较强，故短期金融波动可使用信贷政策调控；而审慎政策潜在效用较大，中长期的金融稳定可通过审慎补贴实现。（3）金融信息公开化的必要性。从理论角度而言，信息透明度是制约委托代理行为强度的关键变量[①]，并且信息不对称的影响也难以通过调整银行激励约束来根除(这一点反映在最优审慎政策的动态性质中)。因此，除去本章所讨论的信贷政策与审慎政策外，央行与其他宏观调控机构一方面应要细致探究国内金融摩擦程度，另一方面更需要推进金融市场信息公开化，加强对金融机构引导与监督，从而弱化金融摩擦所造成的非效率出清。

[①]　在本章模型中，信息不对称的指标可以视为银行可转移总资产的比例 θ，当 θ 越高，银行选择转移部分总资产的可能性越大，表明道德风险问题越严重。

第六章 宏观审慎政策平抑跨境资本流动 风险有效性的实证分析

——基于银行稳定性视角①

中国金融市场对外开放程度的不断加深以及资本项目可自由兑换和人民币国际化的稳步推进，必然会使得跨境资本流动更加频繁，这无疑有利于"以国内大循环为主体、国内国际双循环相互促进"的新发展格局加速形成，但是同时也有可能造成对国内宏观经济和金融体系稳定性的不利冲击，加大金融系统的波动性，甚至有可能引发系统性金融风险。由于商业银行在我国金融体系中仍然占主导地位，银行业的稳定直接影响着金融体系的稳定，特别是跨境资本最终都会直接或间接以商业银行为媒介实现流动（无论是流出还是流入）。因此，如何不断完善对跨境资本流动的管理以促进我国金融体系特别是商业银行的稳定性，是当前理论和实践中都值得高度重视的问题。

自2008年金融危机暴发以来，金融稳定理事会（FSB）、国际清算银行（BIS）、国际货币基金组织（IMF）、巴塞尔银行监管委员会（BCBS）等国际组织认真研究危机发生的原因，并认识到个体金融机构的稳定并不代表整体金融系统的稳定，微观监管在防范系统风险方面存在不足，需要创新监管方式，防范金融体系顺周期变化。于是，宏观审慎政策框架开始进入专家学者的视野。因为宏观审慎政策更关注机构之间的风险联系，而非单个个体金融机构，可以在进行事先的风险预防和事后的风险控制中发挥出举足轻重的作用。

2015年起，中国人民银行将跨境资本流动纳入宏观审慎管理范畴，并针对在离岸市场主体的顺周期加杠杆行为和外汇市场过度投机行为制定管理措施，提

---

① 本章主要内容原载于《国际金融研究》2022年第8期。

出一篮子政策工具。具体包括：银行外汇头寸管理、无息准备金、调控外汇风险准备金征收比例等。十四五规划中明确强调，"要强化国家经济安全保障，实施金融安全战略，完善宏观审慎管理体系，完善跨境资本流动管理框架，加强监管合作，提高开放条件下风险防控和应对能力"。2021年年初召开的全国外汇管理工作电视会议也提出，将密切关注疫情等外部冲击影响，加强市场预期管理和宏观审慎管理，避免外汇市场无序波动。

那么，近年来我国对跨境资本流动的宏观审慎管理政策的作用效果究竟如何？本章将采用2010—2018年中国商业银行微观面板数据，利用固定效应模型探究跨境资本流动对我国商业银行稳定性的影响，同时对不同渠道下跨境资本流动的影响进行深入分析。在此基础上，进一步对于宏观审慎政策工具管理跨境资本流动的有效性展开讨论。

第一节 文 献 综 述

一、跨境资本流动与银行稳定性

多次金融危机的发生使得国内外学者越来越重视对跨境资本流动与系统性金融风险关系的探讨。一般认为，系统性风险发生机制有两个维度：时间维度与横截面维度。从时间维度上考虑，跨境资本的流入流出与一国的经济增长呈现顺周期性（严宝玉，2018），这种顺周期变化会影响一国的金融稳定（Avdjiev et al.，2018）。Kindleberger & Aliber(2014)总结了1720年至2008年上百次全球性危机后指出，经济过热拉动了跨境资本的流入，持续地流入引发资产价格的过度膨胀，随后继续吸引更多的资本流入，直至"明斯基时刻"。此后，经济下行和资产价格下跌预期推动资本流出，加剧本币贬值，引起资产价格螺旋式下跌（Bnmnermeier & Sannikov，2010）。从横截面维度来看，跨境资本流动是经由系统重要性金融机构的传递而引发系统性风险。系统重要性金融机构规模较大，且彼此之间业务往来密切，其强大的外部溢出效应会使得风险迅速从系统性重要机构传染至其他金融机构，乃至整个金融体系（Xavier Freixas et al.，2015）。

在间接融资体制中，银行部门是至关重要的一环，尤其是发展中国家，银行的供血是经济正常运行的关键。当金融危机暴发时,外部的信息因素(Chari & Jagannathan,1988)、银行管理者道德风险(Calomiris & Kahn,1991)以及储蓄者对银行的风险预期等等(Diamond & Dybvig,1983)都会引致银行机构发生大规模挤兑。如果金融机构之间恰有较为复杂的业务往来,那么传染式挤兑会迅速发生,并通过银行网络传导到各个地区和行业,造成蝴蝶效应。此外,当一家重要银行倒闭,其他银行也会产生危机意识,这在一定程度上会影响银行放贷意愿,加快贷款的收回时限。银行供血功能的收缩会迫使企业压低投资甚至减产裁员,对经济环境造成不利影响。显然,打造以银行稳定为核心的金融安全网是各国维护金融稳定的重中之重。正因为如此,诸多学者在探究跨境资本流动与系统性金融风险关系时尤其注重跨境资本流动对银行稳定性的影响,并由此形成了促进论和抑制论两种观点。

持促进论观点的学者认为,银行业的开放程度提高,金融市场环境和投资环境将得到改善,吸引外资积极参与东道国金融业市场竞争,刺激行业发展,银行脆弱性会降低。Stijn Claessens,Asli Demirgüç-Kunt & Harry Huizinga(2001)对 80 多个新兴市场国家的银行经营状况进行分析后发现,外资银行的准入限制放宽之后,虽然银行经营利润会收缩,但能有效改善银行业结构与经营效率,产生正的财富效应,长期来看有助于经济发展。Lane & Miles-Ferretti(2007)研究了中东欧过去 15 年间以对外直接投资为主体的短期资本流动,发现其一方面分散了银行业的整体风险,另一方面也有利于金融市场的完善和健全。国内学者对此也进行了广泛深入的研究,马理和朱硕(2018)认为合理、正常的跨境资本流动可以促进我国的金融体系迅速融入全球经济一体化进程,促进银行体系的稳定运行。究其原因,主要是由于发展中国家对外开放度较低,引入外资就意味着引入了先进的经营理念和更先进的风险管理技术水平,这对于东道国银行优化自身企业结构,创新监管方式更具有积极意义。由此看来,长期跨境资本流动对商业银行来说是较为稳定的资金流入,不会对商业银行的稳定性构成威胁。

而持抑制论观点的学者认为跨境资本流动可能是金融脆弱性的根源,即会增加银行发生危机的可能性,并且影响会随着资本流动的类型而变化(Ghosh & Qureshi,2016)。蒙代尔—弗莱明模型对此给出解释,跨境资本的流入会导致货币升值,进而产出下降,出口减少,间接导致银行信贷收紧。考虑跨境净资本流动的异质性，外商直接投资（FDI）较少受短期变化的影响，通常表现得更加稳定，而证券投资以及其他投资（主要是银行信贷）受投机因素影响较大，因此波动性更大（Mirzaei Ali & Aguir Iness，2020）。Ghosh & Qureshi（2016）研究了不同渠道下跨境资本流动对金融稳定的异质性影响。总体而言，跨境资本流入与国内信贷增长，银行杠杆以及以外币计价的贷款增长有关。外商直接投资流动（FDI）与金融脆弱性没有任何联系，但是证券投资，特别是对外债务的资本流动与金融脆弱有很强的相关性。

国内学者的相关研究起步较晚，但仍然取得了较为充沛的研究成果。方显仓和孙琦（2014）发现，资本账户开放与银行体系风险之间具有双向负反馈效应，资本账户开放会带来银行体系风险，而银行体系风险加剧又会减缓资本账户开放进程。大部分学者将跨境资本按国际收支平衡表制定规则来划分，发现以 FDI 为代表的长期资本流动对银行系统正向冲击最大，其次是证券投资，而其他投资的冲击比较微弱（高志勇和刘赟，2010）。杨海珍和黄秋彬（2015）对中国十大银行的稳定性基于不良贷款率和资本充足率进行测度，发现跨境资本净流动降低了商业银行稳定性，其中其他投资影响最大，证券投资和直接投资影响并不十分显著。顾海峰和于家珺（2020）基于资本流入、流出与总量的考察发现，跨境资本流入、流出及流动总强度的上升均会加剧银行信贷风险，其中，直接投资资本流入与流出对银行信贷风险的作用方向相反，间接投资资本流动总强度则显著助推银行信贷风险。顾海峰和卞雨晨（2021）继续对我国 372 家商业银行进一步分析后发现，由于银行流动性错配的存在，跨境资本流动会通过银行流动性错配渠道抑制银行稳定性，且经济政策不确定性和银行业景气度下降会加强这种抑制性。

二、跨境资本流动的宏观审慎管理

如果跨境资本流动是金融脆弱性的根源，那么，传统的货币政策已经不足以防止由于长期的宽松融资而导致的资本流动风险，为增强金融系统的韧性，必须搭配宏观审慎政策（Unsal，2013）。央行有必要探索更多的工具来辅助金融稳定的监管与调控，构建跨境资本流动的宏观审慎政策框架，弥补传统货币政策工具和微观监管的不足（周小川，2011）。综合国内外相关研究文献，目前有关跨境资本流动宏观审慎管理的研究主要集中于四个方面：

其一是探究跨境资本流动宏观审慎管理的方式。Helene Rey(2015)认为非核心国家应通过宏观审慎政策来直接或间接管理资本账户,同时限制某些经济领域的信贷增长和杠杆,以避免未来受到投资大幅波动对经济的消极影响。由于我国金融体系以银行业为主,因而有学者提出应加强银行业跨境资本流动的宏观审慎管理。巩志强(2012)认为,我国应重点关注银行短期外债和银行外汇头寸的监管,并制定标准化的管理指标,这样才能有效监测短期资本,帮助商业银行规避货币错配以及期限错配风险。赵文兴、孙蕾(2015)认为,我国将银行机构作为调控对象,更有助于逆周期的审慎调控。

其二是关于跨境资本宏观审慎监管与资本项目可兑换之间的矛盾。盛雯雯(2015)在考察了OECD国家的监管经验后提出,资本项目可兑换的改革措施虽然会使得传统的资本管制政策大幅取消,但跨境资本的审慎管理框架仍然会填补空缺。因此,不必担心资本项目的可兑换会使得国家失去监管能力。国外研究同样表明,一个国家金融体系越发达、越完整,宏观审慎管理会更优于资本管制(Sheng & Wong,2017)。Korinek 和 Sandri(2016)的研究也提到,随着经济的不断发展,资本管制和宏观审慎管理的最优搭配在发生变化,新兴经济体应逐步取消资本管制并注重宏观审慎管理。

其三是探究如何妥善处理宏观审慎管理与货币政策的关系。国外研究者认为,宏观审慎政策对货币政策的有益补充能够应付对外借款、资产价格等各种外部冲击,从而抵消宽松货币政策造成的金融脆弱性的累积。(Ghilardi & Peiris,2014;Ozkan & Unsal,2014;Klingelhöfer & Sun,2019)。国内学者对此进一步补充,提出要关注货币政策与宏观审慎政策目标的协同与矛盾,货币政策工具中应考虑更多的负反馈因素,在稳健的货币政策实施框架下,辅以跨境资本流入税为代表的宏观审慎政策工具,才能更好地对金融市场进行逆周期调控(黄益平等,2019;何淑兰和王聪,2017)。

其四是对跨境资本流动宏观审慎政策有效性研究。目前宏观审慎政策有效性研究主要集中于工具有效性上,研究方法大体分为两种:一是将宏观审慎政策工具及其对其他金融经济变量的影响纳入经典模型;二是利用实证分析方法,评估宏观审慎政策工具对于经济金融变量的影响。研究结果表明,与外汇相关的宏观审慎措施能够有效降低跨境资本流入时银行持有的外债比重(Ostrlny et al.,2012)以及银行对汇率变动的敏感性和应对全球金融周期的脆弱性(Toni Ahnert et al.,2018)。

Aysan 等(2015)对土耳其在危机后采取的宏观审慎政策的相对有效性进行评估后发现，在实施宏观审慎政策之后，流向土耳其的资本对国际全球银行业务的敏感性降低了，这为该国的金融稳定做出了积极贡献。Cerutti 等(2019)研究了在发达国家和新兴市场国家中跨境资本流动，宏观审慎监管与信贷增长之间的关联，认为宏观审慎的监管措施可减轻危机的严重程度，使经济更加稳定。在新兴市场国家，宏观审慎监管对于缓解资产价格的暴涨和暴跌至关重要。此外，Fernando Arce et al.(2019)认为最优的外汇储备积累配置策略可以显著降低金融危机的风险敞口。国内学者对我国跨境资本宏观审慎管理效果也进行了大量研究。王兴华(2019)运用虚拟变量，对政策效果进行了评估，发现当前宏观审慎管理对跨境资本流动产生了逆周期作用，但存在一定的滞后性。肖文(2019)认为全口径跨境融资宏观审慎政策对资本项下跨境资金流动的调节效果最明显，逆周期调节因子、远期售汇风险准备金率的实施效果具有一定的相对性。高秀成等(2020)采用直接和间接方式对跨境资本流动的宏观审慎管理效果评估后发现，通过对跨境资本收付汇环节的管理能够使得外汇市场失衡较快向均衡状态调整，管理要更加有效。

总结国内外相关研究成果，我们认为现有研究主要存在如下两点不足：一是大多学者在研究跨境资本流动的风险效应时，多从宏观的角度来研究跨境资本流动对金融稳定的影响，鲜少有研究从微观视角，纳入银行微观特征、跨境资本类别等异质性因素以及宏观调节变量，考察跨境资本流动对商业银行稳定性的影响。其次，有关跨境资本流动的宏观审慎管理研究，目前仍集中于理论研究或对国外的经验借鉴，对国内宏观审慎管理效果的实证检验还很不足，已有的研究中所运用到的主要是 SVAR 模型，实证方法还有待进一步拓展。最后学者们对于跨境资本流动宏观审慎管理的有效性多考虑的是逆周期调节跨境资本是否有效，没有考虑宏观审慎政策是否可以缓解银行所受的跨境资本流动冲击，本章将填补这一空白。

第二节　研究设计

一、样本数据来源

本章选取 2010—2018 年中国商业银行面板数据进行实证分析，剔除数据不足 5 年的银行后最终保留 236 家银行样本，包括 5 家国有银行，12 家股份制银行以及 219 家城农商行。本章所使用数据主要来自 Wind 数据库、EPS 数据库以及 IMF 数据库，跨境资本流动数据主要来自国家外汇管理局提供的国际收支平衡表，宏观审慎政策的相关数据来自 IMF 组织的三次全球宏观审慎政策跨国调查。

二、变量设计

1. 被解释变量

现有文献对于银行稳定性的代理变量选择有两类，一类是基于 KMV 模型估计的银行违约概率，另一类是 Z-SCORE。这两种指标都能在一定程度上指代银行风险。有所不同的是，KMV 模型利用资本市场的信息而非历史账面信息对银行风险进行测算；而 Z-SCORE 是根据商业银行资产负债表来进行计算。目前，我国商业银行中上市比例较低，截至 2019 年底，中国上市银行共有 51 家，因而选用 KMV 模型无法涵盖占比较多的非上市银行的情况，因此，本章选择 Z-SCORE 作为银行稳定性的代理指标，其变量构成包含盈利性、杠杆率和波动率三个方面的信息，具体计算方式为：$Z\_SCORE = \dfrac{ROA + E/TA}{\sigma(ROA)}$，其中，E/TA 为权益资本占总资产的比例，ROA 为税后平均资产回报率，$\sigma(ROA)$ 是 ROA 的标准差。更高的 Z-SCORE 对应着更高的银行稳定性。

2. 解释变量

首先，本章借鉴顾海峰和卞雨晨（2021）、孙天琦与王天笑（2020）的研究，使用国家外汇管理局提供的国际收支平衡表（年度 BOP）中资本和非储备性质的金融账户净额占名义 GDP 的比重测度跨境资本流动水平（FLOW）。根据国际收支平衡表的编制原则，金融账户中对外金融资产净增加记为负值，净减少记为正值；对外负债净增加记为正值，净减少记为负值，因此账户的净额为正代表了资本流入，净额为负表示资本流出。其次，本章将跨境资本流动渠道细分为直接投资与间接投资，进一步研究不同渠道下跨境资本流动对银行稳定性的影响。常用的 FDI 统计口径包括商务部发布的实际使用外资金额，外管局公布的银行代客结汇下的直接投资项和国际收支平衡表中的直接投资项。实际使用外资额仅包括非金融类的数据，银行代客结售汇数据反映的是已经发生的汇兑行为，BOP 表直接投资项目将金融部门直接投资和母子公司的关联交易纳入统计范围，统计口径最大(谭小芬，梁雅慧，2019)，因此，本章选用国际收支平衡表资本与金融账户下直接投资净额占名义 GDP 的比重(FDIR)作为跨境直接投资的代理变量，并选用该账户下证券投资净额、金融衍生品净额、其他投资净额之和占名义 GDP 的比重(FIDIR)作为间接投资的代理变量。由于金融衍生品项目下的跨境资本流动规模很小，因此本章仅进一步探究证券投资(FSEC)以及其他投资(FOTH)项目下跨境资本流动的影响。

3. 调节变量

本章的调节变量是宏观审慎政策代理变量。鉴于国际货币基金组织宏观审慎政策数据库(iMaPP)提供的 17 种政策工具，本章构建了我国宏观审慎政策工具指标 MAPP，用以表示宏观审慎政策的实施情况。具体包括逆周期资本缓冲(CCB)、资本节约缓冲器(Conservation)、银行资本要求(Capital)、银行杠杆率限制(LVR)、贷款损失准备金要求(LLP)、银行对各部门信贷增长和数量限制与惩罚(LCG)、贷款限制(LoanR)、外币贷款限额(LFC)、贷款与价值比率(LTV)、偿债收入比限制(DSTI)、适用于特定交易、资产或负债的税费(Tax)、流动性要求(Liquidity)、存贷款比率限制(LTD)、外汇敞口头寸或货币错配限制(LFX)、宏观审慎目的的准备金要求(RR)、对系统重要性金融机构的资本和流动性附加(SIFI)、其他(Other)。参考 Alam et al. (2019)的构建方法，将一次紧缩型宏观审慎政策工具的实施表示为+1，一次扩张型政策工具的实施表示为-1，没使用的记为 0；再将各个工具指标的月度观测值加总，获得宏观审慎政策综合指标的年度观测值，记为 MAPP。

4. 控制变量

(1)宏观层面的控制变量。本章选取其他存款性公司存款利率(DEPOSITE)、广义货币供应量增速(M2)、居民消费价格指数(CPI)、对外依存度(TRADE)来控制宏观经济环境对银行风险的影响。

(2)微观层面的控制变量。参考已有研究并结合中国实际，本章对可能影响银行风险的银行特征变量加以控制。具体而言,本章选取银行总资产(SIZE)以控制银行规模对其风险承担的影响;选取成本收入比(CTR)作为银行效率的代理变量,以控制银行效率对风险的影响;选取非利息收入占比(NIR)以控制银行收益结构对风险的影响。

各变量具体含义如表 6-1 所示。

表 6-1   变量名称和定义

变量类型	变量名称	变量符号	变 量 定 义
被解释变量	银行稳定性	Z_SCORE	(权益资产比+资产收益率)/资产收益率标准差
解释变量	跨境资本净流动	FLOW	国际收支平衡表"资本和非储备性金融项目"净额/名义 GDP
	直接投资净流动	FDIR	国际收支平衡表"直接投资项目"净额/名义 GDP
	间接投资净流动	FIDIR	国际收支平衡表"证券投资、金融衍生品以及其他投资项目"净额/名义 GDP
	证券投资净流动	FSEC	国际收支平衡表"证券投资项目"净额/名义 GDP
	其他投资净流动	FOTH	国际收支平衡表"其他投资项目"净额/名义 GDP
调节变量	宏观审慎政策工具指标	MAPP	基于 IMF 数据整理计算
宏观控制变量	存款利率	DEPOSITE	存款性公司存款利率
	货币供应量增长水平	M2	广义货币(M2)增长率
	通货膨胀率	CPI	消费者价格指数衡量
	对外依存度	TRADE	进出口贸易总额/GDP
银行特征控制变量	银行规模	SIZE	总资产的自然对数值
	经营效率	CTR	成本收入比=营业成本/营业收入
	收益结构	NIR	非利息收入占比=非利息收入/营业收入

三、模型设计

首先，为分析跨境资本流动对商业银行稳定性的影响，本章使用固定效应模型建立如下基准方程：

$$S_{it} = C + \beta_1 \times \mathrm{CAP}_t + \theta \times X_{it}^B + \gamma \times X_{it}^M + \varepsilon_{it} \qquad (6-1)$$

其中，被解释变量 S_{it} 是银行稳定性代理变量，表示商业银行 i 在 t 时期的稳定性；C 是常数项；核心解释变量 CAP_t 是跨境资本流动变量，表示在 t 时期跨境资本流动净额；X_{it}^B 是银行特征的控制变量；X_{it}^M 是宏观层面的控制变量，ε_{it} 是误差项。

其次，在上述模型基础之上，本章引入宏观审慎政策工具变量 MAP_t，重点关注 β_2 的符号及显著性，来分析宏观审慎政策工具与商业银行稳定性之间的关系，回归方程如下：

$$S_{it} = C + \beta_1 \times \mathrm{CAP}_t + \beta_2 \times \mathrm{MAP}_t + \theta \times X_{it}^B + \gamma \times X_{it}^M + \varepsilon_{it} \qquad (6-2)$$

最后，本章引入宏观审慎政策与跨境资本流动的交叉项，重点关注 β_3 的符号方向及显著性水平，进一步分析宏观审慎政策的风险调节效应，构建以下回归方程：

$$S_{it} = C + \beta_1 \times \mathrm{CAP}_t + \beta_2 \times \mathrm{MAP}_t + \theta \times X_{it}^B + \gamma \times X_{it}^M + \varepsilon_{it} \qquad (6-3)$$

此外，本章参考 Mirzaei Ali & Aguir Iness(2020) 的做法，使用动态面板系统广义矩估计(GMM)，进一步解决式(6-2)和式(6-3)可能存在的内生性问题，对上述实证结果进行稳健性检验。具体回归方程如下所示：

$$S_{it} = S_{i,\,t-1} + C + \beta_1 \times \mathrm{CAP}_t + \beta_2 \times \mathrm{MAP}_t + \theta \times X_{it}^B + \gamma \times X_{it}^M + \varepsilon_{it} \quad (6-4)$$

$$S_{it} = S_{i,\,t-1} + C + \beta_1 \times \mathrm{CAP}_t + \beta_2 \times \mathrm{MAP}_t + \theta \times X_{it}^B + \gamma \times X_{it}^M + \varepsilon_{it} \quad (6-5)$$

第三节　实证检验与结果分析

一、描述性统计

本章样本的描述性统计如表 6-2 所示，样本银行的 Z-SCORE 均值为 33.3995，标准差为 18.7404，Z-SCORE 标准差很大，表明银行稳定性波动较大。

跨境资本流动整体处于顺差状态,平均值为 0.5745,标准差为 2.9034。跨境资本直接投资平均规模为 1.4421,整体呈现顺差状态,跨境资本间接投资平均规模为 -0.8675,呈现逆差状态,其中证券投资平均规模为 0.2773,其他投资平均规模为 -1.1695,因此,间接投资的逆差状态主要由其他投资部分贡献。宏观审慎政策工具指标 MAPP 的均值为 4.6667,说明我国在实施宏观审慎政策的过程中,紧缩型政策实施较为频繁。

此外,从表 6-2 可以看出,银行稳定性(Z_SCORE)、银行规模(SIZE)、经营效率(CTR)、收益结构(NIR)变量为非平衡面板,其余变量为平衡面板。为了避免"伪回归"问题,确保估计结果的有效性,本章分别对非平衡面板和平衡面板进行 Fisher 检验和 HT 检验,结果显示本章所选面板数据经过对数处理或标准化处理后都通过了单位根检验,数据是平稳的。

表 6-2 样本的描述性统计

变量	均值	标准差	最小值	最大值	样本数
Z_SCORE	33.3995	18.7404	-3.1871	160.1195	1914
FLOW	0.5745	2.9034	-3.9254	4.7121	2124
FIDIR	-0.8675	2.1005	-4.5411	1.6609	2124
FDIR	1.4421	1.1726	-0.3709	3.0663	2124
FSEC	0.2773	0.4708	-0.6010	0.7868	2124
FOTH	-1.1695	1.8228	-3.9241	1.1900	2124
MAPP	4.6667	3.7425	0.0000	23.0000	2124
DEPOSITE	2.3333	0.7730	1.5000	3.5000	2124
M2	12.6415	3.2894	8.1000	19.7331	2124
CPI	102.5559	1.1414	101.4000	105.4000	2124
TRADE	45.1955	9.0795	33.2600	62.8939	2124
SIZE	6.6775	1.6706	3.1140	12.5318	1918
CTR	58.3971	12.2846	26.7922	140.9751	1916
NIR	20.9783	19.2971	-14.6245	122.2254	1921

二、跨境资本流动与银行稳定性

为检验跨境资本流动对银行稳定性的影响,本章依据基准模型(1),运用固定效应法,对不同渠道下跨境资本流动的影响进行了检验,结果如表6-3所示。

表6-3中第(1)列回归结果显示,Flow 的系数为-0.2817,在1%显著性水平下为负值,表明总体而言,跨境资本的流动降低了银行的稳定性。第(2)—(3)列的回归结果分别报告了在间接投资和直接投资渠道下跨境资本流动对银行稳定性的影响。对比发现,直接投资渠道下跨境资本流动的影响显著为正,FDIR 系数为1.9377,而间接投资渠道下跨境资本流动对银行稳定性的影响显著为负,FIDIR 系数为-0.3367,说明直接投资提升了银行的稳定性,而间接投资则降低了银行的稳定性。这是因为,在2010—2018年,我国的 FDI 整体呈现净流入状态(如图6-1所示),跨境直接投资的主体主要是实体经济,这一方面扩充了企业的资本金,且不构成企业的对外债务,另一方面为企业带来了先进的技术和管理经验,帮助企业创新和优化自身发展,因此能提升企业的盈利水平。此外,跨境直接投资着眼于长远利益,投机性较弱,期限较长,对银行的流动性错配影响较弱,因此,商业银行能够参考 FDI 资本的投资对象,评估出更优质的借贷企业,从而减少不良贷款。而跨境资本间接投资与直接投资相比,投机性更强,流动性更大,更易受到外部经济金融环境的影响,且它不以获得被投资企业的控制权为目的,因而其快速的流入流出往往会引起资产价格的剧烈波动。在此背景下,银行对经济基本面的预判与对微观企业主体的风险识别能力将受到负面干扰。另一个层面,跨境间接投资会在市场状况良好时快速聚合,市场状况恶化时快速撤离,其更强的敏感性和流动性会让他们在面对风险事件时迅速撤离东道国市场,造成被撤资企业迅速陷入资金短缺的困境,影响企业的正常经营和盈利行为,偿债能力会受损,从而增加放贷银行收回贷款的难度。

进一步地,我们研究间接投资当中占比较大的证券投资与其他投资净流动对银行稳定的影响,结果显示在(4)—(5)列中。表中结果显示,证券投资渠道下的净流动没有对银行稳定性产生显著性的影响,而其他投资的净流动对银行稳定性的影响显著,FOTH 系数为-0.2688,说明间接投资渠道下跨境资本净流动的负向效应主要由其他投资部分贡献。这可能是因为,我国目前在证券投资领域仍保持着一定程度的资质筛选与限额管理，因而该项目对整体的资本流动影响相对较小①。且在 2010—2018 年，我国证券投资净流动规模相对较小，净流动量占GDP 比例在-1%与1%之间波动，这一比例很小于其他投资的波动幅度，难以对金融市场和经济系统产生较大的影响。其他投资部分主要包括了货币和存款项、贷款项和贸易信贷项，他们分别刻画了银行对外债务的情况，企业对外债务情况以及货物贸易情况，这种基于贸易信贷、国际借贷的资本流动，周期短、波动性大，且规模逐年在增加，与外国直接投资和证券投资流动相比，债务流动给金融体系带来的波动性和风险更大②，容易对银行的流动性和资产质量造成冲击，进而会对银行的稳定性造成不利影响。

在控制变量方面，我们发现，经营效率指标与银行稳定性显著负相关，表明银行成本收入比越高，银行的不稳定性会随之提升。这可能是由于经营效率低的银行往往损耗的资源较多，获利能力较低，钝化风险识别能力，难以准确鉴别贷款者的真实还款能力，从而承担更高的信贷风险。此外，我们的回归结果并未反映出"大而不倒"带来的道德风险，规模大的银行，其风险承担能力相对更缓和，这可能是由于在中国当前阶段，相对于大银行而言，中小型银行的经营策略更为激进(潘敏和魏海瑞，2015)。

采取 Hausman 检验进一步评判模型优劣，检验表明基准模型中个体效应均显著，Hausman 检验拒绝原假设，表明固定效应模型优于随机效应模型。

表 6-3　　　　　　　　不同渠道下跨境资本对银行稳定性的影响

	(1) Z_SCORE	(2) Z_SCORE	(3) Z_SCORE	(4) Z_SCORE	(5) Z_SCORE
FLOW	−0.2817*** (−4.5738)				

① 孙天琦，刘芳，吕晓，译. 跨境资本流动管理政策与工具——国际货币基金组织文献选编. 北京：中国金融出版社，2020.

② 孙天琦，刘芳，吕晓，译. 跨境资本流动管理政策与工具——国际货币基金组织文献选编. 北京：中国金融出版社，2020.

续表

	（1） Z_SCORE	（2） Z_SCORE	（3） Z_SCORE	（4） Z_SCORE	（5） Z_SCORE
FIDIR		−0.3367*** （−5.1399）			
FDIR			1.9377*** （4.3937）		
FSEC				0.4919 （0.9904）	
FOTH					−0.3680*** （−5.7212）
SIZE	−6.2619*** （−3.9350）	−6.2373*** （−3.9223）	−6.7112*** （−4.2290）	−6.6335*** （−4.1298）	−6.2798*** （−3.9578）
CTR	−0.1102*** （−5.2820）	−0.1109*** （−5.3179）	−0.1098*** （−5.3076）	−0.1094*** （−5.1692）	−0.1120*** （−5.3625）
NIR	−0.0155 （−1.0209）	−0.0150 （−0.9882）	−0.0154 （−1.0004）	−0.0171 （−1.1100）	−0.0151 （−0.9943）
M2	−0.9626*** （−7.9550）	−0.9830*** （−8.1600）	−0.4818*** （−3.5600）	−0.5541*** （−4.4755）	−0.9103*** （−7.4526）
TRADE	0.1539*** （2.7070）	0.1437*** （2.7680）	−0.2733*** （−3.0755）	−0.0748 （−1.2137）	0.1139** （2.3152）
CPI	−0.7205*** （−2.9956）	−0.7408*** （−3.1664）	−1.4654*** （−5.3476）	−0.9462*** （−4.3315）	−0.6692*** （−2.8462）
DEPOSITE	−1.0486** （−2.0310）	−1.1922** （−2.3260）	−0.9299* （−1.8773）	−0.6784 （−1.2438）	−1.2873** （−2.4925）
_cons	163.2619*** （5.2352）	165.8007*** （5.4630）	252.5749*** （7.2819）	192.8492*** （7.0455）	159.3276*** （5.2495）
N	1910.0000	1910.0000	1910.0000	1910.0000	1910.0000
R^2	0.0860	0.0878	0.0849	0.0808	0.0887

三、宏观审慎政策与银行稳定性

在上述模型基础之上，本章继续引入宏观审慎政策工具变量，来探究宏观审慎政策工具管理银行稳定性的作用，结果如表6-4所示。结果表明，在引入宏观审慎政策工具变量 MAPP 之后，各类跨境资本流动依然表现出与表6-3相同的影响，再一次验证表6-3回归结果的稳健性。此外，表中（1）、（2）、（5）列的宏观审慎政策工具回归系数均为正值，表现出对银行稳定性的显著正向影响，说明随着我国宏观审慎政策的加强，商业银行风险承担会显著下降，银行稳定性会上升。

表6-4　　　　宏观审慎政策实施强度对商业银行稳定性的影响

	（1） Z_SCORE	（2） Z_SCORE	（3） Z_SCORE	（4） Z_SCORE	（5） Z_SCORE
MAPP	0.6527 *** (6.3785)	0.8088 *** (7.5339)	0.1017 (1.3841)	0.0904 (1.1070)	0.6939 *** (7.0486)
FLOW	−0.7767 *** (−9.4108)				
FIDIR		−0.9946 *** (−10.7677)			
FDIR			1.9442 *** (4.4180)		
FSEC				0.1426 (0.2614)	
FOTH					−0.9135 *** (−11.1892)
SIZE	−7.2984 *** (−4.3288)	−7.5360 *** (−4.4352)	−6.9493 *** (−4.1607)	−6.7784 *** (−4.0815)	−7.5154 *** (−4.4240)
CTR	−0.1169 *** (−5.5881)	−0.1200 *** (−5.7471)	−0.1104 *** (−5.3291)	−0.1090 *** (−5.1570)	−0.1210 *** (−5.7646)

续表

	（1） Z_SCORE	（2） Z_SCORE	（3） Z_SCORE	（4） Z_SCORE	（5） Z_SCORE
NIR	−0.0157 （−1.0354）	−0.0145 （−0.9621）	−0.0157 （−1.0194）	−0.0172 （−1.1159）	−0.0151 （−0.9995）
M2	−1.5466 *** （−9.0644）	−1.6837 *** （−9.7655）	−0.4950 *** （−3.5347）	−0.6563 *** （−4.0208）	−1.3451 *** （−8.5833）
TRADE	0.2249 *** （4.0845）	0.1730 *** （3.3988）	−0.3106 *** （−3.4086）	−0.0680 （−1.1236）	0.0631 （1.2332）
CPI	−2.5289 *** （−6.3132）	−3.0874 *** （−7.3117）	−1.8295 *** （−4.5995）	−1.3187 *** （−3.2465）	−2.6298 *** （−6.5116）
DEPOSITE	1.1465 ** （2.2045）	1.3471 ** （2.5497）	−0.4674 （−0.9300）	−0.2129 （−0.3509）	0.8641 * （1.6657）
_cons	352.2493 *** （7.0625）	412.8164 *** （7.8805）	291.8202 *** （5.8598）	231.5720 *** （4.7605）	367.9677 *** （7.2734）
N	1910.0000	1910.0000	1910.0000	1910.0000	1910.0000
R^2	0.0960	0.1036	0.0813	0.0769	0.1016

四、宏观审慎政策管理跨境资本流动引致的银行风险的有效性

上述实证研究表明，我国的跨境资本净流动会对银行的稳定性产生负向的影响，尤其是间接投资渠道下的跨境资本净流动，其负向影响十分显著，为此，我们在上述实证模型的基础之上纳入各类跨境资本净流动与宏观审慎政策工具变量的交乘项，同时考虑到内生性问题，纳入部分控制变量的滞后项，希望可以进一步探究宏观审慎政策在管理跨境资本流动引致的银行风险的有效性，结果如表6-5所示。

从表中第（1）列结果可以看出，Flow 系数在 1% 水平下显著为负，而 Flow 与MAPP 的交乘项系数在 5% 显著性水平下为正，系数为 0.0766，说明跨境资本净流动对银行稳定性的负向影响仍然稳健，而我国宏观审慎政策实施对于管理这种

负向影响具有积极意义。

　　表中(2)—(3)列分别列示了宏观审慎工具管理间接投资资本净流动与直接投资资本净流动的效果。从回归结果分析，FIDIR 的系数在 1% 水平下显著为负，而 FIDIR 与 MAPP 的交乘项系数表现为正值，但不十分显著，由此我们可以粗略得出，宏观审慎政策对间接投资资本管理有正向效应。而由于间接投资净流动里面包含了多种项目的资本流动，因此后续会进一步对其进行探讨。第(3)列结果当中，FDIR 系数为 9.0003，在 1% 水平下显著，而 FDIR 与 MAPP 的交乘项系数在 1% 显著性水平下为负，系数为 -0.3867，表明直接投资资本的净流入对于中国商业银行稳定性有促进效应，但宏观审慎政策的实施会减弱这种正向的效应，这可能是由于宏观审慎政策目标主要是应对跨境资本流动的顺周期性引致的系统风险进行逆周期调控，而已有研究分析表明，直接投资与国内经济周期和全球金融周期不存在显著的影响关系，即不存在顺周期性(孙天琦，王笑笑，尚昕昕，2020)，因此，通过宏观审慎政策来管理直接投资的效果不佳，甚者产生反向效应。

　　表中(4)—(5)列显示了间接投资渠道中证券投资与其他投资净流动的情况。从结果中可以看见，FSEC 的系数在 1% 水平下显著，系数为 -2.2261，FSEC 与 MAPP 交乘项的系数为 2.06；FOTH 的系数为 -1.5993，FOTH 与 MAPP 的交乘项系数为 0.2717，两者均在 1% 水平下显著，说明宏观审慎政策在管理证券投资与其他投资项目下的跨境资本流动中有较好的表现。这与前人的研究结论相适应，孙天琦等学者研究表明，证券投资和其他投资的顺周期性较直接投资而言非常明显，且证券投资和其他投资跨境资本流动的顺周期性主要受银行部门和企业部门驱动，因而宏观审慎政策的逆周期调控可以有效调控这一风险。

表6-5　　　　　　　　跨境资本流动及宏观审慎政策对银行稳定性的影响

	(1) Z_SCORE	(2) Z_SCORE	(3) Z_SCORE	(4) Z_SCORE	(5) Z_SCORE
FLOW	-1.6764 *** (-6.4257)				

续表

	（1） Z_SCORE	（2） Z_SCORE	（3） Z_SCORE	（4） Z_SCORE	（5） Z_SCORE
FLOW * MAPP	0.0766 ** （1.9832）				
FIDIR		−1.4106 *** （−6.8316）			
FIDIR * MAPP		0.0696 （0.9314）			
FDIR			9.0003 *** （6.1299）		
FDIR * MAPP			−0.3867 *** （−8.9076）		
FSEC				−2.2261 *** （−3.1213）	
FSEC * MAPP				2.0600 *** （7.0068）	
FOTH					−1.5993 *** （−5.8533）
FOTH * MAPP					0.2717 *** （2.6953）
MAPP	1.2163 *** （9.5021）	1.1559 *** （9.4754）	0.8136 *** （6.1458）	−0.8255 *** （−3.9910）	1.2341 *** （8.3263）
SIZE	−8.9566 *** （−4.7104）	−8.9566 *** （−4.7104）	−8.9566 *** （−4.7104）	−8.9566 *** （−4.7104）	−8.9566 *** （−4.7104）
L.SIZE	0.6748 （0.2973）	0.6748 （0.2973）	0.6748 （0.2973）	0.6748 （0.2973）	0.6748 （0.2973）
CTR	−0.0881 *** （−4.8292）	−0.0881 *** （−4.8292）	−0.0881 *** （−4.8292）	−0.0881 *** （−4.8292）	−0.0881 *** （−4.8292）

续表

	（1）Z_SCORE	（2）Z_SCORE	（3）Z_SCORE	（4）Z_SCORE	（5）Z_SCORE
L. CTR	−0.0415**	−0.0415**	−0.0415**	−0.0415**	−0.0415**
	（−2.3743）	（−2.3743）	（−2.3743）	（−2.3743）	（−2.3743）
NIR	0.0005	0.0005	0.0005	0.0005	0.0005
	（0.0291）	（0.0291）	（0.0291）	（0.0291）	（0.0291）
L. NIR	−0.0225	−0.0225	−0.0225	−0.0225	−0.0225
	（−1.5594）	（−1.5594）	（−1.5594）	（−1.5594）	（−1.5594）
M2	−0.6947***	−0.9881***	−2.4953***	−0.5383**	−1.0185***
	（−3.1930）	（−4.1181）	（−7.9252）	（−2.2907）	（−4.0326）
TRADE	0.9182***	0.5186***	−1.5687***	−0.8201***	0.1460
	（8.2186）	（4.3953）	（−5.4941）	（−7.9165）	（1.6408）
L. TRADE	−0.7528***	−0.4351***	1.1908***	0.5539***	−0.1340
	（−5.0974）	（−3.0975）	（7.2072）	（6.5849）	（−1.1392）
CPI	−1.6001***	−2.3740***	−6.3969***	−1.6238***	−3.2019***
	（−3.0113）	（−4.5154）	（−8.7734）	（−2.9803）	（−5.7165）
_cons	260.1160***	344.2430***	782.6147***	281.3139***	431.1587***
	（4.3445）	（5.6922）	（9.0889）	（4.6282）	（6.6871）
N	1673.0000	1673.0000	1673.0000	1673.0000	1673.0000
R^2	0.1324	0.1324	0.1324	0.1324	0.1324

第四节 稳健性检验

由于银行业是典型的顺周期行业，当期的风险水平会影响银行部门的行为，进而影响下一期的风险水平，且采用宏观审慎政策工具对其进行逆周期调节会产生反馈效应，因此实证模型存在内生性问题，若继续使用个体固定效应模型进行估计，得到的参数可能是有偏且不一致的。为了缓解上述内生性问题，本章借鉴 Mirzaei Ali & Aguir Iness（2020）采用的实证技巧，运用系统 GMM 方法，在解释变量中加入 Z-SCORE 的一阶滞后项，从而对模型(4)和(5)进行基于面板 GMM 回归方法的检验。该方法能有效降低影响其他参数估计的内生偏差，同时能有效解决由不可观测因素造成的数据内生性问题。为检验系统 GMM 估计在本章模型中的有效性，本章将进行过度识别检验和序列相关性检验。

有关 GMM 模型的回归结果列示在表6-6和表6-7中，结果显示，所有 Sargan 检验的 P 值均显著大于0.1，模型全部通过过度识别检验，证明所有工具变量都是有效的。同时，所有 AR(2)的 P 值也显著大于0.1，表明模型全部通过序列相关性检验。这说明利用系统 GMM 方法进行分析是有效的。

从结果来看，表6-7显示了仅纳入宏观审慎工具变量 MAPP 后的 GMM 回归结果，对比之后可以发现，关键解释变量 MAPP 的实证结果与表6-4结果相一致，验证了宏观审慎政策管控银行风险的有效性；表6-8展示了纳入交乘项后的 GMM 回归结果，各交乘项系数符号与表6-5的结果相符，说明了表6-5回归结果的稳健性。以上的内生性问题分析与稳健性检验表明，前期的实证结果是稳健可靠的。

表 6-6　　跨境资本流动及宏观审慎政策对银行稳定性的影响(GMM 模型)

	(1) Z_SCORE	(2) Z_SCORE	(3) Z_SCORE	(4) Z_SCORE	(5) Z_SCORE
L. Z_SCORE	0.8111*** (14.9032)	0.8142*** (15.6009)	0.8006*** (12.9812)	0.8028*** (12.7688)	0.8057*** (13.6359)
MAPP	0.6711*** (3.3913)	0.6056*** (3.1159)	1.9849*** (2.8833)	0.1313 (1.1956)	0.4623*** (3.0345)
FLOW	−0.9299*** (−3.1412)				
FIDIR		−0.9446*** (−3.0256)			
FDIR			−33.3623*** (−2.7018)		
FSEC				2.1749*** (2.7067)	

	（1） Z_SCORE	（2） Z_SCORE	（3） Z_SCORE	（4） Z_SCORE	（5） Z_SCORE
FOTH					−0.6130***
					（−2.9032）
CPI	0.0947	−0.2188	14.3833**	−0.6050	−0.5043
	（0.1659）	（−0.4065）	（2.5525）	（−1.1866）	（−0.9872）
M2	−0.8233***	−0.8697***	2.2949*	−0.6784***	−0.8694***
	（−3.7592）	（−3.8741）	（1.9076）	（−2.7830）	（−3.9774）
DEPOSITE	−1.8755***	−1.3603**	−17.9106***	−4.0503***	−2.3526***
	（−2.7714）	（−1.9711）	（−3.0823）	（−4.7983）	（−3.6708）
TRADE	0.9757***	0.7435***	8.1455***	0.2742***	0.5990***
	（4.2727）	（4.2703）	（2.8080）	（3.3375）	（4.8367）
L.TRADE	−0.3160	−0.2449	−2.9695**	0.3462***	−0.0240
	（−1.5373）	（−1.3344）	（−2.4479）	（4.0548）	（−0.1773）
SIZE	−14.3584***	−14.6686***	−13.0928***	−11.6050**	−13.3856***
	（−2.7555）	（−2.9818）	（−2.6257）	（−2.4276）	（−2.7113）
L.SIZE	14.6319***	14.8445***	13.2657***	11.7787**	13.5143***
	（2.8177）	（3.0099）	（2.6554）	（2.4554）	（2.7345）
CTR	−0.3267***	−0.3225***	−0.2902***	−0.2870***	−0.3203***
	（−4.8478）	（−4.4773）	（−5.0118）	（−4.9118）	（−4.7556）
L.CTR	0.2849***	0.2674***	0.2638***	0.2641***	0.2788***
	（5.6646）	（4.9536）	（5.6987）	（5.8299）	（5.7688）
NIR	0.0267	0.0294	0.0232	0.0286	0.0204
	（0.7271）	（0.7229）	（0.7864）	（0.9740）	（0.6709）
L.NIR	−0.0499	−0.0548	−0.0497	−0.0546	−0.0460
	（−1.5087）	（−1.5449）	（−1.5715）	（−1.6041）	（−1.3440）
_cons	−15.4420	23.1616	−1628.5779**	59.8145	51.1071
	（−0.2686）	（0.4312）	（−2.5674）	（1.1528）	（0.9939）

续表

	（1）	（2）	（3）	（4）	（5）
	Z_SCORE	Z_SCORE	Z_SCORE	Z_SCORE	Z_SCORE
N	1672. 0000	1672. 0000	1672. 0000	1672. 0000	1672. 0000
Sargan	86. 7651	82. 13856	101. 6664	111. 4782	105. 3487
	（0. 1871）	（0. 1723）	（0. 3012）	（0. 2903）	（0. 2642）
AR（1）	−2.9871	−2.9714	−2.9071	−2.9362	−2.9603
	（0. 0028）	（0. 0030）	（0. 0036）	（0. 0033）	（0. 0031）
AR（2）	1. 1176	1. 0922	1. 1037	1. 1264	1. 1265
	（0. 2637）	（0. 2747）	（0. 2697）	（0. 2600）	（0. 2599）

表 6-7　　跨境资本流动及宏观审慎政策对银行稳定性的影响（GMM 模型）

	（1）	（2）	（3）	（4）	（5）
	Z_SCORE	Z_SCORE	Z_SCORE	Z_SCORE	Z_SCORE
L. Z_SCORE	0. 8495 ***	0. 8521 ***	0. 8442 ***	0. 8460 ***	0. 8394 ***
	（22. 2549）	（21. 8779）	（22. 0611）	（22. 3839）	（18. 8204）
FLOW	−1. 7621 ***				
	（−4. 5288）				
FLOW * MAPP	0. 1669 ***				
	（3. 7563）				
FIDIR		−1. 4480 ***			
		（−4. 8729）			
FIDIR * MAPP		0. 2641 ***			
		（3. 2588）			
FDIR			9. 3223 ***		
			（5. 3098）		
FDIR * MAPP			−0. 2610 ***		
			（−3. 2767）		

续表

	（1） Z_SCORE	（2） Z_SCORE	（3） Z_SCORE	（4） Z_SCORE	（5） Z_SCORE
FSEC				−3. 2977 *** （−4. 4332）	
FSEC * MAPP				1. 8850 *** （4. 6756）	
FOTH					−1. 5259 *** （−4. 8142）
FOTH * MAPP					0. 4307 *** （4. 4218）
MAPP	0. 6192 *** （3. 0759）	0. 6438 *** （3. 5931）	0. 1782 （1. 1181）	−1. 0458 *** （−3. 8981）	0. 8029 *** （4. 5163）
SIZE	−20. 4153 *** （−3. 9127）	−19. 8586 *** （−3. 8471）	−21. 5134 *** （−4. 7447）	−21. 0218 *** （−4. 6347）	−20. 7713 *** （−4. 6818）
L. SIZE	20. 3305 *** （3. 8573）	19. 7788 *** （3. 7862）	21. 3934 *** （4. 6829）	20. 8760 *** （4. 5681）	20. 5780 *** （4. 5613）
CTR	−0. 3847 *** （−5. 3982）	−0. 3780 *** （−5. 8874）	−0. 3675 *** （−6. 2270）	−0. 3533 *** （−6. 0517）	−0. 3347 *** （−5. 8410）
L. CTR	0. 2481 *** （4. 7760）	0. 2510 *** （5. 5841）	0. 2362 *** （6. 2461）	0. 2164 *** （5. 0886）	0. 2120 *** （5. 3048）
NIR	−0. 0293 （−0. 9891）	−0. 0289 （−1. 0051）	−0. 0253 （−0. 9350）	−0. 0232 （−0. 8467）	−0. 0229 （−0. 8048）
L. NIR	−0. 0036 （−0. 1164）	−0. 0031 （−0. 1021）	−0. 0090 （−0. 3256）	−0. 0122 （−0. 4510）	−0. 0123 （−0. 4154）
TRADE	0. 8744 *** （3. 6724）	0. 2804 （1. 4011）	−1. 5867 *** （−5. 2040）	−0. 4897 *** （−3. 3366）	−0. 0031 （−0. 0271）
L. TRADE	−0. 5684 ** （−2. 4821）	0. 0280 （0. 1342）	1. 2960 *** （6. 2892）	0. 5795 *** （5. 1186）	0. 2657 * （1. 8384）

	（1） Z_SCORE	（2） Z_SCORE	（3） Z_SCORE	（4） Z_SCORE	（5） Z_SCORE
CPI	0.0715 (0.1340)	−1.2064** (−2.2062)	−4.6743*** (−5.7301)	0.1747 (0.3508)	−1.9148*** (−3.4981)
M2	−0.4967** (−2.1963)	−1.0672*** (−4.6976)	−2.2078*** (−6.0344)	−0.6365*** (−2.7321)	−1.0303*** (−4.2278)
_cons	2.3065 (0.0420)	136.3805** (2.4020)	520.8218*** (5.8721)	5.3459 (0.1093)	210.4578*** (3.7407)
N	1672.0000	1672.0000	1672.0000	1672.0000	1672.0000
Sargan	82.18881 (0.3809)	84.67191 (0.4589)	98.72443 (0.4889)	93.21013 (0.5036)	113.9469 (0.2815)
AR(1)	−3.0793 (0.0021)	−3.0686 (0.0022)	−3.0426 (0.0023)	−3.0004 (0.0027)	−2.9959 (0.0027)
AR(2)	1.0464 (0.2954)	1.0625 (0.2880)	1.0345 (0.3009)	1.0052 (0.3148)	1.0247 (0.3055)

第五节　结论及政策启示

本章主要研究了中国在 2010—2018 年跨境资本流动与银行稳定性之间的关联，并进一步探究了宏观审慎政策在缓解跨境资本流动所带来的负面影响时的有效性，主要研究结论是：首先，金融危机之后，跨境资本净流动对中国商业银行的稳定性产生了负面影响。其中，以直接投资为主的跨境资本流动对商业银行稳定性表现为正向效应，以证券投资为主要形式的跨境资本流动影响并不十分显著，而以其他投资为主要形式的跨境资本流动表现为负向效应。其次，随着我国宏观审慎政策的加强，商业银行风险承担会显著下降，银行稳定性会上升，因此整体而言，宏观审慎政策能够有效缓解跨境资本流动的风险效应。最后，宏观审慎政策工具对证券投资与其他投资项目下的跨境资本流动管理有较好的表现，说明宏观审慎政策在管理金融机构的顺周期行为时卓有成效。

基于上述结论，可以得出如下政策启示：

第一，继续强化跨境资本流动宏观审慎管理，丰富对银行等各类交易主体全覆盖的宏观审慎管理政策工具箱，有针对性地设计与实施宏观审慎政策工具，"修明渠，赌暗道"，弥补资本管制放松后的监管真空。具体而言，针对直接投资项目下的跨境资本流动，应考虑采用资本管制措施；针对证券投资项下的资本流动，可以引入资本管制税等措施，以实施反周期操作；针对跨境借贷类型的资本流动，应继续健全全口径宏观审慎政策框架，以价格型宏观审慎工具为主体，数量型工具作为补充，实行动态调节机制。

第二，进一步推动金融改革开放，稳步推进人民币资本项目可兑换、稳步深化人民币汇率市场化改革，加强跨境资本流动管理的国际合作，但在如今全球经济复苏存在错位的大背景下，利用宏观审慎政策管理跨境资本流动时要特别关注各国政策协调的问题。

第三，要加强对市场主体行为的引导。在政策调整时，务必明确政策导向，引导市场主体正确领会政策意图，顺应政策方向自觉进行行为调整。例如促进企业理性对外直接投资，抑制居民通过购买长期寿险保单等资本项下跨境转移资金的不合规行为。

第七章　流动性外溢效应与经济
政策的国际协调

　　自 2020 年 1 月以来,新冠疫情席卷全球,各国医疗卫生系统面临严重挑战
的同时,其经济与金融的运转遭受重创,在生产活动停滞与衰退的作用下失业率
攀升至近年来新高。从数据上看(图 7-1),受疫情与春节停业影响,中国 2020 年
2 月 PMI 值从 1 月的 50 骤降为 35.7,而后 3 月随实体部门复工再度恢复为 52,
其间所对应的第一季度 GDP 同比下降 6.8%,为几十年来首次负增长。美国在受
疫情冲击最为严重的 4—5 月,其死亡人数突破 20 万人(2020 年 4 月 27 日美国
CDC 数据),各州纷纷效仿纽约州施行封城(Lockdown)政策,此时 PMI 指数从
2020 年 3 月的 49.1 降至 4 月的 41.5 与 5 月的 43.1;与此对应,美国第一季度
GDP 下降 5%,第二季度 GDP 环比下降 32.9%,创下二战后最大跌幅。欧洲方
面,疫情冲击最为严重的 3—5 月,其 PMI 从 2 月的 49.1 降至 5 月的 31.9,GDP
第一季度下降 3.8%,第二季度下滑 15%。以上三大经济体上半年数据皆说明了
此次疫情冲击对美、中、欧经济产生了前所未有的负面效应,不单如此,受疫情
影响较为严重的地区对未来经济活动恢复也抱有悲观的看法,削弱了实体生产部
门的复产意愿[1]。由此便引发出一类现实问题:各国实体部门借贷普遍面临着融

---

　　[1]　以调研报告"疫情冲击下湖北省企业的经营状况分析与政策建议"为例,湖北省因隔
离等措施大部分经济活动停滞,宏观紧缩效应较为严重,在问及疫情结束后的发展前景时,
调研数据显示 53.23% 的企业认为比较悲观,36.6% 认为比较平稳,仅 10.12% 比较乐观;同
时,6.34% 的调研企业选择将在疫情结束之后撤出武汉。调研报告详见澎湃新闻网:https://
www.thepaper.cn/newsDetail_forward_6238948。

资约束或抵押约束①，此次疫情冲击所造成的宏观紧缩一方面不可避免地抬升了资金拆借利率，令实体企业融资成本增加；另一方面，近期经济停滞与衰退的过程使实体企业产出经营效益下降，导致现金流入与收益进一步减少。受制于上述两者，实体企业出现了融资流动性短缺等现象，加剧了实体部门的债务风险。例如，美国在第一波疫情期间，因流动性紧缩与资金链断裂，申请破产保护的企业数量较 2019 年同比增长 18%，其中超过 10 万家小型企业永久倒闭，导致美国失业率从 3 月的 4.4% 飙升为 4 月的 14.7%。同期，欧元区核心德国的信用风险数据显示，仅 2020 年上半年因疫情陷入财务危机的企业总损失大约为 120 亿欧元，平均每个破产企业遭受损失超过 130 万欧元，创下近年来破产企业最高的亏损金额纪录。中国方面，《南华早报》(South China Morning Post) 基于"天眼查"数据收集显示第一季度国内破产倒闭企业为 46 万家(包括运营执照被取消的公司，以及自我宣布停止营业的公司)，并且同期约有 320 万家新注册企业成立，较 2019 年同比下降 29%②。

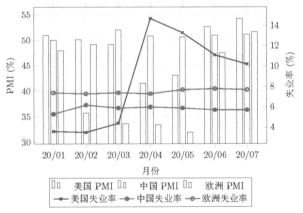

图 7-1　2020 年 1—7 月美、中、欧经济体经济表现与失业率

---

① 在美国与欧洲主要为企业借款上的抵押约束，也即企业净值对最大借款的杠杆影响，而中国还有国有企业与民营企业之间银行借款"软约束"问题。

② 详细内容请参见《南华早报》报道"Coronavirus: nearly half a million Chinese companies close in first quarter as pandemic batters economy": https://www.scmp.com/economy/china-economy/article/3078581/coronavirus-nearly-half-million-chinese-companies-close-first。

此外，由于各经济体中实体部门债务风险凸显，金融市场也顺势收紧了对非金融企业的资金输送，加速了实体部门流动性收缩。以美国为例，截至 2019 年末至 2020 年第一季度其非金融企业债务总额突破 10.11 万亿美元，占 GDP 比重达 46.52%，为 20 世纪 80 年代后的最高值，其中约有 16% 的企业缺乏足够的流动性支付其债务及相关利息，导致美国企业债的信用利差相继走高，最大利差增幅逾 8%。更值得注意的是，在受疫情分布较轻的新兴经济体中，其实体部门流动性反而也呈现较为严重的紧缩：自 2020 年 1 月以来，新兴市场国家实体部门不但外资流入锐减，在全球金融市场融资的成本也大幅上升，以至于实体债务利差扩大。仅第一季度其企业债违约规模已达 78 亿美元，刷新近两年新高。上述事实侧面印证了实体流动性紧缩以及外溢效应的显著性，不单如此，2020 年 3 月美股熔断所引发的中、欧资本市场联动也说明发达经济体金融市场间存在类似的外溢效应。鉴于紧缩的严重性，各国纷纷执行相应的流动性政策进行对冲，力图将疫情冲击损失降至最低(美、中、欧政策详见表 7-1)。那么，以上典型事实包含两类疑问值得进一步思索：其一，以疫情冲击为背景，其间流动性外溢效应的微观机制是什么？其二，各经济体的流动性政策在外溢效应下将产生何种结果？是否存在国际间政策协调的可能性？

表 7-1　　　　　　　新冠疫情期间(一季度左右)美、中、欧
三大经济体的应对政策

国家	经 济 政 策
美国	政府签署 2.2 万亿美元的财政刺激计划，规模相当于 GDP 的 10% 左右；推出中型企业贷款计划，规模不少于 5000 亿美元，其中 50% 用于小企业贷款；近期再推 2.3 万亿美元贷款支持实体经济，包括大众企业贷款计划与市政流动性便利等，其中市政流动性便利最多可提供 5000 亿美元的贷款，大众企业贷款最多提供 6000 亿美元贷款；除连续降息外，美联储进一步扩大一级与二级市场企业信贷便利和定期资产支持证券贷款便利的规模和范围，通过资本市场增加对家庭与企业的信贷流动；此外，美联储还支持 8500 亿美元的信贷，并由财政部提供 850 亿美元的信贷保护。

国家	经济政策
中国	央行通过定向降准降息为市场注入流动性以支持实体经济，目前累计释放资金超过 1.75 万亿元人民币；鼓励发行特别国债，增加地方政府专项债券规模，适当提高财政赤字水平；推迟企业还款期限，鼓励银行向中小微企业投放信贷；地方政府出台多项消费补助政策，包括向市民直接发放消费券等。
欧元区	欧元区财长会议计划达成规模超 5000 亿欧元的一揽子经济援助计划。

目前学术层面虽有一定数量的文献对流动性外溢进行了探讨（Eden，2019），但流动性外溢效应背后的机制解析仍为有限，而这既是回答上述两类现实问题的关键，也是中国未来金融市场开放，特别是债券市场开放可能面临的挑战。因此，立足于此次疫情冲击，对当下流动性外溢效应进行理论探索，剖析其微观形成到宏观传导的机制；同时以主要经济体中现有的对冲政策为依据制定流动性补充政策，考究它在流动性外溢效应中的实际效果与可能引发的政策结果，为国际间政策协调的进一步探讨提供基础，这便是本章的写作目标与主要现实意义。鉴于此，以下我们从"流动性"与"政策与协调"出发对过往相关文献进行简要回顾：

首先，过去围绕流动性的探讨多基于封闭经济展开。如 Kiyotaki & Moore（2001，2008，2012）（下文简称为 KM 模型）在流动性约束的基础上考察了企业的融资行为，并由此总结出企业融资决策、流动性冲击对宏观加总变量的影响，并发现在遭受流动性冲击时，央行可以通过购买私人股权的公开市场操作来改善市场流动性。后续研究中，Del Negro 等（2017）对 KM 中的实体及家庭部门进行了更为全面的拓展，并在包含价格黏性的基础上探讨了零利率下限时美联储量化宽松对缓解债务紧缩的有效性。同时，对于 KM 中流动性与权益价格反向变动的反直觉关系，Shi（2015）认为流动性负面冲击导致权益价格上升的根本原因是投资渠道效应，即流动性紧缩后企业为满足融资需求则需要提高单位权益的价格。虽然上述流动性与权益价格的变动方式与现实背离，但这为我们理解企业融资流动性的微观机理以及宏观影响提供了理论帮助。与此不同，Cui & Radde（2016）将搜寻摩擦纳入 Shi（2015）与 KM 的框架，内生化了权益的再售比例，最终解决了 KM 中的上述反直觉机制。近年来在开放经济相关的研究中，Mendoza & Quadrini

（2010）探究了金融全球化如何传导金融危机，其研究发现金融全球化一方面使金融行业发达的国家中信贷激增，另一方面导致资产价格上产生较强的溢出效应。类似的，Perri & Quadrini（2018）认为正是由于金融全球化，次贷危机才能够对他国金融部门和实体经济产生显著的负面溢出效应。Eden（2019）在两国环境中对资本流动性进行了考究，将金融危机视为影响实体资本（如生产中的固定资本）转化为流动性权证的一类冲击，并对 2008 年美国次贷危机间的金融、经济特征进行了模拟。Caballero & Simsek（2016）关注了资深机构跨国总资产以及其在国际流动性配置中的角色，类似的研究还有 Bruno & Shin（2013）、Miranda-Agrippino & Rey（2015）以及 Gabaix & Maggiori（2015）。

　　其次，政策研究方面，围绕政策协调的文献最初多聚焦于新凯恩斯框架下常规货币政策的协调，如 Obstfeld & Rogoff（1995，1998，2000），Obstfeld 等（1996），Clarida et al.（2002）以及 Gali & Monacelli（2005）。其中 Benigno（2002）首先将非合作博弈引入此类研究主题，关注中央计划者在出口方面如何利用自己在世界市场的垄断权力来改善本国居民的福利水平。同时，Obstfeld & Rogoff（2002）（下文简称为 OR 模型）认为在现实的政策实践中，多国间的货币政策协调所带来的效益改善十分至小。进一步，Benigno & Benigno（2003），Devereux & Engel（2003）以及 Corsetti & Pesenti（2005）等研究进一步将 OR 模型一般化，从不同角度检验了政策协调是否可以显著改善两国间福利及效益。此外，Pappa（2004）与 Canzoneri 等（2005）则基于新凯恩斯框架对政策协调的福利进行了探讨。更为全面的，Corsetti 等（2010）对开放经济中货币政策的相关研究进行了回顾，并对政策协调与非协调间的异同之处进行了概述。同时，以开放经济中定价货币为视角，Engel（2011）证明在 LCP 定价方式之下，货币错配可抵消政策协调中最优政策的效力，导致其无法使经济复原为弹性价格均衡。基于此，Fujiwara & Wang（2017）进一步考察了其中的内在机制，发现无政策协调时中央计划者需额外对由一价定理偏离所引致的实际边际成本进行稳定。进一步地，Chen 等（2021）证明利用状态依存的国际税收政策与自有的货币政策可消除上述货币错配的影响，实现福利最优。但这种特定的财政与货币组合并不适用于单纯的非政策协调情境。另一方面，目前国际市场的不完全性也为政策协调提供了研究视角。如 Bengui（2013）与 Caballero & Simsek（2016）分析了国际市场流动性不足情形下的政策协作等问题；同时，Jeanne（2014）将上述问题特定为单一货币定价的国际债券，剖析了它在不完全国际金融市场中的影响与作用，以及政策协调的方式与效力。

基于对文献的梳理，结合本章研究问题可知过往研究可能存在以下两点不足：第一，在开放经济环境中流动性的传递已存在一定的探讨，但基于纯理论框架的解析仍为有限，特别以简洁的内生流动性约束形式为基础的框架为数不多。面对此次疫情冲击下流动性的外溢效应，无论是理论分析还是政策评估都急需一类便于操作的解析框架进行刻画。第二，传统政策协调研究多聚焦于常规货币政策，强调两国如何通过协调名义利率而提升整体福利。近年来，虽有若干文献对非常规政策协调的研究进行了尝试与探讨，但对规则型的流动性供给政策，如Kiyotaki & Moore（2019）与 Del Negro 等（2017）中所抽象的量化宽松政策，其协调效率与协调稳定性的探讨相对空缺，而这类政策也是疫情冲击下各国流动性补充的核心操作。鉴于此，以此次疫情冲击所展现出的现实特征为切入点，为从理论上深层次把握流动性外溢效应中的微观机制以及其向加总宏观经济传导的影响，本章从开放经角度抽象了金融市场——实体部门融资流动性的关系（Cui & Radde，2016），并结合理论上可行的流动性补充政策解答其实际效果与政策协调的可能性，力图为此次疫情冲击下经济恢复和政策稳定提供必要的理论思考。本章的主要贡献涵盖以下三点：其一，构建了利于解析的内生流动性框架，为理论分析提供必要条件；其二，基于均衡分析给出了流动性外溢的微观机制以及其向宏观加总变量传导的解析框架，为开放经济中流动性传导，特别是此次疫情冲击中流动性紧缩效应的外溢提供了理论分析的基础；其三，基于中国经济特征参数，本章非线性求解了动态均衡下的转移路径（transition path），验证了均衡分析中的理论推论，并设置理论上可行的流动性补充政策对其在流动性外溢效应中的实际效果进行了模拟与评估，探讨了政策协调的可能性与对应解决方案。

第一节 模型设定

在陈述模型细节前，先给出与本章研究相关的典型事实。为说明本章理论所依附的现实事例，我们考察了 2017 年 1 月至 2020 年 5 月间中国实体企业于本土与海外的公司债发行情况，以及期间中美基准利率变动趋势与相关的政策变化，结果由图7-2所示。选择公司债数据作为示例的主要原因有两点：其一，后文模型中的企业融资以其全部资产为背书获取部分外部融资，故下文所指的企业权益本质上对应了现实中的企业债券。其二，中国实体企业债券主要包括公司债与企业债。其中企业债主要由发改委批复，发售主体主要是央企、国企或国有控股企业，以不高于同期居民定期存款利率40%的方式直接定价，虽然于2019年11月后新增了弹性配售选择权和当期追加选择权等定价方式，但并未影响2020年之前与2020年初的企业债发售规模与价格；同时，企业债目前仅在银行间市场流动，开放度相比公司债较低，故企业债在发行主体与市场参上具有显著限制，与本章模型所要描绘的市场文化交易环境相左。反观公司债，发售主体主要是股份公司与有限公司，通过发行主体与承销商市场询价确定发售价格，并在证券交易所流动，开放程度较高，与模型环境相符。基于此，图7-2内容显示中国实体企业于本土以及海外发行公司的债规模在四个时段内处于反向变动趋势。

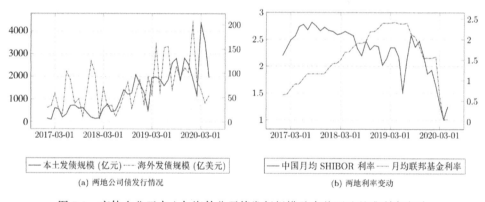

图7-2　实体企业于本土与海外公司债发行规模及中美两地基准利率变动

2017年11月—2018年1月。其间国内财政支出下跌，地方政府债务管控加强，银监会发布相关政策，房地产企业发债门槛提高。而此时美国参议院通过税改刺激消费，增加投资支出，意味着国外融资环境更为宽松，导致实体企业于本土发债规模下降，海外发债规模上升，直至企业在两地享有的流动性持平。随后美联储决议加息，美联邦基准利率上升，此时海外融资环境相对收紧，进而实体企业的本土发债规模上升，海外发债规模回落，同样直至企业在两地享有的流动性持平。

2019 年 1 月—2019 年 3 月。其间美国制造业景气指标回升，非农就业数据好于预期，投资意愿加大，而此时国内经济疲弱，进口增速为负，流动性紧缺且尚未有政策对冲，故海外融资环境相对宽松，导致实体企业本土发债规模下降，海外发债规模上升，直至企业间在两地享有的流动性达到均衡。随后中国央行通过一系列公开市场操作对市场资金进行补充，银保监会也跟进发布了《进一步加强金融服务民营企业有关工作的通知》以满足民营企业融资需求，短期内缓解了本土市场紧缩，使企业的流动性均衡发生偏移，随后进而有本土公司债规模上升，海外公司债规模下降。

2019 年 5 月—2019 年 7 月。由于 5 月的"包商事件"打破了银行刚性兑付预期，银行间市场拆借利率骤升，短期内抬高了若干金融产品的回报率要求，因此也导致本土公司债发债规模下降，海外发债规模上升。随后央行开展 1500 亿元 14 天逆回购操作，用以缓解银行间市场紧张，稳定金融市场信心；同时因基准利率在稳定政策出台后持续下降，企业的流动性偏好趋向本土，国内公司债发债规模上升且回归稳定，再次达到流动性均衡。

2019 年 12 月—2020 年 5 月。2019 年底，上交所发布《关于规范公司债券发行有关事项的通知》，严格控制了债券结构化发行的增量，同时新冠疫情在国内暴发，对国内经济活动造成严重的负面影响，导致 2020 年 1 月本土公司债发债规模降低，同时美国市场未受较大影响，故海外公司发债规模突增。但自 1 月起，国内利率持续下降，央行向市场投放约 2 万亿元流动性来缓冲经济下滑，并鼓励实体企业通过债券市场进行直接融资，国家发改委、上交所也发文将公司债发行由核准制全面改为注册制，提高了债券审批、发行效率，放松了债券发行条件，直至 3 月，国内疫情被显著控制，经济逐渐复苏。而与此同时美国疫情开始大爆发，其经济遭受重创，市场投资开始萎缩，进而导致企业公司发债发行转向国内，海外公司债发债规模持续下降。随后，美联储连续两次紧急降息，并宣布 7000 亿美元的量化宽松计划，用以缓解融资紧缩；直至 4 月，海外公司债发债规模恢复上升，本土发债规模小幅度回落，通过套利实体企业在两地公司债市场回报率要求相仿，此时企业所享有的两地公司债市场流动性持平。

上述四个典型事例表明，给定中美两国市场，当一国融资环境紧缩时，宽松国公司债发债规模上升，企业通过如此"竞争性套利"可在两地享有相同水平的债务回报率要求，也即企业于两地公司债市场承受相仿的流动性水平，直至均衡。同时，数据也显示当美国融资环境紧缩时，中国企业在本土的公司债利差也随之增大，意味着两地公司债市场的流动性水平存在一定程度的传递与相互影响，也即"流动性外溢效应"。另外，当中美两国利率变化与融资环境相对稳定时，两地公司债的发债规模大致同向变动。

为刻画典型事实中企业跨国债务的售出与配置，本章将 Cui & Radde（2016）中的基准模型拓展至两国情形，其中两国金融结构非对称①。为方便下文的建模描述，这里对模型总体框架进行总述：假设存在两类离散时间、无限期的经济周期环境，分别为本国（H）与外国（F）。各国包含家庭部门与金融中介部门，其中家庭部门是加总为1的连续统，由企业家与工人组成。商品空间包含消费品、投资品以及劳动，并且消费品与投资品能够一比一进行转化。同时，经济中存在两类资产，其一是货币，它发行总量固定且灵活流通但无收益，即完全流动资产；其二是资本权益，每期可获相应收益但仅有部分可被返售与变现，故权益流动性存在一定的限制，即为非完全流动资产。基于以上因素，两国经济可内生演化出两类运转逻辑：一方面，从单一封闭经济体来看，企业家接管实体企业，通过权益外部融资，增加资本积累，雇佣劳动进行生产，产出消费品；工人提供劳动获取报酬，用于消费与购买企业权益进行储蓄。而中介承接其中所有金融活

---

① 在 Kiyotaki & Moore（2001，2008，2012）中（简称为 KM 模型），作者为刻画流动性溢价赋予了企业流动性约束，具体来说是权益的再售约束（resalability constraint）。但该约束本质上为外生参数，这不可避免地使 KM 模型中流动性约束无内生的微观基础作为支持，并进一步导致模型结果出现"流动性紧缩资产价格反而上升"的反直觉现象，因此受部分学者诟病，如 Ramon Marimon 在第六届葡萄牙货币经济学会议（6th Banco de Portugal Conference on Monetary Economics）上指出 KM 模型在再售约束上小题大做（"make a big deal of the 'resalability constraint'"）。随后，Shi（2015）将 KM 中异质性企业与工人的设置改变成为大家庭形式（large household），方便了宏观实证与现实数据的匹配（如 Del Negro et al.，2017）。同时，Shi（2015）也指出了 KM 模型中流动性与资产价格间反直觉的问题，并提出了若干文字上的修正方案，但未进一步给出详尽的模型论证。正因如此，Cui & Radde（2016）在 Shi（2015）的框架之上将搜寻摩擦（search frictions）纳入企业权益的买卖过程，从根本上解决了 KM 模型中遗留的问题。所以，以上便是我们选择 Cui & Radde（2016）作为原初模型的主要理由。此外，搜索理论作为解释金融摩擦以及货币行为的主流理论，在数学上具有较好的理论解析性质，这也是本章所考虑的理由之二。

动。另一方面，从开放经济体来看，一国企业可选择在本土发行权益或在海外发行权益，同样一国工人也可以购买本土权益或海外权益，这意味着两国金融部门相互开放。但需要指出的是，本章建模排除了国际贸易干扰，目的是便于下文理论解析并单纯地探究两国金融活动的实际摩擦与外溢效应造成的加总宏观变量波动。由此，两国金融交互、决策如图 7-3 所示，模型细节详述如下。

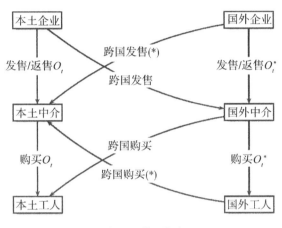

图 7-3 模型框架

一、模型时序

承上所述，在离散时间 $t = 0$，1，2，…下，对于任意时期 t，经济中依次包含以下四项子时序：

(1) 给定任意一国家庭部门，在 t 期初所有家庭平均分配上一期所剩余的权益资产与货币。

(2) 分配完毕后，家庭将面对特质性冲击，以 χ 的概率成为企业家 (标识为 i)，以 $1 - \chi$ 的概率成为工人 (标识为 n)。在加总形式下，工人提供劳动 L_t，而企业利用劳动与资本 K_t 进行生产，生产函数为 $Y_t = A_t K_t^\alpha L_t^{1-\alpha}$，其中 Y_t 为总产出，A_t 为技术，$\alpha \in (0, 1)$ 为要素投入比例。企业生产的一阶条件为：

$$r_t = \alpha A_t \mathrm{mc}_t K_t^{\alpha-1} L_t^{1-\alpha}, \quad w_t = (1 - \alpha) A_t \mathrm{mc}_t K_t^\alpha L_t^{-\alpha}$$

上式中 r_t 为资本利率，w_t 为工资，mc_t 为企业边际成本。此外，为简化变量标识与理论分析，这里我们给出本章的第一个假设。

假设1：假设两国科技进步水平相仿，两国拥有相同的技术 A_t 与要素投入比例 α。

此处对假设1再做两点补充说明。其一，之所以假设两国技术水平相仿，其主要原因是技术冲击影响并非本章关注的要点，故为规避技术相对变化对两国流动性外溢造成的影响，令两国 A_t 相等，也即短期内两国拥有相同的技术进步水平。其二，为简化理论解析中的推导与标识，本章理论部分暂设两国资本要素投入比例 α 同质，如此设定不影响最终理论推论。而在数值模拟部分，本国资本要素投入比例赋值为 0.5，国外为 0.33，二者相异。

（3）除生产外，企业家可接触投资项目，将产出的消费品一比一转化为投资品用于社会资本积累，因此本章的资本积累过程为公司专有（firm specific）而非市场租赁（rental market）。同时，企业家为满足项目投资与生产所需资金，通过金融中介发售权益进行外部融资，其中权益以企业家所持有的总资本 K_t 作为背书，则权益每期返还的利息收益可由资本利率 r_t 衡量。

（4）在所有生产以及投资活动结束之后，企业家与工人将所获消费品带回至对应家庭，由家庭部门加总后统一平均分配再进行消费，至此时期 t 结束。

二、家庭部门

对于任意一国而言，由于家庭在期初面临特质性冲击，χ 份额的家庭转变为企业家，$1-\chi$ 份额为工人，那么在期初所分配的资本中，工人与企业家所持有的资本数量分别为：

$$S_t^n = (1-\chi)S_t, \quad S_t^i = \chi S_t, \quad \Rightarrow S_t^n + S_t^i = S_t.$$

$$M_t^n = (1-\chi)M_t, \quad M_t^i = \chi M_t, \quad \Rightarrow M_t^n + M_t^i = M_t.$$

上式中 S_t 为加总权益；而 M_t 为加总货币，发行总量固定。基于 Kiyotaki & Moore（2012）的研究，可知流动性约束下存在货币均衡与无货币均衡[①]，故对于

[①]　具体而言，KM 中的无货币均衡指市场流动性充裕，能够满足厂商的融资需求，故面对特质性冲击（KM 中的特质性冲击是指厂商是否获得投资机会）厂商无须提前持有货币，此时货币是多余且无价值的；而相对于此，货币均衡则相反，厂商因融资需求无法得到满足而选择提前持有货币，这使得货币价值上升，成为预防性储备。

家庭主体，货币 M_t^j，$j = i$，n 存在约束：

$$M_{t+1}^j \geqslant 0, \quad j = i, \ n \tag{7-1}$$

此外，为方便后文解析，我们对两国中的货币持有方式作出以下假定。

假设 2：一国居民只能持有本国货币，但在权益资产配置上无此限制。

假设 2 的内容与现实经济情况相符，以中国为例，公民在日常生活中通常持有人民币进行贸易与资金融通，而在配置资产方面却可选择沪深两市股票或通过国际券商代购美股等。基于此，我们从资产配置的角度分别对企业家 i 与工人 n 的决策行为进行详述。另外，我们将海外变量标识为" $*$ "。

（1）企业家

为简化说明，此处以本国为例。在家庭面临特质性冲击后，χ 份额数量的企业家除生产外需承担融投资项目，为尽可能获取较多的资金企业家 i 可选择向市场发售新权益 $\hat{O}_t^i$；若 i 原本持有若干权益，其可选择返售掉一定数量 $\hat{O}_t^i$。但无论如何，$\hat{O}_t^i$ 的大小需由企业家所持资本与可获取新进投资作为担保，因此权益 $\hat{O}_t^i$ 与最终资本存量无差异，这一方面意味着 $\hat{O}_t^i$ 的回报可直接由资本利率 r_t 衡量，另一方面权益 $\hat{O}_t^i$ 与资本存量承受着相同的折旧率 $\delta \in (0, 1)$。由此，权益购买者于 $t - 1$ 期购买 $\hat{O}_{t-1}^i$，则在 t 期获取收益率 r_t，在 $t + 1$ 期获取收益率 $(1 - \delta) r_{t+1}$，在 $t + 2$ 获取 $(1 - \delta)^2 r_{t+2}$……如此，上述设置与 Kiyotaki & Moore(2012)保持一致。除权益的发售与返售外，企业家手中所持有的权益总和 S_t^i 可视为其拥有的其他企业权益与未作发售的担保资本存量之和，因此企业家 i 的权益积累方程可写为：

$$S_{t+1}^i = (1 - \delta) S_t^i + I_t - \hat{O}_t^i \tag{7-2}$$

所发售或返售的权益可被量化为 $\hat{O}_t^i = S_{t+1}^i - (1 - \delta) S_t^i - I_t$。但注意到，本章金融中介存在搜寻摩擦，每期最多只有 $\phi_t \in (0, 1)$ 份额的权益被成功销售或返售，故 $\hat{O}_t^i$ 的真实数量被限制为 $\hat{O}_t^i \leqslant S_{t+1}^i - (1 - \delta) S_t^i - I_t$，将其代入式(7-2)得到：

$$S_{t+1}^i \geqslant (1 - \phi_t) \left[(1 - \delta) S_t^i + I_t \right] \tag{7-3}$$

式(7-3)为企业家每期持有的真实权益数量，称为留存资产或内部权益。

其次，企业家每期的资产回报为内部权益 S_t^i 的增值收益、持有货币数量 $M_t^i = \chi M_t$ 以及出售或返售权益 $\hat{O}_t^i$ 的收入；而企业家的每期支出为消费 C_t^i、所承担的

投资项目 I_t 以及下一期所准备持有的货币 M_{t+1}^i，故企业家 i 的预算约束表示为：

$$C_t^i + \frac{M_{t+1}^i}{P_t} + I_t = q_t^i \hat{O}_t^i + \frac{M_t^i}{P_t} + r_t S_t^i \tag{7-4}$$

式(7-4)需要注意三点。其一，上述约束式中货币数量为真实货币余额，P_t 对应了货币的价格，也即物价；其二，企业家可通过本国机构或海外机构发售、返售权益，故 $\hat{O}_t^i$ 既包含本国的权益交易也包含了海外的交易；其三，权益 $\hat{O}_t^i$ 的发售价格对应为 q_t^i，它与最终的权益购买价格不同，同时 q_t^i 对应了企业的托宾 Q 值：

(a)若 $q_t^i \leqslant 1$，意味着权益发售、返售价格不大于企业资产的重置成本，则此时不要进行外部融资，或者说内部融资与外部融资二者间无差异。

(b)若 $q_t^i > 1$，意味着权益发售、返售的价格严格大于企业资产的重置成本，此时发售权益对于企业有利可图，则企业家将充分利用其融资能力，并将消费与持有货币的支出预算转用为增加资本积累，进而导致货币约束(7-1)与融资约束(7-3)紧绷，消费降为 0，也即：

$$\begin{cases} M_{t+1}^i = C_t^i = 0 \\ S_{t+1}^i = (1 - \phi_t)[(1 - \delta)S_t^i + I_t] \end{cases}$$

另外，由于融资约束紧绷，则投资可表述为 $I_t = S_{t+1}^i/(1 - \phi_t) - (1 - \delta)S_t^i$，将其代入式(7-4)可得到托宾 Q 大于 1 条件下的预算约束为：

$$\underbrace{\frac{1 - \phi_t q_t^i}{1 - \phi_t}}_{q_t^i} S_{t+1}^i = \frac{M_t^i}{P_t} + [r_t + (1 - \delta)]S_t^i \tag{7-5}$$

式(7-5)中 q_t^i 可视为有效重置成本，衡量了企业家进行外部融资的成本[1]，

---

[1]　由 q_t^i 的形式可知，$1 - \phi_t q_t^i$ 为对流动性资产的需求，即为获得 1 单位投资，需要多少流动性资产支付垫头。为方便说明，可将其进一步化简为 $1 - \phi_t q_t^i = 1 - \phi_t q_t^i - \phi_t + \phi_t = 1 - \phi_t - (q_t^i - 1)\phi_t$。该式中，$1 - \phi_t$ 可视为给定 1 单位投资，投资型企业需支付的垫头。现考虑 q_t^i 取值的两种情况：(1)当 $q_t^i = 1 \Rightarrow (q_t^i - 1)\phi_t = 0$，即 $1 - \phi_t q_t^i = 1 - \phi_t$，此时投资型企业的流动性资产需求仅为支付 1 单位投资的垫头 $1 - \phi_t$；(2)当 $q_t^i > 1 \Rightarrow (q_t^i - 1)\phi_t > 0$，则有 $1 - \phi_t - (q_t^i - 1)\phi_t = 1 - \phi_t q_t^i < 1 - \phi_t$，说明当 $q_t^i > 1$ 时投资型企业为得到 1 单位投资所支付的垫头小于 $1 - \phi_t$，即流动性需求为 $1 - \phi_t q_t^i$，并且 q_t^i 越大，投资型企业为获得 1 单位投资所需求的流动性资产越小。因此，$1 - \phi_t q_t^i$ 为 1 单位投资中对应的名义垫头，则该流动性资产的需求实际上为企业的投资成本。那么，1 单位垫头需要的流动性资产为 $q_t^i = (1 - \phi_t q_t^i)/(1 - \phi_t)$。

可见当式(7-5)右侧固定，左侧 q_t^r 越小，企业家能够获得的权益数量越多；同时，只要 $q_t^i > 1$，总存在 $q_t^r < 1$，意指托宾 Q 值越大，企业越倾向于权益融资。进一步，由于式(7-5)给出了 S_{t+1}^i 的表达式，则将其代入托宾 Q 大于 1 时的投资表达式中可得到：

$$I_t = \frac{[r_t + (1-\delta)\phi_t q_t^i]S_t^i + \frac{M_t^i}{P_t}}{1 - \phi_t q_t^i} = \frac{[r_t + (1-\delta)\phi_t q_t^i]\chi S_t + \frac{\chi M_t}{P_t}}{1 - \phi_t q_t^i} \tag{7-6}$$

式(7-6)衡量了经济中每期投资总量的大小，并且上式推导利用了 $S_t^i = \chi S_t$，$M_t^i = \chi M_t$。接下来考虑企业跨国发售权益的设置。给定本国企业所发售的权益 $\hat{O}_t^i$，其中 ω_t^i 份额发售于本国，而 $1 - \omega_t^i$ 发售于海外，那么企业的权益发售收益为

$$q_t^i \omega_t^i O_t^i + e_t q_t^i (1 - \omega_t^i) O_t^i = q_t^i O_t^i [\omega_t^i + e_t(1 - \omega_t^i)] \equiv q_t^i \hat{O}_t^i$$

其中 $e_t = Ex_t \cdot P_t^* / P_t$ 为实际汇率，由名义汇率 Ex_t 与两国广义物价的相对变动构成；同时，$\hat{O}_t^i$ 为包含汇率的权益销售数量，可见 e_t 越大，含汇率的权益销售数量也越大，其经济寓意指实际汇率越高，本国在国外出售权益获益更多，则企业内部资金流动性越充裕。海外企业的相关设置类似。

为进一步刻画模型中的名义黏性，假设企业家家庭自发对中间品进行打包，形成最终产品，具体过程是选择中间产品数量 $\{Y_t(i)\}$ 进行打包并出售，其过程需最小化成本函数 $\int_0^1 P_t(i)Y_t(i)\mathrm{d}i$。上式中 $Y_t(i)$ 为企业家家庭 i 所生产的产品，对应价格为 $P_t(i)$；同时，存在打包加总条件 $Y_t = \left[\int_0^1 Y_t(i)^{(\varepsilon-1)/\varepsilon}\mathrm{d}i\right]^{\varepsilon/(\varepsilon-1)}$，$\varepsilon$ 为产品替代弹性。由此，单个企业家所面临的需求曲线与对应的价格加总条件分别为：

$$Y_t(i) = \left(\frac{P_t(i)}{P_t}\right)^{-\varepsilon} Y_t, \quad P_t = \left(\int_0^1 P_t^{1-\varepsilon}(i)\mathrm{d}i\right)^{\frac{1}{1-\varepsilon}}$$

其次，单个企业家 i 的生产函数为：

$$Y_t(i) = K_t^\alpha(i)L_t^{1-\alpha}(i)$$

其中 α 为资本要素投入份额，$K_t(i)$，$L_t(i)$ 分别为企业家 i 所需的资本与劳动。由此，企业家 i 的一阶条件为：

$$w_t = (1 - \alpha)mc_t \frac{Y_t}{L_t} \qquad r_t = \alpha mc_t \frac{Y_{t+1}}{K_{t+1}}$$

上式中 mc_t 为企业家的边际成本，由于该成本无异质性，故工资 w_t 与企业家自持的资本回报率 r_t 可进行直接加总。基于此，给定总需求 Y_t，企业家需对定价 $P_t(i)$ 进行决策，进而最大化其利润：

$$\max_{P_t(i)} \mathbb{E}_t \left\{ \sum_{j=0}^{\infty} \Lambda_{t,\,t+j} \left[\left(\frac{P_{t+j}(i)}{P_{t+j}} - mc_{t+j} \right) \left(\frac{P_t(i)}{P_t} \right)^{-\varepsilon} Y_t - \frac{\varphi_\pi}{2} Y_{t+j} \left(\frac{P_{t+j}(i)}{P_{t+j-1}(i)} - 1 \right)^2 \right] \right\}$$

其中 φ_π 为成本调整系数。进一步地，对上式求无约束最优，得到菲利普斯曲线如下：

$$(\pi_t - 1)\pi_t = \frac{\varepsilon}{\varphi_\pi} \left(mc_t - \frac{\varepsilon - 1}{\varepsilon} \right) + \mathbb{E}_t \left(\Lambda_{t,\,t+1} \frac{Y_{t+1}}{Y_t} (\pi_t - 1)\pi_t \right)$$

上式中，通胀定义为 $\pi_t = P_t/P_{t-1}$。海外国的相关设置对称，但菲利普斯曲线中参数 φ_π 与 ε 相异。另外，为排除外贸的干扰，我们假定两国无商品贸易，这一处理与 Dedola et al. (2013) 的方式一致。

（2）工人

工人一方面为企业提供劳动 L_t，用于社会消费品的生产；另一方面购买企业家出售的权益，为企业提供外部融资。因此，对于工人而言，其收入来源于提供劳动的工资收入、权益持有的回报以及所持有的货币数额；而支出对应为本期所需消费、所配置的新进权益以及下一期所准备持有的货币数额。因此，工人的预算约束如下：

$$C_t^n + \frac{M_{t+1}^n}{P_t} - q_t^n \hat{O}_t^n = w_t L_t + \frac{M_t^n}{P_t} + r_t S_t^n \tag{7-7}$$

需要指出的是，因为工人为权益的买方，意味着 $\hat{O}_t^n < 0$，故其资产配置对应为负号。此外，式(7-7)中 q_t^n 为权益的最终购买价格，也即工人购买权益所需要支付的实际价格。进一步，假设工人购买 ω_t^n 比例的本国权益，$1 - \omega_t^n$ 比例的海外权益，故工人的权益配置支出为：

$$q_t^n \omega_t^n O_t^n + e_t q_t^n (1 - \omega_t^n) O_t^n = q_t^n O_t^n [\omega_t^n + e_t(1 - \omega_t^n)] \equiv q_t^n \hat{O}_t^n$$

上式中 $\hat{O}_t^n$ 为包含汇率的权益购买数量。另外，为构造本国、海外权益的发售与购买比例的动态方程，以境外金融市场交易的权益总量为例，存在如下

等式:

$$e_t(1 - \omega_t^i) + \omega_t^{i*} = e_t(1 - \omega_t^n) + \omega_t^{n*}$$

意指本国企业在境外发售的权益与境外企业在境外发售的权益的比例之和等于本国工人在境外配置的权益与境外工人在境外配置权益之和。同理,本国权益的发售与购买比例存在等式关系如下:

$$\frac{1}{e_t}(1 - \omega_t^{i*}) + \omega_t^i = \frac{1}{e_t}(1 - \omega_t^{n*}) + \omega_t^n$$

以上为家庭部门的建模内容。由于两国家庭在实体生产活动中决策对称,我们将看到资产配置决策与流动性水平主要受两国金融中介的效率影响,因此对于海外家庭而言其决策约束(条件)与式(7-1)—式(7-7)类似,所对应的决策约束(条件)此处不再赘述。

三、金融中介

假定两国于连续区间 $[0, 1]$ 上存在充分竞争的金融中介,故可用代表性中介进行表示。在每一期的权益交易中,若本国与海外中介接收到两地的权益卖出供给为 U_t,权益买入需求为 V_t,那么给定中介内生搜寻过程,则搜寻技术分别为:

$$M_t = U_t^\eta V_t^{1-\eta}, \ M_t^* = U_t^\epsilon V_t^{1-\epsilon}, \ \eta > \epsilon \in (0, 1)$$

上式中 η,ϵ 分别为搜寻参数,M_t,M_t^* 分别标识本国与外国每期供求匹配成功的数量。两国中介每期可满足的卖出供给比例(filling rate of a sell quote)分别为:

$$\phi_t = \frac{M_t}{U_t} = U_t^{\eta-1} V_t^{1-\eta}, \ \varphi_t^* = \frac{M_t^*}{U_t} = U_t^{\epsilon-1} V_t^{1-\epsilon} \tag{7-8}$$

值得指出的是,中介每期可满足的卖出供给比例实质上对应了中介所能提供给融资的流动性水平,为方便下文描述,理论分析中我们将 ϕ_t,ϕ_t^* 视为流动性水平。相对的,两国中介每期可满足的买入需求比例为(filling rate of a buy quote)分别为:

$$f_t = \frac{M_t}{V_t} = (U_t^{\eta-1} V_t^{1-\eta})^{\frac{\eta}{\eta-1}} = \phi_t^{\frac{\eta}{\eta-1}}, \ f_t^* = \frac{M_t^*}{V_t} = (\phi_t^*)^{\frac{\epsilon}{\epsilon-1}} \tag{7-9}$$

由式(7-8)与式(7-9)知，两国中介搜寻的强度(matching intensity)分别为：

$$\theta_t = \frac{V_t}{U_t} = \frac{\phi_t}{f_t} = \phi_t^{\frac{1}{1-\eta}}, \ \theta_t^* = \phi_t^{\frac{1}{1-\epsilon}} \tag{7-10}$$

当 θ_t, θ_t^* 越大，搜寻紧张度越高，搜寻成功的概率也越小。与 Cui & Radde (2016)一致，我们假定中介与顾客间的交易存在搜寻成本，而中介在同业间的相互交易不存在该搜寻成本，如现实中的信用拆借。如上设置意味着权益的卖出价格 q_t^i 与买入价格 q_t^n 各包含了搜寻成本。为说明这一点，我们引入权益的同业交易价格 q_t^p，假定中介 i 从企业家手中买入权益并在同业市场交易给中介 j，而中介 j 最终将该权益销售给工人，因此有：

$$\frac{\kappa}{f_t} = q_t^p - q_t^i, \ \frac{\kappa}{\phi_t} = q_t^n - q_t^p \Rightarrow q_t^n - q_t^i = \kappa \left(\frac{1}{f_t} + \frac{1}{\phi_t} \right) \tag{7-11}$$

式(7-11)中三项子式的含义不难理解：第一项子式指中介 i 从企业家手中买入权益再转售给中介 j。那么给定买入需求比例 f_t 以及中介的搜寻成本 κ，中介 i 买入每单位权益所支付的实际成本为 κ/f_t，同时又由于中介部门充分竞争，故同业转售价格 q_t^p 理应包含相应溢价用于覆盖实际搜寻成本 κ/f_t；类似地，第二项子式指中介 j 将权益销售给工人，则给定卖出需求比例 ϕ_t 与搜寻成本 κ，最终销售价格 q_t^n 应包含用于覆盖卖出搜寻成本 κ/ϕ_t 的溢价；将上述两项子式相减，便可得到最初权益卖出价格 q_t^i 与最终买入价格 q_t^n 间所包含的价差，这便是第三项子式。根据式(7-11)的结果，这里需注意到权益溢价的根源并不是搜寻机制本身，而是搜寻成本。由简单的数学知，当 $\kappa \to 0$ 时，$q_t^n - q_t^i \to 0$，故只要 $\kappa > 0$，权益总存在正溢价 $q_t^n - q_t^i > 0$，这便是本文金融摩擦以及流动性问题的核心。同样，海外中介造成的权益买卖溢价为：

$$\frac{\lambda}{f_t^*} = q_t^{*p} - q_t^{*i}, \ \frac{\lambda}{\phi_t^*} = q_t^{*n} - q_t^{*p} \Rightarrow q_t^{*n} - q_t^{*i} = \lambda \left(\frac{1}{f_t^*} + \frac{1}{\phi_t^*} \right) \tag{7-12}$$

上式中 λ 为海外金融中介的搜寻摩擦系数。

第二节 模型求解与理论解析

基于上文建模细节，下文将求解模型均衡，并进行理论解析。目的之一是为探究开放经济下两国主体的资产配置与跨期决策，之二是给定模型现有的搜寻机制，探究两国流动性外溢效应从而为相关政策设计提及政策协调的探讨提供理论基础。基于此，下面将从资产配置与加总跨期决策两方面对模型性质进行解析。

一、资产配置

首先对企业家的资产配置决策进行求解，这将给出权益价格的均衡价格序列与条件。由式(7-5)的直观经济含义知，企业家若想尽可能地获取更多的权益，则需最小化有效重置成本 q_t^r，故企业家配置决策的目标函数为：

$$\min_{\{\phi_t,\ q_t^i\}} q_t^r = \frac{1 - \phi_t q_t^i}{1 - \phi_t} \tag{7-13}$$

由(7-13)知，企业家通过卖出比例 ϕ_t 与权益卖出价格 q_t^i 最小化有效重置成本 q_t^r。但由权益溢价条件(7-11)知权益卖出价格 q_t^i 受 ϕ_t 影响，为简化上述优化问题，我们利用同业市场转售价格 q_t^p 对 q_t^i 进行替代：

$$\frac{\kappa}{f_t} = q_t^p - q_t^i \Rightarrow 1 - \phi_t q_t^i = \frac{\kappa \phi_t}{f_t} + 1 - \phi_t q_t^p \tag{7-14}$$

由此，将式(7-14)代入式(7-13)后对 ϕ_t 求导得到：

$$q_t^r = \frac{1 - \phi_t q_t^i}{1 - \phi_t} = \frac{\dfrac{\kappa \phi_t}{f_t} + 1 - \phi_t q_t^p}{1 - \phi_t}$$

$$\Rightarrow \frac{\partial q_t^r}{\partial \phi_t} = \frac{(1 - \phi_t)\left[\dfrac{\kappa}{(1 - \eta) f_t} - q_t^p\right] + \left[\dfrac{\kappa \phi_t}{f_t} + 1 - \phi_t q_t^p\right]}{(1 - \phi_t)^2} = 0$$

$$\Rightarrow q_t^p = 1 + \kappa \left[\frac{1 - \phi_t}{(1 - \eta) f_t} + \frac{\phi_t}{f_t}\right]$$

进一步，将上式 q_t^p 的结果代入权益溢价条件(7-11)中，最终得到权益卖出价格 q_t^i 的表达式为

$$q_t^i = 1 + \frac{\kappa \eta}{1 - \eta} \frac{1 - \phi_t}{f_t} \tag{7-15}$$

同样，海外企业家优化结果如下：

$$\min_{\{\phi_t^*, \, q_t^{*i}\}} q_t^{*r} = \frac{1 - \phi_t^* q_t^{*i}}{1 - \phi_t^*} \Rightarrow q_t^{*i} = 1 + \frac{\lambda \epsilon}{1 - \epsilon} \frac{1 - \phi_t^*}{f_t^*} \qquad (7\text{-}16)$$

由式(7-15)—式(7-16)的结果可知，只要搜寻成本 κ，$\lambda > 0$，总存在 q_t^i，$q_t^{*i} > 1$。同时基于前文建模，权益销售价格 q_t^i，q_t^{*i} 大于 1 对应着企业托宾 Q 值大于 1，进而货币约束(7-1)与融资约束(7-4)紧绷，也即 Kiyotaki & Moore(2012) 所述的流动性紧缩。由上述均衡结果，我们首先给出本章的第一个核心条件，即无套利条件，并将此总结为命题 1。

命题 1：在不存在资产配置壁垒的情形下，两国的有效重置成本满足 $q_t^r = q_t^{*r}$。

命题 1 背后所蕴含的经济意义包含以下三方面逻辑。首先，在流动性趋紧环境中，企业家的主要职责是尽可能多地获取外部融资，也即尽可能多地发售金融权益。对应上文模型，由式(7-5)知当企业收入(该式右侧)固定时，较多的权益发售 S_{t+1}^i 需要一个较小的重置成本 q_t^r，因为重置成本越小，企业家获得一单位权益所需背书(抵押)的资产数量也越小，故对于企业家而言哪一国所提供的有效重置成本 q_t^r 更小，他将选择在哪一国发售或转售权益，这便是融资的套利行为。其次，假设本国能够给予更低的有效重置成本 q_t^r，则两国企业家将更倾向于选择在本国发售权益，这进一步导致本国中介市场的权益卖出供给 U_t 增加，由本国流动性水平 ϕ_t 的形式知 $\partial \phi_t / \partial U_t < 0$，也即权益卖出供给的增加降低了本国流动性水平 ϕ_t，使本国中介在权益卖出匹配上成功率降低。反之，若海外中介能够提供更低的有效重置成本 q_t^{*r}，由 $\partial \phi_t^* / \partial U_t < 0$ 知海外市场也将出现类似结果。再次，流动性水平 ϕ_t，ϕ_t^* 的降低将导致有效重置成本 q_t^r，q_t^{*r} 增加：

$$\frac{\partial q_t^r}{\partial \phi_t} = -\kappa \frac{\eta}{(1-\eta)^2} \phi^{\frac{-\eta}{1-\eta}} < 0, \quad \frac{\partial q_t^{r*}}{\partial \phi_t^*} = -\lambda \frac{\epsilon}{(1-\epsilon)^2} (\phi^*)^{\frac{-\epsilon}{1-\epsilon}} < 0$$

那么最后基于上述三点逻辑，现给定 $q_t^r > q_t^{*r}$，两国企业家将倾向于在海外发售权益，这便导致海外中介权益卖出供给 U_t^* 增加，迫使海外流动性水平 ϕ_t^* 降低，进一步引致企业家在海外的有效重置成本 q_t^{*r} 增加，直至 $q_t^r = q_t^{*r}$ 时企业家在两国可能获取的最大权益数量相等，不再存在套利空间。以上便是命题 1 所蕴含的机制与直观经济含义。

为进一步说明套利行为的现实意义，我们给出了 2019 年第一季度至 2020 年第一季度间中国实体企业公司债的发行情况，具体如图 7-4 所示。图 7-4（a）为境内公司债的发售情况，在图中自 2019 年第一季度至 2019 年第三季度，企业债发售规模呈上升趋势，后于 2019 年第四季度收缩；反观 7-4（b），以中国实体企业为主体，外币公司债的数据表明海外发债规模（美国为主要市场）与境内保持了相同的动态趋势，即 2019 年第一季度至第三季度债券发售规模持续上升，而于 2019 年第四季度下降。在受疫情冲击前，该同步性一方面意味着中国实体企业在国内与海外市场存在一定程度的套利行为，故发债规模出现同步趋势；另一方面，正是由于套利行为存在，中国实体企业在疫情冲击前于两类市场中享受着类似的流动性水平。而在疫情冲击后，两类市场的发债规模出现了分歧。在 2020 年第一季度，疫情对中国境内经济活动造成了严重的负面影响，当局为缓冲经济下滑为市场注入了大量的流动性。特别地，当期政策鼓励实体企业通过债券市场进行直接融资，并为此提供了便利。而对比美国，其境内于 2020 年第一季度并没有出现较强的疫情冲击，相关政策与市场流动性保持稳定。因此，数据中 2020 年第一季度境内公司债发售规模激增，而海外数据并无较大改变，说明此时境内流动性大于境外，实体企业在境内融资的收益更高。

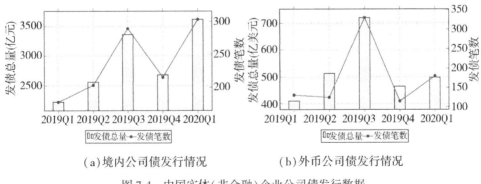

（a）境内公司债发行情况　　　（b）外币公司债发行情况

图 7-4　中国实体（非金融）企业公司债发行数据

进一步地，由式（7-13）—（7-16）可知企业家资产配置的均衡水平受命题 1 中的无套利条件影响。因此，为详尽说明无套利条件如何影响企业家的资产配置决策，归纳出推论 1 如下。

推论 1：当无套利条件成立时，均衡处存在

（1）两国金融市场流动性水平 ϕ，ϕ^* 满足

$$\phi^* = \left[\frac{\kappa}{\lambda} \frac{\eta(1-\epsilon)}{\epsilon(1-\eta)} \right]^{1-\epsilon} \phi^{\frac{1-\epsilon}{1-\eta}}$$

（2）无论 ϕ，ϕ^* 的关系与水平，当且仅当 $\kappa \geqslant \lambda$ 时，两国卖入需求的匹配成功率满足 $f > f^*$，以及搜寻强度满足 $\theta > \theta^*$。

（3）出于政策考虑，当两国金融权益售价一致时，流动性水平 ϕ，ϕ^* 满足

$$\phi^* = \phi = \left[\frac{\kappa}{\lambda} \frac{\eta(1-\epsilon)}{\epsilon(1-\eta)} \right]^{\frac{(1-\epsilon)(1-\eta)}{\epsilon-\eta}}$$

推论 1 在命题 1 的基础上进一步给出了流动性趋紧环境下企业家决策的具体均衡条件，以及它们对两国均衡结果的影响。关于推论 1 有两点值得注意的地方。第一，给定两国流动性水平 ϕ，ϕ^* 的均衡条件，也即推论 1-（1）可得到：

$$\frac{\partial \phi^*}{\partial \phi} = \left[\frac{\kappa}{\lambda} \frac{\eta(1-\epsilon)}{\epsilon(1-\eta)} \right]^{1-\epsilon} \frac{1-\epsilon}{1-\eta} \phi^{\frac{\eta-\epsilon}{1-\eta}} > 0 \qquad (7\text{-}17)$$

这意味着两国流动性水平 ϕ，ϕ^* 存在正的外溢效应，二者同向变化，这便是本章模型中流动性外溢效应的具体体现，也是构建两国政策协调根本理由。同时，式（7-17）的结果与命题 1 中的无套利条件自洽：若 $\phi_t > \phi_t^*$，则本国有效重置成本低于海外有效重置成本 $q_t^r < q_t^{*r}$，进而海外企业家的融资需求流入本国，导致海外权益出售供给 U_t^* 下降，进一步推升 ϕ_t^*，直至 $\phi_t = \phi_t^*$ 时外溢效应结束。当 $\phi_t < \phi_t^*$ 时，反之。

第二，若依据推论 1-（3）来设定政策保证两国权益发售价格一致，即 $q_t^i = q_t^{*i}$，那么有效重置成本与权益卖出价格间存在策略互补（strategic complementarity）效应，具体如图 7-5 所示。图中，蓝线为无套利条件 $q_t^r = q_t^{*r}$，绿线为政策调控下权益发行价格相等时的边界，即 $q_t^i = q_t^{*i}$。为方便说明策略互补性质，我们将蓝线标识为函数 $F(\phi, \phi^*)$，绿线标识为 $G(\phi, \phi^*)$。现考虑 $G \geqslant F$ 的区域，给定本国某一流动性水平 ϕ_0，此时有 $\phi_0^* = G^{-1}(\phi_0) > F^{-1}(\phi_0)$，指若想令权益发行价格相等，则需借用政策调控使海外金融市场提高自身的流动性水平，即使海外金融中介的流动性 ϕ^* 锚定在一个较高的水平。而正因为海外流动性 ϕ^* 的升高以及政策的维持，两国订单逐步流入海外中介，使本国卖出供给 U_0 减少，

故本国市场流动性水平自动上升，对应推论1-（1）中蕴含的流动性正外溢效应 $\partial\phi^*/\partial\phi > 0$。因此，基于上述机制，套利行为最终提升了本国流动性水平 $\phi_1 = F^{-1}(\phi_0^*) > \phi_0$。进一步地，给定 ϕ_1 我们知 $\phi_1^* = G^{-1}(\phi_1) > F^{-1}(\phi_1)$，那么在权益发行价格等价边界 G 与无套利条件 F 的作用下两国中介的流动性水平（ϕ，ϕ^*）又将进行新的一轮策略互补调整，直至 $F = G$，并且此时达到均衡 $\phi = \phi^*$。在 $F \geqslant G$ 区域时，互补机制类似，最终均衡依然是 $F = G$，$\phi = \phi^*$，这便是推论1中蕴含的第二个重要的经济含义。

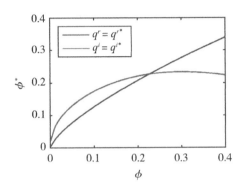

图 7-5　权益卖出价格与有效重置成本间的策略互补

以上所讨论的内容为权益的卖出决策，我们下面考察权益的买入决策。给定权益在两国的溢价条件（7-11）—（7-12）以及权益的买入价格解析式（7-15）—（7-16），简单的数学计算可知工人通过两国中介买入权益的价格依次为：

$$q_t^n = 1 + \frac{\kappa(1 - \eta\phi_t)}{(1 - \eta)f_t} + \frac{\kappa}{\phi_t}, \quad q_t^{*n} = 1 + \frac{\lambda(1 - \epsilon\phi_t^*)}{(1 - \epsilon)f_t^*} + \frac{\lambda}{\phi_t^*} \qquad (7\text{-}18)$$

由于本章模型假定工人可跨国配置资产，那么在资产买入方面也存在一类无套利决策：首先，对 q_t^n，q_t^{*n} 求导知 $\partial q_t^n/\partial f_t < 0$，$\partial q_t^{*n}/\partial f_t^* < 0$，指当权益越容易被购买时其买入价格越低，而越难购买时其价格反而较高。其次，由买入匹配成功率的定义式（7-9）知 $\partial f_t/\partial V_t < 0$，$\partial f_t^*/\partial V_t < 0$，即中介内买单越多时，工人成功购买权益的概率下降。最后基于上述两点性质，现假定 $q_t^n < q_t^{*n}$，则两国工人更偏好于在本国购买金融权益，进而引致权益买入需求流入本国，使

本国中介内买单 V_t 增加。由 $\partial f_t / \partial V_t < 0$ 知本国买入匹配成功率 f_t 下降，同时由 $\partial q_t^n / \partial f_t < 0$ 知本国权益购买价格 q_t^n 进一步被推升，直至 $q_t^n = q_t^{*n}$，权益买入价格达到均衡。上述无套利原则与命题 1 的机制类似，为此我们将其总结为命题 2。

命题 2：假定两国工人可自由配置权益，则买入价格的无套利条件为 $q_t^n = q_t^{*n}$，存在均衡关系：

$$\phi^* = \frac{\lambda + \dfrac{\kappa\eta}{\epsilon(1-\eta)}\phi^{\frac{1}{1-\eta}}}{\kappa\phi^{-1} + \dfrac{\kappa}{1-\eta}\phi^{\frac{\eta}{1-\eta}}}$$

上式与推论 1-(1)共同决定了两国流动性 (ϕ, ϕ^*) 的均衡水平。

命题 2 包含的经济含义较为直观。一方面，购买行为的套利在国际金融中是一个普遍存在的事实，它显著地影响国际资本与相关流动性的变化。如 Bruno & Shin(2015)发现当一国本地贷款利率高于美元筹资利率时(对应该国债券/权益价格较低)，那么该国跨境债务与流动性水平将激增，这一现象背后的核心原因依然是命题 2 所提及的无套利条件。另一方面，命题 1 与 2 共同给出了均衡时两国的流动性水平 (ϕ, ϕ^*)。其中，命题 1 中的无套利条件给出的是两国流动性的需求边界，即企业家集合在两国金融市场中的权益融资需求；而命题 2 中的无套利条件给出的是两国流动性的供给边界，即工人集合在两国金融市场中愿意购买企业权益而支付的最大资金数量。因此，流动性供求的均衡决定了开放经济条件下两国金融市场中各自的流动性水平 (ϕ, ϕ^*)。并且，当其中一国流动性出现偏离时，命题 1 与 2 中经济主体的套利行为将保证流动性重归均衡。

至此，本章已完成对资产配置部分的求解与理论解析。围绕实体部门所发售的权益，我们得到了两类无套利条件以及相关理论机理，并进一步证明与解释了疫情冲击阶段国际经济中所体现出的流动性外溢效应，也即式(7-17)中所给出的关系条件。下面我们将进一步考察外溢效应如何影响两国宏观经济，以及稳定政策在此效应下的作用与结果。但在此之前，将继续对加总均衡条件进行求解，探究疫情冲击下流动性紧缩对资产跨期加总收益的影响。

二、加总跨期决策

现考虑加总家庭的跨期决策问题。在每期的第四个子时序完成后，企业家与工人分别将资源带回各自家庭，然后经家庭部门加总再统一平均分配。首先，给定本国家庭效用函数为：

$$\mathbb{E}_0 \sum_{t=0}^{\infty} \beta^t u(C_t)$$

上式中 $\mathbb{E}$ 为期望因子，β 为主观贴现因子，$u(\cdot)$ 为风险厌恶型效用函数。其次，为获得加总家庭下的预算约束，将式(7-4)与式(7-7)合并，得到：

$$C_t + \frac{M_{t+1}}{P_t} + q_t^n S_{t+1} = w_t L_t + (\chi \rho_t + 1 - \chi)\left(\frac{M_t}{P_t} + r_t S_t\right)$$
$$+ [\chi \rho_t + (1 - \chi) q_t^n](1 - \delta) S_t$$

上式中 $\rho_t = q_t^n / q_t^r$，并且 $M_t^i + M_t^n = M_t$，$S_t^i + S_t^n = S_t$。类似地，海外家庭部门的加总效用以及预算约束与本国类似。依照 Kiyotaki & Moore(2012)的求解方式，家庭部门的欧拉方程为：

$$1 = \mathbb{E}_t\left(\Delta_{t+1} \frac{\dfrac{\chi \rho_{t+1} + 1 - \chi}{P_{t+1}}}{P_t}\right) = \mathbb{E}_t[\Delta_{t+1}(\chi \rho_{t+1} r_{t+1}^{ni} + (1 - \chi) r_{t+1}^{nn})]$$

$$= \mathbb{E}_t\left(\Delta_{t+1}^* \frac{\dfrac{\chi \rho_{t+1}^* + 1 - \chi}{P_{t+1}}}{P_t}\right) = \mathbb{E}_t[\Delta_{t+1}^*(\chi \rho_{t+1}^* r_{t+1}^{*ni} + (1 - \chi) r_{t+1}^{*nn})]$$

上式中 $\Delta_{t+1} = \beta u'(C_t)/u'(C_{t+1})$，$\Delta_{t+1}^* = \beta u'(C_t^*)/u'(C_{t+1}^*)$ 分别为两国随机贴现因子，并且：

$$r_{t+1}^{ni} = [r_{t+1} + (1 - \delta)]/q_t^n, \qquad r_{t+1}^{nn} = [r_{t+1} + (1 - \delta) q_{t+1}^n]/q_t^n$$
$$r_{t+1}^{*ni} = [r_{t+1} + (1 - \delta)]/q_t^{*n}, \qquad r_{t+1}^{*nn} = [r_{t+1} + (1 - \delta) q_{t+1}^{*n}]/q_t^{*n}$$

其中 r^{nn} 表示本国家庭连续两期皆为工人的资产配置跨期收益，则 r^{ni} 为本国家庭当期为工人而下期为企业的资产跨期收益，海外家庭同理。此外，欧拉方程中两国加总家庭持有货币的收益为：

$$R_{t+1}^M = \frac{\chi \rho_{t+1} + 1 - \chi}{P_{t+1}/P_t}, \quad R_{t+1}^{*M} = \frac{\chi \rho_{t+1}^* + 1 - \chi}{P_{t+1}/P_t}$$

这里需要额外指出的是，根据前文命题 1 与命题 2 给出的两类无套利条件 $q_t^i = q_t^{*i}$，$q_t^n = q_t^{*n}$，均衡时存在 $\rho = \rho^*$，$r^{nn} = r^{*nn}$，$r^{ni} = r^{*ni}$，意指两国家庭资产配置收益趋同。

此外，在均衡附近可以观察到搜寻摩擦对跨期配置的影响。以本国加总家庭持有的货币收益为例，可知：

$$R^M \equiv \chi\rho + 1 - \chi = \frac{1}{\beta} = \Delta > 1 \Rightarrow \rho \equiv \frac{q^n}{q^r} = \frac{(1-\phi)q^n}{1-\phi q^i} = 1 + \frac{(1/\beta - 1)}{\chi} > 1$$

当存在搜寻摩擦时，上述解析式可说明两方面内容：第一，权益的出售产生溢价。由本章的中介设定知权益挂出与买入包含了两次搜寻成本加成，这造成了企业重置成本与权益最终购买价格间的价差，也即 $\rho > 1$。同时，容易验证权益出售价格与重置成本间同样存在溢价，即 $q^i > 1 > q^r$，此时企业权益的出售供给增加，市场流动性下降。第二，正因为市场中流动性需求增加，催生了经济主体持有货币的需求。为详细说明这一点，给定 q_t^r 解析式(7-13)，q_t^i 解析式(7-15)，q_t^n 解析式(7-18)，当搜寻成本 $\kappa \to 0$ 时 $q_t^r = q_t^i = q_t^n = 1$，进而在均衡上存在 $\rho = 1$，故 $R^M = 1 < 1/\beta$，指搜寻摩擦不存在时持有货币的跨期收益小于时间偏好率，则理性主体的决策是放弃持有货币，此时货币不具有价值，对应 Kiyotaki & Moore (2012)中流动性充裕环境下的无货币均衡，权益溢价为零。由于存在流动性外溢效应，则海外家庭的分析同理。更具体地，我们定义单个家庭(工人)持有货币的跨期收益为 $r_{t+1}^M = \mathbb{E}_t P_t / P_{t+1}$，$r_{t+1}^{*M} = \mathbb{E}_t P_t^* / P_{t+1}^*$，则单个家庭跨期收益所包含的理论性质可进一步归纳为命题 3。

命题 3：以本国为例，给定搜寻摩擦以及 r_t^M，r_t^{ni}，r_t^{nn} 的解析式，在均衡附近存在：

(1)单个家庭持有权益与货币的收益满足：

$$\mathbb{E}_t r_{t+1}^{nn} > \mathbb{E}_t r_{t+1}^M > \mathbb{E}_t r_{t+1}^{ni}$$

(2)两类资产的收益均小于时间偏好率：

$$\mathbb{E}_t r_{t+1}^{nn} < \frac{1}{\beta}$$

(3)相对于货币，权益存在流动性溢价：

$$Q_t \equiv \mathbb{E}_t \left[\chi r_{t+1}^{ni} + (1-\chi) r_{t+1}^{nn} - r_{t+1}^M \right] > 0$$

命题 3 中包含了三点重要启示。第一，这里的搜寻摩擦本质上对应了企业获取融资流动性的难易程度。例如在此次疫情冲击下，实体部门经济活动停滞，财务状况恶化，金融市场收紧了对实体企业的融资，故企业权益发售的搜寻摩擦上升。另一方面，由于对实体企业获取资金融通的难度增大，企业家此时的最优选择是发售较多的权益数量或提高单个权益发售价格，从而尽可能多地获取外部融资。在模型中，这对应为搜寻摩擦提高了企业权益的出售价格 q^i，q^{*i}，使企业托宾 Q 值大于 1，从而令企业家倾向于尽可能多地获取权益与资本积累，使市面流动性进一步收缩。

第二，承前所述，由于企业家选择尽可能发售更多的权益，市场中企业权益卖单增加，由搜寻技术函数知此时流动性降低，权益的出售与返售较流动性充裕时期变得相对困难。因此，对于货币这类具有完全流动性的资产而言，企业权益的回报理应包含不完全流动性的补偿，即流动性溢价；并且，简单的计算知市场中流动性越紧，权益的流动性溢价将越高（$\partial r_t^{nn}/\partial \phi_t < 0$，$\partial r_t^{ni}/\partial \phi_t < 0$，$\partial r_t^{*nn}/\partial \phi_t^* < 0$，$\partial r_t^{*ni}/\partial \phi_t^* < 0$）。

第二，在市场流动性紧缩时单个家庭跨期持有金融权益与货币的收益均小于时间偏好率，当且仅当市场流动性充裕时（无搜寻摩擦）权益持有收益与时间偏好率等价，此时无须持有完全流动的货币，对应货币约束（7-1）与企业家融资约束（7-2）松弛。以上便是流动性紧缩所体现出的外部性，并且该外部性将可通过流动性外溢效应传导至海外中介。然而，更为重要的是若不将结果限定为货币均衡，两国经济可能陷入极端自给自足（financial autarky）状态[1]：由于 $r_{t+1}^M < r_{t+1}^{nn} < 1/\beta$，意指工人持有权益与货币的收益将小于其所要求的跨期替代率，此时资产组合回报率相对时间偏好率为负，理性工人将放弃配置货币与权益资产，导致市场流动性进一步收缩；另一方面，权益跨期回报 $r_{t+1}^{ni} < 1/\beta$ 虽有亏损，但企业家

---

[1]　这种极端自给自足情形在模型中是存在的。因为在 Shi（2015）与 Cui & Radde（2016）的原初框架下是由子家庭依据自己当期的经济角色决定最优决策，那么四类子时序结束前子家庭就已将消费、货币、权益、劳动、资本积累的决策结果带回家庭，加总大家庭（large household）仅被动接受其结果进行跨期分配，因此模型的核心决策者是单个子家庭，而非加总大家庭。基于此，子家庭资产收益显示 $r_{t+1}^{ni} < r_{t+1}^M < r_{t+1}^{nn} < 1/\beta$，可知子家庭工人将不会配置权益与货币，进而使经济中企业家无法通过发售权益进行外部融资，经济进入极端自给自足。

为维持社会资本的积累水平而不得不持有权益资产(权益与资本积累等价)。那么基于企业家与工人的决策，其均衡结果是金融市场内不存在企业权益的买卖(market freeze)，工人将所有可调配资源用于消费，即 M_t^n，$O_t^n \to 0$；而企业家将所有资源用于生产，资本积累转为企业内部融资(self-financing)。这也意味着当经济达到稳态均衡时，社会资本积累 K 处于一个极低的水平。上述这种极端的自给自足的结果不仅是两国金融不再交互，还意味着一国内部工人与企业家之间也不再进行资金融通。然而，本章所要强调的是流动性紧缩情形下的货币均衡，故上述极端自给自足情况在下文中不再讨论，模型依然存在权益交易与货币持有。

以上为本章的理论解析部分，下面将进行数值模拟，从动态均衡角度展现上述理论含义，并设计协调政策。为此，我们将探究三方面内容：其一，搜寻摩擦如何动态上影响市场流动性；其二，流动性外溢效应的动态性质；其三，依据以上两点结果设计协调稳定的动态政策，考察其在流动性外溢效应中的实际效果。

第三节　数值模拟、稳定政策与国际协调

一、参数选取与稳态计算

本章模型中本国需赋值的参数为 $\{\beta, \delta, \alpha, \chi, \eta, \kappa, \sigma, s\}$，海外国家需赋值的参数为 $\{\alpha^*, \epsilon, \lambda\}$。在给出上述参数赋值前，此处做出两点限定：

首先，我们模拟的经济环境强调权益卖出价格 q_t^i 与流动性指标 ϕ_t 同向变动，即流动性紧缩导致资产价格下降，故数学上满足：

$$\frac{\partial q^i}{\partial \phi} = \kappa \frac{\eta}{1-\eta} \frac{\eta}{1-\eta} \phi^{\frac{2\eta-1}{1-\eta}} - \kappa \frac{\eta}{1-\eta} \frac{1}{1-\eta} \phi^{\frac{\eta}{1-\eta}} > 0 \Leftrightarrow \phi < \eta$$

$$\frac{\partial q^{*i}}{\partial \phi^*} = \lambda \frac{\epsilon}{1-\epsilon} \frac{\epsilon}{1-\epsilon} (\phi^*)^{\frac{2\epsilon-1}{1-\epsilon}} - \lambda \frac{\epsilon}{1-\epsilon} \frac{1}{1-\epsilon} (\phi^*)^{\frac{\epsilon}{1-\epsilon}} > 0 \Leftrightarrow \phi^* < \epsilon$$

也即两国参数赋值计算所得稳态 (ϕ, ϕ^*) 严格小于两国搜寻参数 (η, ϵ)。

其次，我们模型的核心摩擦是搜寻成本，它本质上代表了企业获取融资流动

性的难易程度，例如疫情冲击下实体企业所面临的流动性紧缩在可被刻画为权益出售过程中的搜寻摩擦上升。因此，动态分析搜寻成本对两国金融决策以及流动性外溢效应的影响至关重要。为凸显模拟意义，下文只考虑本国搜寻成本 κ 上升对世界经济造成的冲击，而忽略以往名义研究分析中的技术进步冲击，故数值模拟时我们假设技术水平 $A_t = 1$ 恒定不变。

同时，为保证前文理论推论能够准确地应用于现实经济，我们依据近年来的中国经济特征对本国参数进行赋值，具体内容如下：主观贴现因子 β 取值 0.99[①]；折旧率 δ 取值 0.025[②]；本国资本要素投入比例 α 取值 0.5，而海外要素投入比例 α^* 为 0.33[③]。设定本国物价调整系数为 $\varphi_\pi = 350$，海外国物价调整系数为 $\varphi_\pi = 500$，同时两国消费品替代弹性皆为 $\varepsilon = 11$。另外，上文理论解析中未给出家庭效用的显性形式，为方便动态模拟我们设定家庭效用为消费——劳动分离型，如式(7-19)所示。注意到该效用函数对应的是加总效用，子家庭中仅工人包含劳动项 L_t，企业家家庭劳动项为 0。

$$\mathbb{E}_0 \sum_{t=0}^{\infty} \beta^t \left(\frac{C_t^{1-\sigma}}{1-\sigma} - \frac{L_t^{1+s}}{1+s} \right) \tag{7-19}$$

---

① 文中主观贴现因子为存款利率稳态的倒数，故利用 2008 年至 2018 年十年间的一年期金融机构存款基准利率进行加权平均，得到存款净利率的稳态为 2.714%；同时由于本章考虑的为季度数据，则季度化后为 0.6785%，故主观贴现因子取值 0.99326，保留两位有效数字后，主观贴现因子为 0.99。

② 本章发现折旧率的赋值存在两类倾向：其一，陈彦斌等(2009，2013)，吕捷，王高望(2015)等研究沿用了 Chow & Li(2002)的计量结果，即 $\delta = 0.052$。但注意到 Chow & Li (2002)的测算年份为 1993—1998 年间(其中 1978—1992 年间该值为 0.04)，由于样本区间距今已年份较长，沿用至今略显偏颇；其二为龚六堂，谢丹阳(2004)，陈昆亭和龚六堂(2006)，康立等(2013)，黄锐，蒋海(2013)，林琳等(2016)等研究中的赋值设定。上述研究赋值主要基于龚六堂，谢丹阳(2004)，他们基于 Chow & Li(2002)的方法，对 1998 年后 28 个省市的资本存量进行了估算，其中折旧的估算为 10%，并且基于这一估算，中国资本与劳动的边际生产率差异水平符合现实特征，故 10% 的年折旧率比 Chow & Li(2002)中 $\delta = 0.05$ 的折旧率可能更贴近近年来的折旧率水平。基于上述依据，给定本章季度数据特征，故季度平均折旧率取值为 $\delta = 0.1/4 = 0.025$。

③ 在以往研究中，资本要素投入比例赋值主要为 0.33(如林琳等，2016 等研究)。但新近研究根据 2008 至 2016 的数据估算表明，中国资本要素投入比例已接近于 0.5(如赵扶扬等，2017)，故本章令该值取为 0.5。

上式中风险厌恶系数 σ 取值为 2[①]；劳动替代弹性倒数 s 取值 0.276[②]。由于 Cui & Radde(2016)的框架在卖出匹配成功率上具有多重根，为保证本章模拟稳定、有效，我们依照 Cui & Radde(2016)的赋值结果选取 $\chi = 0.056$，$\eta = 0.5$。另外，为突出搜寻摩擦对权益价格的影响，将搜寻成本设定为 $\kappa = 0.03$，大于 Cui & Radde(2016)的对应值 0.01；并且，基于上述参数所计算的卖出匹配成功率稳态水平 $\phi = 0.1905 < 0.5 = \eta$，满足上文资产价格与流动性同向变动的限定。海外中介在结构上与本国中介相异，为顾及现实中中国对海外经济所可能产生的金融外溢作用，在赋值时设定海外中介参数稍小于本国中介：海外搜寻参数 $\epsilon = 0.3$，对应搜寻摩擦系数为 $\lambda = 0.02$。此时 $\phi^* = 0.1217 < 0.3 = \epsilon$，同样满足前文限定。另外，设定名义汇率恒定为 $Ex = 1.5$。

二、稳态计算

下面陈述模型数值模拟中所使用的稳态以及计算方式。首先计算本章模型中的金融变量稳态，即 q^i，q^n，ϕ。为此，利用欧拉方程中 r^{nn}，r^{nn}，r^{*nn}，r^{*ni}，R^M，R^{*M}、式(7-15)、式(7-16)以及式(7-18)，可得到：

$$\rho^* = \rho = 1 + \frac{1/\beta - 1}{\chi}$$

---

① 风险厌恶系数的取值，这里主要参考了陈国进等(2017)与陈彦斌等(2009，2013)。其中陈国进等(2017)赋值为 $\sigma = 3.1$，但其文内风险厌恶系数所包含的贴现率与无风险利率等价，而本章与此不同，故 $\sigma = 3.1$ 的取值在此可能不合适。其次，在陈彦斌等(2009)提到"国内关于相对风险规避系数选取的经验研究比较少，黄赜琳(2005)利用模拟试验以及中国消费行为的经验研究发现，中国相对风险规避系数的取值当在区间 $[0.7, 1]$ 之内；但是，这种基于中国消费行为的经验研究仅仅考虑了消费的跨期替代弹性，并没有考虑风险规避效应。而从风险规避的角度来看，相关的金融经济文献一般认为相对风险规避系数应当选取在 $[2, 4]$ 的区间之内。综合考虑两种效应，本章按照国际研究的通用选取方法，将相对风险规避系数的取值确定在区间 $[1, 2]$ 之内……"同时，秉承这一合理的赋值基础，陈彦斌等(2013)将风险厌恶系数赋值为 $\sigma = 2$。因此，本章此处采用陈彦斌等(2013)的赋值设定，令风险厌恶系数为 2。

② 围绕劳动供给弹性的校准，这里主要参考了康立等(2013)，林琳等(2016)的研究。其中发现，林琳等(2016)的劳动供给弹性的校准源自龚刚和 WillisSemmler(2003)的 RBC 计量结果，而这一结果源于美国数据，而非中国数据。因此本章最终采用康立等(2013)的取值，令 $s = 0.276$。

$$(1-\phi)q^n - \rho(1-\phi q^i) = 0, \quad (1-\phi^*)q^{*n} - \rho^*(1-\phi^* q^{*i}) = 0$$

$$q^i = 1 + \frac{\kappa\eta}{1-\eta}\frac{1-\phi}{\phi^{\frac{\eta}{\eta-1}}}, \quad q^{*i} = 1 + \frac{\lambda\epsilon}{1-\epsilon}\frac{1-\phi^*}{(\phi^*)^{\frac{\epsilon}{\epsilon-1}}}$$

$$q^n = 1 + \frac{\kappa(1-\eta\phi)}{(1-\eta)\phi^{\frac{\eta}{\eta-1}}} + \frac{\kappa}{\phi}, \quad q_t^{*n} = 1 + \frac{\lambda(1-\epsilon\phi^*)}{(1-\epsilon)(\phi^*)^{\frac{\epsilon}{\epsilon-1}}} + \frac{\lambda}{\phi^*}$$

其中 κ，λ，η，ϵ，χ，β 为已知的赋值参数，则联立上述方程可求解稳态 ϕ，ϕ^*，q^i，q^{*i}，q^n，q^{*n}，其结果为关于赋值参数的表达式，这里不再具体示例。同时，由于 q^n，q^{*n} 已知，那么通过 $\chi\rho r^{ni} + (1-\chi)r^{nn}$，$\chi\rho^* r^{*ni} + (1-\chi)r^{*nn}$ 的表达式可计算出资本回报率 r：

$$r = q^n - \frac{\chi\rho + (1-\chi)q^n}{\chi\rho + 1 - \chi}(1-\delta) = q^{*n} - \frac{\chi\rho^* + (1-\chi)q^{*n}}{\chi\rho^* + 1 - \chi}(1-\delta)$$

接下来，展示名义变量稳态的计算逻辑。联立式(7-6)与资本积累方程稳态 $K_{t+1} = (1-\delta)K_t + I_t \Rightarrow \delta K = I$，得到：

$$\delta K = \frac{[r + (1-\delta)\phi q^i]\chi K + \frac{\chi M}{P}}{1 - \phi q^i} \tag{7-20}$$

然后，由厂商的资本与劳动决策以及家庭的劳动供给决策可得到：

$$r = \alpha(K/L)^{\alpha-1}, \quad \frac{1-\alpha}{\alpha}\alpha(K/L)^{\alpha-1}K = L^{s+1}C^\sigma \tag{7-21}$$

再基于加总家庭的预算约束，可以计算出消费表达式为：

$$C = \left[\frac{(1-\alpha)}{\alpha} + q^n\left(\frac{1}{\beta} - 1\right)\right]K + \frac{\chi(\rho-1)M}{P} \tag{7-22}$$

进而，基于式(7-20)—(7-22)中四项表达式，可依次计算出 K，C，L，M/P 的稳态数值。此外，在 $q^r = q^{*r}$，$q^i = q^{*i}$ 的无套利原则下，海外家庭稳态计算逻辑类似，此处不再赘述。

三、动态均衡模拟

在动态均衡路径上，相对于模拟搜寻摩擦对整体经济造成的线性偏离，我们更希望考察摩擦对流动性以及社会福利的水平影响，这更为贴近 2020 年初的疫情冲击事实。因此我们非线性求解了模型的动态均衡，并表示为经济系统中的转移路径。为此，假设经济主体完美预见（perfect foresight）[①]，模型中本国搜寻摩擦 κ 的变动为未预期冲击（unexpected shock），数值上由 0.03 增加至 0.04；此处非线性求解 30 期经济系统，经济在 1 至 10 期处于原经济均衡（$\kappa = 0.03$），于 11 期受到搜寻摩擦的永久变动（$\kappa = 0.04$），随后于 30 期收敛至新的稳态均衡，故对于任意变量 X 存在 $X_{30} = X_{31} = X_{32} = \cdots$。为全面剖析搜寻摩擦冲击与流动性外溢，下面分别从封闭经济与两国经济展示动态均衡结果。

1. 封闭经济

图 7-6 为封闭经济下的动态转移路径。可见当本国搜寻摩擦 κ 上升时，企业托宾 Q 值 q_t^i（也即权益卖出价格）随搜寻摩擦上升而上涨，即 $\partial q_t^i / \partial \kappa > 0$，故在动态均衡上 q_t^i 在受到冲击后有一个大幅度的上升；由于企业托宾 Q 值的上升，企业家将尽其所能获取或积累更多的权益资产 S_t，同时本章模型中资本存量用于担保权益资本的发售，因此 S_t 的上升必将伴随 K_t 的上升，这便是转移路径上资本积累 K_t 上升的缘由。其次，由于权益卖出价格 q_t^i 上升，一方面由（7-13）知此时有效重置成本 q_t^r 将下降，即 $\partial q_t^r / \partial q_t^i < 0$；另一方面，由于企业托宾 Q 值增加，权益卖单增多，意味着权益供给增加，而当买单需求短期内跟不上卖单供给时，工人对权益的买入价格 q_t^n 下降，并且由前文知当搜寻摩擦增加时，权益卖出与买入价差增大，这也解释了转移路径上 q_t^i 与 q_t^n 的进一步分离。在货币的真实价值方面，M_t/P_t 在冲击下出现了增加，这主要是因为企业尽其所能地将资源转化为权益资本，这便引致经济主体对货币的需求上升，故货币价格 M_t/P_t 上升。在家庭消费方面，C_t 出现了轻微的下降，原因是给定产出水平 $Y_t = K_t^\alpha L_t^{1-\alpha}$，资本积累的增长速度大于产出的增长速度，从而造成消费 C_t 被轻微挤出。另外，由于产出的上涨，企业增加劳动力雇佣，故 L_t 也出现了上涨。最后，流动性溢价 Q_t 出现了先减后增的状态，其根本原因是 q_t^n 是影响流动性溢价的关键因子，期初该因子先显著下降，但随后因 q_t^n 前瞻性回升以及 r_t 的增加，流动性利差 Q_t 最终上升。总之，在图 7-6 的模拟中我们可总结出两点重要逻辑：其一是搜寻摩擦

[①]　数学上与理性预期等价，即求解出经济系统中的价格序列令每期均衡条件满足，经济变量竞争出清。

增大后企业托宾 Q 值增加，权益买卖价差增大，有效重置成本下降；其二，市场流动性显著趋紧，货币真实价值的上涨验证了这一点。上述两点逻辑与理论分析结论保持一致。

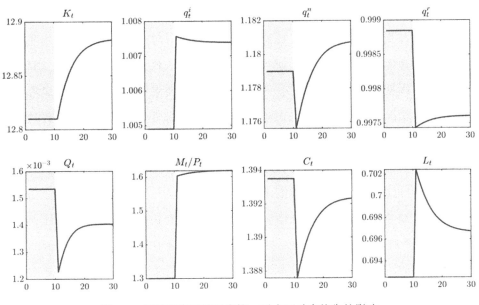

图 7-6　封闭经济下搜寻摩擦 κ 对本国动态均衡的影响

2. 开放经济

为突出无套利条件中的流动性外溢效应，也即推论 1–（1）中所蕴含的 $\partial \phi^* / \partial \phi > 0$，我们在两国经济模拟中暂时忽略买方无套利条件[①]。两国经济的模拟结果如图 7-7 所示，其中带有"＊"标识的变量为海外变量。在图 7-7 中，可见本国各变量的变动逻辑与封闭经济相仿，仅在稳态数值上出现变化，这主要是因为此处的稳态数值计算是基于两国经济的全局求解，故转移路径上的初始稳态

---

① 模拟中忽略买方无套利条件的另一个缘由是现实中跨国配置资产的居民占人口比例极其小，且跨国资产配置的资金量远不如对本国金融资本的配置数额，并且这一点在中国经济中尤为突出。因此，为规避上述因素对本章数值模拟的干扰，我们决定在此忽略买方无套利条件，但这并没有否定理论分析的意义与正确性。

与收敛稳态发生改变。而在海外的金融变量中，由于搜寻摩擦 κ 导致本国 q_t^r 下降，基于买方无套利条件 $q_t^r = q_t^{*r}$ 可见此时海外有效重置成本 q_t^{*r} 随之下降，这意味着在无套利原则下海外企业家可以出售或者获得更多的权益 S_t，进而引致其资本存量 K_t^* 被推升。其次，由 $\partial q_t^{*r} / \partial q_t^{*i} < 0$ 知 q_t^{*r} 的下降必定存在 q_t^{*i} 的上涨，经济含义是指当企业有效重置成本降低时，企业外部融资的成本更小，则发售权益时所获收益更高，体现为企业托宾 Q 值 q_t^{*i} 升高。与本国类似，由于企业权益供给增加的速度快于工人需求增速，导致权益买入价格 q_t^{*n} 下降；并且，同样可以发现当本国搜寻摩擦 κ 提高时，流动性外溢效应使海外金融权益的买卖价差扩大，与本国情况一致。金融变量中还需注意的是，海外流动性溢价 Q_t^* 此时纯粹出现了上升：一方面，因流动性传导与外溢效应，海外托宾 Q 值增加，推升了海外企业家对资金的需求，这既导致海外市场流动性趋紧，流动性溢价 Q_t^* 增大，也解释了海外经济主体对其货币需求为何上升，M_t^*/P_t^* 水平值升高；另一方面，由于这种流动性紧缩的传导与外溢源于本国搜寻成本 κ，而非海外中介搜寻成本 λ，这也就意味着海外金融权益溢价并非源于其金融中介的结构调整，因此海外金融市场中的流动性溢价 Q_t^* 所体现出的是纯粹的上涨，与本国金融市场中流动

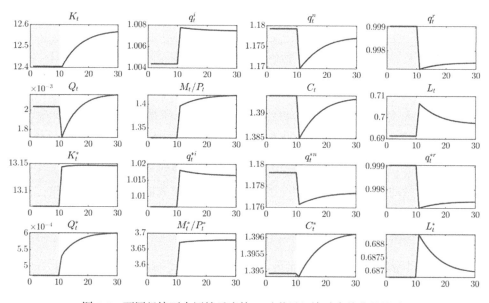

图 7-7　两国经济下本国搜寻摩擦 κ 对世界经济动态均衡的影响

性溢价 Q_t 的变动逻辑存在区别。名义变量方面，基于生产函数的形式，在企业最优决策下资本要素 K_t^* 随劳动要素 L_t^* 的增加而增加，进而产出 Y_t^* 上升；另外，由于产出增速快于资本，海外居民消费 C_t^* 上升。图 7-7 的动态均衡结果详细展示了本章理论核心中的流动性外溢效应，上述关于流动性紧缩传导的文字分析与前文的理论推论逻辑保持一致。

四、政策稳定与协调

在稳定政策设计上，我们将分别给出利率规则与流动性供给政策，注意到此次疫情冲击下流动性供给仍未成为各国对冲紧缩的核心操作，故后文模拟重点将聚焦于流动性供给政策。其中，名义利率的调控规则依据产出与通胀变动做出动态调整，具体构造为：

$$R_t = \frac{1}{\beta} \pi_t^{\rho_\pi} \left(mc_t \cdot \frac{\epsilon}{\epsilon - 1} \right)^{\rho_Y}$$

上式中 R_t 为名义利率，ρ_π 与 ρ_Y 分别为利率政策对通胀与产出的反应系数，$mc_t \cdot \dfrac{\epsilon}{\epsilon - 1}$ 近似于相对稳定产出的偏离。上述利率规则与 Del Negro 等（2017）的设置类似。另外，名义利率同时满足费雪方程

$$R_t = \mathbb{E}_t \pi_{t+1} [\chi \rho_{t+1} r_{t+1}^{ni} + (1 - \chi) r_{t+1}^{nn}]$$

其中 $\chi \rho_{t+1} r_{t+1}^{ni} + (1 - \chi) r_{t+1}^{nn}$ 为欧拉方程中所对应的动态实际利率。国外名义利率设置形式与本土对称，在数值模拟时参数大小不同。下文模拟中我们设置本国利率规则对产出的反应系数为 $\rho_Y = 1$，对通胀的反应系数为 $\rho_\pi = 1$；而海外利率规则对产出的反应系数为 $\rho_Y = 0.5$，对通胀的反应系数为 $\rho_\pi = 1.5$。

关于流动性供给政策，我们参照了 Kiyotaki & Moore（2012）中流动性政策的制定思路，假定一国政府通过公开市场操作为金融市场提供流动性，从而改善经济主体的加总资产结构与流动性水平。具体而言，政府在每期可控制经济中货币发行总量 $\overline{M}_t$，并通过公开市场操作买入企业权益，为区分标识，政府购买量记为 S_t^g。上述公开市场操作行为也可视为政府发行完全流动（liquid）的货币替换不完全流动（illiquid）的金融权益。基于此，政府的预算约束为：

$$q_t^i\left[S_{t+1}^g - (1-\delta)S_t^g\right] = r_t S_t^g + \frac{M_{t+1} - M_t}{P_t} \tag{7-23}$$

上式中左侧支出为政府新增的权益购买量，右侧收益为政府持有权益收益与新增的货币发行总量。值得注意的是，当权益购买有政府参与后，经济中的权益结构变为：

$$K_{t+1} = S_{t+1} + S_{t+1}^g \tag{7-24}$$

同时，依据 Kiyotaki & Moore(2012)中流动性政策的设定，我们给定政府的调控规则为：

$$S_{t+1}^g = \psi_l(\phi_t - \phi_{ss}) \tag{7-25}$$

$$S_{t+1}^g = \psi_l(\phi_t - \phi_{ss}) + \psi_{l*}(\phi_t^* - \phi_{ss}^*) \tag{7-26}$$

其中，ϕ_{ss}，ϕ_{ss}^* 为政策调控下合意的流动性水平稳态，也可视为政策目标；式(7-25)表明仅对本国流动性进行调控，式(7-26)包含了对海外流动性的反馈，也即存在政策协调。为简便说明流动性政策协调的效果，下文数值模拟将聚焦于两类情形：

(1)两国中仅本国执行流动性稳定政策，此时不存在协调；

(2)两国中给定本国执行流动性稳定政策，并且在政策中包含对另一国流动性状态的反馈，此时存在政策协调。

通过设定以上两类情形，我们将厘清政策协调为两国经济带来的稳定效果，并聚焦于政策协调在流动性外溢中的具体效果。下面依次汇报模拟结果。

1. 利率规则与无政策协调

图 7-8 展示了利率规则结果与无政策协调结果的对比。其中在政策无协调的情形中，我们仅令本国执行流动性稳定政策，政策规则只对本国内部流动性水平的变动进行反馈。值得注意的是在式(7-25)中，反馈系数 ψ_l 在 Kiyotaki & Moore (2012)内为 -0.1 且线性偏离，为保证转移路径下反馈系数的合理性，我们将 ψ_l 转换为 $-0.1 \times K_{ss}/\phi_{ss}$。

利率规则下的调控效果与流动性外溢效应如图 7-8 中的红虚线所示。包含利率规则的政策对冲相较于无任何政策调控的两国结果有两方面不同：其一，在价格变量上，本国权益的购买价格 q_t^n 在名义利率调整后出现突增，意味着名义利率宽松后更多的资金主动购买本国市场中发售的权益，其原因一方面是利率降低松动了资金面，使借贷或投资的意愿更强；另一方面是名义利率的降低意味着无风险利率降低，投资者此时被迫选购回报率更高的资产用于保值。基于以上两方面效应，本国流动性溢价 Q_t 自然下降。然而，需要注意的是利率调整本质上为结构性调控，它只是使经济中资金与资产的配置结构发生变化，而未创造出额外资金与多于当前经济体的流动性总量，这也导致当本国权益购买需求增加时现金货币的实际价值 M_t/P_t 升幅比无政策情形要高。此外，正因为本国权益的购买需求上扬，权益卖单逐渐堆积于本国市场，进而导致海外市场中成交的买单相对减少，因此海外权益的购买价格 q_t^{*n} 降幅较无政策情形时更大，流动性溢价 Q_t^* 也随之被拉低。之后，随两国货币实际价值的下降，流动性溢价 Q_t，Q_t^* 攀升。其二，在加总变量上，无风险利率的降低意味着企业家自持资产的回报收益减少，企业层面权益发售的积极性一定程度下降，加之流动性冲击，则在无额外流动性创造的基础上本国资本积累 K_t 下滑。起初，就业受此影响而下降，随后企业为维持生产收益扩大了劳动力投入，以平衡资产积累下滑的负面效应。另外，由于资本的下降速度快于产出，由市场出清条件知此时消费相对升高，这也可以被解释为降息所刺激的消费。

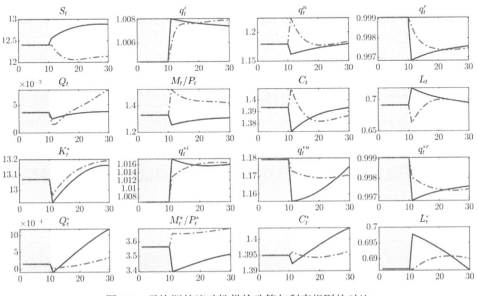

图 7-8　无协调的流动性供给政策与利率规则的对比

不同于利率规则的结构性调整，流动性供给政策直接向金融市场注入额外的总量流动性。因此为对比利率规则，我们用蓝实线标记出了无协调状态下的流动性政策结果，它与利率规则的主要区别涵盖以下两点：其一，在价格变量上，由于流动性政策直接向市场注入额外流动性支持，货币实际价值 M_t/P_t 下降，意味着市场中的现金货币更加充裕。同时，由于额外流动性的供给吸引了海外国企业权益出售需求，导致本国权益卖单增加，相对于工人家庭较慢的权益需求增长速度而言，此时买入权益价格 q_t^n 下跌。同时，因为流动性外溢效应，本国流动性传导至海外市场，进而导致海外货币价值 M_t^*/P_t^* 也随之下跌。其二，在加总变量上，不同于利率政策的结构性再配置，额外的流动性注入提升了企业的加总资本积累，导致本国企业的权益资本 S_t 增加，也意味着资本积累存量 K_t 增加。与此同时，资本投入的增加预示着企业需匹配更多的劳动力以获得更高的生产效益，故就业 L_t 增加。然而，由于资本积累的速度快于产出增加，消费的动态路径呈现递减状态。与本国相反，由于起初本国流动性的注入吸引了更多的海外买卖双方于本国参与权益的配置，导致海外资本积累骤降。而后流动性外溢由本国传递至海外，权益配置再度回潮，资本积累总量再次恢复且逐渐增高，故海外存量 K_t^* 先减后增。同时，又因为冲击初期海外资本积累的下降速度快于产出，导致消费被拉低，随后因资本存量上扬而再度被拉升。

2. 政策协调

在展示模拟结果前，此处先说明政策协调的具体设置。该情形下，我们采用了式(7-26)的形式，令政策协调的执行者为本国政府，这一设置可视为海外政府与本国政府进行展开合作，同时海外政府将资金移交给本国政府托管，本国政府依据式(7-26)中的规则对两国流动性变动进行稳定，所购置的私人权益与海外政府共同分摊。上述设置的好处在于模型非线性求解时减少了冗余差分方程的计算，避免非方程组(non-square matrix)对模拟结果的干扰①。基于此，我们令政策对本国流动性的反馈系数为 $\psi^l = -0.1 \times K_{ss}/\phi_{ss}$，与前文保持不变；而对海外的

---

① 具体而言，两国同时执行反应系数相仿的流动性政策时，两组政策方程化为冗余，此时 Matlab 中的 fsolve 函数无法精确求解上文所包含的十八组理性预期差分方程组。

反馈系数为 $\psi^{*l} = -0.05 \times K_{ss}^{*}/\phi_{ss}^{*}$，为政策对本国流动性反馈灵敏度的一半。动态均衡结果如图 7-9 所示。

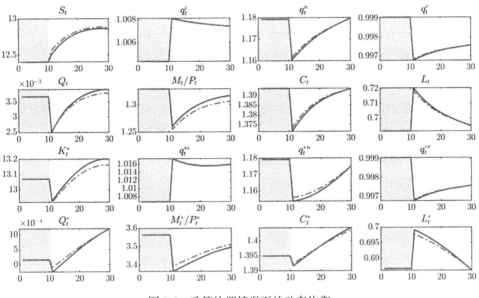

图 7-9 政策协调情形下的动态均衡

图 7-9 中蓝线为政策协调的流动性供给结果，而红虚线对应无政策协调的流动性供给结果。上图为我们提供了两点主要结论：其一，在实行政策协调后海外金融市场的流动性溢价 Q_t^{*} 与实际货币价值 M_t^{*}/P_t^{*} 回落更大。这可视为政策协调中的直接效应，即流动性政策直接对海外金融市场流动性作出稳定反馈，赋予了海外金融市场更多的流动性，进而压低了流动性溢价，使货币实际价值 M_t^{*}/P_t^{*} 降低。其二，在执行政策协调后，本国流动性溢价 Q_t 在后期出现了更大的回升。这主要是因为政策对国外流动性作出的反馈等价于海外金融市场获得一定程度的流动性，那么基于动态均衡中的套利行为，将有部分本国权益供给转移至海外市场进行发售，这便导致本国内部权益供给减少，引致权益购买价格 q_t^{n} 在后期被拉高。进一步，因为流动性溢价正比于权益价格，故 q_t^{n} 的升高最终推升了本国流动性溢价 Q_t，这便是政策协调的间接效应。

值得注意的是，相对于无协调情形我们可以发现本国实行协调政策后其政策

成本是流动性溢价 Q_t 升高，而收益却是海外流动性紧缩得到大程度缓解，即海外流动性溢价 Q_t^* 与海外货币实际价值 M_t^*/P_t^* 下降，并且这部分收益无法直接归于本国。虽然两国经济加总后整体福利受之于政策协调而得以提升，但此处本国的政策成本与收益不对等，有可能削弱本国实行政策协调的动力，从而使政策由协调转为不合作的状态（如 Dedola et al.，2013 中所讨论的情形）。因此在实际政策操作过程中，还需额外补充相应的激励条约来维持协调的稳定性。

为解决上述协调不稳定的情形，这里提出几点启示。由于如何保证协调稳定不从属于本章的研究范畴，此处不再展开论述。为此，可利用合作博弈的方法促使两国形成稳定的政策联盟关系，具体而言，采取策略性讨价还价（Rubinstein bargaining）方法对政策协调下的整体收益进行分配：

（1）假设两国间存在一个稳定部门（类似于 European Stability Mechanism），汇集两国政府救济并按比例 x_1，x_2 分发给两国政府进行资产购买，该分发比例对应下文利润分配比例。

（2）在给定执行成本的基础上，两国对资产购买的所获利润进行分配，并且每期每国获得议价主动权（make the offer）的概率为 π_j，$\pi_j + \pi_{-j} = 1$，$j = 1$，2。

（3）求解出子博弈均衡（subgame perfect equilibrium）。

（4）注意到之前没有使用纳什议价（Nash bargaining）是因为我们在设置议价能力（bargaining power）这一参数上缺乏依据，或者议价能力可能是时变的（time-varying）。虽说使用策略性讨价还价可避免这一问题，但可能会造成均衡结果非帕累托最优。Binmore et al.（1986）证明若令时间间隔趋于 0，即 $t = 0$，Δ，2Δ，$\cdots$，$\Delta \to 0$，可在策略性议价基础上可近似出纳什议价中的议价能力，并且此时的策略性议价也达到帕累托最优。

（5）基于上述四点可写出政策协调时的收支分配条件，在此条件下经济系统可达到协调下的最优。

第四节　结论与政策启示

在新冠疫情的冲击下，全球各大经济体的实体部门遭受重创，导致其融资流动性紧缩，债务风险上升。本章以流动性这一要素为研究视角，在开放经济环境中探究了流动性外溢效应的具体微观机制，用以解释疫情期间流动性紧缩的传导以及经济个体的资产配置决策。以现实中各国的流动性政策为依据设计了相关稳定政策，并模拟相关政策效果与国际间政策协调的可能性。主要结论如下：

（1）企业家（权益发售方）为尽可能多地获取外部融资，工人（权益购买方）为尽可能多地获取投资回报，在无资本交易壁垒的情形下其二者的套利行为拉近了两国金融市场中的流动性水平，从而形成"流动性外溢效应"。进一步，以搜寻摩擦衡量实体企业融资流动性的强弱，出现流动性负面冲击时货币（或者说强流动性资产）的价值升高，企业为尽可能多地获取流动性而持有货币；同时，由于此时企业外部融资流动性减弱导致其所发售的权益产生正的溢价要求，而该溢价与货币间的价差称之为流动性溢价。

（2）通过解析两国经济主体的跨期配置行为，发现流动性紧缩环境中企业权益的实际回报小于时间偏好率，这意味着在此情形下权益购买方倾向于放弃配置资产，加速市场流动性进一步收缩，并且该效应通过无套利条件可外溢至他国。由理论内容延伸，本书一方面基于企业权益的买方套利与卖方套利原则得到均衡时两国流动性的解析稳态水平，为福利分析提供了基础；另一方面，从策略互补的角度剖析了两国间权益价格稳定中所蕴含的微观机制，为经济政策协调提供了一类必要的拓展依据。

（3）给定包含收支约束的稳定政策，其转移路径结果表明政策协调将有效提升两国福利，但由于政策成本的存在又不可避免地产生"搭便车"现象，从而潜在地削弱政策协调的稳定性与可能性。作为未来研究的启示，我们认为利用合作博弈等方法（如策略型议价，也即鲁宾斯坦议价）对政策协调中的两国所提升的总福利进行分配或补贴，从而消除"搭便车"现象，保证政策协调的稳定性。

基于以上研究结论，可以得到如下政策启示：

第一，重视流动性外溢效应，采用灵活的政策方式为实体企业提供流动性补给。本章理论研究发现当海外流动性紧缩时，本国企业海外融资锐减，无法达成企业生产所需的预期融资额度，进而间接造成本土实体债务利差扩大，2020年1月以来的新兴市场实体部门债务违约突增便是一例佐证。针对此类现象，当局可一定程度依照本章所给出的流动性供给政策，在实体流动性紧缩严重时通过政府工具购买部分企业债务，而在流动性宽松时售出，给予对冲。

第二，正因为流动性外溢效应的存在，各国流动性政策步调不一又可能对流动性稳定造成反扑。例如在流动性紧缩时，各国稳定政策在力度与时长的计划上不尽相同，那么在缺乏协调的情况下，势必出现一国率先完成目标后收紧宽松而另一国却仍处于宽松状态。而正是由于外溢效应存在，政策宽松国的流动性状态又可能反过来影响政策收紧国，不可避免地产生"通胀传输"与"风险传染"等潜在威胁。因此，我们一方面建议本国密切审视实体部门流动性状态，利用便于操作的利率工具与债务工具对实体流动性水平进行控制；另一方面，周期性地总结他国政策动态走向，做好与之匹配协调的应对措施。

第三，政策协调虽可提升多国福利，但为保证多国协调的稳定还需进一步努力。本章理论显示，一国在不花费成本的同时享受另一国政策带来的好处，进而削弱两者间的政策合作意愿，诸如此类的"搭便车"现象在现实经济活动中更是普遍存在。针对这一问题，多国或多区域经济体可组织设立某一个稳定部门（类于 European Stability Mechanism），汇集成员国政策资金并在危机时按比例分发给各国政府进行资产购买；并且在给定执行成本的基础上，成员国按一定准则分配购买资产所获利润，这既是保证多国福利最大化的标准，也是保证多国协调持续的分配基础。

第八章　完善国家治理体系与促进金融稳定[①]

习近平总书记指出："国家治理体系就是在党的领导下管理国家的制度体系，包括经济、政治、文化、社会、生态文明和党的建设等各领域体制机制、法律法规安排，是一整套紧密相连、相互协调的国家制度。"[②]不言而喻，完善的国家治理体系及其相关的制度建设会对金融稳定产生正面的促进作用，但是以外的研究更多侧重于国家治理体系中的经济制度例如货币政策、监管政策、财税政策以及产业政策等对金融稳定的影响，而对国家治理体系中的政治制度较少涉及。有些研究涉及政治制度的影响，例如完善的法律体系、政治稳定性、减少腐败等因素对促进金融稳定具有积极作用（Moshirian，2008；Sok-Gee Chan，2015；Kurul Z，2017），但是这些研究或者仅仅就政治制度中的单一因素展开分析，缺乏全面性；或者只是理论演绎，缺乏严密的定量分析。对国家治理体系的全面影响的研究缺失，可能会导致我们无法充分认识金融稳定的影响因素，进而难以对促进金融稳定的制度建设提出有针对性的政策建议。

国家治理体系中的政治制度对金融稳定影响的定量研究非常艰难，一个重要原因是难以获取长期可信的大样本数据。和经济制度影响的短期性与显著性不同，政治制度的影响一般会体现出长期性。如果没有长期的大样本数据做支撑，相关研究很难得到让人信服的检验结果，即便得到一些结果，也无法排除短期偶发政治事件的影响。世界银行在此方面做出了一些尝试，他们从 1996 年开始构建的国家治理指标（WGI：Worldwide Governance Indicator）分多个方面对全球主要国家的国家治理体系的建设情况进行了客观评价。该指标的负向极值为−2.5 表示国家治理最差，正向极值为 2.5 表示国家治理最好，0 为分界点。我们将其与

---

① 　本章主要内容原载于《经济管理》2018 年第 12 期。

② 　西方发达国家一般认为国家治理体系就是政治制度的完善（Kaufmann，1996）。

金融稳定的部分指标结合起来，给出如下两组图示。其中图8-1从政治稳定性、政府效率、腐败控制、话语权与问责权、监管水平、法制六个方面给出了国家治理指标与商业银行不良贷款的相关性，数据显示国家治理体系越完善的国家的商业银行的不良贷款率越低；图8-2则给出了包含以上六个方面的国家治理指标与

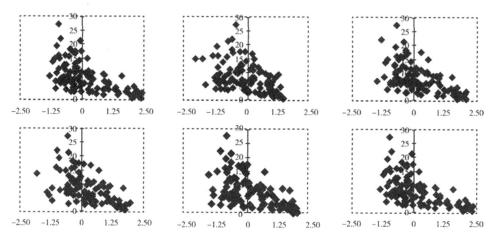

图8-1　国家治理指标与商业银行不良贷款的相关性

注：从左至右分别是政治稳定性、政府效率、腐败控制、话语权与问责权、监管水平、法制

资料来源：Wind数据库、国际货币基金组织IFS数据库以及世界银行WDI数据库。

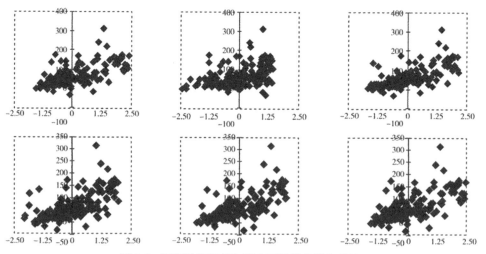

图8-2　国家治理指标与国内可控贷款的相关性

注：从左至右分别是政治稳定性、政府效率、腐败控制、话语权与问责权、监管水平、法制

资料来源：Wind数据库、国际货币基金组织IFS数据库以及世界银行WDI数据库

国内可控贷款的相关性，数据显示国家治理越完善的国家的可控贷款的比率越高。这两组图都能得到相同的结论，即国家治理越完善的国家的金融稳定程度越高、国家治理越不完善的国家的金融稳定程度越低。这可能不是偶然现象，因为我们使用的是全球214个国家1996年至2017年的大数据分析之后得到的结果，具有一定的普遍性。以上分析启发我们思考如下问题：国家治理体系完善能否促进金融稳定？在哪些方面促进了金融稳定？如何通过国家治理体系建设来维护金融稳定？

第一节　文　献　综　述

学术界针对国家治理体系建设对金融稳定的影响的相关研究为本研究奠定了良好的理论基础。国外学者围绕国家治理体系的主要方面对金融稳定的影响展开了大量的实证研究，其中既有单一国家的研究，也有跨国的横向比较研究。

在政治稳定性的影响方面，Roe和Siegel（2011）认为政治不稳定是全球金融稳定存在国别差异的主要因素，国家治理质量对国有银行的业绩有正面影响，国有银行能从更低的腐败程度、更好的法律传统、更好的监管质量和更高的政府效率中受益。Méon和Weill（2010）认为政治稳定可以促使政府行为规范化，降低腐败发生的频率，从而对一国的金融稳定、经济效率和经济增长都有积极的影响。

在政府效率的影响方面，Chan等（2015）认为，提高效率有利于金融机构尤其是银行业的发展，较高的效率对于银行业的合并可以起到协调人的作用，从而有利于金融稳定。Quinn和Toyoda（2008）认为，在有较高政府效率的发达国家，资本账户自由化等制度的冲击被缓解，因此政府效率可以促进金融稳定与经济增长。不过，有些学者认为政府效率的作用具有异质性特征，虽然政府效率可以改善一些发达国家的金融体系福利，但对于发展中国家的金融部门或公司的影响却不明显(Ju和Wei，2010)。

在腐败控制的影响方面，Beck和Levine（2005）认为，减少腐败有利于法律的实施，法律落实的有效性会影响到收入水平也会增强人们的投资信心，从而维护金融体系的稳定。Barth等（2009）认为，腐败会影响银行系统的效率，破坏银行有效分配稀缺资本的主要功能，发展中国家和转型国家需要完善法律、建设客观审慎的法律条款和其他适当的监管机构来遏制腐败，促进银行系统的稳定。Ahmad 和 Ali(2010)认为腐败水平会阻碍金融发展，亚洲工业化国家因为腐败程度较高所以易导致经济增长率下降，因此应当建立有效约束腐败的制度。不过，腐败对不同国家的影响有差异。Neeman 等(2008)认为政府的腐败行为对于经济高度开放国家的 GDP 有负面影响，而对于开放程度低的国家几乎没有影响。Huang(2016)针对亚洲国家的研究也得到类似结论，发现除了韩国以外，腐败对其他的十三个亚太国家都不显著。

在话语权与问责权的影响方面，Jordaan 等(2016)认为，制度质量对资本市场的发展有积极显著的影响，尤其政府话语权和问责制度对其影响巨大。如果提高话语权并加强问责等其他措施，有些负面因素例如腐败，对于金融稳定的负面影响会降低(Mo，2001)。Chinn 和 Ito(2006)发现可以把问责作为制度建设的门限值，在是否问责的门限约束下，即便是资本账户开放这样的风险比较大的政策，也会对金融稳定产生良性的促进作用。

在监管水平的影响方面，Gonzalez(2009)认为，更严格的资本监管和更强的监管力量可能会导致更好的市场监督，从而提高财务透明度和银行效率，有利于金融体系的稳定，但在欠发达国家，严格的监管虽然可以降低银行的风险，但是治理效果的发挥取决于银行所在东道国的国家治理质量(Klomp 和 Haan，2014)。而且，资本账户开放和金融稳定两者体现出强相关性，如果国家能够提供较高的监管水平，则可以更好地发挥资本账户开放对金融稳定的积极作用(Kose 等，2009)。

在法制的影响方面，Beck 等(2004)认为，法律制度能够充分保障私人财产权，在支持私人契约安排以及保护投资者合法权益的国家，储蓄者更愿意为公司和金融市场提供融资，有利于金融发展和金融体系的稳定。Alesina 和 Giuliano(2015)认为，法律制度能保护私人产权、支持私人合同安排、保护投资者法定权利，较好的对投资者的保护和法律质量可以带来高效的资本市场。完善的法律体系有利于金融稳定，因此必须建设高效透明的国家治理机制，来改善一国的经济金融状况并确保金融体系的稳定(Cole 等，2008)。

与国外学者的研究范式和研究思路不同，国内学者在国家治理体系建设对金融稳定影响的相关研究中表现出鲜明的规范性研究特征。(1)在制度稳定性的影响方面，纪敏等（2017）认为应当建立稳定的制度体系，合理把握去杠杆和经济结构转型的进程，避免过快压缩信贷和投资可能对金融稳定造成的负面影响。（2）在政府制度效率的影响方面，陆磊和杨骏（2016）探讨了央行政策手段的局限性，认为央行应当强化制度设计，协调货币政策与宏观审慎的逻辑框架，通过有效的政策工具来促进金融稳定。张蕴萍等（2017）认为，在城乡二元经济结构体系下，城市发展明显优于农村，因此应当提高货币政策传导与调控的有效性，实行城乡差别化的制度设计。范如国（2017）认为，由于制度体系结构上的不科学、执行上的不合理，导致制度的功能部分或完全失灵，进而又成为更多、更大风险的制度性来源，应当提高政府制度效率，加强制度建设来促进金融稳定。（3）在腐败控制的影响方面，汪锋等（2018）认为，反腐与经济增长之间的关系受到腐败程度的影响，持续性反腐可以降低总体腐败程度，从而提高国内外投资者的信心，保证国家长期发展的驱动力，从而有利于经济社会可持续维护金融稳定。（4）在话语权与问责权的影响方面，宋夏云和陈一祯（2016）以国家审计部门的工作为例，发现如果加强审计机关与其他腐败治理部门之间的协调沟通机制，并严格履行问责环节，那么可以充分发挥国家审计的腐败治理功能，有利于推进金融稳定。（5）在监管水平的影响方面，滑冬玲和肖强（2012）认为制度质量的提高有助于促进转轨国家的金融发展，完善投资者保护和信息披露的制度设计，也有助于解决中国金融效率低下的难题并促进金融稳定。（6）在法制的影响方面，相天东（2017）认为金融发展规模和效率与城乡收入差距负相关，可以通过法制完善来推动农村金融供给侧改革，逐步缩小城乡收入差距，实现金融稳定。刘诺和余道先（2016）认为虽然以央行为最高决策机构的自上而下的金融机构宏观审慎监管框架已经初步建立，但在证券、保险、外汇、房地产等市场，主体作用仍然不显著，监管力度也不如银行业，因此应当加强金融监管的法制建设，关注各个市场的相互影响并维护金融稳定。

以往学者的研究为本章的进一步分析提供了理论基础和整合的可能，但总体来看，其尚存在一些亟待改进的地方。第一，缺乏严格的影响机理分析，没有建立起严密的数理模型来解析国家治理体系建设对金融稳定的传导路径，导致后续的实证检验缺乏理论支撑。第二，定量研究不够深入。已有的研究缺乏长期而充分的数据检验，相关定量分析无法得到让人信服的检验结果，即便得到一些结果，可能也无法排除短期偶发政治事件的影响。第三，由于难以提供全面充分的数据检验的结果，因此无法基于检验结果提出国家治理体系建设的政策建议。

本章对以往学者的研究成就进行了拓展，创新之处主要体现在：第一，使用国债的价格与收益率作为金融稳定的替代指标，使用法定聘用年限内领导人更换的次数作为政治稳定性的替代指标，建立非齐次线性微分方程，代入初值求解微分方程的极限特解，解析国家治理体系建设对金融稳定的影响机理。结果显示，在长期中，国家治理体系建设与金融稳定之间存在着正向关系，完善的国家治理体系确实可以促进金融稳定。第二，使用全球 214 个国家 1996—2017 年的 121 万余个数据，从六个方面(政治稳定性、政府效率、腐败控制、话语权与问责权、监管水平、法制)进行数据分析，检验了国家治理体系建设对金融稳定(金融机构的稳定、金融市场的稳定、外部风险的约束和宏观经济的健康发展)的影响效应。结果显示，完善的国家治理体系可以促进金融机构的稳定与宏观经济的健康发展，同时能够有效约束外部风险影响，并可以促进实体经济的融资与发展。第三，在数据分析基础上，提出完善国家治理体系、提高治理能力现代化、利用完善的国家治理体系来防范金融风险和维护金融稳定等系列政策建议。

第二节　变量选取与模型选择

国际货币基金组织(IMF，2003)认为金融稳定是金融体系能够充分发挥资源配置和风险分散功能的一种稳定状态，稳定的金融体系能够有效防范和应对系统性金融风险的冲击。为了检验国家治理体系中政治制度的完善对金融稳定的影响，我们首先需要解决两个技术问题：确定国际治理体系的政治制度的定量衡量指标和金融稳定的定量衡量指标，以及确定一种合适而可用的统计检验方法。

一、变量选取

世界银行在整合了非政府组织、商业资讯供应商和全球组织的公共部门的各种指标数据基础上，开发了一套评估世界各国治理状况的全面的国家治理指标体系(Worldwide Governance Indicator，简称为 WGI)。该指标涵盖与整合了来自于由 33 个组织机构建立的 35 个数据库中的 441 个变量，自 1996 年起连续不断地针对全球 214 个国家和地区积累数据并进行年度评估。

世界银行将国家治理体系定义为"一个国家权力运行的传统和机制"，主要指政治制度的完善，包含三个方面的内容：一是政府的选举、监督和替代的过程；二是政府有效制定和推行合理决策的能力；三是公民和国家得到调整经济和社会关系的制度的尊重。在此基础上，Kaufmann(1996)建立了 WGI 指标，更进一步使用六个子指标来定量衡量一个国家或地区的治理体系的完善程度，具体为：(1)话语权与问责制(Voice and Accountability)，主要测量公民参与政府选举的自由程度，以及言论、出版、结社自由的民主程度，考察公民是否有权利选举政府和公共媒体是否在新闻报道的过程中不受限制。(2)政治稳定性(Political Stability and Absence of Violence)，主要测量政府被非制宪手段或暴力手段推翻的可能性。(3)政府效率(Government Effectiveness)，主要测量公共服务的质量是否受到政治干预，政策制定和执行的质量、以及政府承诺执行的可信度。(4)监管水平(Regulatory Quality)，主要测量政府制定及执行管制私人部门发展政策的能力。(5)法制(Rule of Law)，主要测量公民对制度规则的信心和遵守程度，合同执行的质量、契约执行、产权保护、司法体系的质量，暴力和犯罪的程度，警察和法庭的公信力。(6)腐败控制(Control of Corruption)，主要测量公共权力被用于获取私人收益的程度，本国政府对自身腐败问题的监察、预防与控制能力等。WGI 的六个子指标的取值均在 -2.5 至 $+2.5$ 之间，数值越大(越偏向 $+2.5$)意味着该国或地区的公民话语权与问责权越大、政治越稳定、政府效率越高、监管水平越高、法制越完善、腐败控制得越好，即制度越"好"；反之则制度越"差"。世界银行的 WGI 指标采用大数据的特点构建了一个衡量国家治理体系是否完善的指标体系，具备良好的设计规划和稳健的连续性，近年来受到了越来越多的研究者的关注①。由于本章主要研究国家治理体系中的政治制度对金融稳定的影响，考虑到 WGI 指标的权威性与全面性，因此我们选择 WGI 的六个指标作为统计检验的自变量。

---

① 例如，美国"千年挑战对外援助项目"主要考察 WGI 的 5 个指标来判断一国是否有接受援助的资格；国际开发协会使用 WGI 指标来评价一国的政策和制度完善程度；世界银行正在使用 WGI 指标来确定借贷国的贷款资格及额度并广泛地应用于国际援助。

金融稳定是本章统计检验的因变量。国际货币基金组织提出了金融稳健性的指标体系(IMF，2006)，该指标体系包括核心指标和鼓励指标，有 12 个核心类指标和 27 个鼓励类指标①；欧洲央行基于欧元区国家的发展状况，提出了 174 个指标构成的宏观审慎指标体系(ECB，2008)，并按功能将金融稳定大致分为银行系统内指标、影响银行系统的宏观指标和危机传导因素三大类；近年来国内学者也对此做出了相应的研究(例如何德旭，2013)。这些指标体系各有特点，本章综合了以往学者的研究，结合中国的特点与数据的可得性，尝试从四个方面 15 个指标来衡量一个国家或地区的金融稳定性。具体为金融机构的稳定(包含银行资本与资产比率、银行不良贷款率、银行部门提供的国内信用占 GDP 比重、对私人部门的信贷占 GDP 比重)，金融市场的稳定(包含上市公司总市值、上市公司总市值占 GDP 比率、证券投资组合净流入)，外部风险的约束(储备总量、流动负债占 GDP、外商直接投资净流入、经常项目差额)，宏观经济的健康发展(经济增长率、通货膨胀率、M2/GDP、税负水平)。如表 8-1 所示。

表 8-1 国家治理体系与金融稳定指标的具体说明

	类别	具体指标与计算	变量名
自变量 (国家治理 体系完善)	世界银行的 WGI 指标	话语权与问责制度	VA
		政治稳定性	PS
		政府效率	GE
		监管水平	RQ
		法制	RL
		腐败控制	CC
因变量 (金融 稳定)	金融机构的稳定	银行资本与资产比率	Capital
		银行不良贷款率	BadL
		银行部门提供的国内信用占 GDP 比重	TotalC
		对私人部门的信贷占 GDP 比重	IndividualC

① 2006 年，IMF 在修订后的金融稳健性指标(Financial Soundness Indicator，简称 FSI)体系的基础上公布了"金融稳健指标：编制指南"，对金融稳定做了详细的解读。

续表

	类别	具体指标与计算	变量名
因变量 (金融 稳定)	金融市场的稳定	上市公司总市值	Market
		上市公司总市值占 GDP 比率	ValueR
		证券投资组合净流入	ForeignI
	外部风险的约束	储备总量	Deposit
		流动负债占 GDP	Debt
		外商直接投资净流入	DInvestment
		经常项目差额	CurrentA
	宏观经济的健康发展	经济增长率	GDP
		通货膨胀率	CPI
		M2/GDP	M2
		税负水平	Tax

二、技术方法

世界银行的 WGI 指标的负向极值为 -2.5 表示国家治理最差，正向极值为 2.5 表示国家治理最好，0 为分界点。在大数据的背景下，WGI 从 -2.5 过渡到 $+2.5$，对应着不同国家金融稳定的趋势变化。考虑到自变量与因变量的数据结构特点，我们尝试使用断点回归(Regression Discontinuity Design)的技术方法来探究不同国家的国家治理水平对其金融稳定的影响。断点回归是一种拟随机实验的统计方法，它的时间成本和经济成本都低于随机试验，同时能够有效利用现实约束条件来分析变量之间的因果关系。断点回归能够避免参数估计的内生性问题，从而真实准确地反映出变量之间的因果关系。断点回归的主要思路是在临界值附近以近似于随机分布的形式来研究样本数据，其中小于临界值的样本为控制组，大于临界值的样本为实验组，随后通过比较位于临界值两侧的控制组和实验组之间的差异来研究自变量和因变量之间的数量关系。假定断点回归的因变量 y 由条件期望函数 $E(y|x)$ 和误差项 ε 组成，表示为式(8-1)。

$$y = E(y|x) + \varepsilon \tag{8-1}$$

该式的条件期望函数 $E(y|x)$ 表示为式(8-2)，其中 y 为样本的因变量，x 分别为样本实验组和控制组的自变量。当 $g = 0$ 时，$E(y_0|x)$ 表示断点左侧控制组的期望函数；当 $g = 1$ 时，$E(y_1|x)$ 表示断点右侧实验组的期望函数。

$$\mu_g(x) = E(y_g|x) \quad g = 0, 1 \tag{8-2}$$

w_i 反映断点回归模型的处置效应如式(8-3)，c 为断点的临界值。该式意味着当分组的自变量 $x < c$ 时，该样本数据归入控制组；当分组自变量 $x \geq c$ 时，该样本数据归入实验组。

$$w_i = 1[x_i \geq c] = \begin{cases} 1, & x_i \geq c \\ 0, & x_i < c \end{cases} \tag{8-3}$$

y_{i0} 和 y_{i1} 分别表示控制组和实验组样本的因变量，用分段函数表示为式(8-4)，不同的数值意味着自变量处于断点的不同侧时得到的不同的因变量。

$$y_i = \begin{cases} y_{i0}, & w_i = 0 \\ y_{i1}, & w_i = 1 \end{cases} \tag{8-4}$$

将式(8-4)的分段函数与式(8-3)合并写为一个等式，得到式(8-5)。

$$y_i = (1 - w_i)y_{i0} + w_i y_{i1} = y_{i0} + w_i(y_{i1} - y_{i0}) \tag{8-5}$$

定义常数处置效应用 $\tau = y_{i1} - y_{i0}$，并代入式(8-2)和式(8-5)，得到式(8-6)。

$$E(y|x) = E\left[(y_0 + \tau w)|x\right] = E(y_0|x) + \tau E(w|x)$$
$$= \mu_0(x) + \tau 1[x \geq c] = \mu_0(x) + \tau w \tag{8-6}$$

求解当自变量 x 位于临界值 c 附近的 $E(y|x)$ 的极限值，得到式(8-7)与式(8-8)。式(8-7)表示为当自变量 x 左趋近于断点，即样本位于左侧且无限接近于临界值 c 时，其条件均值函数 $E(y|x)$ 的结果；式(8-8)表示当自变量 x 右趋近于断点，即样本位于右侧且无限接近于临界值 c 时，其条件均值函数 $E(y|x)$ 的结果。

$$\lim_{x \to c^-} E(y|x) = \lim_{x \to c^-} \mu_0(x) + \tau \lim_{x \to c^-} 1[x \geq c] = \mu_0(x) \tag{8-7}$$

$$\lim_{x \to c^+} E(y|x) = \lim_{x \to c^+} \mu_0(x) + \tau \lim_{x \to c^+} 1[x \geq c] = \mu_0(x) + \tau \tag{8-8}$$

将式(8-8)减去式(8-7)，得到常数处置效应为式(8-9)：

$$\tau = \lim_{x \to c^+} E(y|x) - \lim_{x \to c^-} E(y|x) \tag{8-9}$$

常数处置效应 τ 是临界值附近的控制组与实验组变量的条件均值的差值，我

们定义虚线左侧的条件均值函数 $E(y_0|x)$ 为式(8-10)，然后将该式代入式(8-6)得到整体条件均值函数为(8-11)。

$$E(y_0|x) = \alpha_0 + \beta_0 x \qquad (8\text{-}10)$$

$$E(y|x) = E(y_0|x) + \tau w = \alpha_0 + \beta_0 x + \tau w \qquad (8\text{-}11)$$

将式(8-11)代入式(8-1)即可得到断点检验的回归模型，具体形式为式(8-12)，其中 y 为样本因变量，x 为样本自变量，w 是由 x 决定的虚拟变量，τ 是常数处置效应，ε 为白噪音过程。

$$y = \alpha_0 + \beta_0 x + \tau w + \varepsilon \qquad (8\text{-}12)$$

本章即利用公式(8-12)，将 WGI 指标的零值两侧的国家分成两个组别，来检验国家治理的不同程度对金融稳定的异质性影响，寻找导致差异的原因，并在此基础上提出促进金融稳定的政策建议。

三、模型选择

Dell 等人(2008)利用断点回归的方法研究了不同的历史制度对不同经济体的差异化影响，我们将该文的技术方法进行了拓展，引入对国家治理零轴两侧的国家治理水平发展差异的分析，希望能够通过断点回归方法来检验国家治理对金融稳定的影响效应。我们设置位于国家治理零轴左侧的国家为控制组，设置位于右侧的国家为实验组，在式(8-12)的基础上给出具体模型如式(8-13)，该式可以很好地避免变量之间可能产生的内生性问题，简单直接地反映出控制组和实验组变量的差异化影响。

$$Y_i = \alpha + \beta\text{Institute}_i + \gamma\text{WGI}_i + \varepsilon_i \qquad (8\text{-}13)$$

上式中，Y_i 代表第 i 个国家的金融稳定指标的向量集。如前所述，我们综合了国际货币基金组织(IMF，2006)、欧洲央行(ECB，2008)以及国内学者(何德旭，2013)的研究成果，从四个方面来衡量金融稳定。因此，向量集 Y_i 包含了四大类 15 个指标，具体可见表8-1，这些指标比较全面地反映了金融稳定的各个维度，数据来源于中经网与 Wind 数据库。世界银行的 WGI_i 的六个子指标 VA_i、PS_i、GE_i、RQ_i、RL_i、CC_i 用于衡量国家治理水平的程度，数据来源于世界银行网站。

由于世界银行的 WGI 数据从 1996 年开始统计，因此我们收集与检验的样本空间为 1996 年至 2017 年。我们将 214 个国家的 WGI_i 的六个子指标 VA_i、PS_i、GE_i、RQ_i、RL_i、CC_i 以及金融稳定的 15 个指标都分别计算样本空间内的数学期望值，得到每个国家的国家治理体系中的政治制度与金融稳定的定量评价。一个国家的制度建设与金融稳定在短期内难免会有波动，因此如果仅考虑某一年或者某几年的制度建设与金融稳定情况，将难以充分反映一个国家长期中的制度环境与金融发展状况，而大数据平均可以平滑掉样本空间内的异常波动并科学地表征国家治理体系建设对金融稳定的影响。

我们在 WGI 指标的数学期望的基础上，将制度分组。若 $WGI_i > 0$，表明该国位于国家治理体系指标零轴的右侧，为实验组，意味着该国的国家治理比较完善；若 $WGI_i < 0$，则表明该国位于国家治理体系指标零轴的左侧，为控制组，意味着该国的国家治理体系并不完善。引入虚拟变量 $Institute_i$，定义为式(8-14)。

$$Institute_i = \begin{cases} 1, & WGI_i > 0 \\ 0, & WGI_i < 0 \end{cases} \tag{8-14}$$

包含 $Institute_i$ 与 WGI_i 两个变量的统计模型(8-13)式，可以检测国家治理体系零轴两侧样本国家的左右侧特征对各类金融稳定变量的影响。式(8-13)是检验国家治理对金融稳定影响效应的线性模型，其中 ε_i 代表白噪音过程，α 为常数项。该模型的优势是简洁明了，但无法检验变量的非线性特征与变量间的交叉项特征的影响，因此我们对式(8-13)进行了拓展，建立模型如式(8-15)与式(8-16)。

$$Y_i = \alpha + \beta Institute_i + \gamma WGI_i + \mu WGI_i^2 + \varepsilon_i \tag{8-15}$$

$$Y_i = \alpha + \beta Institute_i + \gamma WGI_i + \mu Institute_i * WGI_i + \varepsilon_i \tag{8-16}$$

相对于式(8-13)的线性模型，式(8-15)增加了一个二次项来检验变量的非线性特征，式(8-16)增加了一个交叉项来检验变量间的交叉项特征，本章的数据检验将同时使用以上三个方程。从技术上说，加入控制变量可以更好地消除小样本偏差，提高估计的准确性，可以在考虑更多更全面因素的前提下检验国家治理体系中的政治制度对金融稳定影响效应。设置式(8-15)与式(8-16)两个模型还有一个重要的作用：式(8-15)与式(8-16)两个式子相当于是对式(8-13)做了两次稳健性检验，我们可以将式(8-13)、式(8-15)、式(8-16)三个模型的结果结合起来观察，如果三个模型的技术结论具有相同的趋势特征，那么说明三个模型的结果非常稳定，将能够提供更有说服力的经济学解释与更合理的政策建议。

第三节　实证分析

由于国家治理体系涉及 6 个子指标，金融稳定有 15 个子指标，每个检验点要做线性、非线性与交叉项的 3 次检验，所以我们做了 90 组共 270 个统计检验。每组的检验结果都提供了回归系数估计值和 p 值，以及拟合度 R^2 的数值，具体请见表 8-2 至表 8-5，分别表示国家治理体系完善对金融机构稳定、金融市场稳定、外部风险约束与宏观经济健康发展的影响。统计检验的技术指标显示，整体来看在 90 组统计检验中，线性、非线性与含交叉项的三类模型均不显著的仅有 7 组，而结果显著的共有 83 组，占比高达 92.2%，说明国家治理体系的建设与完善程度确实会对金融稳定产生影响。

表 8-2　　　　　　国家治理体系完善对金融机构稳定的影响的检验结果

自变量		Model1	Model2	Model3
话语权与问责制（VA）	VABadL	−2.5535*	−1.5757	−2.2465**
		（0.001）	（0.343）	（0.046）
	R^2 BadL	0.3428	0.3456	0.3437
	VATotalC	35.2235*	27.9455*	33.0967*
		（0.000）	（0.005）	（0.000）
	R^2 TotalC	0.4518	0.4544	0.4531
	VAIndividualC	31.9427*	24.9656*	29.3341*
		（0.000）	（0.000）	（0.000）
	R^2 IndividualC	0.5940	0.5978	0.5971
	VACapital	−1.0497**	0.3397	−0.2225
		（0.040）	（0.724）	（0.767）
	R^2 Capital	0.2435	0.2588	0.2598

续表

自变量		Model1	Model2	Model3
政治稳定性（PS）	PSBadL	−2. 1877 **	−0. 7728	−2. 6030 **
		（0. 035）	（0. 564）	（0. 015）
	R²BadL	0. 2335	0. 2525	0. 2521
	PSTotalC	18. 4327 **	8. 1774	25. 8077 *
		（0. 011）	（0. 340）	（0. 002）
	R²TotalC	0. 1808	0. 2022	0. 1940
	PSIndividualC	19. 2060 *	10. 3392	26. 9986 *
		（0. 000）	（0. 103）	（0. 000）
	R²IndividualC	0. 2915	0. 3176	0. 3130
	PSCapital	−0. 7677	1. 0102	−1. 2454 ***
		（0. 270）	（0. 253）	（0. 073）
	R²Capital	0. 1171	0. 1941	0. 1879
政府效率（GE）	GEBadL	−3. 0384 *	−1. 8579	−2. 1670 ***
		（0. 000）	（0. 311）	（0. 062）
	R²BadL	0. 3234	0. 3268	0. 3306
	GETotalC	37. 6959 *	22. 0975 **	32. 8815 *
		（0. 000）	（0. 012）	（0. 000）
	R²TotalC	0. 4876	0. 5022	0. 5039
	GEIndividualC	34. 8910 *	20. 3672 *	30. 7568 *
		（0. 000）	（0. 000）	（0. 000）
	R²IndividualC	0. 6496	0. 6699	0. 6697
	GECapital	−1. 6767 *	0. 4052	−0. 528
		（0. 002）	（0. 749）	（0. 292）
	R² Capital	0. 2652	0. 2884	0. 2779

续表

自变量		Model1	Model2	Model3
监管水平（RQ）	RQBadL	−2.4405* （0.004）	−0.3220 （0.840）	−1.4972 （0.127）
	R^2BadL	0.3408	0.3557	0.3610
	RQTotalC	35.3993* （0.000）	15.5531*** （0.062）	34.2128* （0.000）
	R^2TotalC	0.4118	0.4475	0.4541
	RQIndividualC	35.4684* （0.000）	17.3001* （0.002）	34.5849* （0.000）
	R^2IndividualC	0.5751	0.6230	0.6267
	RQCapital	−2.7723* （0.000）	−0.7696 （0.495）	−2.2131* （0.002）
	R^2Capital	0.2509	0.2807	0.2650
法制（RL）	RLBadL	−2.3138* （0.008）	0.5970 （0.715）	−1.1324 （0.272）
	R^2BadL	0.2985	0.3266	0.3249
	RLTotalC	40.2357* （0.000）	22.7662* （0.010）	36.6614* （0.000）
	R^2TotalC	0.4546	0.4756	0.4768
	RLIndividualC	35.6639* （0.000）	21.6338* （0.000）	32.8372* （0.000）
	R2IndividualC	0.6050	0.6266	0.6278
	RLCapital	−1.5247* （0.006）	−0.1961 （0.855）	−0.8365 （0.214）
	R^2 Capital	0.2740	0.2887	0.2950

续表

自变量		Model1	Model2	Model3
腐败控制（CC）	CCBadL	-2.5535^{*} （0.001）	-1.5757 （0.343）	-2.2465^{**} （0.046）
	R^2BadL	0.3428	0.3456	0.3437
	CCTotalC	35.2235^{*} （0.000）	27.9455^{*} （0.005）	33.0967^{*} （0.000）
	R^2TotalC	0.4518	0.4544	0.4531
	CCIndividualC	31.9427^{*} （0.000）	24.9656^{*} （0.000）	29.3341^{*} （0.000）
	R^2IndividualC	0.5940	0.5978	0.5971
	CCCapital	-1.0497^{**} （0.040）	0.3997 （0.724）	-0.2225 （0.767）
	R^2 Capital	0.2435	0.2588	0.2598

注：＊、＊＊、＊＊＊分别表示该结果在1%、5%、10%下显著。

表 8-3　　　　国家治理体系完善对金融市场稳定的影响的检验结果

自变量		Model1	Model2	Model3
话语权与问责制（VA）	VAValueR	21.6943^{*} （0.002）	-3.3800 （0.837）	3.8816 （0.717）
	R^2ValueR	0.2273	0.2469	0.2591
	VAMarketV	0.0023 （0.862）	-0.0275 （0.462）	-0.0123 （0.610）
	R^2MarketV	0.0142	0.0272	0.0234
	VAForeignI	1542.26^{**} （0.019）	-456.3949 （0.706）	975.627 （0.223）
	R^2ForeignI	0.1044	0.1310	0.1149

续表

自变量		Model1	Model2	Model3
政治 稳定性 （PS）	PSValueR	19.7118 ** （0.043）	10.1658 （0.424）	23.2288 ** （0.020）
	R²ValueR	0.0767	0.0878	0.0958
	PSMarketV	−0.0168 * （0.342）	0.0019 （0.936）	−0.0219 （0.225）
	R²MarketV	0.0166	0.0434	0.0469
	PSForeignI	290.6621 * （0.703）	−254.8414 （0.778）	601.353 （0.508）
	R²ForeignI	0.0369	0.0465	0.0399
政府 效率 （GE）	GEValueR	29.0534 * （0.000）	−6.6287 （0.736）	0.0310 （0.998）
	R²ValueR	0.2520	0.2770	0.3045
	GEMarketV	−0.0095 （0.471）	−0.0418 （0.373）	−0.0307 （0.281）
	R²MarketV	0.0095	0.0188	0.0223
	GEForeignI	2115.722 * （0.002）	55.8459 （0.961）	1442.54 *** （0.054）
	R²ForeignI	0.1219	0.6699	0.1502
监管 水平 （RQ）	RQValueR	28.2386 * （0.001）	−0.7669 * （0.961）	14.3298 （0.118）
	R²ValueR	0.1907	0.2229	0.2459
	RQMarketV	0.0008 （0.957）	0.0013 （0.973）	0.0007 （0.974）
	R²MarketV	0.0227	0.0227	0.0227
	RQForeignI	1398.479 ** （0.050）	−335.0192 （0.749）	1177.28 *** （0.096）
	R²ForeignI	0.0827	0.1179	0.1205

续表

自变量		Model1	Model2	Model3
法制（RL）	RLValueR	20. 0693 ** （0. 011）	−10. 8920 （0. 477）	2. 9618 （0. 756）
	R²ValueR	0. 1973	0. 2354	0. 2557
	RLMarketV	−0. 0063 （0. 650）	−0. 0164 （0. 678）	−0. 0099 （0. 668）
	R²MarketV	0. 0091	0. 0105	0. 0098
	RLForeignI	1531. 91 ** （0. 035）	−615. 0719 （0. 576）	1055. 766 （0. 153）
	R²ForeignI	0. 0999	0. 1443	0. 1379
腐败控制（CC）	CCValueR	21. 6943 * （0. 002）	−3. 3800 （0. 837）	3. 8816 （0. 717）
	R²ValueR	0. 2273	0. 2469	0. 2591
	CCMarketV	0. 0023 * （0. 862）	−0. 0275 （0. 462）	−0. 0123 （0. 610）
	R²MarketV	0. 0142	0. 0272	0. 0234
	CCForeignI	1542. 263 ** （0. 019）	−456. 3949 * （0. 706）	975. 627 （0. 226）
	R²ForeignI	0. 1044	0. 1310	0. 1149

注：*、**、***分别表示该结果在 1%、5%、10% 下显著。

表 8-4　　　国家治理体系完善对外部风险约束的影响的检验结果

自变量		Model1	Model2	Model3
话语权与问责制（VA）	VADebt	14. 7990 ** （0. 050）	14. 2708 （0. 319）	17. 133 *** （0. 083）
	R²Debt	0. 3594	0. 3594	0. 3607
	VADeposit	−0. 1260 ** （0. 017）	−0. 3101 * （0. 001）	−0. 2038 * （0. 001）
	R²Deposit	0. 0739	0. 1050	0. 1011
	VADInvestment	4. 8877 （0. 131）	14. 2932 * （0. 010）	9. 0023 ** （0. 014）
	R²DInvestment	0. 0160	0. 0421	0. 0475
	VACurrentA	0. 3929 *** （0. 090）	0. 6719 （0. 115）	0. 5644 ** （0. 050）
	R²CurrentA	0. 0492	0. 0538	0. 0569

续表

自变量		Model1	Model2	Model3
政治稳定性（PS）	PSDebt	13.1673 （0.137）	1.3977 （0.892）	20.7585** （0.037）
	R²Debt	0.1829	0.2316	0.2157
	PSDeposit	−0.0919*** （0.098）	−0.0657 （0.334）	−0.1210*** （0.051）
	R²Deposit	0.0655	0.0377	0.0417
	PSDInvestment	10.0512* （0.002）	14.0522* （0.000）	3.2973 （0.398）
	R²DInvestment	0.0598	0.0830	0.1084
	PSCurrentA	−0.1324 （0.616）	0.0057* （0.986）	−0.2381 （0.420）
	R²CurrentA	0.0058	0.0101	0.0109
政府效率（GE）	GEDebt	22.7516* （0.001）	15.2528 （0.190）	20.9078* （0.008）
	R²Debt	0.4092	0.4146	0.4112
	GEDeposit	−0.1265** （0.017）	−0.2214** （0.011）	−0.1520* （0.008）
	R²Deposit	0.0709	0.0816	0.0787
	GEDInvestment	4.6696 （0.152）	11.8834** （0.020）	6.3679*** （0.058）
	R²DInvestment	0.0152	0.0356	0.0373
	GECurrentA	0.0898 （0.708）	0.4314 （0.320）	0.2126 （0.449）
	R²CurrentA	0.0054	0.0124	0.0110

续表

自变量		Model1	Model2	Model3
监管 水平 （RQ）	RQDebt	23. 4235 * （0. 002）	7. 8677 （0. 495）	20. 1255 * （0. 009）
	R^2Debt	0. 3041	0. 3338	0. 3298
	RQDeposit	−0. 1342 ** （0. 015）	−0. 2084 ** （0. 012）	−0. 1425 ** （0. 011）
	R^2Deposit	0. 0761	0. 0840	0. 0801
	RQDInvestment	4. 7407 （0. 152）	9. 2471 ** （0. 040）	4. 3807 （0. 185）
	R^2DInvestment	0. 0155	0. 0286	0. 0267
	RQCurrentA	0. 1299 （0. 613）	0. 4351 ** （0. 294）	0. 2021 （0. 452）
	R^2CurrentA	0. 0022	0. 0091	0. 0090
法制 （RL）	RLDebt	15. 8685 ** （0. 034）	7. 5612 （0. 524）	13. 7741 ** （0. 084）
	R^2Debt	0. 3735	0. 3808	0. 3788
	RLDeposit	−0. 0913 *** （0. 095）	−0. 1425 （0. 101）	−1. 008 ** （0. 080）
	R^2Deposit	0. 0675	0. 0689	0. 0675
	RLDInvestment	6. 2222 *** （0. 065）	13. 4627 * （0. 006）	7. 1676 ** （0. 033）
	R^2DInvestment	0. 0233	0. 0473	0. 0537
	RLCurrentA	0. 3619 （0. 147）	0. 7346 * （0. 072）	0. 4688 *** （0. 082）
	R^2CurrentA	0. 0445	0. 0546	0. 0531

续表

自变量		Model1	Model2	Model3
腐败控制（CC）	CCDebt	14.7990** (0.050)	17.2708 (0.319)	17.1331*** (0.083)
	R^2Debt	0.3594	0.3594	0.3607
	CCDeposit	−0.1260** (0.017)	−0.3101* (0.001)	−0.2038** (0.001)
	R^2Deposit	0.0739	0.1050	0.1011
	CCDInvestment	4.8877 (0.131)	14.2932* (0.010)	9.0023** (0.014)
	R^2DInvestment	0.0160	0.0421	0.0475
	CCCurrentA	0.3929*** (0.090)	0.6719 (0.115)	0.5644** (0.050)
	R^2CurrentA	0.0492	0.0538	0.0569

注：*、**、***分别表示该结果在1%、5%、10%下显著。

表 8-5　　　国家治理体系完善对宏观经济健康发展的影响的检验结果

自变量		Model1	Model2	Model3
话语权与问责制（VA）	VAGDP	−1.0467* (0.002)	−2.0259* (0.001)	−1.5150* (0.000)
	R^2GDP	0.1267	0.1454	0.2575
	VACPI	−1.2092 (0.255)	−1.2408 (0.522)	−1.2370 (0.338)
	R^2CPI	0.1510	0.1510	0.1510
	VAM2	20.4268* (0.000)	22.6055* (0.006)	22.8100* (0.000)
	R^2M2	0.3667	0.3671	0.3694
	VATax	−5.1297 (0.237)	−18.2749** (0.017)	−10.0708** (0.071)
	R^2Tax	0.0622	0.0855	0.0798

续表

自变量		Model1	Model2	Model3
政治 稳定性 （PS）	PSGDP	−0. 6150*** （0. 088）	−0. 0826 （0. 851）	−0. 8982** （0. 025）
	R^2GDP	0. 0852	0. 1056	0. 0983
	PSCPI	−4. 0680* （0. 001）	−2. 3648*** （0. 085）	−5. 4214* （0. 000）
	R^2CPI	0. 1020	0. 1284	0. 1232
	PSM2	14. 6511* （0. 010）	5. 7673 （0. 383）	21. 6985* （0. 001）
	R^2M2	0. 1730	0. 2017	0. 1901
	PSTax	−10. 1322** （0. 027）	−10. 7809** （0. 049）	−8. 0674 （0. 137）
	R^2Tax	0. 0655	0. 0658	0. 0683
政府 效率 （GE）	GEGDP	−0. 9325* （0. 008）	−0. 9893*** （0. 081）	−1. 0018* （0. 007）
	R^2 GDP	0. 1114	0. 1115	0. 1128
	GECPI	−3. 5971* （0. 001）	−2. 5497 （0. 168）	−3. 4476* （0. 005）
	R^2CPI	0. 1332	0. 1358	0. 1337
	GEM2	24. 7455* （0. 000）	19. 2244* （0. 010）	23. 3317* （0. 000）
	R^2M2	0. 4019	0. 4051	0. 4045
	GETax	−11. 9639* （0. 006）	−31. 4822* （0. 000）	−18. 5698* （0. 000）
	R^2Tax	0. 0908	0. 1547	0. 1695

自变量		Model1	Model2	Model3
监管 水平 （RQ）	RQGDP	−0.9094* （0.010）	−0.8421*** （0.090）	−0.9133* （0.010）
	R^2GDP	0.1177	0.1179	0.1184
	RQCPI	−4.6256* （0.000）	−5.3746* （0.003）	−4.7883* （0.000）
	R^2CPI	0.1478	0.1494	0.1497
	RQM2	26.9804* （0.000）	13.8235** （0.045）	26.5141* （0.000）
	R^2M2	0.3365	0.3636	0.3713
	RQTax	−10.4486** （0.022）	−23.6196* （0.000）	−12.1160* （0.008）
	R^2Tax	0.0844	0.1227	0.1166
法制 （RL）	RLGDP	−0.9133* （0.010）	−0.9818*** （0.07）	−0.9389** （0.011）
	R^2GDP	0.1291	0.1292	0.1295
	RLCPI	−2.5925** （0.022）	−2.2967 （0.197）	−2.6829** （0.024）
	R^2CPI	0.1532	0.1535	0.1295
	RLM2	24.9780* （0.000）	20.6030* （0.006）	24.4647* （0.000）
	R^2M2	0.3790	0.3813	0.3799
	RLTax	−9.4939** （0.037）	−22.2867* （0.001）	−12.2574* （0.008）
	R^2Tax	0.0722	0.1048	0.1064

续表

自变量		Model1	Model2	Model3
腐败控制（CC）	CCGDP	−1.0467* （0.002）	−2.0259* （0.001）	−1.5150* （0.000）
	R²GDP	0.1267	0.1454	0.1511
	CCCPI	−1.2092 （0.255）	−1.2408 （0.522）	−1.2370 （0.338）
	R²CPI	0.1510	0.1510	0.1510
	CCM2	20.4268* （0.000）	22.6055* （0.006）	22.8100* （0.000）
	R²M2	0.3667	0.3671	0.3694
	CCTax	−5.1297 （0.237）	−18.2749** （0.017）	−10.0708** （0.049）
	R²Tax	0.0622	0.0855	0.0798

注：*、**、***分别表示该结果在1%、5%、10%下显著。

一、国家治理体系完善对金融机构稳定的影响

在金融机构稳定方面：数据显示，商业银行的不良贷款率的系数普遍小于零（18个检验点有17个小于零），说明国家治理体系越完善的国家的金融机构不良贷款率越低，金融机构越稳健而安全。国内信用占GDP比重的系数为正（18个检验点全部大于零），说明国家治理体系完善的国家的金融机构稳定且贷款质量优良收益率高，商业银行愿意向国内企业贷款且对国内的信用扩张有较好的控制能力，因此国内信用占比更高。对私人部门的信贷占GDP比重的系数大于零（18个检验点全部大于零），说明国家治理体系完善的国家金融稳定，居民有良好的未来预期，金融机构的经营能力强，所以私人信贷占比高。资本与资产比例的系数大部分小于零（18个检验点有14个小于零），则可能是由于国家治理体系越完善的国家的不良贷款率越低，所以不需要太高的资本占用。针对金融机构稳定的统计检验中，拟合优度最高的为0.6699，最低的也逼近0.2。由于我们的统计检

验涉及 214 个国家 20 年的 WGI 与金融稳定，共有 121 万多个数据点，因此可以认为得到的检验结果比较可信，综合来说，国家治理体系越完善的国家的金融机构越稳定。

二、国家治理体系完善对金融市场稳定的影响

在金融市场稳定方面：在三类模型中有 4 组不显著且拟合度相对较低，最低的甚至只有 0.0091，不显著的变量都是上市公司的总市值，说明国家治理体系完善与金融市场的绝对规模没有必然联系。三类模型中，Model1 的显著点远多于Model2 与 Model3，所以我们主要考察前者的结果。数据显示，国家治理体系越完善的国家的上市公司总市值占 GDP 的比率越高，说明这些国家的金融市场更发达；国家治理体系越完善的国家的证券投资组合的净流入越高，说明境外投资者看好该国的未来发展，愿意将更多资金投向制度完善的国家。整体来看，国家治理体系完善与金融市场的发达和投资增加体现出正相关，由于金融市场是企业融资的一种途径，因此可以认为国家治理体系完善对实体经济的融资与发展起到了一定的正面促进作用。

三、国家治理体系完善对外部风险约束的影响

在外部风险约束方面：24 组的检验结果中有 23 组的结果是统计显著的，而且线性、非线性、包含交叉项的三类模型的符号与趋势高度一致，说明初始模型非常稳定，能够基于模型结果进行经济学解释。数据显示，国家治理体系越完善的国家的流动负债占 GDP 的比重越大（系数为正），由于流动性占比较高意味着更好的偿债能力，因此国家治理体系完善对应着金融风险较小。外商直接投资净流入的系数都大于零，说明国家治理体系越完善的国家越容易吸引外商的直接投资，这显然是由于金融环境稳定与回报率高所导致。经常项目差额的系数也大于零，说明国家治理体系越完善的国家的出口能力越强，从理论上说有利于该国的企业发展并有可能以进出口企业的发展带动国内产业的复苏。储备总量的系数基本上为负，这可能是因为国家治理体系完善的国家的金融环境稳定，不太需要太多储备来防止各类意想不到的风险。整体来看，流动负债占 GDP 比重的拟合度远高于储备总量、外商直接投资净流入以及经常项目差额的拟合度，所以在外部

风险约束方面，国家治理体系完善应当是更多地影响了流动负债变量。

四、国家治理体系完善对宏观经济健康发展的影响

在宏观经济的健康发展方面：从严格意义上说，宏观经济并不属于金融稳定的范畴，但是宏观经济的健康发展能够为金融稳定提供必要的环境与支撑，所以目前不管是货币基金组织还是世界银行都已将宏观经济纳入金融稳定的指标衡量体系。数据显示，通货膨胀率的系数小于零，税负的系数也小于零，说明国家治理体系越完善的国家的通胀率越低，而且居民与企业的税负水平也较低，一个物价水平与税负水平都较低的宏观经济环境显然更加有利于金融的稳定发展。M2/GDP 的系数大于零，说明国家治理体系完善的国家的货币发行量较多，从理论上说货币发行过多会导致通胀上涨，但这些国家并未出现通货膨胀，这可能是因为国家治理体系完善的国家一般是经济比较发达的国家，由于企业产出与居民财富极大丰富，因此抵消了较多货币发行所带来的负效应，也从一个侧面说明了这些国家的金融环境非常稳定。GDP 的增长率的系数为负，可能是由于国家治理体系完善的国家一般都比较富裕，经过发展初期的高增长率之后经济总量的基数增大而增长速度下降。同时，由于经济增长速度适当下降，所以经济不会出现过热现象，也有利于保持金融稳定与经济的持续增长。

整体来看，本章数据检验的技术指标非常稳定。以国家治理体系完善对商业银行不良贷款率的影响为例，我们一共考察了政治稳定性、政府效率、腐败控制、话语权与问责权、监管水平、法制六个指标的影响，技术指标的稳定体现在两个方面：纵向比，这六个指标对商业银行不良贷款率的影响系数的符号均同向为负，且数值稳定在-2 左右；横向比，Model1、Model2 与 Model3 的结果的符号与量级也基本相同。事实上，通过仔细观察与对比各技术指标，除了对不良贷款率的影响以外，国际治理体系的完善对金融稳定的所有 15 个变量的影响结果都体现出稳定的影响效应特征。所以，基于前文提出的变量体系进行的实证检验在技术上稳健充分，提出的经济学解释具有较强的可信度。综合以上所有分析，我们认为国家治理体系建设确实会对金融稳定产生正面的促进作用，具体来说，完善的国家治理体系可以促进金融机构的稳定与宏观经济的健康发展，同时能够有效约束外部风险影响，并可以促进实体经济的融资与发展。

第四节 结论与政策建议

本章首先构建数理模型分析了国家治理体系建设对金融稳定的影响机理,在此基础上,使用全球 214 个国家 1996—2017 年的 121 万余个数据,从政治稳定性、政府效率、腐败控制、话语权与问责权、监管水平以及法制等六个方面实证检验了国家治理体系建设对金融稳定的影响效应。得到结论如下:(1)国家治理体系越完善的国家,金融机构不良贷款率越低,金融机构越稳健和安全;商业银行愿意向国内企业贷款且对国内的信用扩张有较好的控制能力,国内信用占比更高;居民有良好的未来预期,金融机构的经营能力强,私人信贷占比高。(2)国家治理体系完善与金融市场的发达和投资增加体现出正相关,因此国家治理体系完善对实体经济的融资与发展起到了一定的正面促进作用。(3)国家治理体系越完善的国家,流动负债占 GDP 的比重越大,金融风险更小,容易吸引外商的直接投资,出口能力更强。(4)国家治理体系越完善的国家的通胀率越低,而且居民与企业的税负水平也较低。

国家治理体系的制度建设在短期内并不会对金融稳定形成显著的冲击效果,但是在长期中,国家治理体系建设对金融稳定的影响非常巨大。因此政府应该关注与加强国家治理体系的相关制度建设,不断推进国家治理体系和治理能力现代化,构建系统完备、科学规范、运行有效的制度体系,利用完善的国家治理体系来防范金融风险和维护金融稳定。具体来说:(1)在促进金融机构稳定方面,建议加强商业银行的法制建设,提高行政决策的效率,严格惩治腐败与各类违规行为,并给予商业银行充分沟通的机会,建立激励相容的约束机制。(2)在促进金融市场稳定方面,建议严格监管各类金融创新,严厉打击金融市场的腐败与违规,维护监管制度的连续性,实施问责制,用法律手段保障金融市场的正常交易环境。(3)在缓解外部冲击方面,建议保持跨国贸易与资本流动政策的稳定性,让进出口企业有稳定预期,提高政府效率降低企业运营的成本,利用法制保护企业利益,防止对进出口企业的伤害,杜绝腐败,为进出口企业营造正常良好的运营环境。(4)在促进宏观经济健康发展方面,建议提高行政决策的效率,维护行政制度的稳定性,高度关注与监测宏观经济的发展状况,提高应对突发事件的能力,加强法制建设与约束腐败等。

参 考 文 献

陈国进，张润泽，赵向琴. 政策不确定性、消费行为与股票资产定价. 世界经济，2017(1).

陈昆亭，龚六堂. 粘滞价格模式以及对中国经济的数值模拟——对基本 RBC 模型的改进. 数量经济技术经济研究，2006(8).

陈雨露，马勇，阮卓阳. 金融周期和金融波动如何影响经济增长与金融稳定？金融研究，2016(2).

陈卫东，王有鑫. 人民币贬值背景下中国跨境资本流动：渠道、规模、趋势及风险防范. 国际金融研究，2016(4).

陈彦斌，刘哲希. 推动资产价格上涨能够"稳增长"吗？——基于含有市场预期内生变化的 DSGE 模型. 经济研究，2017(8).

方显仓，孙琦. 资本账户开放与我国银行体系风险. 世界经济研究，2014(3).

高志勇，刘赟. 转型经济国家资本流动与银行稳定关系的实证研究——基于中东欧 8 国面板数据的分析. 国际贸易问题，2010(7).

龚刚，WilliSemmler. 非均衡劳动力市场的真实经济周期模型. 经济学季刊，2003(2).

顾海峰，卞雨晨. 跨境资本流动、流动性错配与银行稳定性——基于银行盈利能力与风险承担能力双重视角. 经济学家，2021(6).

顾海峰，于家珺. 跨境资本流动加剧了银行信贷风险吗——基于资本流入、流出与总量的考察. 国际贸易问题，2020(9).

高秀成，张靖，刘飞. 跨境资本流动的宏观审慎管理工具研究. 经济问题，2018(4).

郭红玉，李义举. 金融杠杆、金融波动与经济增长——基于时变参数向量自回归模型. 对外经济贸易大学学报，2018(6).

何国华，李洁，刘岩. 金融稳定政策的设计——基于利差扭曲的风险成因考察. 中国工业经济，2017(8).

何淑兰，王聪. 我国跨境资本流动的宏观审慎管理——基于新兴经济市场国家经验借鉴的视角. 甘肃社会科学，2017(5).

黄锐，蒋海. 巴塞尔协议 III 的资本监管改革和银行应对措施研究——基于DSGE 模型的数值模拟分析. 金融经济学研究，2013(6).

黄益平，曹裕静，陶坤玉，余昌华. 货币政策与宏观审慎政策共同支持宏观经济稳定. 金融研究，2019(12).

康立，龚六堂，陈永伟. 金融摩擦、银行净资产与经济波动的行业间传导. 金融研究，2013(5).

李天宇，张屹山，张鹤. 扩展型货币政策与宏观审慎监管的金融稳定作用分析. 经济评论，2016(3).

李妍. 金融监管制度、金融机构行为与金融稳定. 金融研究，2010(9).

林琳，曹勇，肖寒. 中国式影子银行下的金融系统脆弱性. 经济学季刊，2016(2).

刘粮，陈雷. 外部冲击、汇率制度与跨境资本流动. 国际金融研究，2018(5).

陆磊，杨骏. 流动性、一般均衡与金融稳定的不可能三角. 金融研究，2016(1).

吕捷，王高望. CPI 与 PPI"背离"的结构性解释. 经济研究，2015(5).

马勇. 监管独立性、金融稳定与金融效率. 国际金融研究，2010(11).

马勇. 植入金融因素的 DSGE 模型与宏观审慎货币政策规则. 世界经济，2013(7).

马勇，陈雨露. 金融杠杆、杠杆波动与经济增长. 经济研究，2017(6).

马勇，田拓，阮卓阳，朱军军. 金融杠杆、经济增长与金融稳定. 金融研究，2016(6).

潘敏，魏海瑞. 提升监管强度具有风险抑制效应吗？——来自中国银行业的经验证据. 金融研究, 2015(12).

盛雯雯. 资本项目可兑换后的跨境资本审慎监管: OECD 国家的经验. 金融与经济, 2015(9).

孙天琦, 王笑笑. 内外部金融周期差异如何影响中国跨境资本流动? 金融研究, 2020(3).

孙天琦, 王笑笑, 尚昕昕. 结构视角下的跨境资本流动顺周期性研究. 财贸经济, 2020(9).

谭小芬, 梁雅慧. 我国跨境资本流动: 演变历程、潜在风险及管理建议. 国际贸易, 2019(7).

王兴华. 我国跨境资本流动宏观审慎政策框架、工具原理与效果评价. 开发性金融研究, 2019(3).

伍戈, 严仕锋. 跨境资本流动的宏观审慎管理探索——基于对系统性风险的基本认识. 新金融, 2015(10).

项后军, 李昕怡, 陈昕朋. 理解货币政策的银行风险承担渠道——反思与再研究. 经济学动态, 2016(2).

肖文. 跨境资本流动宏观审慎政策效应研究——来自资本项目跨境资金的经验证据. 北方金融, 2019(10).

熊衍飞, 陆军, 陈郑. 资本账户开放与宏观经济波动. 经济学季刊, 2015(4).

许志伟, 薛鹤翔, 罗大庆. 融资约束与中国经济波动——新凯恩斯主义框架内的动态分析. 经济学季刊, 2011(10).

严宝玉. 我国跨境资金流动的顺周期性、预警指标和逆周期管理. 金融研究, 2018(6).

殷剑峰. 货币、信用及关于我国 M2/GDP 的分析. 中共中央党校学报, 2013(4).

杨海珍, 黄秋彬. 跨境资本流动对银行稳健性的影响: 基于中国十大银行的实证研究. 管理评论, 2015(10).

杨子晖, 陈创练. 金融深化条件下的跨境资本流动效应研究. 金融研究, 2015(5).

易祯，朱超. 人口结构与金融市场风险结构，风险厌恶的生命周期时变特征. 经济研究，2017(9).

赵扶扬，王忏，龚六堂. 土地财政与中国经济波动. 经济研究，2017(12).

张晓晶，常欣，刘磊. 结构性去杠杆：进程、逻辑与前景——中国去杠杆 2017 年度报告. 经济学动态，2018(5).

Ahmad N, Ali S. Corruption and financial sector performance: A cross-country analysis. Economics Bulletin, 2010, 30(1): 303-308.

Ajello A. Financial Intermediation, Investment Dynamics, and Business Cycle Fluctuations. American Economic Review, 2016, 106(8): 2256-2303.

Akinci O, Olmstead-Rumsey J. How effective are macroprudential policies? An empirical investigation. Journal of Financial Intermediation, 2017(1136): 1-49.

Alam Z, Alter A, Eiseman J. Digging Deeper-Evidence on the Effects of Macroprudential Policies from a New Database. IMF Working Paper, 2019, No. 19/66.

Alesina A, Giuliano P. Culture and institutions. Journal of Economic Literature, 2015, 53(4): 898-944.

Alfaro L, Chanda A, Kalemli-Ozcan S, et al. 2004. FDI and economic growth: the role of local financial markets. Journal of international economics, 2004, 64(1): 89-112.

Ali Mirzaei, Iness Aguir. Capital inflows and bank stability around the financial crisis: The mitigating role of macro-prudential policies. Journal of International Financial Markets, Institutions and Money, 2020(69): 101254.

Arellano M, Bover O, Another Look at the Instrumental Variable Estimation of Error-components Models. Journal of Econometrics, 1995, 68(1): 29-51.

Avdjiev S, Kalemli-Ozcan S, ServénGross L. Capital Flows by Banks, Corporates and Sovereigns. BIS Working Paper, 2018, No. 760.

Aysan AF, Fendoğlu S, Kilinc M. Macro prudential policies as buffer against volatile cross-border capital flows. The Singapore Economic Review, 2015, 60(1): 1550001.

Barth J R, Lin C, Lin P, et al. Corruption in bank lending to firms: Cross-country micro evidence on the beneficial role of competition and information sharing. Journal of Financial Economics, 2009, 91(3): 361-388.

Beck T, Demirgüç-Kunt A, Maksimovic V. Bank competition and access to finance: International evidence. Journal of Money, Credit and Banking, 2004: 627-648.

Beck T, Levine R. Legal institutions and financial development. Handbook of new institutional economics, 2005: 251-278.

Benigno P. A simple approach to international monetary policy coordination. Journal of International Economics, 2002, 57(1): 177-196.

Benigno G, Benigno P. Preice stability in open economies. The Review of Economic Studies, 2003, 70(4): 743-764.

Bianchi J, Mendoza E G, Rui A, et al. Overborrowing, Financial Crises and Macro-prudential' Policy?. Social Science Electronic Publishing, 2011.

Binmore K, Rubinstein A, and Wolinsky A. The Nash Bargaining Solution in Economic Modelling. Rand Journal of Economics, 1986, 17(2): 176-188.

Blot C, Creel J, Hubert P, et al. Assessing the link between price and financial stability. Journal of financial Stability, 2015(16): 71-88.

Borio C, Disyatat P. Capital Flows and the Current Account: Taking Financing Seriously. BIS Working Papers, 2015: 525.

Borio C E V, Zhu H. Capital Regulation, Risk-Taking and Monetary Policy: A Missing Link in the Transmission Mechanism?. Bank for International Settlements Working Paper, 2008: 268.

Brunnermeier M K, M Oehmke. The Maturity Rat Race. Journal of Finance, 2013, 68(2): 483-521.

Bruno V, Shin H S. Capital Flows and the Risk-Taking Channel of Monetary Policy. Journal of Monetary Economics, 2015, 71(2): 119-132.

Buch C M, Eickmeier S, Prieto E. In Search for Yield? Survey-Based Evidence on Bank Risk Taking. Journal of Economic Dynamics and Control, 2014(43): 12-30.

Buttiglione L, P Lane, L Reichlin, V Reinhart. Deleveraging, What Deleveraging?

International Center for Monetary and Banking Studies. Center for Economic Policy Research, 2014, September.

Caballero R J, Krishnamurthy A. Bubbles and Capital Flow Volatility: Causes and Risk Management. Social Science Electronic Publishing, 2006, 53(1): 35-53.

Calomiris, Charles W, Kahn, Charles. The Role of Demandable Debt in Structuring Optimal Banking Arrangements. American Economic Review, 1991(81): 497-513.

Canzoneri M B, Cumby R E, and Diba B T. The need for international policy coordination: what's old, what's new, what's yet to come?. Journal of International Economics, 2005, 66(2): 363-384.

Cerutti E, Claessens S, Puy D. Push factors and capital flows to emerging markets: why knowing your lender matters more than fundamentals. Journal of International Economics, 2019(119): 133-149.

Chan S G, Koh E H Y, Zainir F, et al. Market structure, institutional framework and bank efficiency in ASEAN 5. Journal of Economics and Business, 2015(82): 84-112.

Chari VV, Jagannathan Ravi, Ofer Aharon R. Seasonalities in security returns: The case of earnings announcements. Journal of Financial Economics, 1988, 21(1): 101-121.

Chen H, N Ju, and J Miao. Dynamic Asset Allocation with Ambiguous Return Predictability. Review of Economic Dynamics, 2014, 17(4): 799-823.

Chinn M D, Ito H. What matters for financial development? Capital controls, institutions, and interactions. Journal of development economics, 2006, 81(1): 163-192.

Chow G C, Li K. China's Economic Growth: 1952-2010. Economic Development & Cultural Change, 2003, 51(1): 247-256.

Clarida R, Gali J, and Gertler M. A simple framework for international monetary policy analysis. Journal of monetary economics, 2003, 49(5): 879-904.

Cole R A, Moshirian F, Wu Q. Bank stock returns and economic growth. Journal of Banking & Finance, 2008, 32(6): 995-1007.

Corsetti G, and Pesenti P. International dimensions of optimal monetary policy. Journal of Monetary economics, 2005, 52(2): 281-305.

Corsetti G, Dedola L, and Leduc S. Optimal monetary policy in open economies. In Handbook of monetary economics, vol. 3, Elsevier, 2010: 861-993.

Cui W, Radde S. Money and asset liquidity in frictional capital markets. American Economic Review, 2016, 106(5): 496-502.

Curdia V, Woodford M. Credit Frictions and Optimal Monetary Policy. Journal of Monetary Economics, 2016: 30-65.

Dedola L, Karadi P, Lombardo G. Global implications of national unconventional policies. Journal of Monetary Economics, 2013, 60(1): 66-85.

Delis M D, Kouretas G P. Interest Rates and Bank Risk-Taking. Journal of Banking & Finance, 2011, 35(4): 840-855.

Della Corte P, Sarno L, Schmeling M, and Wagner C. Exchange Rates and Sovereign Risk. Social Science Electronic Publishing, 2016.

Dell'Ariccia G, Laeven L, Suarez G A. Bank Leverage and Monetary Policy's Risk-Taking Channel: Evidence from the United States. Journal of Finance, 2016, 72(143): 118-143.

Del Negro M, Eggertsson G, Ferrero A, and Kiyotaki N. The great escape? A quantitative evaluation of the Fed's liquidity facilities. American Economic Review, 2017, 107(3): 824-57.

Devereux M B, Engel C. Monetary policy in the open economy revisited: Price setting and exchange-rate flexibility. The Review of Economic Studies, 2003, 70(4): 765-783.

Diamond D W, Dybvig PH. Bank runs, deposit insurance, and liquidity. The Journal of political economy, 1983, 91(3): 401-419.

Eden M. International liquidity rents. Review of Economic Dynamic, 2019(31): 147-159.

Epstein L G, S E Zin. Substitution, Risk Aversion, and the Temporal Behavior of

Consumption and Asset Returns: An Empirical Analysis. Journal of Political Economy, 1991, 99(2): 263-286.

Evans M D. Exchange-Rate Dynamics. Princeton University Press, 2011.

Farhi E, Tirole J. Deadly embrace: Sovereign and financial balance sheets doom loops. National Bureau of Economic Research, 2016.

Gali J, Monacelli T. Monetary policy and exchange rate volatility in a small open economy. The Review of Economic Studies, 2005, 72(3): 707-734.

Galí J. Monetary policy, inflation, and the business cycle: an introduction to the new Keynesian framework and its applications. Princeton University Press, 2015.

Gertler M, Kiyotaki N. Financial intermediation and credit policy in business cycle analysis. Handbook of monetary economics, 2010, 3(3): 547-599.

Gertler M, Karadi P. A model of unconventional monetary policy. Journal of Monetary Economics, 2011, 58(1): 17-34.

Gertler M, Karadi P. A framework for analyzing large-scale asset purchases as a monetary policy tool. International Journal of Central Banking, 2012, 9(3): 5-53.

Gertler M, Kiyotaki N, Queralto A. Financial crises, bank risk exposure and government financial policy. Journal of Monetary Economics, 2012(59): S17-S34.

Gertler M, Karadi P. Qe 1 vs. 2 vs. 3…: A framework for analyzing large-scale asset purchases as a monetary policy tool. International Journal of central Banking, 2013, 9(1): 5-53.

Gertler M, Kiyotaki N. Banking, liquidity, and bank runs in an infinite horizon economy. The American Economic Review, 2015, 105(7): 2011-2043.

Ghilardi M, Peiris S. Capital Flows, Financial Intermediation and Macroprudential Policies. IMF Working Papers, 2014(157).

Gilboa I, D Schmeidler. Maxmin Expected Utility with Non-unique Prior. Journal of Mathematical Economics, 1989, 18(2): 141-153.

Giovanni Dell'Ariccia, Luc Laeven, Robert Marquez. Real interest rates, leverage, and bank risk-taking. Journal of Economic Theory, 2014, 149(149): 65-99.

Giovanni D, Laeven L, and Suarez G A. Bank leverage and monetary policy's risk-taking channel: evidence from the United States. Tech. rep, European Central Bank, 2016.

Gonzalez F. Determinants of Bank-Market Structure: Efficiency and Political Economy Variables. Journal of Money, Credit and Banking, 2009, 41(4): 735-754.

Gourinchas, P O and Obstfeld M. Stories of the Twentieth Century for the Twenty-First. American Economic Journal Macroeconomics, 2011, 4(1): 226-265.

Groot O D. The Risk Channel of Monetary Policy. Ssrn Electronic Journal, 2014, 10(2): 115-160.

Hannan T H, Hanweck G A. Bank Insolvency Risk and the Market for Large Certificates of Deposit. Journal of Money, Credit and Banking, 1988, 20(2): 203-211.

Hansen L, and T J Sargent. Robust Control and Model Uncertainty. American Economic Review, 2001, 91(2): 60-66.

Hansen L P, J C Heaton, and N Li. Consumption Strikes Back? Measuring Long-run Risk. Journal of Political Economy, 2008, 116(2): 260-302.

He Z, Krishnamurthy A. Intermediary asset pricing. The American Economic Review, 2013, 103(2): 732-770.

He Z, Krishnamurthy A. A macroeconomic framework for quantifying systemic risk. National Bureau of Economic Research, 2014.

Hélène Rey. Financial Flows and the International Monetary System. The Economic Journal, 2015, 125(584): 675-698.

Hilscher J, Raviv A. Bank stability and market discipline: The effect of contingent capital on risk taking and default probability. Journal of Corporate Finance, 2014, 29(C): 542-560.

Huang C J. Is corruption bad for economic growth? Evidence from Asia-Pacific countries. The North American Journal of Economics and Finance, 2016(35): 247-256.

Ilut C. Ambiguity aversion: Implications for the uncovered interest rate parity puzzle. American Economic Journal: Macroeconomics, 2012, 4(3): 33-65.

Ilut C L, Schneider M. Ambiguous business cycles. American Economic Review, 2014, 104(8): 2368-2399.

Jordaan J A, Dima B, Goleț I. Do societal values influence financial development? New evidence on the effects of post materialism and institutions on stock markets. Journal of Economic Behavior & Organization, 2016(132): 197-216.

Jermann U, Quadrini V. Macroeconomic effects of financial shocks. The American Economic Review, 2012, 102(1): 238-271.

Jiménez G, Ongena S, Peydró J L and Saurina J. Hazardous Times for Monetary Policy: What Do Twenty-Three Million Bank Loans Say About the Effects of Monetary Policy on Credit Risk-Taking?. Econometrica, 2014, 82(2): 463-505.

Ju J, Wei S J. Domestic institutions and the bypass effect of financial globalization. American Economic Journal: Economic Policy, 2010, 2(4): 173-204.

Kawagoe T, Ui T. Global games and ambiguous information: an experimental study. Social Science Electronic Publishing, 2010.

Kiyotaki N and Moore J. Credit Cycles. Journal of Political Economy, 1997, 105 (2): 211-248.

Kiyotaki N, Moore J. Credit cycles. Journal of political economy, 1997, 105(2): 211-248.

Kiyotaki N, Moore J. Liquidity, business cycles, and monetary policy. Tech. rep, 2012.

Kiyotaki N, J Moore. Liquidity, Business Cycles, and Monetary Policy, Journal of Political Economy, 2019, 127(6): 2926-2966.

Klingelhfer J, Sun R. Macroprudential Policy, Central Banks and Financial Stability: Evidence from China. Journal of International Money and Finance, 2019 (93): 19-41.

Klomp J, de Haan J. Bank regulation, the quality of institutions, and banking risk in emerging and developing countries: an empirical analysis. Emerging Markets Finance and Trade, 2014, 50(6): 19-40.

Korinek A, Sandri D. Capital controls or macroprudential regulation?. Journal of International Economics, 2016(99): S27-S42.

Kose M A, Prasad E S, Terrones M E. Does openness to international financial flows raise productivity growth?. Journal of International Money and Finance, 2009, 28 (4): 554-580.

Kreps D M, E L Porteus, Temporal Resolution of Uncertainty and Dynamic Choice Theory. Econometrica, 1978, 46(1): 185-200.

Kurul Z. Nonlinear relationship between institutional factors and FDI flows: Dynamic panel threshold analysis. International Review of Economics & Finance, 2017 (48): 148-160.

Lane P R, Milesi-Ferretti G M. Capital flows to central and Eastern Europe. Emering markets review, 2007, 8(2): 106-123.

Laskar D. Ambiguity and perceived coordination in a global game. Economics Letters, 2014, 122(2): 317-320.

Levine R, Loayza N, Beck T. Financial Intermediation and Growth: Causality and Causes. Journal of Monetary Economics, 1999, 46(1): 31-77.

Maddaloni A and Peydro J L. Monetary policy, macroprudential policy and banking stability: evidence from the euro area. International Journal of Central Banking, 2013, 9 (1): 121-169.

Meh C A and Moran K. The role of bank capital in the propagation of shocks. Journal of Economic Dynamics & Control, 2010, 34(3): 555-576.

Mendoza E G and Quadrini V. Financial globalization, financial crises and contagion. Journal of monetary economics, 2010, 57(1): 24-39.

Méon P G, Weill L. Is corruption an efficient grease?. World development, 2010, 38(3): 244-259.

Miranda Agrippino, S and Rey H. World asset markets and the global financial cycle. Tech. rep, National Bureau of Economic Research, 2015.

Mo P H. Corruption and economic growth. Journal of comparative economics, 2001, 29(1): 66-79.

Neeman Z, Paserman M D, Simhon A. Corruption and openness. The BE Journal of Economic Analysis & Policy, 2008, 8(1).

Negro M D, Eggertsson G B, Ferrero A, et al. The Great Escape? A Quantitative

Evaluation of the Fed's Liquidity Facilities. The American Economic Review, 2017, 107 (3): 824-857.

Obstfeld M and Rogoff K. Exchange rate dynamics redux. Journal of political economy, 1995, 103(2): 624-660.

Obstfeld M, Rogoff K S and Wren-Lewis S. Foundations of international macroeconomics, vol. 30. MIT press Cambridge, MA, 1996.

Obstfeld M and Rogoff K. Risk and exchange rates. Tech. rep., National bureau of economic research, 1998.

Obstfeld M and Rogoff K. New directions for stochastic open economy models. Journal of international economics, 2000, 50(1): 117-153.

Obstfeld M and Rogoff K. Global implications of self-oriented national monetary rules. The Quarterly journal of economics, 2002, 117(2): 503-535.

Obstfeld, Maurice. Does the Current Account Still Matter?. American Economic Review, 2012, 102(3): 1-23.

Org Z. Monetary Policy, Leverage, and Bank Risk-Taking. Social Science Electronic Publishing, 2010(10): 975-1009.

Ostrlny J. Managing capital flows: What toolsto use?. Asian Development Reviews, 2012(29): 82-88.

Ozkan G, Unsal F. On the Use of Monetary and Macro-Prudential Policies for Small Open Economies. IMF Working Paper, 2014.

Paligorova T and Santos J A. Monetary policy and bank risk-taking: Evidence from the corporate loan market. Social Science Electronic Publishin, 2013.

Pappa E. Do the ECB and the Fed really need to cooperate? Optimal monetary policy in a two-country world. Journal of Monetary Economics, 2004, 51(4): 753-779.

Perri F and Quadrini V. International Recessions. American Economic Review, 2018, 109(4-5): 935-984.

Poutineau J C and Vermandel G. Cross-border banking flows spillovers in the Eurozone: Evidence from an estimated DSGE model. Journal of Economic Dynamics & Control, 2015(51): 378-403.

Quint D, Rabanal P. Monetary and Macroprudential Policy in an Estimated DSGE Model of the Euro Area. Social Science Electronic Publishing, 2013, 13(209): 169-236.

Quinn D P, Toyoda A M. Does capital account liberalization lead to growth?. The Review of Financial Studies, 2008, 21(3): 1403-1449.

Ramayandi A, Rawat U, Tang H C. Can low interest rates be harmful: An assessment of the bank risk-taking channel in Asia. Asian Development Bank, 2014.

Reinhart C M, Reinhart V R. Capital Flow Bonanzas: An Encompassing View of the Past and Present. Cepr Discussion Papers, 2008, 27(59): 1-54.

Rey Hélène. Dilemma not Trilemma: The Global Financial Cycle and Montary Policy. NBER Working Papers, 2015: 21162.

Roe M, Siegel J. Political instability's impact on financial development. Harvard Law and Economics Discussion Paper, 2008: 570.

Roe M, Siegel J. Political instability: Effects on financial development, roots in the severity of economic inequality. Journal of Comparative Economics, 2011, 39(3): 279-309.

Schularick M and Taylor A M. Credit booms gone bust: monetary policy, leverage cycles, and financial crises, 1870-2008. The American Economic Review, 2012, 102(2): 1029-1061.

Sheng W, Sunny Wong M C. Capital Flow Management Policies and Riskiness of External Liability Structures: the Role of Local Financial Markets. Open Economies Review, 2017(28): 461-498.

Shi S.. Liquidity, Assets and Business Cycles. Journal of Monetary Economics, 2015(70): 116-132.

Stijn Claessens, Asli Demirgüç-Kunt, Harry Huizinga. How does foreign entry affect domestic banking markets?. Journal of Banking & Finance, 2001, 25(5): 891-911.

Svensson L E O. Comment on Michael Woodford, 'Inflation targeting and financial stability'. Sveriges Riksbank Economic Review, 2012(1): 33-39.

Unsal D F. Capital Flows and Financial Stability; Monetary Policy and Macroprudential Responses. International Journal of Center Banking, 2013(9): 233-285.

Vredin A. Inflation Targeting and Financial Stability: Providing Policymakers with Relevant Information. Social Science Electronic Publishing, 2015.

Wang B, Sun T. How Effective are Macroprudential Policies in China?. IMF Working Papers, 2013, 13(75).

Woodford M. Inflation Stabilization and Welfare. B E Journal of Macroeconomics, 2001, 2(1): 1-53.

Woodford M. Interest and prices: foundations of a theory of monetary policy. Princeton university press, 2011.

Woodford M. Inflation targeting and financial stability. National Bureau of Economic Research, 2012.

Xavier F, Luc L, José-Luis P. Systemic Risk, Crises, and Macroprudential Regulation. The Mit Press, 2015.